T0208562

Printed in the United States
By Bookmasters

موسوعـة
أعلام العرب
في
علوم الحيوان والنبات

تأليف
عادل محمد الحجاج

دار أسامة للنشر والتوزيع
عمان – الأردن

الناشر
دار أسامة للنشر و التوزيع
الأردن - عمان
هاتف : ٥٦٥٨٢٥٣ - فاكس : ٥٦٥٨٢٥٤ - تلفاكس : ٤٦٤٧٤٤٧
ص. ب : ١٤١٧٨١

رقم الإيداع لدى دائرة المكتبة الوطنية
(٧٦٠/ ٤/ ٢٠٠٥)

٩٢٥.٩١
عادل محمد، الحجاج
موسوعة أعلام العرب في علوم الحيوان والنباتات/ عادل محمد الحجاج- عمان: دار أسامة للنشر، ٢٠٠٥
( ) ص
ر.إ: (٧٦٠/ ٤/ ٢٠٠٥)
الواصفات: /علم النباتات// العلماء// التراجم/

تم إعداد بيانات الفهرسة والتصنيف الأولية من قبل دائرة المكتبة الوطنية

المقدمة

يعتقد أعداء تراث العرب الخالد أن الحضارة العربية قد فقدت ينبوعها وبريقها العلمي والفلسفي بعد أن ظهرت الاكتشافات الصناعية والتقنية الحديثة في أوروبا وأمريكا خلال هذه القرون وأن الأسس الحضارية العربية لم تكن إلا مؤلفات محشوة بالخرافات والأساطير والشعر والأدب والخيال الخصب، وأنها لم تقدم للإنسانية شيئاً يذكر يضاف للحضارات الأصيلة كما في الغرب - هذا ما يذكره الشعوبيون الذين نسوا أو تناسو أن العرب لم يتركوا الكتب والمؤلفات وحدها فقط، وإنما تركوا فيها روح التجربة والقياس والاختبار وبصمات الملاحظة والتفكير العلمي التطبيقي والنظري، وانطبعت فيها أفكارهم الشامخة في كل مجالات العلم والفلسفة التي لولاها لما وصل الغرب إلى ما هو عليه الآن.

إن التاريخ هو الآخر قد حفظ لنا الكثير من الشواهد المدموغة بالأسانيد الصحيحة على أن مدن العرب آنذاك كانت هي مصدر الإشعاع الفكري والإلهام لحضارة أوروبا التي كانت تتخبط في ذلك الوقت في دياجير الظلمات والضياع الفكري ومتاهات العلم الخيالي المبني على الخرافات والشعوذة والسحر والطلاسم ولولا نبوغ العرب وحفاظهم على التراث اليوناني الذي سبقهم بعدة قرون وإضافتهم الشيء الكثير عليه وتصحيح ما ورد في هذا الفكر من تناقضات واسعة لما حفظ تراث الأمم ولضاع على أيدي الغزاة التتار والجرمان وغيرهم.

وقد جمعت حضارة العرب المجيدة بين ثنايا معارفها العديدة كل العلوم قاطبةً، فالفلك والرياضيات وغوامض وأسرار الكون كان لها أفذاذها من علماء العرب والفيزياء والكيمياء وعجائبها كان لها عباقرتها من علماء العرب، والطب والحيوان والنبات وما تحير به الألباب كان لها فلاسفتها وأعلامها من العرب.

والحديث عن تراث العرب والمسلمين طويل وعظيم وواسع ولا يمكن حصره في عدة بحوث ودراسات بل وحتى في مجلدات وموسوعات لأنه كبير وغني بالمعرفة الرفيعة، فالعرب لم يتركوا شاردة أو واردة إلا وتتبعوها تتبعاً علمياً ممتازاً أو وضعوا

الحلول المناسبة لها. وبذلك كانوا الرواد في استخدام الملاحظة والتجربة في قياس وتحليل ما غمض أو كان مغلقاً في أكثر العلوم تعقيداً، وبذلك سبقوا علماء الغرب في مجال الإبداع والابتكار والبحوث العلمية والنظرية منها والتطبيقية.

إن علماء العرب والمسلمين كانوا في الأمس القريب سادة علوم الطب والصيدلة وعلوم البحارة، وعباقرة الفلك والفيزياء والكيمياء، ونوابغ علوم النبات والزراعة والحيوان والبيطرة، وأساتذة الفلسفة والمنطق والاجتماع والأدب والشعر والعمران.

لقد أنكر علينا الغرب كثيراً من علمائنا وأسبقياتهم في مختلف العلوم والفنون والتقنية، ولم يعترفوا بأن علماء العرب والمسلمين كانوا الأصول فيما أضافوه إلى الحضارة الإنسانية، فعلى سبيل المثال لا الحصر لم يعترف الغرب أن مكتشف الدورة الدموية الصغرى هو العالم العربي "ابن النفيس" لقرون عديدة خلت إلا بعد اكتشاف مخطوطة كتابه الرائع " شرح التشريح" من قبل المرحوم الدكتور محيي الدين التطاوي (١٨٩٦- ١٩٤٥) بطريق الصدفة، وبذلك اعترف علماء الغرب بفضل هذا العالم العربي على العالم الانجليزي (وليم هارفي) في اكتشافه وبحوثه في مجال الدورة الدموية الكبرى.

ومن هنا شعرت أن الواجب العلمي يقتضي أن أساهم في إظهار ما خفي من تراثنا العلمي العربي الإسلامي وذلك بتجلية نخبة مختارة من علماء أمة الضاد في مختلف العلوم والفكر من خلال سير حياتهم وأعمالهم الخالدة ليقف عليها فتياننا وشبابنا، ويتخذوا منها قدوة للحاق بركب العلم العالمي لأن أي أمة أو شعب لا يمكن أن تنهض وتبدع وتبتكر وتضنع ما لم تكمن لها جذور أصيلة ثابتة في الأرض، ثبات الشجرة بالتربة.

و اللـه يوفقنا جميعا لما فيه الخير والسعادة والهناء لأمتنا العربية والإسلامية الزاهرة.

المؤلف

الإدريسي

نبذة عن حياته:

اشتهر العلماء العرب بالموسوعية في مضمار البحث والتأليف والعلم، وهذه الصفة انطبقت على معظم علماء العرب الذين نبغوا وبرزوا في كافة العلوم والآداب والفلسفة والسياسة والاجتماع وغيرها.

ونتيجة هذا الاجتهاد العلمي أصبح أمثال الجاحظ والترمذي والبيروني وابن الهيثم وابن سينا والكندي وابن خلدون وغيرهم متخصصين في أكثر من علم وفي أكثر من فرع من الآداب، وكان الإدريسي أحد هؤلاء الرواد جمع بين كونه أحد علماء الجغرافية النابهين وأحد علماء النبات النوابغ الذين أحرزا شهرة كبيرة في هذا الميدان.

ولد (عبد الله محمد بن إدريس الحسن الحسيني الأندلسي، المعروف بالإدريسي أو الشريف الإدريسي) بمدينة سبتة في الأندلس سنة (٤٩٣هـ/ ١١٠٠م)، تلقى العلم بقرطبة في الأندلس ثم رحل إلى صقلية وعاد بعد ذلك إلى سبتة، وتوفي فيها سنة (٥٧٣هـ/ ١١٨٠م).

مؤلفات الإدريسي في النبات وفضله على العلم العالمي:

ترك كتاباً هاماً في النبات هو (الجامع لصفات أشتات النبات)، وقد ضمنه ذكر أنواع المفردات من الأشجار والثمار والحشائش والأزهار والحيوانات والمعادن مع تفسير معجم أسمائها بالعربية والسريانية واليونانية والفارسية والبربرية. وجاء في مقدمة كتابه قوله: (...إنني نظرت في كتب من سبق قبلي.. وقابلت بعضها ببعض، فرأيت بعضاً طول، وبعضاً قصر، وبعضاً جمع بين الأقوال ونص على الاختلاف وبعضهم ترك المجهول وذكر المعلوم، وأيضاً فإني نظرت إلى البحر الذي منه اغترفوا أو الكنز الذي منه استلقوا، فإذا هو كتاب (ديسقوريدوس) اليوناني الذي وضعه في الأدوية المفردة من نبات وحيوان ومعادن فجعلته مصحفي، وأوقفت عليه نظري حتى

٥

حفظت علمه جملة، وبحثت ما أعقله كالتمر هندي والخيار شنبر والكبابة والقرنفل والأس والمحلب وغيرها).

ويوجد من هذا الكتاب نسخة في دار الكتب المصرية برقم (١٥٢٤- مصورة) وفي مكتبة الفاتح باسطنبول نسخة أخرى برقم (٣٦١٠)، كما أن منه نسخة مصورة بمعهد المخطوطات العربية بالقاهرة.

ومن الأمانة والشرف العلميين الذي كان يتمتع به علماء العرب أنهم لم يهملوا أو ينتقصوا من العلماء الذين سبقوهم. فمثلا يعتذر الإدريسي للطبيب اليوناني ديسقوريدس ببيان الأسباب التي جعلته يغفل ذكر بعض النباتات في كتابه عن الأدوية المفردة. فقال: (إما أنه لم يبلغ علمها، أو لم يسمع عنها، أو كان ذلك ظنا من أنه ليس يونانياً لأن أكثر هذه الأدوية ليست في شيء من بلاده)، وإشارة الشريف الإدريسي في كتابه أنه اطلع على ما جاء في كتب علماء العرب واليونان في النبات، لهذا رأى أن من واجبه العلمي أن يعمل في كتابه على تجنب ما شابه الكتب السابقة من خلط وتشويه وتقصير، وأنه اتخذ سبيله إلى تحقيق ذلك بذكر أسماء النبات بلغاته المختلفة من (يونانية وفارسية وهندية وبربرية ولاتينية) وترتيبها على حروف المعجم. وقد عنى الإدريسي كثيراً في تفسير أسماء النباتات التي أوردها بهذه اللغات. ويقول أنه انتهى في كتابة مؤلفه هذا في القرن الثاني عشر الميلادي. وينقسم الكتاب إلى جزئين جمع في الأول نحو (٣٦٠ نباتا)، تنتهي عند حرف الباء، والثاني ضم نحو من ثلاثمائة نبات تنتهي بانتهاء حروف المعجم.

كان وصف الإدريسي للنباتات المختلفة له مزايا قيمة تضاهي الوصف العلمي الحديث ولنأخذ مثالا على ذلك أنه يذكر نوعاً من النبات شاهده بمدينة (شرشال) الهندية، ووصفه بقوله: (سفرجل كبير الجرم ذو أعناق كأعناق القرع الصغار وهو من الطرائف غريب في ذاته). وكان الإدريسي لا ينسى أبداً النبات أو العنب أو الشجر إلا وذكر نوعه وصفاته العامة وفوائده الاقتصادية أو الطبية. فعند جبل مجاور لمدينة (بجاية) المغربية يقول: وفي أكنافه جمل من النبات المنتفع به في صناعة الطب مثل شجر الحضض والبرباريس والقنطوريون الكبير وهي أعشاب مفيدة جداً في معالجة الأمراض.

ووصف قصب السكر حيث قال: (إنه قصبي يحتوي على مادة حلوة ولذيذة، ذات لون أبيض أسمر وغليظة القوام تشبه النشا ولها منافع طبية ويعمل منها العديد من المواد الغذائية المفيدة). وبهذا الوصف البسيط لبعض النباتات يعتبر الإدريسي من العلماء الذين فاقوا حتى علماء القرن التاسع عشر في وصف النباتات والمزروعات التي كانت في وقتها تعتبر نباتات خفية ولا يعرف عنها شيئاً.

إن الإدريسي أحد العلماء القلائل الذين جمعوا بين علوم الجغرافية وعلوم النبات وهما علمان مرتبطان ببعضهما في نواحي عديدة. وكان الإدريسي مستقلاً في كتابته فيما يخص النبات، فإنه لا يرتبط في شيء باسم العالم النباتي اليوناني ثبوفراسطي كما هو الحال عند بعض علماء النبات الآخرين أو بكتاب النبات المنسوب لارسطو. وتتم أوصافه النباتية على أن معارفه عن النبات العملي معارف شخصية خاصة وواسعة المدى. وهو يجتهد على الأخص في ذكر الأسماء المطابقة للنباتات في لغات مختلفة، ومن هنا يبرهن على دراية عميقة في هذا العلم. كما أنه كان يميز بين الاصطلاحات الإغريقية (البيزنطية) والاصطلاحات اليونانية (الاغريقية القديمة).

واهتم الإدريسي بذكر المراجع التي استقى منها وأخذ عنها مثل مفردات جالينوس وكتاب النبات لابن جلجل، وكتاب الأدوية المفردة لخلف بن عباس الزهراوي، وكتاب المستغني لأبي عمران.

وهناك كتاب آخر للإدريسي اسمه (الصيدلة) مبدوء بمقدمة عامة تتسم بطابع البحث عن النباتات، وكشف عنه أخيراً في مخطوط بمكتبة اسطنبول، لكنه لم يشتمل للأسف إلا على النصف الأول من الكتاب. وقد ترجم المستشرق الألماني ماكس مايرهوف بعض مقتبسات منه وقدم فكرة عامة عن الكتاب كله في دراسة لعلم النبات، والنبات الصيدلي عند الإدريسي نشرها بمجلة الرياضيات والطبيعيات التي تصدر في ليبزج بألمانيا ١٩٣٠.

وصف النبات والحيوان عند الإدريسي:

لقد وصف الإدريسي الكثير من النباتات والحيوانات في كتابه الذائع الصيت "نزهة المشتاق في اختراق الآفاق".

وسنذكر هنا بعض قليلا منها. فعندما نزل مدينة البصرة بالمغرب (وليست بصرة العراق) ذكر أن بها غلات كثيرة، وأكثر غلاتها (القطن والقمح وسائر الحبوب). وفي مدينة شنت مارية الأندلسية ذكر ما تشتهر بها من أعناب وتين. كما ذكر أن مدينة قورية بالأندلس تشتهر بأصناف مختلفة من الفواكه أهمها الكروم وشجر التين أيضاً. ووصف أشجار الصنوبر الجيدة في مدينة طرطوشة الأندلسية قائلاً: ينمو بجبالها خشب الصنوبر، وهذا الخشب أحمر صافي البشرة، دسم لا يتغير سريعاً ولا يفعل فيه السوس* ما يفعله في غيره، وهو خشب معروف منسوب.

وعن الحوت قال الإدريسي: ومن هذا البحر** يخرج العنبر الكثير الطيب الرائحة. وقد توجد منها العنبرة من قنطار وأكثر وأقل. وهو شيء تقذفه عيون في قعر البحر مثل ما تقذف عيون هيت بالعراق بالنفط، فإذا اشتد هيجان الريح رمى به إلى الساحل. وقد زعم البعض أنه روث دابة ولكنه ليس كذلك. ويوجد ببحر الصين والهند دواب كبيرة طولها مائة ذراع، وعرضها أربعة وعشرون ذراعاً، ينبت بظهرها الصخر والذيل، وقد تتكسر عليه المراكب.

ويحكي البحريون أنهم يهاجمون هذه الدواب بالسهام ويحملونها على تغيير طريقها ويمسكون الصغار منها ويحمون على لحمها في القدور فيذوب شحماً.

---

*السوس: الذي ذكره الإدريسي هو سوس التنوب (Hylobius abietis) وهي حشرات طول الواحدة منها حوالي ١٠سم، تعتري جميع أنواع التنوب والصنوبر. يرقاتها تعيش على الجذوع المقطوعة اليابسة أي أخشابها كما وصفها عالمنا الإدريسي.

** يقصد به البحر الأبيض المتوسط.

ابن أبي أصيبعة

حياته في يطور:

المؤرخ العلمي والطبيب الأديب العربي الذائع الصيت (موفق الدين، أبو العباس أحمد بن القاسم بن خليفة بن يونس السعدي، الخزرجي المعروف بابن أبي أصيبعة) (٦٠٠- ٦٦٨هـ) عالم كبير متشعب المعلومات والآراء والدراسات. ونحن لسنا هنا بصدد دراسة حياته أو عصره أو ثقافته أو أثره في علوم الطب والترجمة الخ.... إنما سنركز على هدف أساسي من دراساته القيمة وإضافاته الممتازة في مجال قلما درسه وبحثه أو أشار إليه أحد الباحثين المعاصرين وهو علم النبات عند هذا الرجل العالم الفاضل وما يتعلق به. وأرجو أن تكون هذه الدراسة المتواضعة مساهمة في تجلية ركن هام من أركان عقلية هذا النابغة الشامخ.

نكاد لا نعرف عن حياته وأعماله العلمية بشكل مستفيض ودقيق. ويكاد يكون المستعربون (المستشرقون) الوحيدون الذين درسوا هذا العالم العربي الكبير بشكل موسع فهذا (أوجست موللر) يكتب مقال خاص عن أبي أصيبعة وينشر ضمن كتاب أعمال المشتشرقين الدولي السادس الذي انعقد سنة (١٨٨٣) في لندن [١].

يبدو أن ابن أبي أصيبعة ظهر في عائلة كلها طبية وعلمية فكان جده (خليفة ابن يونس المعروف بابن أبي أصيبعة) كحالا، درس صنعة طب العيون في مصر في زمن الملك صلاح الدين مؤسس الدولة الأيوبية، كذلك أبوه (سديم الدين القاسم) كان أحد الأطباء المعروفين وعالماً في الحساب والهندسة والفلك. وكان أبوه قد ولد بالقاهرة ثم تركها عائداً إلى مدينته الأصلية (دمشق) في سوريا حيث مارس الطب وبالأخص الكحالة. وبعد أن أصبح ابن أصيبعة يافعاً درس على رفيع الدين الجيلي (توفي ٦٤١هـ) العلوم الحكمية وعلى مشايخ آخرين مشهورين في ذلك الوقت (الحديث والتفسير والأدب وعلوم القرآن) وعلى أبيه الطب، وعلى ابن البيطار (توفي ٦٤٦هـ) تفسير بعض أسماء

الأعشاب والنباتات الواردة في كتاب ديسقوريدس وكتب جالينوس والغافقي، وأفاد منه كثيراً في علم النبات وصار من تلاميذه المشهورين[٢]. وبعد تمرسه بعلوم الطب في البيمارستان الكبير في دمشق وبعد أن ذاع صيته وعرف انه من الأطباء المرموقين صار يتنقل ما بين القاهرة ودمشق. وزامل العالم المعروف والطبيب المشهور ابن النفيس (وهو زميله في المدرسة الداخورية الطبية في دمشق) بالبيمارستان الصلاحي في القاهرة أبان حكم الملك الكامل محمد الأيوبي (توفي ٦٣٥هـ/ ١٢٣٧م) لمدة سنة عاد بعدها إلى دمشق. شارعاً في وضع اللمسات الأخيرة لتأليف موسوعته المعروفة طبقات الأطباء سنة (٦٤٣هـ/ ١٢٤٥م) وبعد ذلك انتقل إلى صلخد (صرخد) في منطقة حوران (وبالذات جبل الدروز) حيث أكمل مسودات موسوعته هذه. وتوفي هنانك
سنة
(٦٦٨هـ/ ١٢٦٩م) بعمر يزيد على السبعين سنة[٣]. وكان ابن أبي أصيبعة بالإضافة إلى نبوغه وعبقريته في الطب عالماً فاضلاً في اللغة العربية ونظم الشعر والتاريخ العلمي والتراجم (لأشهر الحكماء والفلاسفة والأطباء).

مؤلفاته:

١- موسوعته العظيمة (عيون الأنباء في طبقات الأطباء) وهو الكتاب الوحيد الذي عرف به ووصل إلينا وطبع عدة طبعات محققة وغير محققة.

٢- كتاب التجارب والفوائد.

٣- كتاب إصابات المنجمين[٤].

٤- كتاب حكايات الأطباء في علاج الأدواء[٥].

٥- كتاب معالم الأمم وأخبار ذوي الحكم لا يعرف عن هذا الكتاب إن كان قد ألفه أم لا، ولكن جاء في مقدمة كتابه عيون الأنباء ما يلي: "فأما ذكر جميع الحكماء وأصحاب التعاليم وغيرهم من أرباب النظر في سائر العلوم فإني أذكر ذلك إن شاء الله مستقصى في كتاب معالم الأمم وأخبار ذوي الحكم". وأما موسوعته الكبيرة الزاهرة (عيون الأنباء في طبقات الأطباء)، فقد اشتملت معلومات وافية عن الحياة العلمية والاجتماعية في العالم الإسلامي وعن تاريخ الطب عند الفرس والهنود واليونان والسريان وغيرهم. ثم تناول نيف وثلثمائة وثمانين

ترجمة لأطباء العالم العربي الإسلامي في مصر والشام والمغرب والعراق والأندلس وأطباء بلاد العجم والهند واليونان.

ويقول الأستاذ جلال موسى: "راجع المستشرق الألماني أوجست موللر خمسة عشر نسخة خطية من كتاب ابن أبي أصيبعة وعند مقابلة بعضها ببعض وإمعان النظر فيها وجد أنها ترجع إلى ثلاث روايات مختلفة الصغرى والكبرى والممتزجة: أما الصغرى فهي الأولى على ترتيب التاريخ نشرها ابن أبي أصيبعة بدمشق سنة (٦٤٠هـ) أو بعدها بقليل وقدمها لخزانة وزير الملك الصالح اسماعيل الأيوبي بن الملك العادل. ثم لم يزل المؤلف يصلحها وينقحها ويزيد عليها زيادات مستعينا أيضا بتاريخ الحكماء للقفطي الذي لم يكن عرفه حين تأليف الرواية الأولى الأصلية. فمن ذلك التصحيح والتكميل نشأت رواية ثانية أوسع من الأولى وأضبط، نشرها المؤلف سنة (٦٦٧هـ) أي قبل موته بعام واحد. وفي بعض النسخ المحتوية على هذه الرواية الثانية زيادات وتغييرات قليلة أدخلها تلامذة المؤلف والنساخ بعد وفاته. ثم بعد ذلك حدث خلط على يد مجهول بين الروايتين فكانت الرواية الثالثة الممتزجة وتوجد نسخة منها في خزانة دار الكتب الكبرى في برلين. وطبع كتاب ابن أبي أصيبعة بمصر سنة (١٢٩٩هـ) طبعة سيئة اضطر معها موللر إلى تأليف ذيل طويل للطبعة المصرية

نشره في جونسبرج سنة (١٨٨٤م/ ١٣٠١هـ)"[٦].

استخدام النبات في العلاج منذ القدم:

جاء ذكر العديد من النباتات وبالأخص الطبية منها أو التي لها مساس بعلاج الأمراض وشفاء الناس من الأوبئة في موسوعة ابن أبي أصيبعة (عيون الأنباء في طبقات الأطباء) ولا شك أن هذا العالم الكبير قد عرف مزايا الكثير من هذه النباتات لاسيما وأنه رافق العالم الأندلسي العربي في النبات والصيدلة ابن البيطار صاحب موسوعة (الجامع لمفردات الأدوية والأغذية) مما جعله أن يستفاد من عبقرية ذلك الرجل النابغة في مجال التعرف على ماهية النباتات والأعشاب وفوائدها الدوائية والغذائية والوصفية. وعندما وضح ابن أبي أصيبعة عن كيفية بدأ الطب أول مرة عند الإنسان قال[٧]: "فبعضهم يقول أن أهل مصر استخرجوها (أي صناعة الطب)،

ويصححون ذلك من الدواء المسمى باليونانية االأنى وهو الراسن"[٨]. ومن ثم تطرق إلى فوائد بعض النباتات في معالجة غازات البطن ومغطها، فقال: "وقد كان آخر من الناس عبث ببعض اليتوعات[٩] فمغصه فأسهله وقيأه إسهالاً وقيئاً كثيراً، وصارت عنده معرفة أن هذه الحشيشة تفعل هذا الفعل، وإن هذا الحادث مخفف لتلك الأعراض مزيل لها، فذكره لذلك الشخص، وحثه على استعمال القليل منه لما تعوق عليه القيء والإسهال، وصعبت عليه الأعراض فأداه إلى غرضه منهما، وخفف عنه ما لقي من شر تلك الأعراض"[١٠].

ووصف ابن أبي أصيبعة نباتاً لم يعرف كنهه قائلاً: "قال جيش الأعم"[١١]. أن رجلاً اشترى كبداً طرية من جزار ومضى إلى بيته فاحتاج أن ينصرف في حاجة أخرى، فوضع تلك الكبد التي كانت معه على أوراق نبات مبسوطة كانت على وجه الأرض، ثم قضى حاجته وعاد ليأخذ الكبد فوجدها قد ذابت وسالت دماً فأخذ تلك الأوراق وعرف ذلك النبات وصار بيعه دواء للتلف حتى فطن به وأمر بقتله"[١٢].

ويضيف ابن أصيبعة وصفه لهذا النبات الذي لم يسمه بأي اسم قال: "وحدثني جمال الدين النقاش السعودي أن في لحف الجيل الذي باسعرد، على الجانب الآخر منه قريباً من الميدان[١٣]، عشباً كثيراً. وأن بعض الفقراء من مشايخ أهل المدينة أتى إلى ذلك الموضع ونام على نبات هناك، ولم يزل نائماً إلى أن عبر عليه جماعة فوجدوه كذلك وتحته دماً سائحاً من أنفه ومن ناحية المخرج، فأنبهوه وبقوا متعجبين من ذلك، إلى أن ظهر لهم أنهم من النبات الذي نام عليه. وأخبرني أنه خرج إلى ذلك الموضع ورأى ذلك النبات، وذكر في صفته أنه على شكل الهندباء[١٤]، غير أنه مشرف الجوانب، وهو مر المذاق. قال: وقد شاهدت كثيراً ممن يدنيه إلى أنفه ويستنشقه مرات، فإنه يحدث له رعافاً في الوقت. هذا ما ذكره، ولم يتحقق عندي في أمر هذا النبات، هل

هو الذي أشار إليه جالينوس أو غيره".

وعن أهمية التجارب في معرفة واختيار مختلف النباتات بأصنافها ورتبها وأنواعها في العلاج والاستخدامات الدوائية يقول ابن أبي أصيبعة: "قال ابن المطران: فأقول حينئذ أن النفس الفاضلة المفيدة للخير، نظرت حينئذ فعلمت. وكما أن الدواء فعل ذلك الفعل، فلا بد وأن يكون خلق دواء آخر ينفع هذا العضو، ويقاوم هذا الدواء، ففتش

عليه بالتجربة، ولم يزل يطلب في كل يوم أو في كل وقت حيواناً فيعطيه الدواء الأول ثم الثاني، فإن دفع ضرره فقد حصل مراده، وإن لم ينفع فيه طلب غيره. حتى وقع على ذلك الدواء. وفي استخراج الترياق أعظم دليل على ما قلت، إذا لم يكن الترياق سوى[١٥] حب الغار وعسل ثم صار إلى ما صار إليه من الكثرة والنفع، لا يوحي ولا إلهام، ولكن بقياس وصفاء عقول وفي مدد طويل"[١٦].

ويستمر ابن أبي أصيبعة في ذكر أهم الفوائد الطبية لبعض النباتات قائلاً: "فإن قلت: من أين علم أن الدواء لا بد له من ضد. قلنا: إنهم لما نظروا إلى قاتل البيش[١٧]، وهو نبات يطلع فإذا وقع على البيش جففه وأتلفه، علموا ان مثله في غيره فطلبوه"[١٨]. وأشار ابن أبي أصيبعة إلى أهم النباتات المسهلة، قال: "فرأيت أنه ينبغي لي أن أسهله بهذا الحب الذي قد جرت العادة باستعماله، وهو الحب المتخذ بالصبر[١٩]
والسقمونيا[٢٠] وشحم الحنظل[٢١]، فسقيته الدواء نحو العشاء، واشرت عليه أن يضع على العضو العليل بعض الأشياء التي تبرّد"[٢٢].

ونحن لا نزال في تجارب ابن أبي أصيبعة على مختلف النباتات الطبية وفوائدها العلاجية يذكر هذه القصة الطريفة، يقول: "وأما التجربة الثالثة فإنه كان للملك يبولوس غلام، وكان شريراً[٢٣]، غمازاً خماناً[٢٤] فيه كل بلاء، وكان كبيراً عند الملك يحبه لذلك، وكان قد آذى أكثر الناس، فاجتمع الوزراء والقواد والرؤساء على قتله، فلم يتهيأ لهم ذلك لمكانته عند الملك. فاحتال بعضهم وقال: اذهبوا فاسحقوا وزن درهمين أفيونا[٢٥] وأطعموه إياه في طعامه، وأسقوه في شرابه، فإن الموت السريع يلحق الناس كثيراً، فإذا مات حملتموه إلى الملك وليس به جراحة ولا قلبه[٢٦]..."[٢٧].
وقال ابن أصيبعة عن نبات المازريون: "...فوجد الجراد في أرض أكثر نباتها المازريون[٢٨]، وهو من دواء الاستسقاء[٢٩]، وإذا دفع إلى مريض منه وزن درهم أسهل إسهالاً ذريعاً لا يكاد أن يضبط والعلاج به فطر، ولذلك ما تكاد تصفه الأطباء"[٣٠].

ويذكر كذلك هذه الحادثة العلمية قائلاً: "ومثل هذا أيضا، أي مما حصل من طريق المصادفة والاتفاق، أنه كان بافلوللن من سليلة اسقليبيوس ورم حار في ذراعه، مؤلم ألماً شديداً، فلما أشفى منه ارتاحت نفسه إلى الخروج إلى شاطئ نهر كان عليه

النبات المسمى[٣١] حي العالم، وأنه وضعها عليه تبرداً به فخفف بذلك ألمه، فاستطال وضع يده عليه، فعمل مثل ذلك في اليوم التالي فبرأ منه برءاً تاماً. فلما رأى الناس سرعة برئه علموا أنه إنما كان بهذا الدواء وهو على ما قيل أول ما عرف من الأدوية. وأشباه هذه الأمثلة التي قد ذكرنا كثيرة"[٣٢].

وعن معرفة الحيوانات واسبقيتهن للإنسان في علاج الأمراض بواسطة النباتات الطبية يذكر ابن أصيبعة استخدام الحيات لنبات معين في إزالة ظلمة العيون التي تصيبها بعد سباتها الشتوي الطويل يقول: "ومثل ذلك أيضاً أن الحيات إذا اظلمت أعينهن لكمونهن في الشتاء في ظلمة بطن الأرض، وخرجن من مكامنهن في وقت ما يدفأ الوقت طلب نبات الرازيانج[٣٣]. وأمررت عيونهن عليه فيصلح ما بها. فلما رأى الناس ذلك وجربوه وجدوا من خاصيته إذهاب ظلمة البصر إذا اكتحل بمائه"[٣٤].

ويضيف ابن أصيبعة قائلاً: "ويحكى أن الدواب إذا أكلت[٣٥] الدفلى في ربيعها اضر ذلك بها، فتسارع إلى حشيشة هي بادزهر[٣٦] للدفلى فترتعيها، ويكون بها برؤها"[٣٧].

وعن نبات نعنع الماء نقل ابن أصيبعة معلومات عن ديسقوريدس[٣٨] قائلاً: "وحكى ديسقوريدس في كتابه أن المعزى البرية باقريطش إذا رميت بالنبل وبقيت في أبدانها فإنها توعى النبات الذي يقال له الشكطرا مشير وهو نوع من الفوتنج[٣٩] فيتساقط عنها ما رميت به، ولم يضرها شيء منه"[٤٠].

ويستعرض ابن أبي أصيبعة استخدام بعض الحيوانات للنباتات والأعشاب في العلاج يقول: "وحدثني القاضي نجم الدين عمر بن محمد بن الكرندي، أن اللقلق يعشش في أعلى القباب والمواضع المرتفعة، وأن له عدواً من الطيور يتقصده أبداً، ويأتي إلى عشه ويكسر البيض الذي فيه. قال:ك وإن ثم حشيشه من خاصيتها أن عدو اللقلق إذا شم رائحها يغمى فيأتي بها اللقلق إلى عشه ويجعلها تحت بيضه، فلا يقدر العدو عليها"[٤١].

لم أقف على اسم هذه الحشيشة التي ذكرها ابن أصيبعة وإلى أي فصيلة تنتمي وفي أي مكان تنبت.

وقال ابن أصيبعة: "وابن عرس يستظهر في قتال الحية بأكل السذاب[٤٢] والكلاب إذا دودت بطونها أكلت السنبل[٤٣] وتقيأت وساتطلبقت"[٤٤].

وإذا جرح اللقلق داوى جراحه بالصعتر الجبلي[٤٥]. والثور يفرق بين الحشائش المتشابهة في صورها، ويعرف ما يوافقه منها فيرعاه، وما لا يوافقه فيتركه، مع نهمه وكثرة أكله وبلادة ذهنه. ومثل هذا كثير"[٤٦].

ويتضح من دراستنا لا هم النباتات التي ذكرها ابن أصيبعة أنها عبارة عن نماذج ساقها هذا العالم العربي الكبير لتبيان أهمية وفوائد النباتات المختلفة في الطب والعلاج للإنسان والحيوانات والطيور على السواء.

وهو في عمله هذا إنما سلك نفس المنهج العلمي التجريبي الذي قام به واختطه العلماء لأنفسهم وأعمالهم في أكثر العلوم قاطبة وبالذات علوم النبات.

النبات من خلال تراجم الأطباء:

وعن الفوائد الجمة لنباتت الختمة أو الخطمي: اوضح ابن أصيبعة قائلاً: "قال حنين: نبات[٤٧] الخطمي لما كان دواء يسخن أسخاناً معتدلاً، تهيأ فيه أن يكون علاجاً كثيراً المنافع إذا استعمل مفرداً وحده وإذا خلط بمواد أخرى، ما أسخن منه وما أبرد، كما بين ذلك ديسقوريدس وسائر من تكلم فيه. ولهذا السبب نجد اسمه في اللسان اليوناني مشتقاً من اسم العلاجات. وذلك إنهم يدلون بهذا الاسم على أن الخطمي فيه منافع

كثيرة"[٤٨]. وقال ابن أصيبعة: "وإذا صوروا اسقليبيوس جعل على رأسه إكليل متخذ من شجر الغار[٤٩] لأن هذه الشجرة تذهب بالحزن"[٥٠].

وقال كذلك "...وأما الحمقى فيجب أن يسقوا الخربق"[٥١].

وعند ترجمة حياة الحارث بن كلدة الثقفي، قال ابن أصيبعة "ويروي عن سعد بن أبي وقاص رضي اللـه عنه، أنه رجل يتطبب. فلما عاده الحرث نظر إليه، وقال: ليس عليه بأس اتخذوا له فريقه بشيء من تمرة عجوة[٥٢] وحلبة[٥٣] يطبخان، فتحساها فبرئ"[٥٤]. وذكر ابن أصيبعة بعض كلام الحارث بن كلدة في فوائد النباتات الغذائية، قال: وأفضل الفواكه الرمان والأترج[٥٥]، وأفضل الرياحين: الورد والبنفسج[٥٦]؛ وأفضل البقول الهندباء والخس"[٥٧]. وقال: "تخالها في الظلمة بدراً زاهراً تبسم عن أقحوان[٥٨]"[٥٩].

ويذكر ابن أصيبعة عن فوائد الفستق في المساعدة على قطع الدم بعد الحجام فيقول: "فدعا بفستقه[٦٠] فشقها وطرأ ما فيها، وأخذ أحج نصفي القشر فجعله على موضع

الفصد"(٦١). وفي الأندلس كما يقول ابن أصيبعة: "وهؤلاء أهل الأندلس إذا أراد أحدهم إسهال طبيعته أخذ من السقمونيا(٦٢) وزن ثلاثة دراهم، حتى تلين طبيعته"(٦٣).

وعن طب (جبرائيل بن بختيشوع) يقول ابن أصيبعة: "دخل غلمان جبرائيل ومعهم رغيف واحد ومعه ألوان قد اتخذت من قرع(٦٤) وماش(٦٥) وما أشبه ذلك"(٦٦).

وجاء ذكر بعض نباتات الطيب في موسوعة طبقات الأطباء كما يلي: "دخلت إلى بختيشوع بن جبرائيل بن بختيشوع في يوم شديد الحر وهو جالس في مجلس مخيش بعدة طاقات من الخيش طاقات ريح بينهما طاق أسود وفي وسطها قبة عليها جلال(٦٧) من قصب مظهر(٦٨) بدبيقي قد صبغ بماء الورد والكافور(٦٩) والصندل(٧٠)،(٧١).

وأضاف قائلاً: "وجاء الطباخ فنفضها كلها فانتفضت وقال: هذه فراريج تعلف اللوز والبزر(٧٢) قطونا.. وكوانين فيهاجم الغضا(٧٣)... ومعه درج آخر في فحم يتخذ له من قضبان الأترج والصفصاف(٧٤)... وشتى الكرم... والكافور، وماء الخلاف(٧٥)،(٧٦).

هوامش:

١- Actec du Sizieme congres international des orientalisees tenu en ١٨٨٣ a leide. ١١ partie Section I Semitiquep.

٢- بلال موسى: معجم أعلام الفكر الإنساني، ص٢٧- ٣٠ ، وكمال السامرائي: مختصر تاريخ الطب، ص٢- ٦٣.

٣- السامرائي: مختصر تاريخ الطب العربين ص١١٩- ١٢٠.

٤- نلينو: الفلك عند العرب، ص٦٦.

٥- الزركلي: الأعلام، ١: ١٨٩.

٦- معجم أعلام الفكر الإنساني، (١: ٢٩).

٧- ابن أبي أصيبعة، طبقات الأطباء: ١٥.

٨- الراسن: نبات طبي بري ويسمى أيضاً زنجبيل شامي، قسط شامي، جناح رومي، اسمه العلمي Inula helenium, campana, corvisartia helenium commoninula, والانجليزي Elecam pane, Horse- elder- معمرة ترتفع الطحلاء اللون. أزهارها عذقية رؤيسية صفراء القرص (عن الموسوعة في علوم الطبيعة، الجزء١، ص٤٤٤) وقال: الفيروز أيادي أن الراسن أو القنس كذلك نبات طيب الرائحة ينفع في جميع الآلام والأوجاع الباردة ووجع الظهر والمفاصل.

٩- اليتوع: نباتات برية وطبية من فصيلة الفربيونيات، الاسم العلمي Euphorbia أنواعه حوالي (١٦٠٠نوعا) منها الحولية والمعمرة والعشبية والليفية والمخشوشية واللحمية الأوراق كالصبار. تعيش في المناطق الحارة (عن الموسوعة في علوم الطبيعة، الجزء٢، ص٢٣٣).

١٠- طبقات الأطباء، ص١٥.

١١- الأعم= حبيش بن الحسن الأعم، من أهل القرن الثالث الهجري = التاسع الميلادي، وهو ابن أخت الطبيب والمترجم ابن اسحق. للأعم كتاب الأدوية المفردة والأقرباذين (عن مصادر النباتات الطبية عند العرب للأستاذ كوركيس عواد، ص٦٧).

١٢- ابن أصيبعة، ص١٢.

١٣- تقع هذه المنطقة في ضواحي دمشق.

١٤- الهندباء: هندبا مرة، شيكورية الاسم Chichorium intybas ، والانجليزي Succory, wild chicory نباتات بقلية برية وزراعية، له ضروب وأنواع عديدة، جميعها نافعة تنقي الدم. جذورها حترابية مستطيلة سوقها فرعاء تعلو نحو ٢٠٠سم. أوراقها مستطيلة مقرضة أزهارها إلى الزرقة الزاهية وأعتقد أنه نفس النبات الذي قصده ابن أصيبعة ولم يتأكد ما هو.

١٥- حب الغار: هو حب نبات الرند (الجزائر وسوريا)، ريحان (في الريف)، غار (في المدن) ويسميه البدو أيضا رَنَدْ، دفلى رومي - عصى موسى. اسمه العلمي (Laurus nobilis L.) وبالانجليزية bay–Sweet من الفصيلة (Lauraceae) (عن معجم أسماء النبات، ص١٠٥).

١٦- ابن أصيبعة، ص١٦.

١٧- قاتل البيش: نبات يشبه نبات الزنجبيل رطباً ويابساً، وهو نبات سام قاتل للحيوان والإنسان. وترياقه فأرة البيش وهي تتغذى عليه.

١٨- ابن أبي أصيبعة، طبقات الأطباء، ص١٦.

١٩- الصبر: ألوة، مثقر، صبارة، الاسم العلمي Aloe Vera، والانجليزي Aloe٨، نبات معمر من الفصيلة الزنبقية، أوراقه لحمية ليفية النصل. عصارته مرة طبية، تستعمل في بعض الأدوية المسهلة. تنبت في الأقطار الحارة، ومنها بعض الأنواع للزينة في الحدائق وأشهر أنواعه الصبر السقطري (نسبة إلى جزيرة سقطرة) التابعة لليمن.

٢٠- السقمونيا: أو محمودة - الاسم العلمي- Con Volvalus Scammonia C.Syriacus والانجليزي Scammony Plant. نبات عشبي طبي ليفي عارش من فصيلة اللبلابيك أوراقه رمحية متعاقبة مثلثة الزوايا. أزهاره بوقية الشكل صفراء اللون مشربة البياض يستخرج من جذوره عصارة راتنجية صمغية مرة تستعمل في الطب للإسهال (الموسوعة في علوم الطبيعة، ١:٥٤٤).

٢١- الحنظل: حدج، مرارة المصارى، الاسم العلمي Cucumis colocynthis و Citrullus Colocynthis. والاسم الانجليزي Bitter apple Colocynth، نبات عشبي فصللي من فصيلة القرعيات له أنواع كثيرة تعترش الأرض، أزهارها صفراء. ثماره صغيرة بحجم وشبه الشمام. قشرتها رقيقة جامدة، شحمها أو لبها اسفنجي التركيب أبيض اللون شديد المرارة. ويستعمل لبه في إزالة البلغم الشديد ونافع للصرع وداء الثعلب والجذاع ويفيد من لسع الدفاعي والعقارب، ولقتل البراغيث رثا بطيخه وهو من المسهلات القوية المفعول.

٢٢- ابن أصيبعة، ص١٩.

٢٣- شريراً: كثير الأذى، طعان في الناس.

٢٤- يشتم الناس علنا وبالظهر من ورائهم وبدون حقيقة.

٢٥- الأفيون: المادة اللبنية السامة المخدرة المستخرجة من بذور نبات الخشخاش وأشهرها المورفين والزكوتين والزسيين والتبايين والكواديين والخشخاشين واللودتين وأجود أنواعه الخشخاش الأحمر والأبيض. ويستهل الأفيون في الطب مخدراً ومسكناً للآلام وتعاطيه محرم

وممنوع دولياً لأنه يسبب عواقب وخيمة ويسيء للصحة لأنه يرهق الأعصاب ويدمرها (عن الموسوعة في علوم الطبيعة، ١: ٨٠).

٣٦- الحمرة فيه (عن نزار رضا، مقدمة طبقات الأطباء، ٢٣).

٣٧- ابن أبي أصيبعة، طبقات الأطباء، ٢٣.

٣٨- مازريون: دخنة سامة، أتم، الاسم العلمي Daphne mezereum، والانجليزي mezereon, Dwarf laurel, spurge olive. نباتات سامة عديدة الضروب أوراقها متعاقبة مستطيلة، أزهارها عطرية، ثمارها عنبية سامة عديدة الضروب. ومن أوراقها مادة فعالة سامة، ينفع منها في معالجة ضعف الكلى واليرقان والاستسقاء (عن الموسوعة في علوم الطبيعة، ٢:٤٤٢).

٣٩- الاستسقاء: مرض يصيب الناس، يتجمع الماء في جوف البطن خارج المعدة والأمعاء وبقايا الأجهزة الفسيولوجية الأخرى.

٣٠- ابن أبي أصيبعة، ٢٣.

٣١- حي العالم: حيون، ودونه جنس نباتات عشبية لحمية حولية ومعمرة من فصيلة المخلدات. أكثرها نباتات طيبة، تفيد في تدمل الجرح وشقاء مرض البواسير، انواعه حوالي (١٣٠نوعاً) وتقسم إلى ثلاثة لمم: الأولى تشمل الأسطواني والبيض الورق ومهما كانت ألوان الأزهار. والثانية تشمل الصفيحي النصل الأبيض والأحمر الزهر. والثالثة: تشمل الصفيحي النصل الأصفر والأخضر الزهر. أوراقه لحمية مختلفة الأشكال لا نظامية التركيب والترتيب (عن الموسوعة في علوم الطبيعة، ١: ٣٣٦).

٣٢- ابن أصيبعة، ٢٤.

٣٣- الرازيانج: شمار، شمرة، شومار. الاسم العلمي Feniculum. والانجليزي Fennel. نباتات عشبية برية طبية معمرة من فصيلة الخيميات. لها أنواع كثيرة. الساق كثير الفروع أخضر اللون الأوراق مركبة شديدة الخضار. لها عطر فواح. يفيد الرازيانج في طرد الغازات المعوية ويسكن التشنج ويدر البول وينبه الغدد الجنسية (عن الموسوعة في علوم الطبيعة الجزء٢، ص٣٤).

٣٤- ابن أصيبعة، ص٢٤.

٣٥- الدفلى: دفلى مبذولة، جن، جين، الاسم العلمي Nerium oleander والانجليزي Oleander, Rose- bay, South Sea rose وهي نباتات عديدة الضروب، تكثر في حوض البحر الأبيض المتوسط، تصل إلى ارتفاع من مترين إلى أربعة. ساقه فرعاء، أوراقه ثنائية أو ثلاثية التجميع. أزهاره عديدة الألوان فيها الأبيض والأحمر والوردي (عن الموسوعة في علوم الطبيعة، ١: ٤٠٧).

٣٦- بادزهر: باكزهر Bozoar. وصفه الأنطاكي على أنه حجر معدني وحيواني ينشأ في قلوب بعض الحيوانات، أجوده المشطب الزيتوني الشكل الحيواني الضارب إلى الصفرة. وهو كالترياق مضاد للسموم (عن الموسوعة في علوم الطبيعة، ١: ١٢١). وجاء في هوامش نزار رضا أن البادزهر هو في الأساس تجمدات مرضية كروية أو بيضية تتكون في الحيوانات قالوا أنها مضادة للسم.

٣٧- ابن أصيبعة، ص٢٥.

٣٨- ديسقوريدس: طبيب يوناني (القرن الأول للميلاد) له كتاب شهير في النبات.

٣٩- فوتنج: نعنع الماء، ضميران، وحبق الماء، اسمه العلمي mentha a quatica والانجليزي Brook mint, Fish mint, water mint أحدد أنواع النعنع البري المبذول، يكثر وجوده في المنافع وعلى مجاري الماء. ساقه منتصبة غليظة جامدة تعلو من (٤٠- ١٠٠سم)، أوراقه أهليجية الشكل. أزهاره بيضاء اللون وردية المواج. أوراقه وأزهاره عطرية الرائحة والمادة وهو نبات طبي يستخدم في القضاء على الديدان شرباً مع العسل والخل وينقي الصدر من السعال والربو والبلغم، ويدمل القروح ممزوجاً بدقيق الشعير (عن الموسوعة في علوم الطبيعة، ٢: ٥٦٩).

٤٠- ابن أصيبعة، ص٢٦.

٤١- ابن أصيبعة، ص٢٦.

٤٢- السذاب: جنس نباتات عشبية برية طيبة معمرة من فصيلة الذابيات أنواعه كثيرة. أوراقه متعاقبة مركبة. أزهاره خنثوية رباعية البتلات. أشهر أنواه سذاب سوري (فيجن حلبي) اسمه العلمي Rua angustifolia والانجليزي Syrian rue, Aleppo rue يكثر في المناطق السورية يعلو إلى حوالي (٣٠- ٧٠سم). (عن الموسوعة في علوم الطبيعة، ١: ٥٢٨).

٤٣- السنبل: هو ناردين الحدائق، اسمه العلمي Valeriana phu, V.discordis والانجليزي cretan Spikenard, Garden Valerian. نوع من الناردين الزراعي المعمر. ساقه مالسة منتصبة تعلو من (١٠٠- ٢٠٠سم) أزهاره عثكولية التجمع كبيرة الحجم، بيضاء اللون أو وردية. فواحة العطر. الجذور طبية (عن الموسوعة في علوم الطبيعة، ٢: ٥٣٥).

٤٤- استطلقت: أسهلت.

٤٥- الصعتر الجبلي: ندغ الجبل، زوابع البر، اسمه العلمي Satureia montana نوع من الندغ الطبي المعمر، من فصيلة الشقويات، يصل في الارتفاع من (٤٠- ٨٠سم) ساقه مخشوشبة فرعاء. أوراقه سنانية مستطيلة مدببة. أزهاره وردية اللون أو بنفسجية. (عن الموسوعة في علوم الطبيعة، ٢: ٥٥٥).

٤٦- ابن أصيبعة، ص٢٦.

٤٧- نبات الخطمي: خطمية، الاسم العلمي Hibiscus، والانجليزي Ketmia جنس نباتات عشبية من فصيلة الخبازيات. انواعه عديدة منها البرية والطبية والتزيينية والزراعية المأكولة الثمار كالبامية. سوقها زباء، أوراقها معنقة مفصصة، أزهارها كبيرة الحجم، متعددة الألوان (عن الموسوعة في علوم الطبيعة، ١: ٣٦٤).

٤٨- ابن أصيبعة، ص٣٥.

٤٩- الغار: رند، اسمه العلمي Laurus nobilis، وبالانجليزي Laurel, Roman Laurel, Sweet-bay. اشجار برية وتزيينية من فصيلة الغاريات، ضرورية عديدة يصل إلى ارتفاع من (١٠-١٥م)، أزهارها صغيرة وفستقية اللون، ثمارها زيتونية الشكل والحجم زرقاء اللون، سواد المواج. يستخرج منها زيت فاخر الصنف يدخل في صناعة الطيوب ومنه نوع في جبل عامل يعرف بالفوردل. أوراقها فواحة العطر وهي نباتات طبية ونقيع الأوراق منبه ومنشط (عن الموسوعة في علوم الطبيعة، ٢:١٩٣).

٥٠- ابن أصيبعة، ص٣٦.

٥١- الخربق: الاسم العلمي Helleborus، والانجليزيHellebore. وجاء اسمه من اليونانية أي (علاج الجنون)، جنس نباتات عشبية معمرة سامة من الخريقيات وفصيلة الشقيقيات، ازهارها كبيرة جميلة الشكل، تألف الأتربة الكلسية، يستخرج من جذور بعض أنواعها مواد غلوكوزية مخدرة ومسهلة كانت تستخدم في الطب القديم، والآن اقتصر استعمالها على الطب البيطري (عن الموسوعة في علوم الطبيعة، ١: ٣٤٨).

٥٢- عجوة: التمر المحشي في وعائه.

٥٣- الحلبة: أعنون، غاريقا، الاسم العلمي Trigonell، والانجليزي Trigonella. نباتات عشبية برية وزراعية علفية من فصيلة القرنيات الفراشية. أنواعها كثيرة، معظمها بري. والحلبة تشبه الحندقوق والنفل. وهي نباتات طبية مقوية للمعدة والأعصاب، وتفيد في النزلات الصدرية، كالسعال وضيق التنفس والربو، ويستعمل زيتها لتقوبة غدد الثديين. وحب الحلبة.. يحوي ٣٠% من المواد الزلالية و ٧% من المواد الزيتية مما تفيد المرضع (عن الموسوعة في علوم الطبيعة، ١: ٣١٧).

٥٤- ابن أصيبعة، ص١٦١.

٥٥- أترج: كباد، ترنج، تفاح ماهي، الاسم العلمي Citrusmedica cedrata والانجليزي Adav Sapple, cedrat tree . نوع من الحمضيات يتبع الفصيلة التاريخية، يستوطن الاصقاع الحارة والمعتدلة. وهو شجيرة تشبه الليمون الحامض. ساقها فرعاء، أغصانها قاشية شائكة.

أزهارها قليلة العدد، كبيرة الحجم وثمارها أيضا مستطيلة الشكل بنفسجية اللون في أول عهدها ثم خضراء فصفراء عند النضج. لها حامض مر لا يؤكل، تستعمل قشور ثمارها في صناعة المربيات (عن الموسوعة في علوم الطبيعة، ١: ١٨).

٥٦- البنفسج: الاسم العلمي Viola، والانجليزي Viola, Violet. أعشاب صغيرة برية وتزيينية معمرة من فصيلة البنفسجيات. أوراقها قرصية معنقة طويلة. ألوانها كثيرة يغلب فيها البنفسجي والأبيض، يستخرج من زهرها مادة قلوية تدعى (فيولين) وكذلك يستخرج بالتقطير عطر شيق (عن الموسوعة في علوم الطبيعة، ١: ١٦٩).

٥٧- ابن أصيبعة، ص١٦٣.

٥٨- أقحوان: Anthemis، نباتات عشبية حولية أو معمرة من فصيلة المركبات الأنبوبية الزهر. أنواعه عديدة آسيوي وأوروبي منيت، جميع أعضائها عطرية. قرص الزهرة مفعم بالشذور تتسوطه زهيرات خنثوية صفراء اللون (عن الموسوعة في علوم الطبيعة، ١: ٨١).

٥٩- ابن أصيبعة، ص١٦٥.

٦٠- الفستق: شجرة زراعية معمرة كثيراً. لها أنواع عديدة، الاسم العلمي Pistaciavera، والانجليزي Pistachio. ثمارها زيتونية الشكل، تتكون عند اكتمال نضجها من غلاف داخلي هش النسيج لونه إلى الجوؤة يعلوها توشيح رمادي. ومن غلاف خارجي خشبي المادة مؤلف من مصراعين ينشقان عن صلام أصفر اللون مأكول تلحفه قشرة رقيقة لونها إلى الحمرة (عن الموسوعة في علوم الطبيعة، ٢: ٢٤٠).

٦١- ابن أصيبعة، ص١٧٦.

٦٢- السقمونيا: محمودة، الاسم العلمي convolvulus Scammonea, c.Syriacus، والانجليزي Scammony Plant، نبات طبي عشبي ليفي عارش، من فصيلة اللبلابيات. أوراقه متعاقبة رمحية مثلثة الزوايا. أزهاره بوقية الشكل، صفراء اللون، مشربة البياض. يستخرج من جذوره عصارة راتنجية صمغية كثيرة الاستعمال الطبي (عن الموسوعة في علوم الطبيعة، ١:٥٤٤).

٦٣- ابن أصيبعة، ص١٩٠.

٦٤- قرع: يقطيني، الاسم العلمي Cucurbita، والانجليزي Gourd، نباتات حولية أو معمرة من فصيلة القرعيات. أنواعه كثيرة معروفة، ثمارها مختلفة الأشكال والأحجام (عن الموسوعة في علوم الطبيعة، ٢: ٢٨٥).

٦٥- ماش: كشري، الاسم العلمي Phaseolus mungo. الانجليزي Black gram. نبات عشبي زراعي حولي، ساقه فرعاء قائمة. أوراقه معنقة مركبة ثلاثية. وريقاتها بيضية النصل. لون

الأزهار، صفراء خضر المواج. الثمار قرون أسطوانية ضيقة مستطيلة، بزورة كروية الشكل سمراء اللون وخضراء بالأسود. تحوي البذور على العناصر الغذائية التالية (٢٣.٨%) من المواد الأزوتية، (١.٤٦%) من المواد الدهنية، (٦٢.١٥%) من المواد النشوية. وتنتشر زراعة الماش في منطقة الشرق الأوسط. وعندنا في العراق يستخدم الماش مع الرز لتناول وجبات لذيذة منه. (عن الموسوعة في علوم الطبيعة، ٢: ٤٤٣).

٦٦- ابن أصيبعة، ص١٩٥.

٦٧- جلال: اكسية (أغطية).

٦٨- مظهر بدبيقي: الثوب الجيد المنسوب إلى دبيق وهي مدينة مصرية.

٦٩- الكافور: شجر كبير من فصيلة الغاريات تصل إلى ارتفاع (٢٠- ٥٠متر) ثمارها زيتونية نووية بضاء، ازهارها طيبة الرائحة، تستخرج منه مادة عطرية بيضاء متبلورة.

٧٠- الصندل: شجر هندي معمر بري وزراعي من فصيلة الصندليات. أنواعه ثمانية أشهرها (الصندل الأبيض والصندل المرجاني) مهدها الشرق الأقصى. طيب الرائحة يشبه شجر الجوز وله حب أخضر أو مسود في عناقيد. تزرعها لأخشابها الصفراء اللون الناعمة الرقعة، شديدة الصلابة. الاسم العلمي Santalum. والانجليزي Sandalwood, Santal. (عن الموسوعة في علوم الطبيعة، ٢: ٧٣).

٧١- ابن أصيبعة، ص٢٠٣.

٧٢- البزر قطونا: عشبة البراغيث، الاسم العلمي Plantago Psyllium. والانجليزي Wort-Flea . نبات عشبي بري طبي وصناعي من فصيلة الحمليات يستخرج من أوراقه وبزوره مادة صمغية لزجة تنفع الرمل والتهابات العين، تفيد الشعر وتستعمل في تصميغ الأقمشة (عن الموسوعة في علوم الطبيعة، ١: ١٤٣).

٧٣- الغضا: الغضاة Tamarisde syrie هو الأثل السوري، شجرته تصل إلى ارتفاع عشرة أمتار، أخشابها صلبة جيدة مفيدة في صناعة الفحم (عن الموسوعة في علوم الطبيعة، ٢: ٢٠٩).

٧٤- الصفصاف: سوحر، الاسم العلمي Salix. والانجليزي Willow. أشجار وشجيرات وجنبات حرجية وتزيينية من فصيلة الصفصافيات، أنواعه حوالي (١٢٠ نوعاً) تنتشر في جميع أنحاء العالم. يستفاد من أخشابها لينة خفيفة سهلة التصنيع لا تتفطر. ولحاء الساق يصلح للدباغة وقضبانها تستعمل في صناعة السلال (عن الموسوعة في علوم الطبيعة، ٢: ٦٤).

٧٥- الخلاف: زقوم، اسمه العلمي Elaeagnus. أشجار وشجيرات برية وزراعية من فصيلة الخلافيات، أنواعه عديدة منها الشائكة والسرحة. الأزهار عطرية لونها من الصفرة إلى البياض (عن الموسوعة في علوم الطبيعة، ١: ٣٦٧).

٧٦- ابن أصيبعة، ص٢٠٤.

الأنطاكي

اسمه وبيئته:

ولد داوود بن عمر الضرير الملقب بالشيخ داود الأنطاكي والحكيم الماهر والطبيب الحاذق، جالينوس أوانه وأبقراط زمانه، العالم الكامل في مدينة أنطاكية* شمال سورية، وسط سهل خصب رائع الجمال في الحوض الأدنى لنهر العاصي، في بداية القرن العاشر الهجري، الموافق السادس عشر الميلادي، مكفوف البصر. تعلم الأنطاكي من كتب قدماء اليونان كأبقراط وديسقوريدس وجالينوس، ومن كتب العرب والمسلمين كابن سينا والرازي والزهراوي وغيرهم. وتشير المصادر أن هذا الرجل الفاضل كان محباً للسفر والترحال رغم عاهته. وقد ترك مدينته وهو شاب فزار بلداناً عديدة ليأخذ من علومها وفلسفها وطبها وكل ما يتعلق بثقافة هذه الأقطار. وتذكر بعض المراجع أن الأنطاكي قد أتقن عدة لغات من بينها اليونانية وهذا ساعده على أن يعرف فوائد النباتات الطبية الغير عربية. وعرف عن الأنطاكي إسهابه في الرد على أي سؤال حتى قيل أنه يرد على السؤال بكراستين. وهو منذ شبابه امتهن الطب وتخصص فيه وما يتعلق به، وبالأخص الطب العلاجي وتحضير الأدوية والوصفات وهو ما يعرف اليوم بالصيدلية. وتوفي الأنطاكي في مدينة مكة المكرمة بالمملكة العربية السعودية أثناء تأدية مراسيم الحج في سنة (١٠٠٨هـ/ ١٥٩٩م).

مؤلفاته:

ترك الأنطاكي مؤلفات عديدة قدرت بأكثر من (٣٠ كتابا ورسالة) معظمها ينصب في مجال الطب واستخدامات النباتات والحيوانات والمعادن في العلاج والتداوي وهي كما يلي:

---

* أنطاكية: مدينة قديمة يعود تاريخها إلى (٣٠٠سنة) قبل الميلاد، وكانت من أشهر مدن سوريا في تلك الحقبة من الزمن، وهي الآن تابعة لتركيا.

١- النزهة المبهجة في تشحيذ الأذهان وتعديل الأمزية (اتبع في وضعها نظرية الاخلاط الأربعة الاغريقية القديمة).

٢- تشحيذ الأذهان (تلخيصا لكتابه السابق).

٣- تزيين الأسواق بتفصيل أشواق العشاق (تلخيصا لكتاب السراج).

٤- رسالة في الطائر والعقاب (في الفلسفة).

٥- أنموذج في علم الفلك (في التنجيم).

٦- (تذكرة أولى الألباب والجامع للعجب العجاب)، أهم كتبه على الإطلاق وهو الذي اشتهر به ويسمى اختصاراً (تذكرة داوود). وهو على حروف المعجم كما فعل ابن البيطار في جامعه. وهو يتألف من مقدمة تصنيف العلوم وحال الطب فيها. وأربعة أجزاء وأبواب، الأول كليات العلوم ومداخلها والثاني عن تجهيز الأدوية، والثالث في مفردات الأدوية ومركباتها (التي بلغت حوالي ١٧٠٠ دواء نباتي وحيواني ومعدني)، وفي الرابع الأمراض وعلاجاتها.

٧- كتاب البهجة والدرة المنتخبة فيما صح من الأدوية المجربة.

٨- غاية المراد ونزهة الأذهان في إصلاح الأبدان.

٩- شرح قصيدة ابن سينا (الذي يتكلم فيها عن النفس) (في علم النفس).

منهج الأنطاكي العلمي:

يستعرض الأنطاكي في كتابه التذكرة ما سبقه من علماء العرب والافرنج في أعمال تركيب الأدوية من مصادرها الأساسية (النباتية والحيوانية والمعدنية) وينقد أكثرها لعدم قناعته بتوفر الصيغة العلمية فيها فيقول: أن كلا من هؤلاء لم يخل كتابه مع ما فيه من الفوائد عن إخلال بالجليل من المقاصد ما يبدل أو إصلاح أو تقدير أو إطلاق للمنفعة وشرطها التقييد وكالتخليط والتكرار من جهة الأسماء، كذكرهم القطلب في محل وقاتل أبيه في آخر، وكلاهما واحد، وفي المضار كقولهم في الزنجبيل إنه باللثة مع أنه ضار بالصفراويين مطلقاً وبالكلى من المهزولين، وفي المصلحات، كقولهم في السقمونيا ويصلحها الأهليلج الأصفر مع أن هذا في الصفراويين خاصة وفي السوداويين الكثير أو في الأوزان، كقولهم في (الماهورانه) حد الشربة منها خمس

عشرة حبة ولعمري أن هذا القدر لقاتل لا محالة، وفي حب النيل أن حد الشربة منه نصف درهم، ولقد شاهدت في شرب منه ثمانية عشر درهما. وفي هذا الصدد يقول الدكتور عبد الحليم منتصر "وفي الحق إن داود كان بارعاً، رائعاً، أميناً في نقده لسلفه من أرباب هذه الصناعة، فذكر مالهم وما عليهم، ووعد بأن يذكر ما أغفله أهل هذه الصناعة وما حدث من الأدوية والتجارب لهم وله حتى سنة ست وسبعين وتسعمائة من الهجرة حين كان يملي كتابه الفذ تذكرة أولي الألباب والجامع للعجب العجاب".

وأشار الأنطاكي إلى أنه وضع لنفسه عشرة قوانين سار عليها في ترتيب مفرداته وتحقيقها وتصحيح ما أخطأ فيها ممن سبقه. وما جاء به من جديد من هذه المفردات والمركبات. وهذه القوانين التي التزمها الأنطاكي في كتاباته فهي:

الأول: ذكر أسمائه بالألسن المختلفة ليعم نفعه.

الثاني: ماهيته من لون ورائحة وطعم وتلزج وخشونة وملاسة وطول وقصر.

الثالث: ذكر حسنه ورديئه ليؤخذا أويجتنب.

الرابع: ذكر درجته في الكيفيات الأربع ليتبين الدخول به في التراكيب.

الخامس: ذكر منافعه في سائر أعضاء البدن.

السادس: ذكر كيفية التصرف به مفرداً أو مع غيره.

السابع: ذكر مضاره.

الثامن: ذكر ما يصلحه.

التاسع: ذكر المقدار المأخوذ منه مفرداً أو مركباً، مطبوخاً أو منشقا، بجرمه أو عصارته، أوراقا أو أصولاً إلى غير ذلك من أجزاء النبات المختلفة.

العاشر: ذكر ما يقوم مقامه إذا فقد.

وعن أهمية هذه القوانين الأنطاكية في المفهوم العلمي يؤكد الدكتور منتصر على متانتها بقوله: " ولعلنا إذ نقف وقفة عند قوانين داود نجد أنها قد أوفت على الغاية من حيث الطريقة العلمية الصحيحة من تحقيق للأسماء حتى لا نخلط بينها، ومن ذكر للمنافع والمضار والمقادير الدقيقة التي يتناولها المريض وطريقة التناول وذكر البديل الذي يمكن استعماله إذا استعصى العقار الأصيل. ومع ذلك فقد أضاف داود أمرين

على أعظم جانب من الأهمية والخطورة بالنسبة لصناعة الصيدلة وتحضير العقاقير:

الأول: الزمان الذي يقطع فيه الدواء ويدخر حتى لا يفسد.

الثاني: من أين يجلب الدواء، ككمون سقمونيا من جبال أنطاكية.

والممارسون للعمل الأقرباذيين والصيدلاني، يعلمون أهمية الزمن الذي يقطع فيه الدواء، لكي نحصل على أكبر قسط من العقار المطلوب، فإذا كان ورقاً أو زهراً أو ثمراً أو أصولاً، فإن لجنيها موعداً لا ينبغي أن تجنى قبله أو بعده، وإلا أتلف العقار أو لم يأت بالفائدة المطلوبة أو فقد فاعليته او غدا ضاراً بدلا من أن يكون مصلحاً مفيداً، كما يعلمون أهمية جلب العقار من مكان معين أو النبات من منبته في موطن خاص.. فقد تحقق داود من هذين الأمرين منذ مئات السنين فقال ويبني على ذلك فوائد مهمة في العلاج، فقد قال أبقراط عالجوا كل مريض بعقاقير أرضه، فإنه أجلب لصحته، وإنما كان التداوي والاغتذاء بهذه العقاقير للتناسب الواقع بين المتداوي به".

الإخلال بالمنهج العلمي البحت:

ومع علمية هذه العالم العربي فقد أدخل في كتابه أولى الألباب والجامع للعجب العجاب ما لا يتفق والذوق العام أو أصول الطب الحديث وما ليس للطب أو الصيدلة في شيء مما لا يمكن أن يدافع عنه. ويبدو أن الأنطاكي قد استجاب لما كان موجود من معتقدات أو أمور عامة شاعت في تلك الفترة أو أعتمد أسلوب العامل النفسي في العلاج حسب اعتقاده، ومن أمثلة هذا الخلل بالمنهج العلمي الذي وقع فيه شيخنا الأنطاكي في كتاب التذكرة "إن شرب مثقال من روث الكلب الأبيض مع ربع مثقال من الكبريت معجوناً بالشيرج يقلع ما استعصى من الجرب"، وعن الحصاة التي تتكون داخل المثانة يقول "قيل يوضع دف على الأذن وينقر عليه فتسقط الحصاة" الخ... وحقل الكتاب أيضا بما ليس له علاقة بالطب أو الصيدلة أو النبات في شيء كمنازل الكواكب وبروجها والتعاويذ والأدعية وأحاديثه في الفلك والجغرافية والسحر والطلاسم، وهي أمور بعيدة جداً عن جوهر ما ألف به وعرف عنه من اتزان علمي وخبرة تجريبية في ميدان الطب، والعقاقير وهذا يعتبر في اعتقادي خلل في بودقة فكره الثاقب وروائعه التي تركها في جانب كبير من جوانب كتابه وهي إشراقة أخرى في وميض الحركة

الفكرية العربية الإسلامية. وهو من خلال تضاعيف كتابه التذكرة يشير إلى أنه ربما هو أو غيره يمكن أن يقع في أخطاء وزلل لأن العلم يعتمد على تجارب واختبار وليس على أقوال مجردة أو أوهام فارغة حيث يقول: "على أني لا أقول إني وأبقراط سالمان من اللوم لم نتبصر، فيجب على من أراد ذلك التبصر والاختبار والتجارب والامتحان فإذا خلص له بعد ذلك شخص منحه".

النبات عند الأنطاكي:

وصف الأنطاكي الكثير من النباتات وبالأخص التي يستفاد منها في التداوي والعلاج وتدخل صناعة العقاقير مفردة أو مركبة وسنتناول أمثلة من ذلك:

◈ **الأفيون:** الاسم العلمي (.Paraver Somniferum L) والانجليزي (Opium Poppy). يقول الأنطاكي: "هو عصارة الخشخاش، وهو مميت للأعضاء ويؤخذ من الخشخاش إما بالشرط وهو أجود وأقوى أو بالطبخ حتى يغلظ وهو أضعف وارداً. وهو بارد يابس مالض يقطع الإسهال وينفع في الصداع والنزلات والسعال وضيق النفس والربو وسائر الأمراض بالتخدير ويذهب الحكة والجرب وهو من السموم يقتل إلى درهمين. ومتى زاد أكله على أربعة أيام اعتاده، بحيث يقضي تركه إلى الموت.

◈ **البابونج:** الاسم العلمي (.Chamaemelum nobile L) والانجليزي (Chamomile) قال الأنطاكي عنه: "ينبت حتى على الأسطح والحيطات وأكثره أصفر الزهر. وهو حار يابس محلل ملطف لا شيء مثله في تفتح السدود وإزالة الصداع والحميات شرباً وانكباساً على بخاره. وهو يقوي الكبد ويفتت الحصى ويدرر الفضلات وينقي الصدر من الربو، يقلع البثور ويذهب الإعياء والتعب والنزلات وينفع من السموم ودخانه يطرد الهواء، ودهنه يزيل الشقوق ووجع الظهر وعرق النسا والمفاصل والنقرس والجرب وهو يضر الحلق ويصلحه العسل وشربته إلى ثلاثة مشاقل.

◈ **الحلبة:** الاسم العلمي (.Trigonella fecnum-graecum L) والانجليزي (Fenugreek). وصفه الأنطاكي قائلاً: نبت له زهر أصفر يخلف ظروفا دقيقة تنفتح عن بزر مستطيل وهي حارة يابسة وتحلل سائر الأورام ومتى

طبخت بالتمر والتين والزبيب وعقد (أغلاه حتى غلط) ماؤها أذهبت أوجاع الصدر المزمنة والسعال والربو وضيق النفس. ومتى طبخت مفردة وشربت بالعسل حللت الرياح والمغص وبقايا الدم المتخلف من النفاس والحيض والاخلاط، وأخرجت الاخلاط والكيموسات (الإفرازات) العفنة وإذا نقعت في ماء الورد وقطرت في العين نقعت في الدمعة والحمرة وبقايا الرمد. وإذا جففت وسحقت مع بزر الخشخاش واللوز ودقيق القمح وعجن ذلكك بالسكر وتهوى على أكله سمنت وأصلحت الكلى إصلاحاً جيداً.

◈**الحنظل:** الاسم العلمي (Citrullus colocynthis). قال عنه الأنطاكي ما يلي: هو نبت يمتد في الأرض كالبطيخ إلا أنه أصغر ورقاً وأدق أصلاً والذكر منه رديء يفضي استعماله إلى الموت. وهو ينبت في الرمال والبلاد الحارة وأجوده الخفيف المتخلخل المأخوذ من أصل عليه ثمر كثير. وهو حار يابس تبقى قوته إلى أربع سنين. يسهل البلغم بسائر أنواعه وينفع من الفالج والصداع وعرق النسا والمفاصل والنقرس وأوجاع الظهر شرباً وضماداً أو طبيخه مع الزيت ينفع من الجذام وأوجاع الأذن والصمم واليرقان وأن نزع داخله وطبخ سكن الأسنان مضمضة وأصلح اللثة، ورماد قشرة يبرئ أمراض المعدة وداء الفيل وسائر أجزائه تنفع في البواسير بخوراً والنزلات أكلا وهو يغير الرأس ويغشي ويقي ويسهل الدم ويصلحه الأنيسون والكثير والنشا.

◈**التمر الهندي:** الاسم العلمي (Tamarindus indica)، والانجليزي (Tamarind) يذكر الأنطاكي عن هذا النبات: شجر كالرمان ورقه كورق الصنوبر لا كورق الخرنوب الشامي. وللثمر المذكور غلف نحو قدم داخلها حب الباقلاء شكلا ودونها حجما يكون بالهندويد آخر الربيع وأجوده الأحمر اللين الخالي من العفوصة الصادق الحمض المنقى من الليف. وهو بارد يابس يسكن اللهيب وهيجان الدم والقيء والصداع. وهوعظيم النفع من الأمراض الحارة وحبه إذا طبخ سكن الأورام طلا وهو يحدث السعال، ويضر الطحال ويولد السدد يصلحه الخشخاش أو السكنجين وشربته إلى عشرة مثاقيل.

◈**الداتورة:** أو جوز ماثل، الاسم العلمي (Datura Stramonium) والانجليزي (Jimson Weed, Thorn Apple) يقول الأنطاكي عن نبات الداتورة: نبت لا فرق بين شجره وشجرة الباذنجان يكون بمجاري المياه والجبال وله زهر أبيض وقلما تحمل الواحدة منه أكثر من جوزة تكون بأعلى الشجرة والمتهل منه بذره داخل هذه الجوزة والذي رأيناه من هذا الحب موشيء كاللبخ أبيض وأسود، وهو يخفف الرطوبات الغربية ويمنع السهر ويشد الأعضاء المترخية وإذا طبخ بالخل والعسل وطلي به حلل الأورام وأكله ينوم نحو ثلاثة أيام وربما قتل. وجاء في كتاب الأشرف يوسف بن عمران بن علي عن جوز ماثل هو ثمرة شجرة تشبه جوز القيء وحبه كحب اللفاح وقيراط منه في النبيذ يسكر سكرا شديدا وهو مخدر ومنوم ورديء للدماغ. ودرهم منه يقتل وهو يورث النوم، والإكثار منه يفني وهو عدو القلب.

◈**الراوند:** الاسم العلمي (Rheum Palmatum) والانجليزي (Rhubard)، يذكر الأنطاكي عن هذا النبات ما يلي: ينبت في سمندور والصين وجزائر سرنديب. وأجوده الصيني بالقول المطلق وهو الأحمر الضارب إلى الصفرة الثقيل الرائحة المحذي للسان الذي إذا مضغ صبغ صبغاً زعفرانيا. فالتركي وهو خفيف زادت صفرته على حمرته قليل الرائحة تسقط قوته من دون السفة وهو حار يابس ينفع برد الكبد والمعدة وأنواع الاستسقاء واليرقانن والطحال والكلى ويقطع الحميات والتخم وفساد الأطعمة والسعال المزمن والربو. وإذا مزج بالصبر نقي الدماغ من أنواع الصداع والدوار والطنين شربا وسعوطاً. وإن أخذ مع المواد القابضة كالأنيسون قطع النزف والمغص الشديد ومع السكنجين* يفتح السدد ويفتت الحصى ويزيل النفث وأمراض المثانة وشربته إلى مثقال.

◈**القرفة، الدارسين:** الاسم العلمي (.Cinnamomum SP)، والانجليزي (Cinnamom). يذكر الأنطاكي عن هذا النبات ما يلي: شجر هندي يتخوم الصين وأوراقه كأوراق الجوز لا زهر له ولا بزر والدار صيني قشر تلك الأغصان وأجوده

* السكنجين: شراب منعش ومغذي وطبي.

المتخلخل غير الملتحم بين حمرة وسواد وصفرة وحلاوة وملوحة. وتبقى قوته إلى خمس عشرة سنة. وهو حار يابس يمنع الخفقان ويقوي المعدة والكبد ويدفع الاستسقاء واليرقان ويدرر ويخرج الرياح الغليظة ويسكن البواسير وكحلة بحلو ظلمة العين وتطلب به الأورام فيسكنها وهو يضر المثانة ويصلحه الكثير.

◈ **القرنفل:** الاسم العلمي (Eugenia Caryophyllata) والانجليزي (Gloves, Carnation) وصفه الأنطاكي بما يلي: بجبال الصين وجزائرها القاصية، شجرته كالياسمين لم ير أحد منابته وهو مفرد نفيس كثير المنافع أجوده الطيب الرائحة الصلب الجاد وهو حار يابس يقوي الدماغ ويجلو البلغم ويطيب النكهة ويقوي الأعضاء الرئيسية كلها والصدر والمعدة والكلى والكبد والطحال ويمنع الغثيان والقيء ويعيد الشباب خصوصاً إذا شرب بحليب الضأن وشرابه يقوم مقام الخمر في سائر منافعها وماؤه يقوي الحواس ويشد البدن ويزيل الإعياء والاستسقاء ويقطع السم ويفتح السدد.

◈ **الكزبرة:** الاسم العلمي (.coriandrum sativum L) والانجليزي (coriander) يقول الأنطاكي عن الكزبرة ما يلي: نبات عريض الأوراق مفرد الحب وأجودها الحديث الضارب إلى الصفرة ولا فرق فيها بين شامي ومصري بل ربما كان المصري أجود. وهي تحبس القيء وتمنع العطش والحكة والقروح والجرب أكلا وطلاء وماؤها بالكسر يشهي ويمنع التخم ويقوي القلب ويمنع الخفقان ومع الزعتر والسكر تزيل الدوسنطاريا. ومع الصندل والأينسون تقوي المعدة وتسقط الديدان.

◈ **الكمون:** الاسم العلمي (Cuminum Cyminum) والانجليزي (Cumin). يذكر الأنطاكي عن هذا النبات ما يلي: نبات بستاني أو بري ينبت بنفسه، ورقه مستدير وبذوره في أكاليل كالشنيب وهو أما أصفر أو أبيض ويغش بالكراويا ويعرف بطيب رائحته واستطالة حبه وتبقى قوته سبع سنين. وهو يحلل الرياح مطلقا ويطرد البرد ويحلل الأورام ويدفع السموم وسوء الهضم والتخم وعسر النقى والمغص الشديد شرباً بالماء وأكل. وإن مزج بالزعتر وتغرغر بطيخه سكن وجع الأسنان والنزلات. ومن خواصه أن المولد إذا ردهن بمطبوخه لم يتولد عليه العمل وأكله يصفر اللون. وهو يضر الرئة ويصلحه الكتيرا.

وصف وفوائد الحيوانات عند الأنطاكي:

وأورد الأنطاكي كذلك أوصافاً رائعة وجيدة لكثير من الحيوانات وبين فوائد قسماً من أعضائها كعقاقير ودخول البعض من لحومها وأعضاءها أيضاً في صناعة الأدوية. نذكرها هنا بعض الأمثلة من أنواع هذه الحيوانات في كتاب التذكرة.

◈ **أبو عرس:** (باليونانية سطيوس) قال عنه الأنطاكيك حيوان يألف البيوت بمصر ويسمى العرسة، والفرق بينه وبين الفأر طول رجله ورأسه. يبرئ من السموم كيف كان خصوصاً من طيسقون أي النبات الذي تسقى به السهام فتسم وينفع الكبد، ويوضع مشقوقاً فيجلب السم والسلا.

◈ **الأفعى:** قال عنها الأنطاكي: أنواعها كثيرة والمختار منها للتداوي والرياق. والإناث الرقاق السراع الحركة غير بيض ولارقش.

◈ **الايل:** قال الأنطاكي يصفه هو الكبش الجبلي، إذا أحرق قرنه كان دواء مجرباً لقرصة المعي ونفث الدم والإسهال وينقي الأسنان ويشد اللثة.. الخ.

◈ **التدرج:** قال عنه الأطاكي ما يلي: وهو السمان عندنا وبمصر وهذا الاسم بلغة العراق، وهو طائر فوق العصفور وتحت الحمام.

◈ **التمساح:** ذكر عنه ما يلي: هو حيوان مائي في الأصل، لكنه يعيش في البر، يقال إنه أغلظ الحيوانات جلداًن قيل إنه من خواص نيل مصر وإنه يحرك فكه الأعلى دون سائر الحيوانات.

◈ **الجرئ:** قال عنه (بكسر الجيم وتشديد الراء) سمك ليس له عظم غير عظم اللجين والسلسلة وهو القرموط.

◈ **الحجل:** قال الأنطاكي يصفه طير أغبر إلى الحمرة ومنه مرقش أحمر المنقار ورأس جناحه مطرف بالبياض والسواد كثير الدرج قليل الطيران.

◈ **الحمام:** يقول عنه الأنطاكي ما يلي في اللغة كل ماعب وهدر وكان مطوقاً والمراد به هنا الأزرق البري والملون الأهلي ولباقي الأنواع أسماء أخرى كالفاخت والشفنين والقمري.

◈ **الخطاف:** وصفه الأنطاكي قائلاً هو السنونو وعصفور الجنة وهو طائر شديد الحرارة، لا يأوي البلاد الباردة إلا زمن الربيع وغلط من ظنه هندياً لأنه لا يذهب إلى الهند إلا زمن الشتاء فإذا جاء الصيف عاد ففرخ في الشام ومصر.

◈ **الروبيان:** (يريد به الجنبري)، يقول عنه الأنطاكي ما يلي: يكثر ببحر العراق (الخليج العربي) والقلزم (البحر الأحمر) أحمر كثير الأرجل نحو السرطان، لكنه أكثر لحماً والروم تعرفه بأبو جلنبو وهو مدملج.

◈ **الزبزب:** وصفه الأنطاكي قائلاً: وهو المعروف الآن بالثغا يبلغ حجمه الكلب، كثير الصوف مخطط الوجه ناعم.

ابن البدري

نبذة عن حياته:

المصادر التي ذكرت هذا العالم العربي الشامي قليلة ومتناقضة في إثبات ولادته ووفاته بالشكل المضبوط وكذلك مجمل حياته ومسيرته وأثر كتاباته في علوم النبات والجغرافية الوصفية. وبعد جهد جهيد تمكنت من الوقوف على بعض من سيرة حياته العلمية التي اختطها لنفسه. فقد جاء في موسوعة العلوم الإسلامية والعلماء المسلمين[(١)]. إنه جغرافي ونباتي سوري، يشتهر بمصنفه (نزهة الأنام في محاسن الشام) (أبو البقاء عبد الله بن محمد الدمشقي (توفي في سنة ٩٠٩هـ/ ١٥٠٣م) يتحدث فيه في تبويب بدائي متكلف عن مساجد وحمامات ومتنزهات وبساتين ونباتات الشام.

وذكر له الاستاذ عمر رضا كحالة نبذة مقتضبة فقال[(٢)]: (أبو بكر بن عبد الله الدمشقي، القاهري، المعروف بابن البدري (المتوفي سنة ٨٩٤هـ) له نزهة الأنام في محاسن الشام. أما كتاب تاريخ آداب اللغة العربية[(٣)] فقد جاء ما يلي عن ابن البدري: (أبو البقاء تقي الدين البدري الدمشقي المصري الوفائي (٨٨٧) له:

١- **نزهة الأنام في محاسن الشام.** في باريس ودار وقال سليم عنجوري: وللبدري المتوفي سنة (٨٤٧هـ) من المؤلفات الكتب المصرية:

  ١- تاريخ تبصرة أولي الأبصار.

  ٢- سحر العيون.

  ٣- ديوان شعر مشهور.

٢- **راحة الأرواح في الحشيش والراح** (مجموعة شعر ونوادر) في باريس.

٣- **غرة الصباح في وصف الوجوه الصباح.** شعر على (١٧) بابا (في المتحف البريطاني).

٤- **المطالع البدرية في المنازل القمرية.** (في اكسوفورد بخط المؤلف).

وقد اعتبره جرجي زيدان من علماء الجغرافية والرحلات في العصر المغولي ومع قلة المصادر والمراجع كما أسلفنا، التي تناولت حياته ومسيرته وآثاره العلمية وما يتعلق بجهوده الكبيرة في تقدم العلوم العربية فإن الذي نعرفه عنه بشكل عام أنه عالم جغرافي ورحالة وعالم نبات. ولد في سنة (٨١٠هـ)، وتوفي سنة (٨٩٤هـ) درس في دمشق وحلب وتنقل بين بغداد والقاهرة والقدس ولبنان ومسح بشكل موضوعي كل ما يتعلق بالشام والعراق من اقتصاد وزراعة وعلوم وثقافة وأحوال اجتماعية وفلكلورية وغيرها.

وقد كان البدري أيضاً شاعراً وصفيا ممتازاً ترك عدة دواوين شعرية لم تطبع بعد. ومن أشهر وأهم كتبه (نزهة الأنام في محاسن الشام)، وهو كتاب يصف كلا من الشام وفلسطين ولبنان وقد طبع لأول مرة ونشر في دار الرائد العربي اللبنانية سنة (١٩٨٠م) من غير تحقيق علمي يذكر. والذي يهمنا من هذه الرحلة القيمة لهذا العالم الدمشقي العربي ما انطوت عليه رحلته من نبات وشجر وحيوان إن وجد.

النبات في وصف ودراسة ابن البدري:

لقد تناول ابن البدري في كتابه (نزهة الأنام في محاسن الشام) والذي سأختصره واسميه (نزهة الأنام) مجموعة كبيرة من نباتات وأشجار الشام بشكل عام ودمشق بشكل خاص. فمرة نراه يصفه وصفاً علمياً يشفي الغليل ومرة أخرى نراه يذكر هذا النبات وتلك الشجرة أو العشبة بشكل مقتضب لا يفي بما يطلبه الدارس ولكن يتناول ما جاء من أشعار ووصف أدبي بطريقة مسهبة وهذا يدل على باعه وذوقه البديع في مزج العلم بالأدب وفي أحيان كثيرة يورد معلومات طبية وعلاجية واسعة عن النباتات التي يذكرها في رحلته هذه. وأول النباتات التي أشار إليها ابن البدري:

◈ **الورد:** فهو تحدث عن أصناف الورد الدمشقي وأنواعه قائلاً: ومن محاسن الشام الورد وهو جنس تحته ستة أنواع خلا الأسود وهو بارد يابس قابض يقوي القلب والأسنان جيده الجوري [٤].

وأورد ابن البدري بعض الحوادث التارخية عن الورد بقوله ونقل الدراجي [٥] في كتابه (تأهيل الغريب) عن المتوكل أنه كان يقول: (أنا ملك السلاطين والورد ملك

الرياحين فكل منا أحق وأولى بصاحبه) حتى حرمه على الناس واستبد به وقال (لا يصلح للعامة) فكان لا يرى الورد إلا في مجلسه[٦]. ويضيف ابن البدري في وصفه للورد قائلاً: (ومن محاسن الشام الورد النسريني وهو نوار أبيض وأصله بري يمتد ويعرش كالكرم وله أغصان برؤوسها الورد كل غصن فيه مائة وردة وأكثر. قال ابن البيطار في مفرداته: وبعض الناس يسميه بالورد الصيني ما يوجد بالشام بعد انفراك الورد المتقدم. وقال السامري[٧]: هو من خصوصيات الشام، وبالديار المصرية نسرين ليس هو هذا، إنما هو ورد سياج بساتين الشام. وهو نوار أبيض شديد العرق يجمعونه. بمصر ويبيعونه لا يجمع في الشام ولا يباع لكثرته. وهو يطلع في الغالب من عند الله تعالى بدمشق وخروجه بالشام مع النسرين[٨]. والبدري هنا قد خلط بين الورد الأصلي وورد الخطمي الشامي (الخطمي الملكي، الاسم العلمي Hibiscus Syriacus) والانجليزي (Ketmia, Syrean rose, Rose of Sharon) وهو نوع من الخطمي الشجري، موطنه الأصلي الشام. له عيوب عديدة يصل في الارتفاع إلى (٤٠٠سم)، أوراقه كفية ثلاثية التفصيص مسنن الحافة. أزهاره كبيرة الحجم عديدة الألوان كما ذكر البدري فمنها الأحمر والأزرق والبنفسجي والأبيض[٩].

أما ورد الجوري فهو يختلف عن ورد الخطمي لا كما اعتبره ابن البدري نوعا منه. فالجوري أو (الورد البلدي أو الورد الشامي)، الاسم العلمي (Damask Rose) والانجليزي (Rose damascena).

نوع من الورد المبذول تصل شجيرته إلى حوالي (١٨٠سم) ارتفاعا، ساقها وفروعها كثيفة الشوك، أوراقها خماسية أو سباعية التركيب وهي بيضية الشكل. الأزهار وردية اللون أو حمراء قانية. كبيرة الحجم لها عطر فواح يستخرج منه دهن الورد وماء الورد[١٠]. وذكر الدكتور محمد زهير البابا- أستاذ العقاقير في كلية الصيدلة- جامعة دمشق أن الورد الشامي (Rose damascena) هو شجيرة تزرع كسياج حول الحدائق في بلادنا، كما تنمو في كثير من بقاع العالم كتركيا والبلقان. تقطف براعم أزهارها قبل تفتحها وتقطر للحصول على عطر الورد أو ماء الورد كما تستعمل أيضا في صنع مربى وشراب الورد[١١].

وجاء وصف ابن البدري لورد النسرين مطابقا تماما للوصف العلمي الحديث لهذا الورد. وتسمى أيضا (ورد السياج) الاسم العلمي (Rosa agrestis, R. Sepium) وهو نوع من الورد. تصل في ارتفاعها إلى (٢٠٠سم). أوراقها خماسية أو سباعية التركيب. أزهاره صغيرة الحجم، بيضاء اللون أو وردية لها عطر مستحب[١٢].

وبعد ذلك عرج ابن البدري على ورد النرجس الشامي فوصفه قائلاً: "ومن محاسن الشام النرجس تحته أنواع: الأول اليعفوري، الثاني البري، الثالث المضعف.

قال: ابن البيطار في الرابعة، وهو نبات له ورق مجوف وليس عليه ورق. طولها أكثر من شبر وعليها زهر أبيض مستدير، في وسطه شيء لونه أصفر ومنه ما لونه أسود وثمرته سوداء كأنها في غشاء مستطيل. وهو طيب الرائحة وإذا أكل أصل النرجس مسلوقا أو شرب هيج القيء فإذا شم زهره تقع من وجع الرأس ويفتح سدد الدماغ. وقال أبقراط: كل شيء يغذو الجسم والنرجس يغذو العقل. والنرجس المحدق وهو البريء إذا شق بصله وغرس صار مضعفا[١٣]. والأنواع التي ذكرها ابن البدري للنرجس هي، النرجس البري أو نرجس جبلي، الاسم العلمي Narcissus Pseudonarcissus, N.Sylvestris وبالانجليزية Wild narcissus, Daffodil, Lentlily. هو نوع من النرجس المبذول. أوراقه قرصية الشكل، خماسية أو سداسية العدد. شمراخه الزهري يعلو نحو (٣٠سم). ينتهي بزهر تين كبيرتين بوقية التويج لونها إلى الصفار الكبريتي. يعيش في جميع المواقع والأتربة[١٤].

والثاني الذي جاء ذكره في (نزهة الأنام) من أنواع النرجس المضعف (نرجس شرقي) اسمه العلمي Narcissus orientalis, N.tazzetta والانجليزي French daffodil, Polyanthus narissus.

هذا النوع من النرجس له ضروب وأنواعه لا تقل عن (١٢٠نوعا) جميعها من نباتات حوض البحر الأبيض المتوسط. أوراقه قرصية شمراخه الزهري قوي القصبة بعلو (٣٠- ٥٠سم)، لون الأزهار إلى البياض الأصفر المواج له عطر فواح الرائحة الزكية[١٥].

◈**البنفسج:** وقال ابن البدري عن نبات البنفسج: (ومن محاسن الشام البنفسج وهو العراقي وقلبجي وأبيض. وهذا النبات له ورق قابل الدوير له ساق يخرج من أصله عليه زغب أصفر وعلى طرف ساقه زهر طيب الرائحة جدا ولونه الفيروز ينبت في المواضع الظليلة الحسنة. وهو بارد رطب ينفع الدماغ الحار ويسكن صداعه وإذا ربي مع السكر ينفع من السعال الكائن من حرارة)[١٦]. والبنفسج أعشاب صغيرة برية معمرة من فصيلة البنفسجيات. ألوانها عديدة يغلب فيها البنفسجي والأبيض. يستخرج من زهرها مادة قلوية تدعى (فيولين) ويستخرج أيضا بالتقطير عطر شيق مستحب عبق. ونقيع الأزهار صحي طبي. لها أنواع كثيرة الاسم العلمي للبنفسج Viola، والانجليزي (Viola, Violet). والأنواع التي ذكرها صاحب نزهة الأنام هي البنفسج العطر (V.Odorata) وبالانجليزي (V.Pubescens)، البنفسج المستطيل الورق والمسمى بالأبيض (Sweet Violet)، والبنفسج الأزغب والمسمى (قلبجي- V.lanceolata) ذات الأزهار، الصفراء[١٧].

◈**المنثور:** قال: (ومن محاسن الشام المنثور. وهو أصفر وأبيض وبنفسجي وأزرق. والأزرق فيه حراقة وطعمه يشبه طعم الفجل بشيء ويهضم)[١٨]. وجاءت معلومات ابن البدري عن نباتات المنثور مطابقة للمنثور الشتوي، الاسم العلمي (Cheiranthus incanus, matthiola incana) والانجليزي Gilli flower, Queen's Stick. وهو نبات حولي نوعاً من المتيولا من فصيلة الصليبيات ضروبه وأنواعه عديدة تصل إلى ارتفاع من (٣٠- ٨٠سم). سوقها مخشوشية فرعاء. أوراقها معنقة اهليجية الشكل. خملي البشرة على صفحتيه أزهارها عنقودية التجميع. وهي عطرية العرف مختلفة الألوان منها (الأحمر والبنفسجي والوردي والأبيض والأصفر والمرقط والموشح)[١٩].

◈**السوسن:** ويستعين ابن البدري ببعض العلماء في وصف سوسن دمشق. قال: (ومن محاسن الشام السوسن، وهو أبيض وأصفر وأزرق).

قال العلامة(٢٠) ابن الجوزي في كتابه (لقط المنافع) هو ضرب من الرياحين وجيدة، حار يابس، يلين قصبة الرئة وينقيها، وينفع الحلق ووجع الطحال، ويصفي

الصوت وينفع التهاب المعدة وحرقة البول وقروح الكلى والمثانة، ويزيد في المني، ويقوي الذكر وينفع جميع علل السودا والبلغم.

وقال ابن سينا في الرابعة: ومن الناس من سماه اسيرس ومنهم من سماه ايرس[٢١]، وأهل رومية يسمونه غلاديون وهو نبات له ورق شبيه بالخناجر في عرضها محدد الطرف، وله ساق خارج من وسط الورق وطوله ذراع، غليظ جداً عليه غلف ذات ثلاث زوايا وعلى الغلف زهر لونه إلى الفرقين ولون وسط الزهر أحمر قان وله ثمر في غلف شبيه في شكله بالقثاء والثمر مستدير أسود وحريف وله أصل العقد طويل أحمر. ومنه البري وفيه يقول ابن المعتز بالله في الأبيض كقطن قدمه بعض البلل[٢٢].

والأنواع التي ذكرها ابن البدري في السوسن هي:

١- **السوسن الأبيض**، الاسم العلمي Iris florentina والانجليزي Florentine iris, orris- root Plant نبات جذموري موطنه الشرق العربي يعلو إلى حوالي (٦٠- ١٠٠سم)، أزهاره كبيرة الحجم له عطر فواح. أزهاره بيضاء اللون يستخرج من جذوره مواد طبية نافعة، ومن أزهاره مواد عطرية قيمة[٢٣].

٢- **السوسن الأصفر**، الاسم العلمي Iris Iutescens، وهو سوسن آخر يعلو من (٣٠- ٦٠سم)، أوراقه ضيقة النصل. أزهاره ذات لون أصفر وهي ثلاثية أو رباعية التجميع تطول نحو (٦سم)[٢٤].

٣- **السوسن السوري**، الاسم العلمي Iris Iorteti، وهو النوع الأزرق الذي ذكره ابن البدري. موطنه الجبال اللبنانية- السورية، يعلو من (٢٠- ٤٥سم)، أزهاره متسوطة الحجم. لونها إلى الزرقة السماوية[٢٥].

◈**الزنبق:** ومن ثم تناول نبات الزنبق الشامي قائلاً: (ومن محاسن الشام الزنبق وهو من خصوصياتها. وهو قضبان خضر دون الذراعين عليها ورق عرض ورق الطرخون، وأطول منه وفي رأسه زهر أبيض قبل تفتحه بالمكاحل فإذا انفتح تلقيه مسدسا وبوسطه شيء كالإبر في رفعها وأطول منها وعلى رؤوسها نقط صفر تصبغ كالزعفران، عطر الرائحة شديد العرف وله دهن حار[٢٦].

والزنبق الذي وصفه ابن البدري هو الزنبق الأبيض اسمه العلمي (Lilium cordidum) والانجليزي (White Lily, Bourbon- Lily, madonna).

ويسمى هذا الزنبق أيضاً بزنبق ماريوسف، يصل في ارتفاعه إلى حوالي (٩٠- ١٢٠سم)، أزهاره عديدة فواحة العرق تطول من (٥- ٨سم). لونها إلى الأبيض، طعلها أصفر[٢٧].

◈ **البهار:** ووصف ابن البدري نبات سماه بهار دمشق وصفاً علمياً رصينا قال: "ومن محاسن الشام البهار" قال ابن البيطار، وهو الأقحوان الأصفر عند بعض الناس في الثالثة وهو نبات له ساق رخصة وورق شبيه بورق الرازيابخ وزهره أكبر من زهرة البابونج أصفر اللون أسود الوسط شبيه بالعيون ولهذا يسميه بعض المغاربة بعين البقرة وينبت في الدمن وله حدة وحراقة وتحليل ويشفي من الأوراق الصلبة إذا خلط بشمع مذاب ودهن. وقال: التميمي[٢٨] في كتابه (المرشد) ومنه نوع صغير الشكل جدا يسمى في الشام (عين الجمل) إذا جمع نواره وجفف وسحق وجعل في بعض أكحال العين جلا ظلمة البصر العارضة له وجلا البياض الكائن من الماء المنصب إليها المفسد لحسن البصر واحد نورها[٢٩].

والأقحوان الأصفر أو بهار دمشق، اسمه العلمي Anthemis arvensis، والانجليزي Corn Chamomile. وهو نبات عشبي بري يكثر في بعض الحقول وبين المزروعات، وهو طفيلي يستخرج منه زيت طيار يستعمل في الطب[٣٠].

◈ **أذريون:** وعن أذريون دمشق قال ابن البدري: (ومن محاسن الشام الأذريون). هو صنف من الأقحوان ومنه نواره أصفر ومنه ما نواره أحمر فالأصفر ذهبي وفي وسطه رأس صغير أسود. وقال: الغافقي[٣١] هو نبات يدور مع الشمس وينضم نوره بالليل. وزعم قوم أن المرأة الحامل إذا مسكته بيديها مطبقة إحداهما على الأخرى نال الجنين ضرر عظيم شديد وإذا أدامت امساكه واشتمامه أسقطت[٣٢].

وقال صاحب الفلاحة أن دخانه يهرب منه الفأر والوزغ وهو نبات حار رديء الكيفية. وإن جعل زهره في موضع هرب منه الذباب وإن دق وضمد به أسفل الظهر انغظ انعاظا موسطا[٣٣].

والأذريون أنواع كثيرة تربو حوالي على العشرين نوعا. ومن أهمها الذي جاء مطابقا لوصف ابن البدري (أذريون مخزني، أذريون الحدائق، زبيدة)، الاسم العلمي Calendula Officinalis. نباتات عشبية برية بستانية، طبية وتزرع لأزهارها. يبلغ ارتفاعاها نحو (٤٠- ٦٠سم). ساقها مكسورة بشعيرات دقيقة عموديا إلى الأعلى. أوراقها بيضوية طولانية مسننة الأطراف. والمواد الطبية التي يستفاد منها أوراق الزهر المتفتح، والعشبة الغضة قبل تفتح الأزهار(٣٤). منبته مناطق البحر الأبيض المتوسط.

◈ **الآس:** ومن محاسن الشام التي عددها ابن البدري آس دمشق، قال: (ومن محاسن الشام الآس. قال أبو حنيفة خواصه عظيمة وخضرته دائمة وله زهرة بيضاء طيبة الرائحة وثمرته سوداء ومنها ما هو أبيض كاللؤلؤ بين ورق كالزبرجد يباع مجموعا بالرطل وبأغصانه من غير ميزان. ويحلو إذا أينع وعصارة ثمره رطبة تفعل فعل الثمرة وهي جيدة للمعدة مدرة للبول(٣٥). والآس هو الآس الجوي، حبلاس، موسين. اسمه العلمي Myrtus communis. نبات من الآس ينبت بريا في المناطق السورية – اللبنانية. يزرع لثماره المأكولة على الرغم من عفومتها وكثرة بزرها. يعيش في جميع الأتربة. ويسمى ثمره (حب الآس وحنبلاس وتكمام وشلمون وقطى)، ويستخرج من أزهاره البيضاء اللون وأوراقه بالتقطير عطر يدعى (ميرتول Myrtol) زيتي التركيب فواح الرائحة. وهو يقوي أصل اشعر ويطيله ويسوده ويمنع تساقطه. ورماد الآس ينقي الكلف ويجلو البهق وينفع عضة عنكبوت الرتيلا السامة(٣٦).

◈ **شقائق النعمان:** ويعتمد انب البدري في وصفه لشقائق النعمان على ابن البيطار في مفرداته، يقول: (ومن محاسن الشام شقائق النعمان). قال صاحب المفردات: في الثانية وهو صنفان: بري وبستاني ومن البستاني ما زهره أحمر قان وفيه ما بعضه أحمر وبعضه أصفر وله أصول دقاق كثيرة وهو أشد حرافة من غيره. ومن الناس من لم يفرق بين شقائق النعمان البري وبين النبات الذي يقال له (ارغاموني) وزهر الصنف من الخشخاش المسمى بالرواس أقل أصباغا في الحمرة من شقائق النعمان.

غير أن ظهورها في الزهر كظهور الشقيق. وقوى الشقيق حارة جاذبة فتاحة. وكذلك الشقيق إذا مضغ اجتذب البلغم. وعصارته تجلو الآثار الحادثة في العين عن القرحة والاكتحال بها يسود الحدقة ويمنع الماء النازل(٣٧).

ويتضح من هذه المناظرة العلمية القيمة أن ابن البدري قد فرق بين نوعين وجنسين مختلفين من النباتات بشكل موضوعي وتصنيفي عملي يتفق والبحث العلمي الحديث وشقائق النعمان (الحوذان الآسيوي، كف الضبع، كف السبع) Ranunculus asiaticus، والانجليزي (Asiatic crow foot, Persian butter cup, Turban)، نبات من الحوذان الزراعي المعمر. له ضروب عديدة يصل إلى ارتفاع ما بين (١٥- ٣٠سم). أوراقه داكنة الخضار مسننة النصل. أزهاره خماسية التركيب ومنها مكبسة. ألوانها عديدة تختلف باختلاف الأنواع والضروب ولكن أشهرها الموشح والبرتقالي والأبيض والأحمر والأصفر والكحلي(٣٨). والرواس الذي ذكره ابن البدري هو كرفس المساء أو قرة العين أو جرجير الماء. اسمه العلمي Siumlatifolium، والانجليزي Water Parsnip, Water Parsley. نبات عشبي طبي معمر من فصيلة الخيميات ينبت في الأراضي الرطبة والكثيرة الماء، يستفاد من أوراقه وجذوره كمدرة للبول ومضادة لمرض الحضر. بزوره منفضة كالخردل وهي مهيجة للقوة الجنسية(٣٩).

◊**نيلوفر (بشنين):** وتكلم ابن البدري عن النبات المائي بشنين المعروف بـ(نيلوفر دمشق) ووصفه وصفا علميا بديعا لا يختلف عن الوقت الحاضر في علم النبات. قال: (ومن محاسن الشام النيلوفر. وهو أصفر وأزرق وبنفسجي وأحمر.. قال ابن الأثير في عجائبه يسمى (حب العروس). وهو نبات هندي وأكثر ما ينبت بنفسه في مستنقعات الماء وراكدها ولا ينبت إلا في الماء العذب الواقف من أرض طيبة ومن شأنه أنه يحول وجهه إلى الشمس إذا طلعت ويزيد انفتاحه بزيادة علو الشمس، فإذا أخذت الشمس في الهبوط أخذ في الانضمام حتى يكمل انضمامه عند غيبوبة الشمس ويغطى في الماء. ويقال أن طائراً لطيفاً يدخل في الزهر وينضم عليه ويغيب في الماء ليلة فإذا أصبح طلع وتفتح فيخرج الطير.

قال ابن البيطار: في الرابعة هو نبات له ورق شبيه بورق القلقاس إلا أنه أرق واسمه الفارس معناه النيل له أجنحة تنبت في المياه الراكدة والآجام وورقه من أصل واحد. وقال ابن الجوزي: شبه البنفسج في قوته ومنفعته إلا أنه أبرد وأرطب يذهب وجع الأسنان إذا استعمل مضغه وينقي السواد والبلغم ونفعه الأصفر وهو من خواص الشام(٤٠). والمشهور من نبات النيلوفر المسمى نيلوفر العروس، بشنين عربي، لوطى، اسمه العلمي (Nymphaea lotus) واسمه الانجليزي (Egyptian lotus, White lotus, Sacred lotus). يعيش في المناطق الحارة، مهده حوض النيل، أوراقه متوسطة الحجم، نصلها أخضر الصفحة العليا. أزهاره كبيرة الحجم، بيضاء اللون. والنوع الآخر من النيلوفر (الأصفر- الاسم العلمي Nymphaea flava) أوراقه متوسطة الحجم. تصل إلى حوالي (١٥سم). نصلها محزز أخضر الصفحة. أزهاره متوسطة الحجم لونها إلى الصفار الكبريتي(٤١). واعتقد أن الطائر الذي ذكره ابن البدري أنه يتأخذ من النيلوفر ومناما له هو الطائر الذي سماه الجاحظ (طرغلودس وضريس)، اسمه العلمي (Trochilus) والانجليزي (Humm- ing- bird) ويسمى الطنان، عصفور صغير الحجم يصل طوله إلى حوالي (١٠سم)، ألوانه الزاهية الجميلة متراكبة ما بين الأحمر والأصفر والأسمر الرمادي يتخلله بعض الريشات الذهبية، منقاره رقيق مستطيل. يتغذى على الذباب والبعوض والحشرات الصغيرة الأخرى والهوام ورحيق الأزهار. يبني عشه في الأشجار المائية وتبيض أنثاه من (٢- ٤ بيضات)، والمرتين إلى ثلاث مرات في السنة(٤٢).

ولذا فقد جاء كلام ابن البدري عن أن هذا الطائر ينام داخل أزهار نبات النيلوفر مطابقا الشيء فهو لا ينام داخل الأزهار وإنما يبني أعشاشه ما بين أباط الأوراق والأزهار لهذا النباتز

◈ **البان:** وعن نبات البان الذي تغنى الشعراء بجماله وطوله ومحاسنه، قال ابن البدري: "ومن محاسن الشام البان، قال ابن البيطار: شجره يسمو ويطور في استواء، وخشبه خوار خفيف وقضبانه سمجة خضر وهدبه ينبت في القصب وهو طويل أخضر شديد الخضرة وثمرته تشبه قرون اللوبيا إلا أن خضرتها شديدة وفيها حب فإذا انتهى

انفتق وانتثر حبه، وهو أبيض أغبر نحو الفستق ومنه يستخرج دهن ويقال لثمره الشوغ، وهو مربع ويكثر على الجذب وإذا أرادو طبخه رض على الصلابة وغربل حتى ينغزل قشرة ثم يطحن ويعتصر وهو كثير الدهن، ودهنه ينفع من الكلف والنمش ومن الجرب والحكة والعلة التي يتقشر معها الجلد ويعمل منه الخلالات وهو عطر الرائحة"[٤٣]. ونبات البان (يسر، يسار، شوع، سياع) اسمه العلمي (Moringa aptera) والانجليزي (Ben- Oil tree, Horse radish tree) شجرة حرجية من فصيلة البانيات. تنتشر في المناطق الاستوائية من آسيا وأفريقيا. الأوراق مركبة بيضية الشكل صغيرة الحجم. أزهارها زنادية التركيب، ثمارها قرون اسطوانية مستطيلة ليفية النسيج تغلق من (١٢-١٥) حبة صغيرة تشبه الحمص شكلا وحجما وهو أغبر اللون طيب الرائحة يستخرج من لبه مادة زيتية مستحبة الطعم تعرف بدهن البان.

ولها خواص اكتساب الروائح العطرية وهي بذلك تدخل في أكثر التراكيب العطرية والصناعية. قال ابن سينا: لب البان ينفع من البرص والكلف والبهق وآثار القروح والتآليل لها أنواع وضروب كثيرة أشهرها البان الدهني (Moringa Pterygo Perma)[٤٤].

◈ **نبات قف وانظر:** عن ابن البيطار ينقل ابن البدري معلوماته في نبات قف وانظر، قال ابن البيطار في جامعه (ومن محاسن الشام قف وانظر. هذا من خواص (دمشق) وما والاها من أرض الشام، ويعرف بالآس البري، وهو نبات له ورق شبيه بورق الآس البستاني إلا أنه أعرض منه وفي طرفه حد شبيه بطرف سنان الرمح وله ثمرة مستديرة في وسط الورقه يعرف أخضر يشبه الشريط وإذا أنضجت كان لونها أحمر كالمرجان وفي جوفه حب صلب وله قضبان شبيهة بقضبان النبات الذي يقال له لوقس كثيرة مخرجها من أصل واحد طولها نحو ذراع بواحد مملوءة ورقا وأصله شبيه بأصل النبات الذي يقال له أعرسطي، إذا ذيق كان أعفصا مائلا إلى المرارة وورق هذا النبات وثمره إذا شربا بالشراب أدرا البول وفتتا الحصاة وادارا الطمث. وينبت في مواضع خشنة واجراف قائمة)[٤٥] وهذا النبات هوالأس المسمى باليونانية (ميرسين)[٤٦] ويسمى بأسماء كثيرة منها حميلاس في سوريا وهدس بالعبرانية وفي اليمن وفي الجزيرة

العربية وريحان بالجزائر (ووقف وانظر في أنحاء الشام لحسنه ومنظره الجميل، وخيزران بلدي في الأندلس وياس في العراق). اسمه العلمي myrtus communis والانجليزي myrtle . ونبات قف وانظر نبات بري من أنواع الآس يكثر في المناطق اللبنانية السورية وثماره تؤكل رغم العفوصة التي تحتويه. ويسمى ثمره بحب الآس أو الحنبلاس وغير ذلك.

◈**نبات تمر الحنا:** وإما تمر الحنا فقد وصفه ابن البدري بهذه الكلمات القليلة، قال: (وأما تمر الحنا فإنه يطلع خارج البلد في الغور وفي الأرض الحارة من قرى الشام ويعمل منه دهن ومن تشابيه تاج الدين الكندي فيه:

ودوح رياض كلما استقطر الندى ... أعار بسيط الأرض ثوب ظلال
ترى تمر الحنا فيه كأنه ... ألف عذارى في شباك لآلي[٤٧]

****

وتمر الحنا أو القطلب الشائع أو الحنه الحمراء أو عصير الدب، اسمه العلمي Arbutus unedo، وبالانجليزية Arbute, straw berry, cane apple، نبات بري ينتشر في الأحراش اللبنانية- السورية تعلو شجرته إلى ارتفاع من (٣-١٠أمتار). ساقها وأغصانها حمراء اللحاء، الأزهار عنقودية التجميع وردية اللون. ثمارها مشابه لثمار الشليك، أرجوانية بطول ٢سم، أوراقها متعاقبة معنقة مسننة الأطراف[٤٨].

◈**نبات الحيلاني:** ووصف ابن البدري نوع من أشجار الصفصاف فيه سماها الحيلاني، وقال: (ومن محاسن الشام الحيلاني وهو شجر يشبه الصفصاف غير أنه في أوائل الربيع تصبغ جميع أغصانه بالأحمر كقضبان المرجان وله رؤية بديعة)[٤٩].

وحسب ظني أنه يقصد الصفصاف الأبيض، الاسم العلمي (Salixalba) والانجليزي (White Willow). من العائلة الصفصافية. شجرة تصل إلى ارتفاع ٣٠مترا. الأوراق بيضاء اللون وحريرية الملمس على سطحها، رمحية. ثمارها: كبسولة ملساء. لون الخشب أبيض. يميل إلى الحمرة والسمرة. تنتشر على ضفاف الأنهر ويتحمل البرد. وهو من نباتات الأردن وفلسطين وسوريا ولبنان[٥٠].

◈ **الزنزلخت:** قال ابن البدري (ويلحق به شجر الزنزلخت وله زهر طيب الرائحة)، يخرج في أيام الورد، وفيه يقول مؤلفه البدري:

وزنزلخت أبيض   مع أحمر في قضى
كالدر والياقوت أو   ثياب خام يمني

****

هي ازدرخت أو الشجرة المرة، الاسم العلمي melia azadirachta. والانجليزي Bead treee, margo satree, Indianlilac, Azedorach. شجرة برية من فصيلة الازدرختيات. جذعها مستقيم الساق، أوراقها مركبة متعاقبة شديدة الخضار اللامع. لون الأزهار عثكولية صغيرة الحجم. الثمار نووية مرة الطعم لا تؤكل، تستخرج منها مادة فعالة سامة، ويقتل الحشرات[٥٢].

◈ **السرو:** وقال ابن البدري عن شجرة السرو ما يلي: (وكذلك شجر الروفان رؤيته حسنة وأكثر ما يوجد بدمشق. وفيه من رسالة القاضي محيي الدين بن عبد الظاهر قوله (والأغصان قد أخضر نبت عارضها، ودنانير الازهار ودراهمها تهيأت لتسليم قابضها. ولاحور قد حاور السهى بالتباشير، والسرو قد كشفت عن سوقها وقالت لها الغدران بهديرها أنه صرح ممرد من قوارير)[٥٣].

والسرو دائم الاخضرار، اسمه العلمي .Cupressus Sempervirens L، Var. horizontalis، Var. Pyamidalis، والاسم الانجليزي Funeral Cypress، شجرة كبيرة يصل ارتفاعها (٣٠مترا) أوراقها خضراء داكنة اللون. نموها بشكل عمودي قائم أو على شكل هرمي بأغصان أفقية متفرعة. الأوراق صغيرة جداً مثلثة. والثمار أكواز كروية طولها ثلاثة سنتميترات وتحتوي على ثماني أو عشر حراشف بنية أو رمادية لامعة ولكل حرشفة شوكة مركزية حادة والبذور يحيط بها جناح صغير. وتنمو أشجار السرو في الأراضي الفقيرة ولا يهمها الأراضي الكلسية ولكنها لا تنمو في الأراضي الملحية. لون الخشب أبيض فاتح على اصفرارن يظهر عليه لمعان خفيف. أخشابها خفيفة الوزن. طري وناعم، يصلح للنجارة. ويستعمل في الصناعات التجارية المختلفة. والسرو أفضل أنواع الأشجار الحرجية في صد الرياح.

ويتوزع جغرافيا على الأردن وفلسطين وسوريا ولبنان وليبيا والعراق ^(٥٤).

وخلاصة القول:

١- أن ابن البدري كان رحالة وجغرافياً وباحثاً في علم النبات.

٢- حاول أن يلم بكل ما نبت أو زرع في أرض الشام من أشجار وشجيرات وأعشاب بشكل سرد موضوعي، وأحياناً يلطف جمود الوصف العلمي البحت بذكر الأشعار أو بعض الأمور الأدبية بشأن تلك الشجرة أو ذاك العشب مما يدل على باعه وذوقه البديع في مزج العلم بالأدب وبأسلوب سلس لطيف.

٣- يعتبر ابن البدري من العلماء العرب القلائل الذين ركزوا على وصف النبات وصفاً علمياً بعيداً عن التركيز بشكل أساسي في مجال فوائد النباتات طبياً وعلاجياً وهذا ما سار عليه معظم العلماء العرب واليونان الذين. سبقوه وهذا بحد ذاته انتصاراً آخر للحضارة العربية واشعاعها الذين لا يزول أبد الدهر.

٤- ظهر ابن البدري في أحلك فترات التاريخ العربي، وهي فترة تسلط المغول بكل شراستهم وهمجيتهم الرعناء ومحاولتهم القضاء على كل ما هو زاهر وطيب في هذه الأرض المعطاء. وهذا بدوره يؤكد أن العلم العربي الأصيل لا يمكن إزالته بحرق الكتب وقتل العلماء وتخريب أماكن العلم ومدارسها.

٥- تمكن ابن البدري وجو المشرق العربي متلبد بغيوم التسلط وسيف المغول على رقاب الشعب العربي فاعلاً أمره أن يتنقل من مكان لآخر وراء البحث عن المتاعب من أجل العلم بمحاولة معرفة كل ما يتعلق بالنباتات وفوائدها الزراعية والاقتصادية والطبية.

٦- أن تتبع مسيرة وحياة علماء العرب من أمثال ابن البدري في تلك الفترة المظلمة من تاريخ العلم والحركة الفكرية العربية بل والتاريخ العربي بشكل عام تحتم علينا إماطة اللثام عنها وما اكتنفها من غموض وأسرار الغاز ولا زالت إلى اليوم بدون دراسة جادة لقلة المصادر والمراجع الموثوقة عنها ولضياع ثروة العرب من مؤلفات وتصانيف ورسائل أحرقها أو أغرقها أعداء البشرية المغول في ذلك الوقت.

هوامش:

١- موسوعة العلوم، ٢: ٥٥.

٢- العلوم البحتة في العصور الإسلامية: ٣٢٥.

٣- تاريخ آداب اللغة العربية، ٣: ٢٣٦، وراجع نزهة الأنام في محاسن الشام للبدري سليم عنجوري، مجلة مجمع دمشق، ١٩٢٤، جزء (٧، ٨، ٩)، مجـ٤، صـ(٣٢٧- ٣٣٠، ٣٦٩- ٣٧٧، ٣٩٢- ٣٩٩).

٤- نزهة الأنام: ٦١.

٥- هو شمسي الدين الدراجي (توفي سنة ٨٥٩هـ) مؤرخ وشاعر ولغوي مصري له مؤلفات كثيرة منها حلية الكميت ومراتع الغزلان ونزهة الألباب وغيرها.

٦- نزهة الأنام، ٦٦.

٧- لم أهتد إلى ترجمة حياته فيما تيسر لي من مصادر.

٨- نزهة الأنام، (٧٠- ٧١).

٩- الموسوعة في علوم الطبيعة، ١: ٣٦٥.

١٠- المصدر السابق، ٢: ٦٣٥.

١١- محمد زهير البابا، علم العقاقير، ٢: ١٤١.

١٢- الموسوعة في علوم الطبيعة، ٢: ٦٣٥.

١٣- نزهة الأنام، ٧٩.

١٤- الموسوعة في علوم الطبيعة، ١: ٥٥٦.

١٥- نفس المصدر السابق، ٥٥٦.

١٦- نزهة الأنام، ٧٩.

١٧- الموسوعة في علوم الطبيعة، ١٦٩.

١٨- نزهة الأنام، ٨١.

١٩- الموسوعة في علوم الطبيعة، ٢: ٥١٧.

٢٠- نزهة الأنام، ٨٤.

٢١- ايرس: هو نفس اسم السوسن بالفرنسية والانجليزية – Iris.

٢٢- نزهنة الأنام، ٨٤- ٨٥.

٢٣- الموسوعة في علوم الطبيعة، ١: ٥٧٨.

٢٤- المصدر السابق، ١: ٥٧٨.

٢٥- المصدر السابق، ١: ٥٨٠.

٢٦- ابن البدري، ٨٧.

٢٧- الموسوعة في علوم الطبيعة، ١: ٥٠٢.

٢٨- هو محمد بن أحمد بن سعيد التميمي (المتوفى ٨٣٠هـ) طبيب وعالم نبات فلسطيني، له مؤلفات كثيرة.

٢٩- نزهة الأنام، ٨٧.

٣٠- الموسوعة في علوم الطبيعة، ١: ٨١.

٣١- أبو جعفر أحمد بن السيد (المتوفى ٥٦١هـ/ ١١٦٥م) صيدلي وعالم نبات وطبيب اندلي.

٣٢- نزهة الأنام، ٩٠.

٣٣- المصدر السابق، ٩٠.

٣٤- أمين رويحة، التداوي بالأعشاب، ٤٤.

٣٥- نزهة الأنام، ٩١.

٣٦- الموسوعة في علوم الطبيعة، ١: ٥٨.

٣٧- نزهة الأنام، ٩٦.

٣٨- الموسوعة في علوم الطبيعة، ١: ٣٣٣.

٣٩- المصدر السابق، ٢: ٣٦١.

٤٠- نزهة الأنام، ١٠٣.

٤١- الموسوعة في علوم الطبيعة، ٢: ٥٩٤.

٤٢- المصدر السابق، ٥٩٦.

٤٣- نزهة الأنام، ١٠٣.

٤٤- الموسوعة في علوم الطبيعة، ١: ١٢٥.

٤٥- نزهة الأنام، ١٠٨.

٤٦- أحمد عيسى، معجم أسماء النبات، ١٣٣.

٤٧- نزهة الأنام، ١٠٩.

٤٨- الموسوعة في علوم الطبيعة، ٢: ٣٠٧.

٤٩- نزهة الأنام، ١٠٩.

٥٠- الجنيدي، أهم الأشجار والشجيرات الحرجية الطبيعية في الوطن العربي، ٥٨.

٥١- نزهة الأنام، ١١٠.

٥٢- الموسوعة في علوم الطبيعة، ١: ٥٦.

٥٣- نزهة الأنام، ١١٠.

٥٤- الجنيدي، ١٨.

ابن بصال

من هو؟

اجمع المؤرخون الأقدمون والمحدثون في علوم الزراعة على أن ابن بصال ولد ونشأ وترعرع في مدينة طليطلة خلال النصف الثاني من القرن الحادي عشر على عهد المأمون بن ذي النون أمير طليطلة في الأندلس الذي عرف عنه أنه يهتم بالعلم والعلماء ويشجع كل ما له علاقة بالبحث والدراسة والتتبع العلمي. وأحب دراسة الزراعة والنبات وأولع بهما. ويشير الأستاذ جعفر الخياط (١٩٠٧-١٩٧٦) إلى ذلك بقوله: "... ومن جملة ما يروي عن المأمون هذا أنه أنشأ حديقة نباتية جامعة على ضفاف نهر التاجة بالقرب من طليطلة، وعهد برعايتها إلى الطبيب والزراعي المشهور ابن وافد المعاصر لابن بصال. وقد جلبت النباتات من جميع أنحاء العالم- فغرست فيها وجربت زراعتها وفوائدها الاقتصادية والطبية، وأنشأ في هذه الحديقة التي صارت تعرف ببستان الناعورة بعد ذلك قبة مائية كبيرة توزع منها المياه إلى كافة أنحاء البستان حتى تصل إلى قصر المأمون الذي كان مشيداً في وسطها.

ولا بد من أن تكون هذه القبة قد اتخذت خزاناً للماء بالتعبير المعروف في يومنا هذا" في مثل هذا الجو العلمي البديع ومن خلال هذا التشجيع اللامحدود من الأمراء العرب الذين كانوا... يحكمون الأندلس، واعتماداً على الروح العلمية التي كان يتحلى بها ابن بصال وانكبابه على دراسة الزراعة وأساليبها وإجراء التجارب التطبيقية على مختلف النباتات، في مثل هذا المجال العلمي الواسع انصهرت أعماله في عقلية زراعية عميقة وأصبحت بالتالي عبقرية ذات طابع متميز ولها فضل على الحضارة ودفعها إلى الرقي والتطور والتبلور بشكل واقعي وموضوعي.

مصادرنا عن حياة ابن بصال:

معلوماتنا عن ابن بصال قليلة جداً والمؤلفون الذين كتبوا من بعده يكتبون اسمه أحياناً بأل وأحياناً بدون أل. ونظراً لأن هذه الصيغة في وصف المشتغل بزراعة البصل غي مألوفة، فقد وقع تحريفها بكثرة عند النساخين إلى الفصيل والفصال والبطال. ولعل هذا من الأسباب التي جعلت اسم المؤلف يظل غير معروف، فلم يذكره أشهر المؤرخين الأوروبيين أمثال بروكلمان في (تاريخ الأدب العربي)، وسارتون في (المدخل لتاريخ العلم) ولار كراند في كتابه (الزراعة على مر العصور). أما العلماء الذين ذكروا ابن بصال من العرب فهم:

١- مؤلف مجهول، عنوان كتابه "عمدة الطبيب في معرفة النبات لكل لبيب" وهو الكتاب الذي قام المستشرق أسين بلاسيوس يبحثه ونشره. وقد كان هذا المؤلف المجهول على ما يظهر من مقاطعة أندلوسيا في جنوب أسبانيا، وقد ألف كتابه به في نهاية القرن الحادي عشر أو بداية القرن الثاني عشر للميلاد. ويردد هذا المؤلف بين حين وآخر صدى مذركات جرت بينه وبين ابن بصال في الأندلس.

٢- أبو عبد الـلـه محمد بن مالك المعروف بالتغزي نسبة إلى بلدة تغز في غرناطة، ويسميه بعض المؤرخين باسم الحاج الغرناطي أو ابن حمدون الاشبيلي لإقامته زمنا في اشبيلية، وهذا العالم في كتابه "زهرة البستان ونزهة الأذهان" يشير إلى ابن بصال مرات عديدة. فيذكر تجاربه في زراعة الرمان، كما ينقل عنه أنه يمكن زراعة شجر التين في أي وقت من السنة وأن اللوز إنما يزرع من البذور. وينقل عنه صفة الأرض. وجميع إشارات التغزي إلى ابن بصال تظهر مكانته في الزراعة علمياً وتطبيقياً.

٣- أبو عمر أحمد ابن محمد بن حجاج الذي كان يعيش في اشبيلية، له كتب في الفلاحة بعنوان "المقنع" وقد أشار هذا المؤلف كثيراً إلى ابن بصال في أماكن عديدة من كتابه هذا.

٤- أكبر الذين قدموا لنا إشارات ولمحات عن ابن بصال، هو أبو زكريا يحيى ابن محمد بن أحمد بن العوام الاشبيلي، الذي ألف في نهاية القرن الثاني عشر

الميلادي "كتاب الفلاحة" الذي ملأه بالنقول عن ابن بصال في كتابه وأشاد بفضل ابن بصال وتجاربه في الزراعة وعلى النباتات المختلفة. ولقد بنى ابن العوام على بحوث ابن بصال كتابه هذا وكافة بحوثه الزراعية الأخرى.

٥- وهناك هامش مخطوطة، محفوظة في غرناطة ومكتوبة في المرية بتاريخ (٧٤٩هـ) مشتملة على أرجوزة ابن عثمان ابن جعفر بن ليون التجيبي من المرية في الفلاحة. ويوجد في هذا الهامش ذكر لابن بصال وقد لقبه بالحاج، وقال أنه ألف كتاباً نفيساً في الفلاحة، وضعه للمأمون صاحب طليطلة وأنه استخرج من هذا الكتاب مختصرا مشتملا على ستة عشر بابا، وأن ذلك الكتاب كان تحت يد المؤلف المذكور، وقد انتفع ابن ليون من كتاب ابن بصال في أرجوزته الفلاحية.

٦- أما المقري مؤلف (نفح الطيب) فقد أورد وصفاً لابن بصال ووضعه في قمة من اختصوا بالعلوم والفنون من أهل الأندلس، وقد أشار إلى أن عدة نسخ خطية استنسخت من كتاب ابن بصال لكن معظمها ضاع. وهناك من يعتقد أن ابن بصال ألف كتابه الفلاحة بكتابين مطولين وقد فقدا. ومختصرهما هو الذي عثر عليه الأستاذ خوس مارية مياس بييكروسا الأستاذ بجامعة برشلونة الأسبانية ونشره وترجمه وعلق عليه بالاشتراك مع الأستاذ محمد عزيمان- السكرتير العام لوزارة التربية والثقافة للمنطقة الخليفية بالمغرب. وقد تم طبعه سنة (١٩٥٥) (معهد مولاي الحسن) في تطوان المغرب (مطبعة كيماديس) وهي النسخة الوحيدة التي تم العثور عليها.

منهج ابن بصال العلمي:

سار ابن بصال في تأليف كتابه الفلاحة على نمط جديد فاعتمد في الدرجة الأولى على ما كان يقوم به من تجارب وما كان يشاهده بنفسه بعكس باقي علماء العرب عامة والأندلس خاصة، الذين كانوا يفرطون في عرض النقول أو أقوال منسوبة إلى غيرهم من العلماء الأقدمين من الكلدانيين والفينيقيين والفراعنة والأنباط واليونانيين واللاتينيين وغيرهم.

لذلك فقد كان ابن بصال بحق عالم عملي في الزراعة ويبين أقواله على التجربة الشخصية قبل كل شيء كما أن ابن بصال له منهج آخر خاص يختلف عن باقبي المناهج التي سار عليها معظم المؤلفين العرب في الزراعة، وقد أبعد من كتابه جميع المسائل الثانوية كالطب والصيدلة والسحر والتنجيم والأدب وغيرها، وهو بذلك قد وضع حدا واضحا فاصلا بين علم الزراعة الحقيقي وبين القضايا التي ذكرناها التي لا تمت بصلة لهذا العلم. ولكتاب الفلاحة مزايا ثمينة وقيمة، ففيه كثير من النظريات الزراعية تطابق تماماً النظريات الزراعية الحديثة، فمثلا يقول عند تحدثه عن الخضروات إذا دفنت في أرض خضراء كانت سماداً وغذاءً نافعاً للأرض، ويتثني من ذلك الحمص. هو ما يعمل به في الوقت الحاضر إذ تستخدم بعض بقايا الخضر والمحاصيل الحقلية مثل الترمس والعدس والخروب وغيرها لتسميد الأرض وزيادة خصوبتها.

ولقد اكتسب ابن بصال خبراته الزراعية الفنية هذه من رحلاته الكثيرة في المشرق والبلاد المطلة على البحر الأبيض المتوسط كمصر وسوريا وجزيرة صقلية ومالطة وجنوب إيطاليا، حتى قيل أنه وصل إلى الجزيرة العربية وحج إلى مكة المكرمة، ومن هنا لقبه البعض بالحاج. كما زار العراق وخراسان والمناطق المطلة على بحر الخزر (قزوين). وكان ابن بصال يقوم بتجاربه الزراعية في مزارع وبساتين طليطلة وقرطبة واشبيلية الغناء. وقد تبلورت مواهب ابن بصال العلمية في الزراعة عندما عهد إليه المأمون بن ذي النون أمير اشبيلية بالاشتراك مع زميله الطبيب وعالم النبات (ابن واقد) وتلميذه الزراعي (ابن لونكو) بالاشراف على بستان كبير له وإدخال الأساليب التقنية في مجال زراعة وفلاحة هذه الضيعة الواسعة. وعندما حط ابن بصال الرحال واستقر في جنوب الأندلس لم يتوقف عن تجاربه الزراعية بل تابعها وأكثر منها. لذلك نرى أن كتاب ابن بصال له تأثير واضح ومتميز في أكبر عدد من المؤلفات الزراعية والنباتية التي ظهرت في الأندلس. غير أن ما يأخذه بعض العلماء على ابن بصال عدم تعرضه في كتابه الفلاحة لزراعة الحبوب كالقمح والشعير، وتميزه بالإيجاز والاختصار في أحيان كثيرة، وإهماله ذكر تربية المواشي والحيوانات الزراعية وأمراضها وعلاجها.

ومع ذلك فإن منهاج ابن بصال العلمي الذي رسمه لنفسه يعتبر مفخرة من مفاخر العلوم العربية الأصيلة التي ظهرت في الأندلس، التي تعتبر اللبنات الأولى التي ادت إلى ظهور الزراعة والنبات ذات الطابع التطبيقي في علوم كثيرة مما جعل جامعات أوروبا وأمريكا تبين في مناهجها الدراسية والزراعية والنباتية) تطبيقاً لما جاء به ابن بصال وعلماء العرب الآخرون في تلك العلوم التي ترتبط بمصير البشرية وتقدمها ورقاها وسعادتها.

محتويات كتاب الفلاحة:

يقول المستشرق الاسباني (خوس ماريه مياس بييكروسا) الاستاذ بجامعة برشلونة: يشتمل كتاب الفلاحة لابن بصال في نسخته المختصرة التي وجدناها في خزانة الأستاذ محمد عزيمان على ستة عشر بابا وتنقصها بعض الفصول والفقرات. وقد أتممها من الترجمة الاسبانية التي ترجع إلى العصور الوسطى، وهذه الترجمة نفسها تنقصها بعض الفصول والفقرات أيضاً.

الباب الأول- ذكر المياه وأصنافها وطبائعها وتأثيرها على النبات:

بتناول فيه المؤلف، المياه وأصنافها وأنواعها وطبائعها وتأثيرها في النبات، ويعتبر ابن بصال المياه أربعة أنواع: ماء المطر وماء الأنهار وماء العيون وماء الآبار. ويقول: أن ماء المطر هو أصلح أنواع المياه في الزراعة وفي نمو النبات، ويعلل ذلك بقوله أنه لا يترك أثراً للأملاح في التربة، وبعد ذلك يتناول طبائع كل ماء وفوائده، فيقول أن ماء المطرفيه الاعتدال والرطوبة وهو يشابه الهواء في ذلك. أما مياه الأنهار فيقول أن طبيعتها اليبوسة والحروشة وهو بذلك تقضي على رطوبة الأرض. ويقول عن مياه العيون والآبار أنها مياه متقلبة، ففي الشتاء البارد يكون بارداً لطيفاً وبذلك ينفع النبات أيضاً، لأن النبات لا يطيق الحر كذلك.

الباب الثاني- الأرضين وأنواها وطبائعها:

يبين فيه ابن بصال أنواع الأرضين وطبائعها وكيفية تمييز الجيد منها والرديء، ويعتبر أنواع الأراضي عشرة وهي كما يقول: (اللينة والغليظة والجبلية

والرملة والسوداء والبيضاء والصفراء والحمراء والحرشاء المضرسة والأرض المكننة المائلة إلى الحمرة). وبعد ذلك يدخل في شرح مسهب عن طبيعة كل نوع من هذه الأنواع الأرضية وعلاقة الماء والهواء بها وأثر ذلك على طبيعة نمو النبات وأنواعه.

الباب الثالث- السماد وأنواعه:

يذكر السماد وأنواعه وطبائعه وطريقة استعمال كل نوع كالمعتاد، ويحاول أن يقسم، فيعتبر السماد على سبعة أنواع (زبل الخيل والبغال والحمير وزبل الآدمي وزبل القمامات وزبل الغنم وزبل الحمام وزماد الحمامات والسماد الصناعي [ويقصد بهه المتخذ من الأوراق الجافة والأعشاب اليابسة]) وقد حذر ابن بصال من الأسمدة المأخوذة من زبل الخنازير والطيور المائية واعتبره مضراً بالنبات. ولسنا نعرف حتى الآن ما هي الحكمة في ذلك.

ثم يشرح طبيعة كل نوع من أنواع السماد من حيث رطوبته وجفافه وحرارته وبرودته وملوحته ولزوجته، ويكرز جل اهتمامه على درجة نضج السماد وتفاعله مع كل نوع من أنواع الأراضي، وكل نوع من أنواع المزروعات.

الباب الرابع- عن الأرض وأنواعها وجودتها:

في هذا الباب يتناول الأرض الصالحة وكيفية إعدادها للزراعة، وقد ذكر أنواع الآلات المستعملة في تلك الأرض وعدد قسماً منها بأسمائها في ذلك الوقت، ثم اهتم كثيراً في عملية تقليب الأرض وعدد قسماً منها بأسمائها في ذلك الوقت، ثم اهتم كثيراً في عملية تقليب الأرض، أي حرثها. وقال أن عملية التقليب تعتبر بمثابة عملية إحياء وإصلاح للأرض من جديد. وهو يقسم الأرض التي يزرع فيها إلى ثلاثة أقسام: (بور ومعمور وقليب) (فالبور أرض راقدة هامدة، والمعمور هي الأرض التي حصد ما عليها وبقيت بقايا ذلك وهي أفضل من البور، ولكنها لا تبلغ درجة القليب).

الباب الخامس- دراسة الغراسة:

يتناول فيه المؤلف فن الغراسة والأشجار وأنواع مغارسها، ويبتدئ بالكلام عن النخيل وأنواع الفاكهة والخضروات، وهو شرح طويل، ويقسم هذا الباب إلى (٣٥ فصلاً).

ويتكلم بعد هذا عن أمراض الأشجار والمزروعات. ويشير إلى الغابات. وهنا يتوضح لنا أن الأندلس كانت عامرة بالغابات الكثيفة بعكس قلتها في أسبانيا الحالية.

الباب السادس- بعض الطرق في فن الغراسة:

باب قصير جداً يتناول فيه تكملة فن الغراسة فيما بدأه في الباب السابق.

الباب السابع- تشذيب الأشجار:

وهو قصير أيضاً، ويتكلم فيه عن عمليات التشذيب والتهذيب والتقليم للأشجار وأغصانها والأوقات المناسبة لذلك.

الباب الثامن- عن تلقيح النباتات:

هنا في هذا الباب يدرس المؤلف التلقيح بأنواعه في النباتات وبشكل موسع، ثم يشير إلى علاقة التلقيح بالأحوال الجوية. ويؤكد بقوله أن كل شجرة أو نبته لا تلقح إلا بشجرة أو بنبتة من جنسها فيما عدا بعض المستثنيات وهي أربعة:

١- الأشجار ذوات الزيوت.

٢- ذوات الألبان.

٣- ذوات المياه.

٤- والأشجار ذوات الأصباغ.

وبعد ذلك يقسم التلقيح إلى خمسة أنواع (الرومي والشق والأنبوب والرقعة والأنشاب)، ويتناول طرق العمل في كل نوع من هذه الأنواع وأهم أدواتها وأنواع الشجر الذي يوافقها.

الباب التاسع- تكملة ما بدأه في الباب الثامن:

ويتناول فيه بصورة خاصة التلقيح بين أشجار مختلفة الأجناس كالتلقيح بين الزيتون والتين وغيرها.

الباب العاشر – زراعة الحبوب غير الحنطة والشعير:

يبحث فيه زراعة الحمص والفول واللوبيا والأرز والعدس والجلبان والسمسم والقطن والعصفر والزعفران والحناء والخشخاش. ويبين نوع الخدمة التي يتطلبها كل

نوع من هذه المزروعات ومقدار السماد الذي يحتاج إليه، ووقت زراعة وطريقة ريه، وما يتطلبه من نقش وتنقية كما يسميه، ونوع الأرض الذي تناسب زراعته. وهو لا يتعرض للحبوب والخضر التي تزرع في البساتين بعكس ما ثبت في صدر الباب، وهذا شيء لا يمكن أن نعرف سره لأننا نجهل الأسباب في ذلك مع العلم أن ابن العوام في كتابه يذكر عند الكلام عن الحبوب أنه نقل ذلك عن ابن بصال.

الباب الحادي عشر - (البذور):

يتناول في هذا الباب بعض البذور التي تستخدم كتوابل، ويتكلم عن الكمون والكراويا والأنيسون والكزبرة وغيرها.

الباب الثاني عشر - (مزروعات البساتين):

يتكلم عن زراعة القثاء والبطيخ والقرع والباذنجان والسفرجل والكبر والحنظل. ويشير هنا إلى كثرة الماء قد تقلل أو تعدم حلاوة بعض النباتات كالبطيخ والقرع. وهذا كلام علمي وصحيح.

الباب الثالث عشر - (البقول ذواتت الأصول):

يتكلم عن البقول، ويبتدئ بزراعة اللفت بنوعيه المستطيل والمدحرج والجزر والفجل والثوم والبصل والكراث والفوة وفلفل السودان.

الباب الرابع عشر: (البقول والخضر):

وهو تكملة لما بدأه في الباب السابق، يتكلم فيه عن زراعة الكرنب ويذكر منه نوعين الصيفي وهو مغلق الأوراق رخص، والشتوي معزق الأوراق. ومن ثم عن القنبيط وعن الرجلة (البربين) واليربوزا (المعروف بقمل اليمن) والسلق واللبلاب وعن الاسبناغ. وقد قال قولاً علمياً طريفاً هو أنه "قد يلحق بعضه بعضاً حتى لا يكاد ينقطع في العام كله فمن أحب فلينظر في زراعته شهراً وشهراً، وفصلاً- فصلاً". ويذكر الماميثا والملفوف وغيرها.

الباب الخامس عشر - (زراعة الرياحين ذوات الأزهار):

مخصص في زراعة الرياحين ذوات الأزهار، ويبدأ بالكلام عن الورد ويتكلم

عن طريقة جديدة في جعل الورد يزهر مرتين في العام (الربيع والصيف) وذلك بتركه بدون سقي أيام الصيف فإذا بدأ أشهر غشت (آب) سقي بالماء وأكثر عليه منه مرة بعد أخرى وبذلك يزهراً أزهاراً عظيماً في الخريف. ويتكلم عن ورد البنفسج ويقسمه إلى نوعين (الجبلي وهو صغير الأوراق، أزرق اللون، والبستاني وهو يجود في تراب الأنقاض المخلوط برماد الحمامات).

ويتكلم بصورة موجزة عن غراسة السوسن والنرجس والحبق القرنفلي والمرزنجوش والتريخان والخطمي والافسنتين والبابونج الخ...

الباب السادس عشر- (بعض المعارف العامة والفوائد التي يتوقف عليها أهل الفلاحة):

يدرج في هذا الباب معلومات هامة وعامة عن الفلاحة وأصولها وكيفية جعلها يسيرة وناجحة. كما يفرد فصلاً في حفظ المزروعات من ديدان الأرض فيقول: "تفرش على الأرض فرشة غلظها نحو الأصبع من رماد الحمامات ثم يكون الزبل فوق هذا الرماد ثم تزرع الأرض، فإن ذلك الرماد يكون حجاباً بين النبات وبين الحيوان المضر. ويتكلم بعد ذلك عن الأعشاب والنباتات البرية وكيفية جلبها وتدجينهاا وزراعتها في البساتين وذلك بجمع زريعتها وغرسها في الوقت المناسب أو بغرسها قبل فصل الربيع بثلاثين يوماً على أن تكون الأرض التي تزرع فيها مشابهة للأرض التي نقلت منها. مع مراعاة تهيئة الظروف الشبيهة للظروف التي كانت سائدة هناك عندما كانت النبته في مكانها الأصلي. ومن ثم يتحدث في هذا الباب عن أوقات حفر آبار المياه، ويقول أن أحسن الأوقات لذلك هو شهر غشت (آب) لأن الشمس في ذلك الوقت تجفف الأرض وتجعل الماء ينجذب إلى أسفلها، وفيه يبلغ نهاية بعده من سطح الأرض. ويذكر كذلك العلامات التي يستدل بها على كثرة الماء ومذاقه وطريقة تسهيل استخراج الماء من الآبار العميقة وكيفية المحافظة على هذه الآبار وتسهيل عمليات استخراج الماء منها وخصوصاً العميقة. ويختتم هذا الباب بشرح مختصر لبعض القواعد في حفظ الفاكهة مثل التفاح والخوخ والموز والسفرجل وغيرها، وذلك بتركه

حتى يتناهي نضجه ثم يجمع في الليل ويحافظ عليه من أن يخرج أو يخدش ثم يغرس على أسرة في أمكنة باردة، وبهذه الطريقة يبقى إلى شهر حزيران (يونيه) إلا أنه يتعاهد كل ثلاثين يوما ويبقى ما أخذ يعتريه من الفساد لئلا يفسد الباقي ومثل ذلك يعمل في الرمان. أما الثمار الجافة مثل القسطل والجوز واللوز وما أشبه فينصح بحفظها في حفر، تحفر تحت الأرض ويفرش قعرها بالرمل وتوضع فيها هذه الثمار ثم تغطى بالرمل. ثم يذكر وصفتين أحدهما لصنع شمامات أو باقات جميلة من الأزهار، والثانية لصنع نوع من المربيات والمعاجين وهو المسمى (مضب).

إن عبقرية ابن بصال في كتابه الفلاحة تدلل إلى مدى واسع على ما وصل إليه العرب وعلمائهم في الفنون والعلوم النظرية والتطبيقية. لقد كانوا عظماء وفلاسفة ونوابغ ولم يكونوا نقالة لكتب وبحوث ونظريات غيرهم كما يعتقد بعض الجاحدين بالعرب، وإنما كانوا هم أصحاب العلم والفلسفة والأدب الأصيل، فهم الأحفاد لأصحاب الحضارات الأصيلة القديمة كالبابلية والسومرية والفينيقية والفرعونية والسبائية. إن ابن بصال أحد علماء العرب والعالم الذين يشار إليهم بالبنان.

ابن بطوطة

من هو؟

ولد العالم الطبيعي والرحالة العربي (شرف الدين أبو عبد الله محمد بن عبد اللواتي، المعروف بابن بطوطة) سنة (٧٠٣هـ/ ١٣٠٣م) في طنجة شمال المغرب. وتوفي سنة (٧٧٧هـ/ ١٣٧٧م) في مدينة فاس المغربية أيضا.

اشتهر كونه احد الرحالة العرب القلائل الذين جابوا مناطق عديدة من العالم وراء البحث عن المجهول وإماطة اللثام عن الحقائق.

خرج ابن بطوطة سائحاً (٧٢٥هـ/ ١٣٢٥م) وكان له من العمر (٢٢سنة) حيث وصل الاسكندرية والقاهرة وحاول الوصول إلى مكة المكرمة بطريق عيذاب، فتعذر عليه ذلك، فعاد إلى مصر، ثم سار إلى فلسطين فحلب فدمشق ومنها إلى المدينة ومكة، ثم زار مشهد الإمام علي كرم الله وجهه في النجف، ومنها إلى واسط والبصرة وقطع جبال خوزستان إلى أصفهان وشيراز.

وعاد إلى الكوفة فبغداد فالموصل فديار بكر، وعاد إلى مكة وحج ثانية وجاء عدن وعبر إلى أفريقيا.

ثم عاد مرة أخرى إلى آسيا فزار بمبة وكلكتا ثم عُمان وعبر مضيق هرمز وقطع إلى خوارزم وبخارى وسار إلى كابول بطريق خراسان ودخل بلاد السند ثم إلى بلاد الصين ومر على جزائر ملديف وسيلان في المحيط الهندي، وعبر مضيق البنغال وزار جزر جاوة وسومطرة، ثم عاد إلى عمان وبلاد فارس وبغداد وتدمر ودمشق وحمص وحلب والقدس وحج مكة رابع مرة ثم عبر إلى تركيا وعبر مضيق البسفور إلى بلغاريا، ثم عاد إلى القاهرة، ومن ثم إلى شمال السودان وبعد ذلك إلى فاس عن طريق جزيرة سردينية.

وهكذا قضى حوالي (٢٤ سنة) في التنقل والاسفار والرحلات الشاقة.

النبات في وصف ابن بطوطة:

اهتم ابن بطوطة بالنباتات وبصورة خاصة في كتابه الذي ضمنه رحلاته وأسفاره الكثيرة المسمى (تحفة النظار في غرائب الأمصار وعجائب الأسفار).

وكان وصف ابن بطوطة للنباتات وصفاً علمياً دقيقاً، حيث وضعه المؤرخون العلميون في قمة علماء العصور الوسطى، لأنه علام نبات عريق الفهم والإدراك وله باع طويل في دفع هذه العلوم إلى النضوج والتقدم.

قال يصف (جوز الهند/ النارجيل): [من أغرب الأشجار شأناً وأعجبها أمراً، وشجرته شبه شجرة النخيل لا فرق بينهما إلا أن هذه تثمر جوز وتلك تثمر تمراً. وجوزها يشبه رأس ابن آدم لأن فيه شبه العينين وداخله شبه لب الدماغ إذا كان أخضر، وعليه ليف شبه الشعر. وهم يصنعون منه حبالاً يخيطون به المراكب عوضاً عن مسامير الحديد، ويصنعون منه الحبال للمراكب.

والجوزة منها وخصوصاً التي بجزائر أبهل تكون بمقدار رأس الادمي ومن خواص هذه تقوية البدن وإسراع السمن والزيادة في حمرة الوجه وفعلها فيه عجيب.

ومن عجائب الجوز أنه يكون في ابتداء أمره أخضر، فمتى ما قطع بالسكين قطعة من قشره وفتح رأسه شرب منه ماء في النهاية من الحلاوة والبرودة.

وشجرة جوز الهند تسمى علمياً (cocos nucifera. L) وبالانجليزية (cocnut Palm)، ومن العائلة النخيلية (Palmaceae).

ووصف ابن بطوطة اللوبيا، فقال: "وهي نوع من الفول، من فصيلة الماش والمنج ونباتها عشبي سنوي يعلق بغيره، تتميز قرونه بطولها (٨- ١٢ بوصة) وبعدم زخاوتها أو انتفاخها متى كانت خضراء وتستعمل بذورها في الطهي... وتؤكل جافة أو تطهى القرون بأكملها وهي خضراء وتؤكل مثلها". ووصف نبات أسماه الشاماخ بقوله:

"**الشاماخ** نبات ينبت كما اعتقد من غير زراعة وهو طعام الصالحين وأهل الورع والفقراء والمساكين، يخرج الناس بجمع ما نبت منه غير زراعة فيمسك أحدهم قفة كبيرة بيساره وتكون بمناه مفرغة يضرب بها الزرع فيسقط في القفة فيجمعون منه ما يقتاتون به جميع أوقات السنة، وحب الشاماخ صغيراً جداً، وإذا جمع جعل في الشمس ثم يدق مهاريس الخشب فيطير قشره، ويبقى لبه أبيض ويصنعون منه عصيدة يطبخونها بحليب الجواميس وهي أطيب من خبزه كنت أكلها كثيراً ببلاد الهند وتعجني".

وهذا النبات الذي وصفه ابن بطوطة هو في الحقيقة (نبات الدفرة - Deccangrass, Shamamiliet) الذي ينبت طبيعيا في أحراش السودان والهند والحبشة وكينيا، وهو حشيش سنوي كثير الانتشار في المناطق الحارة في أفريقيا وجنوب شرق آسيا. وتحدث عن نبات اللبان، فقال: "وشجرة اللبان صغيرة تكون بقدر قامة الإنسان إلى ما دون ذلك وأغصانها كأغصان الخرشوف وأوراقها صغار رقاق، ربما سقطتت فبقيت الشجرة منها دون ورقة. واللبان صمغية تكون في أغصانها..".

شجرة اللبان (Frankincens tree) من الفصيلة البخورية، وتنبت في الصومال والهند، وريقاتها مستطيلة منفرجة القمم، منشارية الحفاف مغطاة بشعرات دقاق ملس وزهرها تشبه العناقيد ويعرف صمغها باللبان والبخور وبالفارسية (كندر)، وكثيراً ما يستخدم في معابد الهند للتبخير، ويستعمل أيضاً دواء مقوي وقابض ومعرق.

وقال عن نبات التنبول ما يلي: "والتنبول شجر يغرس كما تغرس دوالي العنب ويصنع له معرشات من القصب كما يصنع لدوالي العنب أو يغرس في مجاورة شجرة النارجيل فيصعد فيها كما تصعد الدوالي وكما الفلفل، ولا ثمر للتنبول وإنما المقصود منه ورقه يشبه ورق العليق وأطيبه الأصفر وتجتني أوراقه في كل يوم وأهل يعظمون التنبول تعظيما شديدا، وإذا أتى الرجل دار صاحبه فأعطاه خمس ورقات منه

فكأنما أعطاه الدنيا وما فيها لا سيما إن كان أميراً أو كبيراً وأعطاه عندهم أعظم شأناً وأدل على الكرامة من أعطاه الفضة والذهب. وكيفية استعماله أن يؤخذ قبله الفوفل وهوشبه جوز الطيب فيكسر حتى يصير أطرافا صغارا ويجعله الإنسان في فمه ويعلكه ثم يأخذ ورق التنبول فيجعله عليها شيئاً من الشورة ويمضغها مع الفوفل وخاصيته أنه يطيب النكهة ويذهب بروائح الفم ويهضم الطعام ويقطع ضرر شرب الماء على الريق ويفرح بأكله الأهالي هناك".

ونبات التنبول (Betel Pepper) الذي اسمه العلمي (Peperoevle, L) هو نوع من أنواع نبات اليقطين متسلق أملس الأوراق وهي كبار تخينة بيضاوية الشكل مستطيلة الحجم ثمرته طرية جداً.

ويزرع هذا النبات بصورة واسعة في جزيرتي سيلان وجاوة ومنطقة الهند الصينية (فيتنام ولاوس وكمبود ياوتايلند) والفلبين والصين.

ويقول الأستاذ محمود مصطفى الدمياطي عن هذا النبات ما نصه: "أن أوراق التنبول تدخل في تركيب المضغة ذلك بأن تقطع بذرة الفوفل التي هي في حجم البرقوقة إلى قطع صغار وتلف ورقة تبنول على هيئة كرية مع قليل من الجير ومواد أخرى كالتبغ وحب الهال (الجهات) الذي يكسبها مذاقا طيبا ويقال أن مضغ هذه الأوراق واق من الديسنطاريا ومفيد للصحة لأنها تشتمل على زيت فضلا على أن الجير غير موجود بمقدر قليل في تركيب الأرز الذي هو من أهم ما يقتات به أهالي تلك البلاد فهم بهذه الطريقة يستطيعون تعويض ما يحتاج إليه تكوينهم من الجير، على أن مضغ هذا المزيج يكسب اللعاب لوناً أحمراً قانياً ويسود الأسنان.

وفي النهاية ينخرها نخرا ولذلك فقد أخذ الناس الآن يعرضون عن المضغ ويحلون محله التبغ".

ويضيف الدمياطي عن ذلك بقوله: "وتكثر النباتات بواسطة قضبان صغار من السوق تغرس بجوار أسناد أو أشجار، ويبدأ بحرث الأرض حرثا عميقاً ثم تستمد جيداً.

والسماد الوحيد المستعمل بجزيرة سيلان هو أوراق نبات حب الملوك مخرج صمغ الملك وتقتطف أوراق التنبول بعد مضي سنة على غرسه".

وهذا النبات اقتصادي مربح جداً لكنه يحتاج إلى رعاية وحفاظ من الآفات التي تهدده.

ونبات الفوفل الذي ذكره ابن بطوطة هو في الحقيقة أحد أنواع النخل الهندي المسمى علمياً (Areca catechu, L) والانجليزي (Betelnut, arecapalm) وومن العائلة النخيلية – Palmaceae. ينتشر في جزيرتي سيلان وجاوة ويرتفع من (٤٠-١٠٠) قدم وأوراقها تكون تاجا كبيرا وطول الواحدة منها أربع أقدام إلى ست. وريقاتها متعددة ملس طول كل منها قدم أو قدمان. والثمرة بيضية الشكل ملساء برتقالية اللون أو قرمزية طولها بوصة ونصف بوضة أو بوصتان.

الحيوان في وصف ابن بطوطة:

عندما وصل ابن بطوطة إلى جزيرة سيلان التي عرفها باسم "سرنيب" وصف العديد من الحيوانات الغريبة، فقال: "رأينا حيواناً عجيباً غريباً هو العلق الطيار يسمونه (لزلو بضم الزاي واللام). ويكون بالأشجار والحشائش التي تقرب من الماء فإذا أقرب الإنسان منه وثب عليه فحيثما وقع من جسده خرج الدم الكثير.

والناس يقدمون له الليمون يعصرونه عليه فيسقط عنهم ويجردون الموضع الذي يقع عليه بسكين خشب معه لذلك ويذكر أن بعض الزوار مر بذلك الموضع فتعلقت به العلق فأظهر الجلد ولم يعصر عليها الليمون نزف دمه ومات". العلق والعَلَقة (Hirudo) وبالانجليزية (Leech) تتبع طائفة العلقيات (Hirudinea) وهي تشبه دودة الأرض.

ويقسم جسمها إلى عقل وممصان عند نهايتيه. ويشتهر العلق بامتصاصه للدم، فهو يلصق نفسه بجسم الحيوان العائل، ثم يفتح ثقبا في الجلد، وبعد ذلك يحقن لعابه الذي يعمل كمخدر ومانع لتخثر الدم. وهو يمتص كميات كبيرة من الدم حتى يصبح جسمه منتفخا، ثم يترك الضحية بعد ذلك.

وهو وإن لم يسبب أضراراً كبيرة لعائله إلا أن الخطورة تكمن عندما بتلوث الجرح ويتعرض للميكروبات. وأخطر من ذلك عندما يدخل الجسم عند شرب الماء.

وكان هذا الحيوان سابقا يستخدم في عمليات فصد الدم. ومعظم أنواع العلق يعيش في المياه العذبة، وتعيش أنواعاً أخرى في البحار. والمناطق القريبة منها كالأشجار والحشائش.

وتتغذى حيوانات العلق على ديدان الأرض وبقايا الحيوانات المتحللة والمحارات العارية من الأصداف بالإضافة إلى الدماء. ومن أشهر أنواعها علقة الخيل (Hoemopis Vorax) الذي يبلغ طوله حوالي (٤٥سم) ويعيش في أمريكا. وهو غير ضار للإنسان. وعلقة السمك (Sangsue Piscicole) تعيش في مياه الأنهار والبحار وتتغذى على دماء الأسماك بالدرجة الأولى. وعلقة نهرية (Aulastome) تعيش في المياه العذبة وتتغذى على الأسماك والقشريات بامتصاص دمائها.

وعندما وصل السودان تحدث عن حيوان فرس النهر (سيد قشطة) قائلاً: "لما وصلنا الخليج رأيت على ضفته ست عشرة دابة ضخمة الخلق فعجبت منها وظننتها فيلة لكثرتها هناك ثم إني رأيتها دخلت في النهر فقلت لأبي بكر بن يعقوب ما هذه الدواب، فقال هي خيل البحر - خرجت ترعى في البر، وهي أغلظ من الخيل ولها أعراف وأذناب ورؤوسها كرؤوس الخيل، وأرجلها كأرجل الفيلة، وهي تعوم في الماء وترفع رؤوسها وتنفخ".

وفرس النهر، الاسم العلمي (Hippop otumus) والانجليزي (Hippoptamus)، جنس حيوانات لبونة من ذوات الحافر كبيرة الحجم مسطحة الجلد، ليس في جسمها شيء يشبه الفرس. رأسها وتوابعه منتهى الغلاظة والكبر. عنقها وقوائمها وذنبها قصيرة، تعيش في مياه الأنهار على ضفافها، غذائها الرئيسي الأعشاب والنباتات النهرية. تقطن معظم الأقطار الإفريقية الحارة.

وبعد ذلك تحدث في مكان آخر من رحلته وبالأخص عند ذهابه إلى الهند عن حيوان الكركدن الآسيوي قائلاً: "ولما أجزنا (أي عبرنا أو اجتزنا) نهر السند المعروف ببنج آب، دخلنا غيضة قصب لسلوك الطريق لأنه في وسطها، فخرج علينا الكركدن

وهو حيوان أسود اللون، عظيم الجرم، رأسه كبير متفاوت الضخامة ولذلك يضرب به المثل فيقال الكركدن رأس بلا بدن، وهو دون الفيل، ورأسه أكبر من رأس الفيل بأضعاف وله قرن واحد بين عينيه، طوله نحو ثلاثة أذرع وعرضه نحو شبر، ويرعى نبات الأرض".

الكركدن الهندي (وحيد القرن) اسمه العلمي (Rhinoceros Unicornis) وهو أعظم أنواع الكركدن الآسوية وحيدة القرون، وهو حيوان لبون كبير الجثة الغليظة، طوله حوالي (٣٠٠سم) وارتفاعه نحو (١٧٥سم)، أما ذنبه فيبلغ نحو (٦سم)، وقرنه (٣٥سم)، وزنه يتراوح ما بين (٢٠٠- ٣٠٠كغم). موطنه مستنقعات الهند وضفاف نهر الكنج.

ووصف ابن بطوطة الفيل الأبيض النادر أثناء زيارته لبلاد الهند بقوله: "لم أر في الدنيا فيلا أبيض سواه، يركب في الأعياد ويجعل على جبهته أحجار الياقوت العظيمة". والفيل الأبيض أحد أنواع الفيلة موطنه الهند وتايلاند (سيام) وبرما أو بورما، وهو عظيم الجسم يعلو إلى (٢٧٠سم)، طوله يتراوح من (٧- ٨ أمتار)، بما فيه الخرطوم والذنب. وزنه يتراوح ما بين (٢٠٠٠- ٣٠٠٠كغم).

وهذا الفيل مشهور بطبعه الحسن وسرعة تعلمه وإطاعته الممتازة في العمل. وسبب اختلاف لونه عن باقي أنواع الفيلة، نتيجة إصابته (بالإحساب) [أي انعدام المادة الملونة في الجلد].

وعند مروره بجزيرة الكناري القريبة من المغرب العربي في المحيط الأطلسي، ذكر شيئاً عن أنواع من القرود هناك قال عنها: "والقرود بتلك الجبال كثيرة جداً وهي سود لها أذناب طوال ولذكورها لحى كما هي للآدميين. وأخبرني الشيخ عثمان وولده وسواها أن هذه القرود لها مقدم (أي زعيم أو مرشد) تتبعه كأنه سلطان يشد على رأسه عصابة من أوراق الأشجار يتوكأ على عصا ويكون عن يمينه ويساره أربعة من القرود لها عصي بأيديها وإنه إذا جلس القرد المقدم تقف القرود الأربعة على رأسه وتأتي أنثاه وأولاده فتقعد كلها ثم يأتي كل منها بموزة أو ليمونة أو شبه ذلك فيأكل القرد المقدم وأولاده مع القرود الأربعة".

تسمى هذه القرود بالشيطان الإفريقي (L. Satans)، لونها أسود وشعرها طويل خشن، ولها على المفرق شعر مقوس إلى الأمام، والذنب طويل، قصير الشعر وطرفه عار من الخصلة الشعرية. تستوطن جزيرة فرناندو القريبة من جزر الكناري والسنغال وجامبيا وسيراليون والكنغو والكميرون. وابن بطوطة بشرحه عادات هذه القرود يعتبر أحد مؤسسي علم سلوك الحيوان. ولفت نظر ابن بطوطة دجاج الصين وديوكها الكبيرة، فتحدث عنها بصورة غريبة فقال: "ودجاج الصين وديوكها ضخمة جداً، أضخم من الأوز عندنا، أما الأوز عندهم فلا ضخامة لها. ويكون الديك بها على قدر النعامة". ويضيف قائلاً: "وأول ما رأيت الدين الصيني بمدينة كولم فظننته نعامة وعجبت منه فقال لي صاحبه أن ببلاد الصين ما هو أعظم منه، فلما وصلت إلى الصين رأيت مصداق ما أخبرني به من ذلك".

ولا أدري لماذا يزعم ابن بطوطة أن هناك دجاجا بحجم النعام في الوقت الذي أن أضخم أنواع الدجاج قاطبة هو الدجاج الصيني (كوجن) العملاق حقا، ولكن لا يصل إلى حجم النعام لأن هذا نوع من المبالغة لا تمت إلى العلم بصلة.

وعندما وصل ابن بطوطة مدينة سيوستان (تسمى الآن سهوات في الباكستان)، قال: "وأهلها (أي مدينة سيوستان) يأكلون السقنقورة، وهي دويبة شبيهة بأم جين التي يسميها المغاربة حنيشة الجنة، إلا أنها لا ذنب لها. ورأيتهم يحتفرون الرمل ويستخرجونها منه، ويشقون بطنها ويرمون بما فيه ويحشونه بالكركم. وهم يسمونه زرد شوبه ومعناه العود الأصفر، وهو عندهم عوض الزعفران ولما رأيت تلك الدويبة وهم يأكلونها استقذرتها فلم آكلها".

وجاء في (الموسوعة في علوم الطبيعة لإدوار غالب الجزء١، ص٥٤٤) عن السقنقور ما يلي: [سقنقور (Scincus) والاسم الانجليزي (Skink) جنس حيوانات من الغطاء القصيرات الألسنة. أنواعه ثمانية مهدها ضفاف الأنهار والصحارى الآسيوية والإفريقية... جميعها أكبر من السحالي وأضخم. قوائمها خماسية الأصابع، أذنابها قصيرة. ظهورها مدبجة بصفرة وسواد. بطونها إلى البياض الأغبر. كان ولا يزال يستعمل بعد تحضيره وتجفيفه بالملح.. وهو شائع الاستعمال في مصر والسودان

وغيرهما من البلاد الإفريقية. ومنهم من قال أن يذهب بالفالج واللقوة والنقرس وأوجاع المفاصل].

وعندما وصل ابن بطوطة مدخل الخليج العربي قرب مسقط وعمان وصف سمك اللخم، قال: "في مرس جاسك في عمان أناس من العرب صيادون للسمك ساكنون هناك ولا معيشة لأهل ذلك المرس إلا من صيد السمك، وسمكهم يعرف باللخم وهو كلب البحر، يشرح ويقدد ويقتات به...".

واللخم هو (قرش، كوسج، بنبك، كلب البحر) (Squales) وبالانجليزية (Shark). جنس أسماك بحرية من فصيلة القرشيات ومن طائفة الأسماك الغضروفية (Selachii). مفترسة خطرة، مستطيلة الشكل، أنواعها المعروفة حوالي (٣٥)، جميعها كبيرة الحجم.

والأنواع الصغيرة منها تعرف بكلاب السمك. وتصاد تجارياً للاستفادة من جلودها وزيتها المستخرج من الكبد، وتؤكل لحومها في بعض البلاد. وتعيش أغلب أنواع اللخم في مياه المناطق الحارة ولكن بعضها يعيش في المياه القطبية الباردة. وأخطر أنواعها ما يصل طوله إلى (١٣ مترا).

ومن أنواها المعروفة الشديدة الافتراس القرش الأبيض أو أكل البشر والقرش الأزرق والقرش النمر، والقرش المطرقي الذي رأسه على شكل حرف (T) الانجليزي. وأكبر أنواع القرش المعروف بقرش الحوت الذي يبلغ طوله حوالي (٢٠مترا).

واعتبر ابن بطوطة السمك المعروف البوري أنه حوت كبير، شاهده في المحيط الهندي عندما كان يركب البحر في رحلته إلى الهند والصين.

والبوري نوع من الأسماك العظيمة، شائكة الزعانف، أجناسها وأنواعها عديدة تسمى بالبوريات (mugilidue)، أشهرها البورى أو البياجج الذي يبلغ طوله حوالي متراً أو مترين. وتوجد منه ستة أنواع في مصر.

وذكر ابن بطوطة سمك السردين بالاسم بدون أن يصفه. والسردين (Alosa Sardina, clupea Sardin) من أشهر الأسماك المعروفة يبلغ طولها حوالي

(٢٥سم). تتبع جنس الشابك وفصيلة الصابوغيات. لونها شفاف إلى الخضار يعلوه
مواج فضي. والظهر عابق الزرقة والبطن أبيض فضي. تعيش على أعماق عميقة تتراوح
ما بين (٥٠٠- ٦٠٠م)، وذات أسراب كثيفة. وتوجد في جميع البحار وبالأخص البحر
الأبيض المتوسط. من أهم أسماك التعليب، ولها مذاق جيد وهي مرغوبة كثيراً
بالأكل.

البغدادي

اسمه وبيئته:

ولد البغدادي (عبد اللطيف بن يوسف بن محمد بن علي بن أبي سعد، المعروف بالشيخ موفق الدين عبد اللطيف البغدادي، المعروف بابن اللباد)، البغدادي المولد والموصلي الأصل، في بغداد سنة (٥٥٧هـ ١١٦٢م) في داخل عائلة عريقة في العلم والمعرفة والثقافة. فقد كان والده يوسف عالماً بالحديث وعلوم القرآن. وعمه سليمان كان من أهم فقهاء الموصل آنذاك.

تتلمذ على كبار علماء بغداد في العربية والنحو والبلاغة وأسسها وتمكن من علوم الدين والفقه والأدب والفلسفة والكيمياء والطب.

وأصبح بعد ذلك بالإضافة إلى كونه طبيباً عريقاً، لغوياً بارعاً وفقيهاً مجدداً ومؤرخاً كبيراً وفيلسوفاً قديراً وعالماً متمكناً في عالمي النبات والحيوان. يقول الدكتور عبد الكريم شحادة: "ابتدأت حياة البغدادي باكراً جداً، فقضى طفولته في الجد والاجتهاد، لا يعرف اللعب واللهو، وتربى وترعرع على أيدي مشاهير بغداد وعلمائها وأدبائها آنذاك. وكانت تبدو عليه مخايل النجابة والفطنة منذ الطفولة، كما كان حاد الذكاء، قوي الملاحظة، سريع الفهم والحفظ، جميع أقرانه وتفوق عليهم".

وأشار الدكتور أحمد شوكت الشطي إلى رحلات البغدادي العديدة قائلاً: "توجه إلى القدس، وأقام بها مدة، وكان يتردد إلى الجامع الأقصى، ويشتغل الناس عليه بكثير من العلوم، وصنف هنالك كتباً كثيرة، ثم أنه توجه إلى دمشق، ونزل بالمدرسة الغزيزية وذلك سنة (٦٠٤هـ) وشرع في التدريس والاشتغال وكان يأتيه خلق كثيرون يشتغلون عليه، وتميز في صناعة الطب بدمشق وصنف في هذا الفن كتباً كثيرة، ثم سافر إلى حلب وقصد بلاد الروم، وأقام بها سنين كثيرة، ثم عاد إلى حلب حيث اشتغل بتدريس صناعة الطب وغيرها".

أما الدكتور عبد الكريم شحادة فقد تحدث عنه قائلاً: "...ومنها حبه للسفر والانتقال، فلقد اشتهر بكثرة الترحال بين مختلف البلدان العربية والإسلامية، واستمر هذا الحب حتى الأيام الأخيرة من عمره، حتى أنه جاوز السبعين، وهو يمتطي الدروب ليزداد علماً ومعرفة. وكان يحمل معه، في أسفاره، ما يستطيع من الكتب، كما كان يؤلف ويصنف ويكمل ما ابتدأ به أنّى حلّ وحيثما أقام".

ولما بلغ الثانية والسبعين من العمر توجه للحج ولكن عن طريق مسقط رأسه بغداد وأن يهدي إلى خليفتها المستنصر بالله بعض من مؤلفاته فترك حلب ماراً بحران قاصداً بغداد، فدخلها مريضا وتوفي فيها سنة (٩٢٩هـ) ودفن في مقبرة الوردية بجوار أبيه، دون أن يلحق بالحج ومقابلة الخليفة العباسي بعد أن غاب عن مدينته خمسة وأربعين سنة.

وأوضح الذهبي في كتابه (تاريخ الإسلام) إلى أن البغدادي قد تنبأ بهجوم المغول على البلاد الإسلامية. وفعلا حدث هذا التوقع.

إذ بعد سنوات معدودات دخلت جيوش هولاكو بغداد ومن ثم حلب وغيرها من المدن العربية والإسلامية لتعيث في الأرض خرابا وفي الناس تقتيلاً وفي الحضارة تدميراً وفي الثقافة مسحاً.

مؤلفاته:

يقول ابن أبي أصيبعة: "وكان الشيخ موفق الدين عبد اللطيف، كثير الاشتغال لا يخلي وقتا من أوقاته من النظر في الكتب والتصنيف والكتابة. والذي وجدته من خطه أشياء كثيرة جدا بحيث أنه كتب من مصنفاته نسخا متعددة، وكذلك أيضا كتب كتباً كثيرة من تصانيف القدماء، وكان صديقاً لجدي وبينهما صحبة أكيدة بالديار المصرية لما كنا بها. وكان أبي وعمي يشتغلان عليه بعلم الأدب. واشتغل عليه عمي أيض بكتب أرسطو طاليس.

وكان الشيخ موفق الدين كثير العناية بها، والفهم لمعانيها. وأتى إلى دمشق من الديار المصرية وأقام بها مدة، وكثر انتفاع الناس بعلمه ورأيته لما كان مقيماً بدمشق في آخر مرة أتى إليها، وهو شيخ نحيف الجسم، ربع القامة، حسن الكلام، جيد العبارة،

وكانت مسطرته أبلغ من لفظه".

وكان البغدادي كثير الاعتداد بنفسه، صريحاً، جريئاً، لاذع النقد. ويجمع المؤرخون والمترجمون على أن البغدادي كان شديد الذكاء، سريع الحفظ، واسع الاطلاع، غزير المعرفة خصب الانتاج، ألف وصنّف كتباً كثيرة في الطب والنحو والمنطق وأصول الدين والحيوان والنبات، واختصر كتب الأقدمين وعلق عليها. ولقد بلغت تصانيفه ومؤلفاته ما يقارب السبعين كتابا ومائة مقالة، منها ستون كتابا ومختصرا ومقالة في الطب وحده. وسنعدد هنا اهم مؤلفاته في مجال الحيوان والنبات **فقط لتعلق ذلك في موضوعنا:**

١- اختصار كتاب الجنين.

٢- اختصار كتاب الأدوية المفردة لابن وافد.

٣- اختصار كتاب النبات لأبي حنيفة الدينوري.

٤- اختصار كتاب الأدوية لابن سمجون.

٥- كتاب في الأدوية المفردة.

٦- مختارات من كتاب ديسقوريدس في صفات الحشائش.

٧- مقالة في النخل.

٨- اختصار كتاب الحيوان لأرسطو.

٩- كتاب الكفاية في التشريح.

١٠- كتاب المدهش في أخبار الحيوانات.

١١- كتاب الإفادة والاعتبار في الأمور المشاهدة والحوادث المعاينة بأرض مصر (نهتم بفصلين منه عن نباتات وحيوانات مصر).

النبات عند البغدادي:

وصف البغدادي الكثير من نباتات مصر التي شاهدها ووقف على أنواعها وأجناسها وثبت ذلك في كتابه الذائع الصيت (الإفادة والاعتبار). فوصف الباميا قائلاً: "وهي ثمر بقدر إبهام اليد كأنه جرا القثاء، شديد الخضرة إلا أن عليه زبيرا[1] مشوكا هو مخمس الشكل يحيط به خمسة أضلاع فإذا شق انشق عن خمسة أبيات بينها حواجز.

وفي تلك الأبيات حب مصطف مستديراً أبيض أصفر من اللوبيا هش يضرب إلى الحلاوة فيه قبض ولعابيه كثيرة يطبخ أهل مصر به اللحم بأن يقطع مع قشوره صغاراً ويكون طعاماً لا بأس به الغالب على طبعه الحرارة والرطوبة ولا يظهر في طبيخه قبض بل لزوجة".

البامية (Abelmo Schus esculentus)، والاسم بالانجليزي (Gobbo, okra). نباتات حولية زراعية صغيرة من فصيلة الخبازيات الساق منتصبة، ليفية زباء، ترتفع إلى حوالي متر، أوراقها كبيرة، متعاقبة، معنقة، كيفية النصل الأزغب أزهارها كبيرة والثمار قرنية تضم بزور صغيرة مستديرة. وتزرع لثمارها المأكولة طبخاً. وفي العراق تسمى بانية وهي من الخضروات الصيفية الهامة عندنا حيث تطبخ باللحم مع وجود بعض رؤوس الثوم فيها وتعمل (مرق أو مرك) وهي من الأكلات الشعبية الممتازة عند العراقيين.

ووصف البغدادي نبات الجميز: "وهو بمصر كثير جداً ورأيت منه شيئاً بعسقلان[٢] والساحل وكأنه تين بري وتخرج ثمرته في الخشب لا تحت الورق ويخلف السنة بسبعة بطون ويؤكل أربعة أشهر ويحمل وفرا عظيماً وقبل أن يجني بأيام يصعد رجل إلى الشجرة ومعه حديدة[٣] يس بها حبة حبة من الثمرة فيجري منها لبن أبيض ثم يسود الموضع وتحلو الثمرة بذلك الفعل. وقد يوجد منه شيء شديد الحلاوة أحلى من التين لكنه لا ينفك في أواخر مضغه من طعم[٤] خشبية ما. وشجرته كبيرة كشجرة الجوز[٥] العاتية ويخرج من ثمره[٦] وغصنه إذا فصدت[٧] لبن أبيض إذا طلى على ثوب او غيره صبغه أحمر، وخشبه تعمر به المساكن ويتخذ منه الأبواب وغيرها من الآلات[٨] الجافية وله بقاء على الدهر وحبر على الماء والشمس. وقلما يتآكل هذا مع أنه حشب خفيف قليل اللدونة. ويتخذ من ثمرته خل حاذق[٩] ونبيذ جاذ، قال جالينوس: الجميز بارد رطب فيما بين التوت والتين، وهو ردئ للمعدة، ولبن شجلته له قوة ملينة تلصق الجراح وتفش[١٠] الأورام، ويلطخ على لسع الهوام[١١] ويحلل جسأة[١٢] الطحال وأوجاع المعدة ضماداً، ويتخذ منه شراب للسعال المتقادم نوازل الصدر والرئة، وعمله بأن يطبخ في الماء حتى تخرج فيه قوته، ويطبخ ذلك الماء مع السكر حتى ينعقد،

ويرفع. وقال أبو حنيفة: ومن أجناس التين الجميز حمله كالتين في الخلقة وورقه اصفر من ورق التين وتينه أصفر وأسود ويكون بالغور[١٣]. ويسمى التين الذكر والأصفر منه حلو والأسود يدمى الفم. وليس لتينه علاقة بل لاصق بالعود".

وقد جاء وصف عالمنا البغدادي لهذا النبات مطابقاً لما جاء به علم النبات الحديث فهو لحد الآن يسمى بتين فرعون أو جميز اسمه العلمي (Ficus Sycomorus) والانجليزي (Pharao's fig, Sycamorefig) والجميز شجرة مثمرة من التوتيات، كبيرة الحجم ضخمة الساق منبسطة الأغصان الكبيرة. وأوراقها كثيفة، قلبية الشكل، نصلها أخضر اللون العابق ثمارها مأكولة تشبه التين قرميدية اللون، ملينة - مسهلة. خشبها خفيف الوزن شديد الصلابة. موطنها منطقة النوبة ومنها انتشرت إلى باقي أنحاء العالم ذات المناخ الحار.

ووصف البغدادي **نبات البلسان** وصفاً علمياً جيداً قائلاً: "ومن ذلك البلسان فإنه لا يوجد اليوم إلا بمصر بعين شمس في موضع محاط عليه محتفظ به مساحته نحو سبعة أفدنة وارتفاع شجرته نحو ذراع وأكثر من ذلك، وعليها قشران الأعلى أحمر خفيف والأسفل أخضر ثخين، وإذا مضغ ظهر في الفم منه دهنينه ورائحة عطره وورقة شببه بورق السذاب[١٤]، ويجتني دهنه عند طلوع الشعرى[١٥] بأن تشرخ السوق بعدما يحدث عنها جميع ورقها وشدقها يكون بحجر يتخذ محدداً ويفتقر شدخها إلى صناعة بحيث يقطع القشر الأعلى ويشق الأسفل شقالا ينفذ إلى الخشب فإن نفذ إلى الخشب لم يخرج منه شيء. فإذا شدخه كما وصفنا أمهله ريثما يسيل لثاه على العود فيجمعه بأصبعه مسحا إلى قرن[١٦] فإذا امتلأ صبه في قناني زجاج ولا يزال كذلك حتى ينتهي جناه وينقطع لثاه، وكلما كثر الندى في الجو كان لثاه أكثر وأغزر، وفي الجدب وقلة الندى يكون اللثا أنزر ومقدار ما أخرج منه في سنة ست وتسعين وخمس مائة، وهي عام جدب نيف وعشرون رطلا. ثم تؤخذ القناني فتدفن إلى القيظ وحمارة الحر وتخرج من الدقى وتجعل في الشمس ثم تتفقد كل يوم فيوجد الدهن وقد طفا فوق رطوبة مائية وأثقال أرضية فيقطف الدهن ثم يعاد إلى الشمس ولا يزال كذلك يشمسها ويقطف دهنها حتى لا يبقى فيها دهن فيؤخذ ذلك الدهن ويطبخه قيمة في الخفية لا يطلع

على طبخه أحداً ثم يرفعه إلى خزانة الملك. ومقدار الدهن الخالص من اللثا بالترويق[١٨] نحو عشر الجملة، وقال لي بعض أرباب الخبرة أن الذي. يحصل من دهنه نحو من عشرين رطلا ورأيت جالينوس يقول أن أجود دهن البلسان ما كان بأرض فلسطين وأضعفه ما كان بمصر. ونحن فلا نجد اليوم بفلسطين شيئا البته وقال نيقولاوس في كتب النبات. ومن النبات ماله رائحة طيبة في بعض أجزاءه ومنه ما رائحته الطيبة في جميع أجزاءه كالبلسان الذي يكون في الشام بقرب بحر الزفت والبيرا التي يسقى منها تسمى بئر البلسم وماؤها عذب". وكان البغدادي موفقاً في وصف نبات البلسان، هذا الوصف العلمي الرصين والذي يدل على باع هذا العالم في علوم النبات.

والبَلَسان هوبَشَام (Balsam tree, Balm tree) أشجار وجنبات راتنجية برية من فصيلة البخوريات لها أنواع كثيرة يستخرج من بعضها أدهان راتنجية عطرية ممتازة. من أشهرها بلسان مكة والمقل والمر والقفل والقطف. مهدها المناطق الحارة من أفريقية والشرق الأوسط. وتناول البغدادي نبات القلقاس: "ومن ذلك القلقاس وهو أصول بقدر الخيار ومنه صغار كالأصابع يضرب إلى حمرة خفيفة يقشر ثم يشقق على مثل السلجم وهو كثيف مكتنز يشابه الموز الأخضر الفج في طعمه وفيه قبض يسير مع حرافة قوية وهذا دليل على حرافته ويبسه.. وقد رأيته بدمشق لكن قليلا. ورأيته إذا يبس يرجع خشبياً كالقسط[١٩] سواء. وأما ورقه فورق مستدير واسع على شكل خف البعير سواء لكنه أكبر منه ويكون قطر الورقة ما بين شبر أو أزيدونيات كل قضيب من الأصل الذي في الأرض إذ ليس لهذا النبات ساق ولا ثمر أيضاً وورق القلقاس شديد الخضرة، رقيق البشرة شبيه بورق الموز في خضرته ونعومته ورونقه ونضارته. وقال ديسقوريدس أن لهذا النبات زهراً على لون الورد فإذا عقد، عقد شيئاً شبيهاً بالحراب كأنه نفاخة الماء وفيه باقلى صغير صغر من الباقلى اليوناني يعلو موضعه المواضع التي ليس فيها باقلى فمن أراد أن يزرعه قائماً يأخذ ذلك الباقلى ويصيره في كتل ويلقيها في الماء فينبت...".

والقلقاس (C. esculenta, Arumesculen- ta). نباتات زراعية معمرة من فصيلة القلقاسيات. الساق أرضية عسقولية غليظة أوراقه قرصية التجميع تقوم على معاليق

مستطيلة منتصبة ترتفع إلى (٨٠ أو ١٢٠سم). له ضروب كثيرة، ترغب في الأتربة الدبالية الرطبة. لباب عساقله يؤكل بعد طبخه أو نقعه بالماء. تنتشر في المناطق الحارة.

وقال البغدادي **عن الحمضيات:** "وأما المحمضات فيوجد بأرض مصر منها أصناف كثيرة لم أرها بالعراق من ذلك أترج كبار يعز وجود مثله ببغداد ومن ذلك اترج (قلت ويسمى أيضا كَبَّاد، تُرنج، تفاح ماهي - Citrus medica cedrata) حلو ليس فيه حماض ومن ذلك الليمون المركب وهو أصناف أيضا، ويوجد فيه ما هو بقدر البطيخة، ومن ذلك الليمون المختم وهو أحمر شديد الحمرة أقنى حمرة من النارنج شديد الاستدارة مفلطح من رأسه وأسفله مفضوخ فيهما البلسم وهو بختمين. ومن ذلك ليمون في قدر الإبهام وكالبيضة المطاولة وفيه ما هو مخروط صحيح يبتدئ من قاعدة وينتهي إلى نقطة وأما لونه وريحه وأشحمه وحماضه فلا يغادر من الاتراج شيئاً. وقد يوجد اترج في جوفه اترج بقشر أصغر أيضا". "ومن ذلك صنف من التفاح يوجد بالاسكندرية ببستان واحد يسمى بستان القطعة وهو صغار جداً قاني الحمرة وأما رائحته فتفوق الوصف وتعلو على المسك وهو قليل جداً". حسب اعتقادي أنه يقصد به البغدادي التفاح المسمى بتفاح الورد (Eugeniaj ajambosa, Jaia pavul garis).

وأما القرظ فيسمى بالعراق الرطبة وبالشام الفضة. قُرظْ (سنط عربي، شوكة قبطية- Acacia arabica)، شجرة برية وزراعية مبذولة، يستفاد منها في استخراج الصمغ الأحمر وهو متوسط الجودة ينبت في منطقة الشرق العربي.

وأما النخل (Phoenix dactylifera) فكثير لكن إذا قيست ثمرته بثمرة نخل العراق وجدت كأنها قد طبخت طبخة خرج بها معظم حلاوتها وبقيت ناقصة القوة، ومما يسميه أهل العراق القسب (التمر اليابس) يسميه أهل مصر النمر وأما التمر بالعراق فيسمونه العجوة وقلما تجد عندهم ما يشابه تمر العراق إلا نادراً ويكون ذلك نخيلا معدودة تهدى تحفة.

"وأما **القراسيا**[٢٠] فلا يوجد بمصر بل بالشام وبلاد الروم وغيرهما. وإنما بمصر صنف من الأجاص صغار حامض يسمونه القراسيا ومثل هذا الصنف بدمشق يسمونه خوخ الدلب لأن الأجاص بالشام يسمى خوخا والخوخ دراقنا والكمثرى أجاصا".

"وما يكثر بمصر شجر خيار شنبر (cassia fistula) وهو شجر عظام شبيه بشجر الخروب الشامي وزهره كبير أصفر ناضر ذو رواء وبهجة فإذا عقد تدلى ثمره كالمقارع(٢١) الخضر. وبها شجر اللوز (Prunusamygdalus) بها كثير وثمره النبق حلو جداً، والنيل يكثر بها ولكنه دون الهندي. ويقصد البغدادي في وصفه لنبات النيل هو النيل العربي (Indigofera arabica, l.anil) وهو نبات زراعي يبلغ ارتفاعه من (١٠٠-١٢٠سم). أوراقه بيضاء وأزهاره حمراء زاهية، يستفاد منها في صبغ الملابس ويسمى في العراق نيلة ويصف البغدادي الموز (musasa pientum) وصفاً علمياً ممتازاً ويجادل في نوعه وصنفه ولا يقبل ما زعم حول أنه مركب من نباتين مختلفين من القلقاس والنخل لأنه يجافي الحقيقة العلمية.

يقول: "ومن ذلك الموز وهو كبير باليمن والهند، ورأيته بالغور بدمشق ذلك مجلوبا وكونه من فراخ تظهر من أصل شجرته كما تظهر القسلان من النخلة، وترتفع قامته إلى قامتين وكأنها نخلة لطيفة، وزعموا أن شجر الموز في الأصل مركب من قلقاس ونوى النخل، تجعل النواة في حوف القلقاسة وتغرس وهذا القول وإن كان ساذجاً ليس من دليل يشهد له فالحس يسوغه وذلك أنه لا تجد لشجرته سعفاً كسعف النخل سواء. إلا أنك ينبغي أن تتخيل الخوص اتصل بعضه ببعض حتى صار كأنه ثوب حرير أخضر قد نشر او رابة خضراء ترف ريا وطراءة وكأن الرطوبة اكتسبها من القلقاس والشكل اكتسبه من النخل وأنت تعلم ان تشقق سعف النخل إلى الخوص إنما كان من قبل اليبس الغالب على مراج النخل. ولكثرة رطوبة الموز بقى سعفه متصل الخوص ولم يتشقق، فعلى هذا يكون القلقاس له. بمنزلة المادة والنخل بمنزلة الصورة".

الحيوانات في وصف البغدادي:

وصف البغدادي تربية الدجاج على أسس علمية، وهو أول من قال عن عملية تفريخ الدجاج بالحضانات: "ومن ذلك حضانة الفراريج بالزبل فإنه قلما تربى بمصر فراريج عن حضان الدجاجة وربما لم يفرقوه أيضا وإنما ذلك عندهم صناعة ومعيشة يتجر فيها ويكتسب منها وتجد في كل بلد من بلادهم مواضع عدة تعمل ذلك.

ويسمى الموضع معمل الفروج وهذا المعمل ساحة كبيرة يتخذ فيها من البيوت التي يأتي ذكرها ما بين عشرة أبيات إلى عشرين بيتاً في كل بيت ألفا بيضة ويسمى بيت الترقيد...".

وقال عن البقر (Bovinae) في مصر ما يلي: "وإما بقرهم فعظيمة الخلق حسن الصور، ومنها صنف هو أحسنها وأغلاقها قيمة يسمى البقر الخيسية[٢٢] (وهي التي تسمى اليوم في مصر البلدي) وهي ذوات قرون كأنها القسي، غزيرات اللبن". ومن ذلك التماسيح: "والتماسيح كثيرة في النيل وخاصة في الصعيد الأعلى وفي الجنادل[٢٣] فإنها تكون في الماء وبين صخور الجنادل كالدود كثرة وتكون كبارا وصغارا وتنتهي في الكبر إلى نيف وعشرين ذراعا طولا، والتمساح يبيض بيضا شبيها ببيض الدجاج...".

ينطبق وصف البغدادي لهذا النوع من التماسيح على تمساح النيل (crocodilus vugaris) الذي كان يعيش قديماً في طول نهر النيل من منابعه حتى مصبه، وإن كان في الوقت الحاضر قد هرب إلى أعالي النيل في جنوب السودان، ولو أن التيار قد يجرف بعض أفراده في وقت الفيضان إلى بعض المناطق في مصر. وينتشر هذا التمساح من رأس الرجاء الصالح في جنوب أفريقيا حتى السنغال وفي المياه المنعزلة في تونس وليبيا والجزائر ومدغشقر وموريتانيا. ويألف الشواطئ الرملية والجزر وسط الأنهار. ويمتاز تمساح النيل بعدم وجود بروز كما في التماسيح الأمريكية والهندية وأصغر حجماً من الأنواع الأخرى، ولونه زيتوني داكن، وتضع أنثاه بيضا في رمال سواحل الأنهار بعد أن تهيء له حفرة صالحة لذلك. وكان المصريين القدماء يقدسون هذه الزواحف البرمائية ومن ذلك الدلفين ويوجد في النيل وخاصة قرب تنيس[٢٤] ودمياط.

"ومن ذلك السمكة المعروفة بالرعاد لأنه من أمسكها وهي حية ارتعد رعدة لا يمكنه معها ان يتماسك، وهي رعدة بقوة وخدر شديد وتنمل في الأعضاء وثقل بحيث لا يقدر أن يملك نفسه ولا أن يمسك بيده شيئاً أصلاً ويتراقى الخدر إلى عضده وكتفه وإلى جنبه بأسره حين ما يلمسها أيسر لمن في أسرع وقت. وخبرني صيادها أنها إذا

وقعت في الشبكة اعترى الصياد ذلك إذا بقى بينها وبينه مقدار شبر أو أكثر من غير أن يضع يده عليها وهي إذا ماتت بطلت هذه الخاصة منها. وهي من السمك الذي لا تفليس له ولحمه قليل الشوك، كثير الدسم ولها جلد ثخين في ثخن الأصبع ينسلخ منها بسهولة ولا يمكن أكله ويوجد فيها الصغير والكبير ما بين رطل إلى عشرين رطلا وذكر من يكثر السباحة بنواحيها أنها إذا مست بدن السابح خدر الموضع أين كان ساعة بحيث يكاد يسقط. وتكثر بأسافل الأرض وبالاسكندرية".

وجاءت معلومات البغدادي عن سمك الرعاد مطابقة تماماً لعلم الحيوان الحديث، فهذه السمكة المعروفة بأسماء عديدة لكن أهمها رعاشة النيل أو رعاد النيل أو قُترة النيجر (malapterurs electricus) من أسماك المياه العذبة وتكثر في نهري النيل والنيجر وبعض الأنهار الإفريقية الأخرى، جسمها اسطواني الشكل بطول (١٥٠سم)، لونها أخضر باسمرار، وذات رأس مخروطي الشكل. وهي فعلا من الأسماك المكهربة التي تكهرب أو تصعق من يلمسها فتأخذه الرعدة إلا ذيلها الذي ما خلى من هذه الخاصية المكهربة، ويبدو أن البغدادي قد شاهدها عن كثب بدون ان يعرف تفاصيل كاملة عنها إلا بعض المعلومات من صيادي الأسماك في نهر النيل.

"ومن ذلك الترسة وتسمى لجأة وهي سلحفاة عظيمة وزنها أربعة قناطير إلا أن جفنتها أعني عظم ظهرها كالترس له أفاريز خارجة عن جسمها نحو شبر، ورأيتها بالاسكندرية يقطع لحمها ويباع كلحم البقر.. وتخرج من جوفها نحو أربعمائة بيضة كبيض الدجاج سواء الا انه لين القشر واتخذت من بيضها عجة[٢٥] فلما صار ألوانا ما بين أخضر وأحمر وأصفر شبيها بألوان اللحم".

والكلجْأة (chelonia) جنس سلاحف بحرية، أنواعها عديدة، جميعها كبيرة الحجم تصل إلى حوالي (٢٠٠سم) وتزن نحو (٥٠٠كيلو)، قوائمها زعنفية الشكل. قوتها الأعشاب البرية. تبيض على الشطوط الرملية، لحمها وبيضها مأكول. ويبدو أن البغدادي قد شاهد أنواع من هذه السلاحف وبالأخص اللجأة الخضراء (Chelonia viridis, C.midas) التي تكثر في المحيط الهندي وبحر العرب وفي البحر الأحمر، وطول هذه السلاحف حوالي المترين.

الخلاصة والاستنتاج:

وبعد هذه الرحلة اللطيفة والمفيدة مع رحلة العالم البغدادي العربي يتضح لنا أن المعلومات التي ذكرها عن علوم النبات والحيوان لها مدلولات علمية وفكرية قيمة أضافت الشيء الكثير للعلوم المعاصرة **ويمكن وضع نقاط هامة في هذا المجال وهي كالآتي:**

١- لقد استخدم البغدادي الوصف العلمي الدقيق بشكل سرد موضوعي والتركيز على صفة معينة بالأحياء الموصوفة، وهي ميزة مستخدمة الآن في معظم المؤلفات الحديثة.

٢- حاول بقدر المستطاع أن يحدد موقع الحيوان أو النبات الذي وصفه جغرافيا ويوزعه حسب بيئته الأصلية وهذا ما يسمى اليوم بالجغرافية الحياتية أو الإحيائية.

٣- فند وعارض العديد من المعلومات الخاطئة التي ذكرت قبله من علماء الإغريق والعرب عن بعض الحيوانات والنباتات وبذلك كان مستقلا في منهجه العلمي.

٤- أول من أوضح وأماط اللثام عن أن العرب قد عرفوا واستخدموا عملية التفريخ الصناعي في الدجاج، في حين كان أكثرنا يعزو ذلك إلى سبق الغرب في هذا التقدم العلمي.

٥- كان صريحاً فيما طرحه حول أمور شاهدها هو بنفسه وأمور أخرى سمعها أو أقاويل طرحها البعض بالنقل والسماع من الغير وبذلك كان أميناً في نقله ووصفه لبعض الحيوانات والنباتات وغيرها من الأمور الأخرى.

٦- أدخل عنصر المقارنة العلمية البحته فيما وجده من نبات وحيوان في مصر البلد الذي استضافه وموطنه الأم العراق، وهذا عنصر جديد لم يعرفه إلا قلة من العلماء العرب أو الافرنج سابقاً.

٧- تعتبر معلومات البغدادي هذه أحد ركائز المصادر العلمية في علوم الحياة استفادت منها المدارس الأوروبية في تدريس هذه المادة في جامعاتها ومدارسها العليا، وبالتالي أضافت أفكاراً قيمة وممتازة في صرح الحضارة الإنسانية بأجمعها.

هوامش:

١- الزبير: الشعر أو أشباهه الشعر أو شعر غير حقيقي.

٢- عسقلان: مدينة فلسطينية عريقة وكبيرة تقع على ساحل البحر الأبيض المتوسط، وكان لها شأن كبير أيام السلطان صلاح الدين الأيوبي وهي ضمن قطاع غزة.

٣- يسم: السمنة، العلامة.

٤- الخشبية: يراد بها طعم من أي خشب كان.

٥- العاتية: الكبيرة أو الجبار، الشديد والمقصود هنا الكبيرة الفارعة الطول.

٦- غصنه: الغصن الصغير في الشجرة.

٧- فصدت: شق العرق.

٨- الجافية: الغليظة.

٩- جاذ: حامض.

١٠- تفش: خف وسكن ورمه.

١١- الهوام: الديدان والحشرات.

١٢- جسأة: صلب وخشن.

١٣- الغور: قرب دمشق في سوريا.

١٤- السذاب: هو الفيجن – Ruta، نباتات عشبية طبية برية معمرة، أنواعه عديدة.

١٥- الشعرى: كوكب يطلع بعد الجوزاء، ويقال أن طلوعه في شدة الحر.

١٦- قرن: القرن بالتحرك الجعبة من جلود تكون مشقوقة ثم تحرر.

١٧- لثاه: ما سال من ماء الشجر من ساقها خاثراً.

١٨- الترويق: التصفية.

١٩- القسط: اليبس والقسط عود يجعل في البخور والدواء.

٢٠- القراسيا: القراصيا – Prunus cerasifera، نوع من الخوخ، شجرته صغيرة تعلو إلى أربعة أمتار، ثمارها مأكولة وهي كرزية الشكل والحجم، بنفسجية اللون، خضراء المواج.

٢١- المقارع: يقال ارض مقرعة والقرع حمل القثاء من المرعى، والقرع حمل اليقطين. انظر اللسان مادة "قرع" ١٠، ١٤.

٢٢- الخيسية: الذي ظهر لحمه وشحمه من السمن والبدانة.

٢٣- الجندل: صخرة مثل رأس الإنسان وجمعه جنادل.

٢٤- تنيس: هي صان الحجر في شمال الدلتا قرب المنزلة في مصر.

٢٥- عجة: طعام يتخذ من البيض مع عجين يسمن ثم يشوي.

ابن البيطار

اسمه وبيئته:

هو ابن محمد عبد الله بن أحمد، ضياء الدين الأندلسي، الملقب بابن البيطار، ولد في الربع الأخير من القرن الهجري المصادف في نهاية القرن الثاني عشر الميلادي في مدينة (مالقة) الأندلسية.

وتوفي سنة (٦٤٦هـ، ١٢٤٨م) في دمشق. وابن البيطار منسوب إلى أسرة مشهورة في مالقة تعرف باسم أسرة (البيطار)، ويحتمل أن يكون لقب هذه الأسرة راجعاً إلى أنها كانت تشتغل بالبيطرة وكان من نتيجة ولعه واهتمامه بدراسة النباتات والأعشاب ان عجلت بمغادرته لمدينة مالقة مسقط رأسه، وقيامه برحلات واسعة النطاق في أرجاء عديدة من العالم وهو في سن العشرين أي في سنة (١١٩٧م - ٦٠٥هـ)، وبعد عودته من رحلاته استقر في مصر والشام فأقام في القاهرة، ثم في دمشق حينا آخر في عهد الملك الكامل محمد بن أبي أيوب سلطان مصر الأيوبي الذي جعل من ابن البيطار رئيسا على سائر العشابين، وكان يعتمد عليه اعتماداً كلياً في الأدوية المفردة والحشائش.

ويشير الدكتور عبد الحليم (إلى أن ابن أصيبعة كان تلميذاً لابن البيطار، صحبة في رحلاته وأسفاره للكشف عن النباتات في منطقة دمشق. ومن عجب أن ابن أبي أصيبعة لم يعطينا معلومات وافية عن أستاذه ابن البيطار).

ما قيل في ابن البيطار:

يقول ابن أبي أصيبعة في كتابه عيون الأنباء في طبقات الأطباء عن ابن البيطار (... وأول عالم زراعي قد اجتمعت به عند زيارتي دمشق سنة ٦٣٣هـ كان ابن البيطار الحكيم الأجل، فقد رأيت فيه أخلاقاً سامية ومروءة كاملة وكانت المروءة من أهم صفات الفتوة عند العرب، وقد جمعت وإياه الحشائش في ظاهر دمشق فوجدت

فيه العلم غزيرا ومن دراية الفهم شيئاً كبيراً).

ويتحدث السيوطي في حسن المحاضرة عن ابن البيطار بقوله: "ابن البيطار الطبيب البارع ضياء الدين عبد الله بن أحمد المالقي أوحد زمانه، صاحب كتاب الأدوية المفردة، انتهت إليه معرفة تحقيق النبات وصفاته وأماكنه، خدم الملك الكامل، ثم ابن الصالح، ومات بدمشق في شعبان سنة ٦٤٦هـ".

ويقول الدكتور قدري حافظ طوقان في كتابه (الخالدون العرب، والعلوم عند العرب): "ابن البيطار عالم نباتي ظهر في القرون الوسطى، ويعد أكثر العلماء إنتاجاً، درس النبات في بلاد مختلفة وكان لملاحظاته الخاصة وتنقيحاته القيمة الأثر الكبير في السير بهذا العلم خطوات واسعة".

ويقول ماكس مايرهوف المستشرق الألماني عن ابن البيطار (أنه أعظم كاتب عربي ظهر في علم النبات). واعترف روسكا بأهمية مؤلفات ابن البيطار وأثرها وقيمتها العلمية الكبيرة وأثرها البالغ في تقدم علم النبات عند الغربيين. وجاء في دائرة المعارف الإسلامية (المجلد الأول/ حرف الألف) [ابن البيطار أمام النباتيين وعلماء الأعشاب]. وترجم العالم الإيطالي الدومييلي في كتابه (العلم عند العرب وأثره في تطور العلم العالمي) بقوله: (إنه أعظم النباتيين والصيدليين في الإسلام، وكتاب ابن البيطار الأساسي هو الجامع لمفردات الأدوية المفدرة والأغذية).

ويقول الدكتور جمال الدين الرمادي في كتابه (من سير علماء المسلمين): أن ابن البيطار قد جاء في كتابه الجامع بثلاثمائة مادة من مبتكراته منها مائتا مادة نباتية، وقد نقل عن (١٥٠مؤلفا من بينهم ١٢٠ من الإغريق، وقد طبعت أجزاء من ترجمة ابن البيطار باللاتينية تحت عنوان الأدوية البسيطة في أواخر سنة (١٧٥٨) في مدينة (كريمونا).

ويقول (م.م. شاريف) في كتابه (الفكر الإسلامي منابعه وآثاره) عن ابن البيطار: إنه ألمع مؤلف في علم النباتات في العصور الوسطى.

واهتم الدكتور منتصر بتحقيق سنة ولادته فذكر أنه ولد في سنة (٥٧٥هـ)، واتفق مع غيره في سنة وفاته وفي سنة (٦٤٦هـ)، وأنه قام برحلاته عندما بلغ العشرين من عمره ويتميز بطريقته العلمية الأصلية في البحث عن أصول النباتات والزراعة. وأضاف قائلاً: أن ابن البيطار كان يعتمد على المشاهدة والتجربة، وتحري الصدق كما عرف بالدقة والأمانة في النقل.

مؤلفاته:

أشهر مؤلفات ابن البيطار قاطبة الذي عرف به ولمع اسمه فيه كتابه(الجامع لمفردات الأدوية والأغذية) الذي طبع لأول مرة في القاهرة سنة (١٢٩١هـ/١٨٧٥م). يقول ابن البيطار أنه توخى في تأليف هذه الموسوعة القيمة ستة أهداف هي:

١- استيعاب القول في الأدوية المفردة والأغذية المستعملة.

٢- التأكد من صحة النقل فيما اذكره عن الاقدمين وأحرره عن المتأخرين.

٣- ترك التكرار إلا فيما تمس الحاجة إليه لزيادة معنى وتبيان.

٤- تقريب مأخذه بحسب ترتيبه على حروف المعجم.

٥- التنبيه على كل دواء وقع فيه وهم أو غلط لمتقدم أو متأخر، لاعتمادي على التجربة والمشاهدة.

٦- ذكر أسماء الأدوية بسائر اللغات.

وممن نقل عنهم ابن البيطار من أئمة النباتيين والعشابين وعلماء العقاقير ديسقوريدس وجالينوس وأبقراط وماسويه وماسر جوية وابن ماسة وابن سرابيون وابن هرار وبديغورس وابن زهران والاسرائيلي والطبري وابن وافد والجزار والرازي وابن سينا وأبو حنيفة الدينوري وعيسى بن علي والدمشقي وعبد الله بن العشات وأبو جريج وجيش بن الحسن والغافقي والشريف الإدريسي والتميمي واسحق بن سليمان واسحق بن عمران وأبو العباس الحافظ (ابن الرومية) وغيرهم من اليونان والسريان واليهود والعرب المسلمين.

ان ابن البيطار لم يؤلف هذا الكتاب بسهولة، إنما ألفه بعد دراسات طويلة وتحقيقات مضنية في بلاد العرب وآسية الصغرى وبلدان البلقان (يوغسلافية - اليونان- البانية- بلغارية) والبرتغال وأسبانيا وفرنسا وبعض جزر البحر الأبيض المتوسط. وقد اعتمد في بحوثه على كتب عديدة لأكثر من مئة وخمسين مؤلفا بينهم أربعون عالما يونانيا. وكان لا يعتمد على النقل من غيره بل يضع ملاحظاته الخاصة وتنقيحاته المتعددة موضع المصادر التي يستند ويعتمد عليها وقد وصف أكثر من (١٤٠٠عقار) جديد بين نباتي وحيواني ومعدني منها (٥٠٠عقار) لأول مرة، وبين فوائدها الطبية ومتى تستعمل كأدوية وأغذية، وقد رتب كتابه هذا على حروف المعجم.

فذكر أسماء الأدوية بسائر اللغات الموجودة بالإضافة إلى موطن تلك النباتات الطبية ومنافعها وقد بقى هذا الكتاب ما يربو على الأربعة قرون يعتمد عليه علماء أوروبا كأهم مصدر زراعي، وترجم إلى أهم اللغات الأوروبية كاللاتينية والفرنسية والألمانية، ويذكر لكيرك أن ابن البيطار أدخل أكثر من مائة مادة جديدة للعقاقير والمفردات الطبية من النباتات لم تكن معروفة من قبل.

ومن كتبه الأخرى كتاب (المغني في الأدوية المفردة) وهو يلي الكتاب السالف في الأهمية وينقسم المغني إلى عشرين فصلا، تناول فيه علاج الأعضاء الجسمية عضوا عضواً بطريقة مختصرة كي ينتفع به الأطباء، بحث في الأدوية النباتية الخاصة بأمراض الأذن والفم والأنف والرأس وتعرض للأدوية المجملة والأدوية ضد الحميات وضد السموم وغير ذلك، كما ذكر لنا العديد من النباتات التي يمكن أن تعالج بواسطتها بعض الأمراض.

وله كتاب (الابانة والاعلام عما في المنهاج من العلل والأوهام) وكتاب (الأفعال العجيبة)، ثم شرح كتاب ديسقوريدس وهو يعتبر ترجمة عن ما جاء به هذا العالم اليوناني في ذكر النباتات والعقاقير الطبية.

مدرسة ابن البيطار النباتية:

من المعروف أن ابن البيطار كان قد تتلمذ على مجموعة من العلماء وفي

مقدمتهم أبو العباس أحمد بن مفرج المعروف بابن الرومية الاشبيلي النباتي الذي رحل كثيراً وراء البحث عن النباتات وقد ترك عدة مؤلفات بهذا الصدد.

والعالم الآخر أبو الحجاج (عبد الله بن صالح) الذي انتفع منه كثيراً ابن البيطار. وكان لهؤلاء العلماء والمؤلفات التي تناولها بالدرس والمطالعة لأشهر علماء اليونان والعرب الذين سبقوه الأثر البالغ في تكوين ثقافته النباتية. وقد تتلمذ فيما بعد على ابن البيطار أشهر علماء النبات والصيدلة والطب والذين كونوا مدرسة علمية تشهد له بالبنان والأصالة الحضارية للمجد العربي العلمي في الأندلس.

ومن الذين انتفعوا بعلم أستاذهم ابن البيطار (إبراهيم بن موسى السويدي) الذي ترك كتابين لم يطبعا لحد الآن، فالأول مخطوط باسم كتاب (السمات في أسماء النبات) في باريس تحت رقم (٣٠٠٤) طب. ويعتقد ان السويدي قد اعتمد كليا على مؤلفات ابن البيطار في وضع مؤلفاته وأثر كلام ابن البيطار واضح تماما في شرح السويدي عن النبات. وأشار كارل بروكلمان في كتابه آداب اللغة العربية إلى أن (يوسف بن اسماعيل الكتبي) البغدادي، ترك كتابا موسوم بـ(مالا يسع الطبيب جهله) الذي وضعه سنة (١٣١٠م)، هو تلخيص لابن البيطار.

ومن تلاميذه أيضا أبو المنى اليهودي، داود بن أبي النصر المعروف بلقب كوهين العطار الذي تأثر به كثيراً في كتابه (منهاج الدكان ودستور الأعيان في أعمال تركيب الأدوية النافعة للأبدان) الذي نشر سنة (٦٥٨هـ- ١٢٦٠م)، وقد تناول في أحد فصوله (الفصل الحادي والعشرين) العديد من النباتات الطبية النافعة.

وأشهر الذين تأثروا بابن البيطار من تلامذته (داود بن عمر الأنطاكي) المتوفي سنة (١٥٩٩م) الذي عرف بكتابه (تذكرة أولى الألباب او تذكرة داود)، والأنطاكي طبيب وعشاب سوري كان ضريرا غير انه مهر في صناعة الطب والأدوية المفردة وعلم النبات.

ومعظم فصول تذكرة داود مأخوذة من كتاب الجامع لابن البيطار. وقد انتفع كثيراً بمؤلفات العالم النباتي ابن البيطار العالم النباتي والطبيب أبو القاسم محمد بن إبراهيم الوزير الغساني في كتابه الذي نشره سنة (١٥٨٦م) بعنوان (حديقة الأزهار في

شرح مهية العشب والعقار).

وتأثر به أيضا كمال الدين محمد بن موسى الدميري الذي ترك كتابا هاماً في علوم الحيوان اسمه (حياة الحيوان الكبرى)، الذي أخذ عن كتب ابن البيطار معلومات كثيرة. وفي أواسط القرن السابع الهجري قام عمران بن يوسف بن رسول وهو عالم واحد سلاطين اليمن، بتلخيص مفردات ابن البيطار في كتاب له بعنوان (المعتمد في مفردات الطب). وقد حققه ونشره وفهرسه الاستاذ المرحوم مصطفى السقا لأول مرة سنة (١٩٤٠م) ثم أعيد طبعه سنة (١٩٥٠م).

وقام العالم اللغوي المغربي ابن المنظور لتأثره البالغ في ثقافة ابن البيطار النباتية والطبية في مفرداته باختصار هذه المفردات في كتاب له بعنوان (مختصر مفردات ابن البيطار).

أثر ابن البيطار في تقدم العلوم النباتية:

لقد كان لابن البيطار الدور العظيم في الانتقال بالزراعة والنبات إلى مرحة جديدة وكان لمؤلفاته الأثر البعيد المدى فمن جاءوا بعده من علماء زراعيون ونباتيون كما كانت لبحوثه النباتية تأثير أخص ظهر في عصر النهضة الأوروبية الحديثة، لقد كان ابن البيطار عالما نباتيا عربية مبتكرا، أضاف إلى العلوم النباتية العربية

والعالمية مادة غزيرة جديدة من عنده، ويقول ويل ديورانت في موسوعته قصة الحضارة (الجزء ٤/ الترجمة العربية، ص٣٢٩) ما يلي: [(ويدل كتاب الجامع لمفردات الأدوية والأغذية) على سعة العلم وقوة الملاحظة وهو أعظم كتاب عربي في علم النبات].

وظل ابن البيطار المرجع الأصلي في علم النبات حتى القرن السادس عشر، وجعل منه أعظم نباتي في القرون الوسطى. وقد استهل كتاب ابن البيطار في تكوين أول معشبه نباتية وأول صيدلية انكليزية، أعدتها لكلية الطب في عهد (جيمس الأول)، وكان كتاب الأدوية المفردة أحد أسس تكوين علم العقاقير الحديثة. وقد ترجم عدة مرات إلى اللاتينية وطبع ثلاثا وعشرين مرة خلال القرن الخامس عشر وبعده. وظلت

بعض أجزاء هذا الكتاب موضع العناية فترة طويلة فقد أعيد نشرها في مدينة كريمونا سنة (١٧٥٨م).

لقد أضاف إليها جديدا حقا، وهذا الجديد يتمثل في أسماء النباتات والعقاقير الحديثة التي ابتكرها اعتمادا على تجاربه الخاصة على النباتات وهو بذلك وضع الأسس الأولى لربط النبات، بتصنيفه صيدليا وطبيبا.

وقد اختلف ابن البيطار عن باقي علماء النبات العرب الآخرين في أنه كان عشابا وطبيبا نباتياً، يتحدث عن النبات وأوصافه (أصله وساقه وورقه وزهره وثمره)، حتى لا يخلط بين نبات نافع وآخر ضار ثم يعقب على ذلك بذكر ما يستخلص منه من عقار مفيد في العلاج وكيف يؤخذ، ومتى يؤخذ وكيف يعد الدواء وكيف يتعاطى ومقدار الجرعة.

إن المنهج الذي اختطه ابن البيطار في رسم الصورة في تأليف كتبه ولا سيما الجامع لمفردات الأدوية والأغذية، إنه عين المنهاج الذي سبقه إليه الشريف الإدريسي في كتابه (الجامع لصفات أشتات النبات).

كما أن الأسلوب الذي اتبعه ابن البيطار في عرض مواد كتابه في النباتات والأعشاب والعقاقير الطبية يجري على نمط أسلوب الشريف الإدريسي أيضا، وهذه أمثلة مما قاله ابن البيطار في النباتات:

◈ **زيتون:** هو شجر معروف وهو صنفان: بستاني وبري، والزيتون هو ثمر الشجرة، الزيتون - زيتون الماء، وزيتون الزيت، وكلاهما بارد يابس معتدل بين الحرارة والرطوبة، وأما الرطوبة السائلة من خشب الزيتون الرطب، إذا التهب فيه النار، ولطخت به الايثرة والحزاز والملكونيا نفع منها، واذالت هو التمر وخلط بشحم ودقيق وضمد به الاظفار العارضة منها... وإذا دق ورق الزيتون واعتصر ماؤه وطبخ مع مقدار مثله من عسل نحل، وقطر في الأذن نفع من الصمم وإذا نقط بماء ورق الزيتون نفع من الحول العارض للأطفال. وتحدث عن (اطلايلال) وأكثار وآغرغيس مغربي، وأبهل، ويقول زعمت جماعة من الأطباء أنه العرعر وهو خطأ، هو صنف من العرعر، كثير الحب، وهو شجر له ورق شبيه بورق الطرفاء، وثمرته حمراء

دسمة تشبه النبق في قدرها ولونها، وما داخله معروف له نوى، ولونه أحمر، إذا نضج، كان حلوا في المذاق وفيه بعض طعم القطران، ويجمع في وقت قطاف العنب ويقول عن (الاترج) كثير بأرض العرب، وهو ما يغرس غرسا، ولا يكون بريا وتبقى شجرته عشرين سنة تحمل وحملها مرة واحدة في السنة وورقها مثل ورق الجوز، وهو طيب الرائحة وتفاحه شبيه بنور النرجس، وهو زكي ولشجره شوك شديد. ثم ينقل من خواص الاترج ما قاله ابن سينا وابن رضوان واسحق بن سليمان وغيرهم.

ويقول عن (الاخينوس) نبات ينبت بقرب الأنهار وبقاع الماء المتجمعة من العيون وله ورق شبيه بورق الباذروج إلا أنه أصغر منه وأعلاه مشقق وله عيدان خمسة او ستة طالها نحو من شبر وزهر أبيض، وثمره أسود صغير قابض، وعيدان هذا النبات وورقه مملوءة رطوبة. وعن الاذريون صنف من الاقحوان منه ما نواره أصفر ومنه ما نواره أحمر ثم اذان الفأر البستاني، واذان الفار البري واذان الأرنب. ويقول في نبات (الوسن) اسم يوناني أوله الفان الأولى مهموزة ممدودة والثانية هوائية ويسمى حشيشه النجاة، وحشيشه السلحفاة، نبات ذو ساق واحد، وله ورق مستدير، وله في أصول الورق ثمرة في شكل الترس ذو طبقتين فيه بذر صغير ينبت في مواضع جبلية وأماكن وعرة وينقل عن جالينوس (انه ينفع من نهشة الكلب نفعا عجيبا، وانه ينقي الكليتين ويذهب الكلف من الوجه، ثم عن (ديمقراطيين) ان هذا النبت يشبه الفراسيون إلا أنه أخشن منه وأكثر شوكا وينبغي أن يلتقط هذا الدواء في وقت طلوع الشعرى، ويخفف ويدق ويخزن حتى وقت الحاجة، ويرد على ما زعم بعض الأندلسيين من أنه الدواء المعروف عندهم بالقارة وذلك لمنفعته من عضة الكلب وليس كما زعم، بل هو الدواء الذي ذكرته.

أما القارة فيعرف في اليونانية باسم (سطاخنوس) وينقل عن الغافقي اسم دواء آخر سماه (عشبة السباع) ينفع من عضة الكلب، وذكر أيضا عشبة السباع هي الكراث بغير تشديد وليس هو المشدد الذي يؤكل ولا يشاكله. وتحدث عن الأشخيص والاشنات وقال انه اجناس كثيرة وكلها من الحمض والاشنات هو الحرض وهو الذي يغسل به الثياب، نبات لا ورق له، وله أغصان دقاق شبيه بالعقد وهي رخصة كثيرة المياه،

ويعظم حتى يكون له خشب غليظ يستوقد به وناره حارة جداً، ورائحة دخانه كريهة وطعمه إلى الملوحة، وهو من الحمض ويقول عن الأفيون لبن الخشخاش الأسود. لا يعرف إلا بديار مصر وخاصة بالصعيد بموضع يعرف باسيوط، فإنه منها يستخرج ومنها يحمل إلى سائر البلدان. وعن أمير باريس هو البر باريس منه أندلسي ورومي وشامي، يجلب من جبل بيروت وجبل بعلبك وهو أجود من الرومي عند باعة العطر بمصر والشام، وهي شجرة خشنة النبات خضراء، تضرب إلى السواد، تحمل حباً صغيراً بنفسجياً – واسهب ابن البيطار في الحديث عن الانجدان والاينسون والانجرة وانا غالس، والايهقان والبابونج وقال أنه ثلاثة أصناف، والفرق بينها في لون الزهرة، وله أغصان طولها نحو شبر شبيه بأغصان التمنش، وفيها شعب وورق دقاق صغار، ورؤوس مستديرة صغار في باطن بعضها زهر أبيض وفي بعضها زهر مثل لون الذهب وفي الذي ظهر من الزهر على الرؤوس يظهر باستدارة حولها، ويكون لونه أبيض وأصفر ومزفيري وهو في قدر زهر السذاب، وينبت في أماكن خشنة من الطرق، ويقطع في الربيع.

وتكلم ابن البيطار عن البان والبرنوق والبرواق وبزر قطونا والبشمة وعن البشتين قال يكون بمصر، ينبت في الماء اذا اطبق النيل على أرض مصر وله أصل يشبه السفرجلة، ويؤكل نيئا ومطبوخاً وطعمه مطبوخا يشبه صفرة البيض، نباته نبات النيلوفر. كما أورد معلومات قيمة عن البطم وقال هي الحبة الخضراء تنبت بالجبال وعلى الحجارة، والشجرة عيدانها خضراء إلى السوداء وحبها أخضر وفي لحائها وورقها وثمرها شيء قابض. وقال عن البلسان أنه شجرة لا يعرف نباته اليوم بغير مصر خاصة في الموضوع المعروف منها بعين شمس، عظم شجرته مثل عظم شجرة الحبة الخضراء، وله ورق شبيه بورق السذاب، غير أنه أشد بياضا ومدور الورق.

ويقول عن الثلثان هو عنب الثعلب، وعن الشمام معروف بالديار المصرية، وهو المرعي، وهيئة ورقه على هيئة ورق الزرع (يقصد به القمح) وقضبانه ذات كعوب ككعوب قصب الزرع إلا أنها معتمة وهي أرق وأطول وورقه كذلك، وهو

ينبت متدوماً، وأصوله لحمية متشعبة، ويخرج سنابل على شكل سنابل الدخن البري، وطعمه كله حلو، وسنابله مسودة. وكذلك وصف الثوم والثيل والجاوشير والجلنار والجلبان وجوزبوا وهو جوز الطيب، في قدر العفص سهل الكسر، رقيق القشر، طيب الرائحة، وعالج ابن البيطار في كتابه الجامع مئات أخرى من أنواع النبات فتكلم عن حب الزلم وحب الملوك وحب الرشاد وحب القلب وحب الفلفل والحدق والحرمل والخردل والمسك والحضض والحلبة والحماض والحنظل والحندقوقي والخس والخروع والخشخاش والخلاف والخلنجان وخيار شنبر والدقلى والراوندد والرازيانج والزقوم والزنجبيل والزيزفون والكمون والكركم والكراوية واللبلاب والمحلب والمروانبخ والهندباء والياسمين والناردين واليتوع واللوف وغيرها...

الحيوان في كتاب ابن البيطار:

تناول ابن البيطار عددا غير قليل من الحيوانات، التي يتخذ منها عقارا أو ينصح بالتداوي بها نحو من الأنحاء فتكلم عن الروبيان (الجنبري) واعتبره نوع من الأسماك البحرية، وقال أن أهل مصر يسميه القرندس وأهل الأندلس يعرفونه بالقمرون، ذكر أيضاً الزرافة والزمج والحجل والقنفذ والقنبرة والكركي والنعام والنمر والنمل والورل والهدهد ويربوع والماعز والنسر والقبج والسقنقور والسلحفاة والسلوى والسماني والسمك والسمور والسنجاب والسنور والييبا والشبوط والشحرور وشفنين بحري (وهي دابة بحرية شكلها شكل الخفاش) وشنج (وهو الحلزون البحري الكبير المقرن الجوانب وهو نوع من الحلزون عظيم غليظ الوسط ومستدير الطرفين) والصقر والضبع والضفدع والطاووس والطيهوج والعصافير والفنك والفأر والفاخته وأسد الأرض (وهو الحرباء ويسمى باليونانية خاماليون).

وقال عن الحباحب (أنه حيوان له جناحان كالذباب يضيء بالليل كأنه نار). والخراطين (وهي الديدان التي إذا حفر الإنسان أو حرث في الفدان وجدها تخرج من الأرض، وإذا سحقت ووضعت على العصب المقطوع نفعته). وتحدث عن سمك الرعاد، قال: (...وقد ذكر قوم أنه أدنى من رأس من يشتكي الصداع سكن صداعه،

وإذا ادنى من مقعده من انقلبت مقعدته أصلحها. ولكن قد جربت أنا الأمرين جميعا فلم أجده يفعلها ولا واحد منها، ففكرت في أن ادنيه من رأس صاحب الصداع والحيوان حتى يعد، لأنني ظننت أنه على هذه الحالة يكون دواء يسكن الصداع بمنزلة الأدوية الأخرى التي تحد من الحمى فوجدته ينفع مادام حياً). ولعله تنبه إلى أن أثر التيار الكهربائي الضعيف الذي يصدر عن الرعاد لا يكون إلا إذا كان الكائن حيا، ولهذه الملاحظة قيمتها كما يقول الدكتور عبد الحليم منتصر.

الخلاصة:

وخلاصة القول أن ابن البيطار صحح كثيراً من آراء من سبقه في علم النبات وأضاف ما يقارب الثلاثمائة نبتة جديدة لم تكن معروفة في كتب السابقين، ولا شك أنت تأثير ابن البيطار في ميدان علوم النبات كان واسع المدى واستمر قوياً إلى عصر النهضة الأوروبية وبعده.

ويرجع بعض المؤرخين أنه ظل كذلك مستمراً إلى القرن الثاني عشر الميلادي. وقد نقل ابن البيطار من بعض النباتيين العرب وصحح آراء بعضهم الآخر ولم يكن قاسياً في لوم من قصر منهم حتى وإن كانوا من غير العرب كأمثال ديسقوريدي اليوناني بل حاول أن يلتمس له العذر فيما أهمله، ومما يؤكد أن هذا العالم العربي الأندلسي مع عبقريته الواسعة ونبوغه الباهر في علوم النبات كان عالما متواضعا، كريم النفس، لا يهمه سوى محرابه في العلم وحبه للبحوث والتقصي والاهتمام بما يكشف عن جديد في علم النبات والعقاقير وإضافتها إلى الحضارة العالمية. ولم يتعصب ابن البيطار لقومه أو دين ما بل جعل العلم وكشفه لخفاياه هو هدفه الاسمى والأول والأخير ولهذا فإنه. بحث في شتى النباتات العربية والأوروبية على السواء التي توفرت لديه وأفاد بذلك علماء النبات خلال النهضة الأوروبية الحديثة.

إن ابن البيطار أعظم فلاسفة العرب في العلوم عامة والنبات والصيدلة خاصة وأحد عباقرة الثقافة الأندلسية العلمية في القرون الوسطى.

البيروني

من هو؟

تعددت جوانب اهتمامات العالم الشهير (أبو ريحان محمد بن أحمد البيروني). بحيث أطلق عليه الباحثون صفة (موسوعي) لكثرتها وتنوعها، كما أنه أسهم مساهمة كبيرة في تطوير مجموعة متكاملة من العلوم، من بينها الفلك والرياضيات والفيزياء وعلم المعادن وعلم النبات والجغرافية والفلسفة والتاريخ واللغة وعلم العقاقير والصيدلة والانثوغرافيا. يقول الأكاديمي السوفياتي (ب.ن فيدورسييف) نائب رئيس أكاديمية العلوم في الاتحاد السوفياتي: "كان البيروني عدوا للخرافات والثرثرة، وقام باتباع الأسلوب العلمي في وصفه للظواهر. لقد عمل البيروني على أثراء علوم كل بلدان الشرقيين الأوسط والأدنى تقريباً". إن حياة البيروني متشابكة، ومن الصعب الإلمام بها وتبيان مدى صحتها والوصول إلى أعماقها. ولكن من المعروف أن ولادته حدثت سنة (٣٦٢ هـ/ ٩٧٣م) في قرية على مقربة من مدينة خوارزم التي تقع الآن في الاتحاد السوفياتي حيث نشأ وتعلم وأخذ من علوم عصره كل ما يعزز له ثقافة موسوعية حقيقية، وقد قيض له اللـه أستاذاً هو (أبو المنصور) الذي أدرك ما لتلميذه من نباهة ورغبة في الدرس والمنفعة فسعى إلى صقل موهبته وإبراز مكانتها ورفع شأنه فكان له ما أراد.

ونفي البيروني سنة (١٠١٧ أو ١٠١٨م) إلى جازني في أفغانستان الحالية بعد استيلاء قوات محمود الغزنوي على خوارزم، وعاش هناك حتى مماته سنة (٤٤٠هـ-١٠٤٨م)، ولكنه لم يقطع صلاته العلمية بمواطنيه.

وكان البيروني يكتب بالعربية والأفغانية والفارسية والهندية. وقام البيروني بترجمة المؤلفات العلمية من اللغة السنسكريتية وأضاف التعليقات عليها وقد ساعدت أعماله على تقدم العلوم في مجالات عديدة.

مآثر البيروني في علم النبات:

أولى البيروني اهتماما بالغا بدراسة النباتات القديمة المطمورة (المتحجرة)، وبذلك فقد سبق العلماء الأوروبيين في وضع الأسس لعلم النباتات المتحجرة وكان يرحل ويسافر بكثرة لهذا الغرض، حتى قيل أنه وصل حدود الصين المتاخمة للاتحاد السوفياتي وأفغانستان، وقد درس البيروني في شبابه العلوم المختلفة ولغات عديدة، فكان يتقن اللغات العربية والفارسية والخوارزمية والسنسكريتية والسريانية واليونانية، وأول من تتلمذ عليه البيروني كان عالماً يونانياً اسمه غير معروف، كان البيروني يجمع له الكثير من النباتات وبذورها ويسأله مستقصيا باحثا فيسجلها له أستاذه اليوناني شارحاً فوائدها. وقد تمكن البيروني أن يصنف مئات النباتات وبذورها وثمارها ويضع مقابلها المصطلحات اليونانية.

خلف البيروني أكثر من (١٨٣) مخطوطا في الأدب والرياضيات والفلك والفيزياء والجغرافية والجيولوجية والكيمياء والأحياء والتاريخ والفلسفة بيد أن معظمها قد ضاع ولم يبق منها إلا النزر القليل، ومن بين هذا القليل كتابه القيم الذي اشتهر به في النباتات الموسوم (بالعقاقير) أو (الصيدلة).

يتضمن هذا الكتاب وصف خصائص وفوائد (ألف عقار) مستخرج من النباتات والأعشاب والحيوانات والمعادن. وكتابه هذا لم يفقد قيمته العلمية حتى في عصر الفضاء والتكنولوجيا الحديثة فلا زالت كثير من المعاهد والمختبرات العلمية في العالم تجري التجارب على العقاقير المستحضرة على أساس عشب من الأعشاب أو نبته من النباتات التي ورد ذكرها في كتاب البيروني الآنف الذكر، ويعتبر كتاب العقاقير هذا مفيداً لا للنباتيين فحسب وإنما للمختصين بالبستنة وتربية الحيوانات والجغرافيين والكيميائيين واللغويين أيضا وذلك للفوائد الواسعة التي يمكن الاستفادة منها في هذا الكتاب كل في مجال اختصاصه.

ولقد برزت شخصية البيروني النباتية في وقت انعدمت فيه مقومات الدراسة العلمية البحتة. إن كتاب البيروني الذي نحن بصدده في الواقع موسوعة علمية مفيدة

تقف في مصاف أرقى الموسوعات الحديثة في العالم وهو نموذج رائع للبحث العلمي في مجال علوم النبات والصيدلة باعتراف الجميع.

كان أسلوب البيروني في وصف النبات أن يقوم بدراسته تحت اسمه العربي ثم يبحث مرادفاته في اللغات الأخرى، بعد ذلك يقوم بتحديده أخيراً.

فمثلاً إذا كان نبات يعرف (هم المجوس) فإن الاسمين يعنيان نفس النبات، وهو نبات المجوس كما كان البيروني يحدد النبات في مكانه الأصلي فقد وصف نبات الغفيرة (من فصيلة نبات نانثوكسيلوم)، بأنه ينبت في تل سانجالات الحالي في الباكستان. ويصف بعض أنواع الفطريات المعروفة "بكمأة الشتاء أو جبل أرجون أو قسوة الداب" بقوله (عندما تكون لينة وطازجة وخضراء، فإنها تطهى طعاماً كأي فطر آخر صالح للأكل. لكنها عندما تجف يتساقط الجزء العلوي تاركا ما يشبه شجرة البوق السيلانية. إنها تنبت من الأرض كعصا بيضاء لها رأس). وكتب عن نبات يسمى (ظل الليل- المر الحلو) وهو نبات متسلق يحمل ثمرا لبيا أحمر. وعن نبات البنج السام قال: "هذه النباتات مسكنا لآلام الأذن، كما تهدئ آلام الأسنان إذا ما أضيف إليها الخل وزيت الورد، وكذلك إذا طبخت بذورها وجذورها في الخل والزيت فإنها تسكن الآلام الموصوفة معها. وإذا أكلت أوراقها بكميات أكثر مما ينبغي فإن ذلك ينتج عنه فقدان الحواس".

يقول العالم الباكستاني (حكيم محمد سيد): "إن الفكرة المبهمة عن التدوين الثنائي التي هي صلب نظام تقسيم النباتات أن يوصف بواسطة نوعه وخصائصه الذاتية باسم مكتشفه أو موقعه، كأن تقول روزاذا ماسينا، أي الورد الدمشقي، لأنه ينبت في دمشق". وبهذا المنهج يصف البيروني كثير من النباتات فعن سرخس شعر العذراء يقول: "إن الشاي كلمة صينية تطلق على عشب خاص ينمو على مرتفعات عالية في تلك البلاد، كما ينمو في كاتا ونيبال. والشاي على أنواع شتى مختلفة ألوانها، فمنه الأبيض والأخضر والبنفسجي والرمادي والأسود. والشاي الأبيض هو أرقى أنواع العشب المذكور، فأوراقه رقيقة ذكرية الرائحة وتأثيره في الجسم أسرع من الأنواع الأخرى. وهو نادر غير متوافر، يليه في ذلك الأخضر والبنفسجي والرمادي والأسود.

ومن عادة أهل الصين والتبت أن يطهو الشاي ويحفظوه في وعاء مكعب الشكل بعد تجفيفه. وللشاي خواص الماء، ولكنه عظيم الفائدة في علاج إدمان الخمر. وما من عشب أفضل من الشاي في علاج آثار الخمر. وأن مذاقه حلو تشوبه بعض الحموضة، لكن غليانه يذهب بهذه الحموضة. ويعتقد أهالي الصين الذين يشربون الشاي بالماء الساخن، أنه شراب صفور* ومطهر للدم. وذكر شخص سافر إلى مكان وجود الشاي في الصين أن ملك البلاد يقيم في مدينة يانجو** التي يخترقها نهر كنهر دجلة وعلى كلتا ضفتيه صفوف من المواخير*** والمحال التجارية يفد الناس إليها ليشربوا الشاي بدلا من أن يتعاطوا الحشيش (الأفيون) خفية.

وقد ذكر بعض الأطباء في كتب عقاقيرهم أن الشاي نبات يزرع في الصين... وتذكر هذه الكتب أيضا مصدر الشاي فتقول أن أحد ملوك الصين غضب على رجل من حاشيته فنفاه من المدينة إلى الجبال، وقد استحوذ عليه اليأس ثم عضه الجوع وانتابه الحمى الشديدة، فلم ير أمامه إلا أوراق الشاي فأكلها، وما هي إلا أيام قلائل حتى خفت حدة الحمى والجوع، فظل يأكل أوراق الشاي حتى منّ الله عليه بالشفاء التام ونجى من الموت جوعاً. واتفق أن مر رجل آخر من رجال الحاشية فقضى العجب مما رأى به من الشفاء، فقص الأمر على الملك فدهش الملك لذلك واستدعى الرجل من منفاه وسأله عن سبب شفائه فقص عليه ما رآه من خواص الشاي في الشفاء من الأمراض. فأمر الملك الأطباء باختبار الشاي فسردوا عليه فوائده، وجعلوا الشاي من الأدوية التي يعالجون بها الأمراض".

بعض ما قيل في البيروني:

يقول المستشرق مايروهوف: أن اسم البيروني أبرز اسم في موكب العلماء الكبار الذين يمتاز بهم العصر الذهبي للإسلام. ويقول المستشرق الأمريكي (اربوبوب):

---

*صفور: مدر للصفراء.

**يانجو: ربما قصد بها كانتو الحالية.

***المواخير: أشبه بالمقاهي التي عندنا.

في أية قائمة تحوي أسماء أكابر العلماء يجب أن يكون لاسم البيروني مكانه الرفيع. ومن المستحيل أن يكتمل أي بحث للرياضيات أو الفلك أو الجغرافية أو علم الإنسان او النبات أو المعادن دون الإقرار بمساهمته العظيمة في كل علم من تلك العلوم. ويقول الدكتور عبد الحليم منتصر عن البيروني: أنه عالم نباتي واسع الاطلاع، وضليع كما هو كذلك رياضي قدير وفيزيائي رصين وجغرافي وجيولوجي معروف.

أما المستشرق الانجليزي سمث فيقول: إن البيروني من ألمع علماء زمانه في الرياضيات والفلك والطب والصيدلة والنبات والجيولوجيا، وان الغربيين مدينون له بمعلوماتهم عن الهند ومآثرهم في العلوم، وهو ذو مواهب جديرة بالاعتبار، وإنه عالم فذ حقاً.

ويضع المستشرق الألماني (الدكتور توماس اربري) خمسة أمور لا للحصر وإنما لتحديد المعنى العلمي في فلسفة البيروني وهي:

١- قدرته التامة على جمع الحقائق المكتشفة بالبحث والتنقيب، ثم مقارنتها بعضها ببعض ووضعها بطريقة مرتبة وفق نظام ممنسق.

٢- طلب العلم ظمأ لا تنفع غلة ولا تطفئ له مرارة، مع رغبة ملحة في حب استطلاع كنه الطبيعة وكشف ما يحيط بالإنسان والكون من الأسرار والألغاز والخرافات، وهذا ما صوره في كتابه (العقاقير).

٣- قوة إرادته في المثابرة على البحث إلى نهايته أو إلى أن يصبح من المستحيل السير أكثر من ذلك إلى هذه الغاية.

٤- الغيرة الشديدة التي اتصف بها البيروني على نقل ثمار هذه البحوث التي أوقف عليها حياته، نقلا أميناً بعيداً عن التحيز أو المحاباة إلى الأجيال القادمة.

٥- إدخال الابتكار الدقيق في البحوث العلمية مع مراعاة عدم التقيد بآراء الغير التي اعتاد الكثير من العلماء الآخرين الاسترشاد بها والاعتماد عليها بدون تمحيص وتهذيب.

الجاحظ

نبذة عن حياته:

هو أبو عثمان عمرو بن بحر الكناني البصري الملقب بالجاحظ، وقيل سمي
بذلك لجحوظ عينيه أي بروزها. ولد بالبصرة سنة (١٥٠هـ- ٧٦٧م)، وتوفي سنة
(٢٥٥هـ- ٨٦٨م) في بغداد أيام الخليفة العباسي المعتز بالله. كان ظهور الجاحظ في
زمان الدولة العباسية في وقت وعصر كان زاخراً بالعلم والأدب، ولقد تمكن الجاحظ
من القراءة والاطلاع على كتب كثيرة للعديد من فلاسفة العرب ومتكلميهم وفلاسفة
اليونان والفرس المترجمة. وكان مولعاً بقراءة الكتب والمؤلفات المختلفة الأخرى.

وقيل إن الجاحظ مات بعد أن وقعت عليه مجموعة ضخمة من مجلدات
الكتب. وكان الجاحظ ملازماً لمحمد بن عبد الملك بن الزيات وزير الخليفة المعتصم،
وإليه أهدى أحد كتبه وهو كتاب الحيوان فكافأة بخمسة آلاف دينار وهو مال
عظيم في ذلك الوقت. ذكر المؤرخون أن الجاحظ ترك زهاء (٣٦٠ مؤلفا) في شتى
فروع العلم والأدب والفلسفة ولكن أكثرها قد ضاع ولم يصل إلينا إلا النزر القليل.
ويعد الجاحظ من طليعة الأدباء الذين مزجوا الثقافة العربية بالثقافات الأجنبية.

مكن الجاحظ عن نفسه قال: "لم يخجلني أحد قط، إلا امرأة اعترضت
طريقي وتعلقت بي، ثم أخذت بيدي حتى صرنا إلى "صائغ" فقالت له مثل هذا..، ولم
تزد على ذلك حرفا، ثم تركتني وانصرفت، فبقيت متعجبا من أمرها فسألت الصائغ،
فقال: إن هذه المرأة سألتني أن أصنع لها تمثال شيطان، تفزع به ولدها، فقلت لها:
ذلك ما لا قدرة لي عليه، فإني لم أر شيطاناً قط، حتى أعمل على مثاله، وطلبت منها
مثالا فلم ألبث أن جاءتني بك".

المنزع العلمي عند الجاحظ:

المتتبع لمؤلفات الجاحظ العديدة يعجب من سعة اطلاع هذا الرجل ويقف
حائرا

أمام الأساليب العلمية التي اختطها لنفسه في منهاج التأليف والكتابة وتنوع معارفه، وعمق ثقافته عما جعله يهدي عطاء خصبا للناطقين بالضاد. يمتلك الجاحظ عقلا قوياً لا يسع ولا يتقبل الخرافات، بل هو يهزأ ممن يقبلها ويدخلها في حسابه. وهو كثير من الأحيان يقف على الاعتقاد حين يجرب ويشك ويدعو إلى الشك حتى تثبت صحة النظرية في الوقت الذي كانت فيه أفكار المعلم الأول أرسطو مسيطرة على عقليات أكثر علماء العرب، كان الجاحظ يرفض قبول ما يأباه العقل والمنطق حتى ولو كان مصدره أرسطو. وهو لا يقبل بالحواس، حيث يرفضها لأنه يعتقد بأنها معرضة للخطأ مهما أبدت مظاهر الوجود أو أحداث الحياة للإنسان من خلل الحواس، حيث أن الواقع يقترن دائماً بالعقل دائماً يعتمد الاستنتاج والاستدلال والمقارنة والمقايسة والمفارقة.

وهذه جميعا تستند إلى استخلاص الحقيقة واستقراء النتيجة. وهذا مما جعل الجاحظ متحفظا في قبول الغرائب التي سمح عنها أو طالعها في مؤلفات الآخرين فهو لا يرفضها ولا يتقبلها اعتباطا وإنما يقف منها بين ذلك موقف الملتمس لوجه الحق لا يعنيه أن يكون ذلك الحق غريباً أم لا.

ومن هنا اتبع الجاحظ في كتابه الحيوان نهجا وأسلوبا عقلانيا اختباريا يقوم على المعاينة والمشاهدة والاختبار عندما تقتضي الحاجة لذلك، وسأحاول من خلال بحثي هذا أن أتناول الأسلوب والنهج الذي اختطه الجاحظ لنفسه في وضعه كتاب الحيوان، ثم بمقارنة ما جاء به من وصف وشرح لأنواع الحيوانات وأساليب معيشتها وبيائتها وسلوكها مع ما جاء به علم الحيوان الحديث. وقد استطاع الجاحظ أن يسبق العصر الذي عاش فيه في غياب الوسائل العلمية التطبيقية التي تواكب البحوث النظرية كما متبع الآن في مراكز البحوث ومعاهد الدراسات التطبيقية ذات الاختبار التجريبي.

منهج الجاحظ في دراسة الحيوان:

لقد اختط الجاحظ لنفسه منهاجاً علمياً برز فيه كل العلماء في مجال دراسته للعلوم عامة والحيوان خاصة، فهو يستهل أي موضوع يتناوله بالتقسيم والتحديد والتعريف فيبدأ بتقسيم الكائنات على هذا الشكل: "إن العالم بما فيه من الأجسام على ثلاثة أنحاء متفق ومختلف ومتضاد". ثم يقسم الحيوان إلى أربعة أقسام شيء يمشي،

وشيء يطير، وشيء يسبح، وشيء ينسلخ.

ويحاول أن يعطي لتقسيمه هذا علمية أكثر حيث يقول: "الا ان كل طائر يمشي وليس الذي يمشي ولا يطير يسمى طائراً". وبالنظر لدقته في السرد العلمي يأخذ في تحديد الحيوانات التي تمشي فيقسمها إلى أربعة أقسام (ناس، بهائم، وسباع وحشرات).

ومن هذه الدقة العلمية التي لازمت الجاحظ نراه يقسم الطيور هذا التقسيم القيم وبضع كلاً منها في مكانها الصحيح "سبع وبهيمة وهمج". والسباع على ضربين: فمنها العقاق، والاحرار والجوارح، ومنها البغاث وهو كل ما عظم من الطير: سبعاً كان أو بهيمة إذا لم يكن من ذوات السلاح والمخالب المعقفة كالنسور والرخم والغربان، وما أشبهها من لئام السباع.

وعند النظر فيما وصل إليه الجاحظ في مجال تصنيف الحيوانات، يتضح للباحث أن هذا العالم قد سبق كل من حاول تصنيف الحيوانات بصورة أقرب إلى التصنيف العلمي الصحيح والذي أسنده الأوروبيون إلى العالم السويدي كارل لينوس. وعن تقسيم الطيور يقارن بين مختلف الحيوانات التي تطير. فليس عنده كل من امتلك جناحا او طار فهو من الطيور. وهذا كلام علمي له قيمته ويعطي دلالة على اتساع تفكير الجاحظ. كذلك في الحيوانات البحرية فليس كل حيوان يعيش في البحر هو من الأسماك وإنما هناك العديد من الكائنات التي تختلف اختلافا كبيرا من حيث الشكل والموقع التصنيفي والمعيشة والسلوك.

"وليس أيضا كل عائم سمكة، وإن كان مناسبا للسمك في كثير من معانيه. لا ترى أن في الماء كلب الماء وعنز الماء وخنزير الماء وفي (الرق الكبير من السلاحف) والسلحفاة وفيه الضفدع وفي السرطان والبينيب والتمساح والدخى والدلفين واللخم والبنبك وغير ذلك من الأصناف". ويقوم بمبادرة في غاية الدقة، فهو يقيم التفرقة بين الإنسان والحيوان على أساس جديد من الفصاحة والعجمة وليس على أساس النطق والصمت. فالجميعع ناطق إلا أن الحيوان لا يفهم إرادته من نطقه إلا بنوع جنسه أما الإنسان ففصيح مهما استخدم من لغة غير لغته وإرادته مفهومة للنطاقين بلغته أو بغير لغته.

وقد قام الجاحظ بتفرقته تلك بين الاحساس الذي ينبني عليه ما يأتيه كل من الإنسان والحيوان من أعمال بمبادرة في علم النفس الذي لم يعرف في عصره، فهو يبني أفعال الحيوان على الغريزة، ويبني أفعال الإنسان على إمعان فكر وتدبر وتعليم وتدريب، فالحيوان وإن أتى بالغريزة ما قد يعجز عنه الإنسان من عمل معين لا يستطيع أن يأتي عملا آخر أقل من ذلك العمل المعين في جهده ومشقته او في اتقانه وصنعته.

بينما يعجز الإنسان بفكره وتدبيره وتعليمه وتدريبه أن يأتي العمل وضده، ما احتاج منه إلى فن وإتقان صنعه وما لم يحتاج كل ذلك أو بعضه.

الملاحظة والتفكير المستنتج من العقل عند الجاحظ:

كان الجاحظ يقول: "اعرف مواضع الشك وحالاتها الموجبة لها، للتعرف على مواضع اليقين والحالات الموجبة له". ومعنى هذا أي أعرف الشكك لتعرف به اليقين، فالشك في نظره سبيل إلى يقين قاهر.

وفي كثير من الأحوال وجد الجاحظ نفسه يتقبل بعض الأحكام من غير استنتاج ومن غير جدل يستقبلها كأمور بديهية قيمته كوجود الخالق وقدرته إذ أن كل ما في الطبيعة ينم عن الخالق وقدرته فموقفه منها موقف المسلم المؤمن. أما في غير هذه الموضوعات فإن الجاحظ يلزم جانب الحذر، وكان يتأكد من صدق حامل الخبر قبل الخبر. وعندما لا يصدق خبرا أو يشك فيه فإنه يثبت ذلك مع استخدام ألفاظ: زعم، يزعمون ويزعم، وقيل. ولا يكتفي الجاحظ بإيراد الزعم، ولا سيما إن كان صادرا عن المشهورين من العلماء بل يعمل على مناقشته وتفنيده، ويخرج منه باستدلالات يدحض بها كثيرا من الخرافات والأساطير فهو نفسه يدعو إلى اعتماد العقل دون الحواس لأن الحواس فادعة. ومما اهتدى إليه الجاحظ بعقله العالمي الحاد أن النمل تأخذ من الحب الذي تدخره للشتاء جزء الانبات والتناسل لئلا يفسد وتعفن وقد أعجب الباحثون بذلك ومنهم العالم برادن، وكان "بلينوس" قد اهتدى إلى ذلك من قبل، ولكن أبا عثمان اهتدى إليها بتجرته الخاصة لا بالنقل من غيره.

وقد أدرك الجاحظ أن الأساطير إذا مازجت العلم فسدته وذهبت قيمته البحته لذا يقول: "وقالوا في الخلف المركب ضروبا من الحق والباطل؛ ومن الصدق والكذب

فمن الباطل زعمهم أن الشبوط ولد الزجر من البني، وأن الشبوط لا يخلق من الشبوط وانه كالبغل في تركيبته وانساله". وناقش الجاحظ أحكام أرسطو مناقشة الند للند، ولم يتورع عن اتهامه بالجهل في أكثر من مكان ولنرى رده على بعض ما قاله أرسطو الذي يلقبه بصاحب المنطق حين زعم أن أصنافا من السباع المتزوجات المتلاقحات مع اختلاف الجنس والصورة، معروفة النتاج مثل الذئاب التي تسفد الكلاب في أرض رومية الخ.....

"وقد سمعنا ما قال صاحب المنطق من قبل، وما نظنن بمثله أن يخلد على نفسه في الكتب شهادات لا يحققهاا الامتحان ولا يعرف صدقها أشباهه من العلماء، وما عندنا في معرفة ما دعى إلا هذا القول".

ويعلق مرة أخرى ما قاله أرسطو عن الكلاب السلوقية "كلما دخلت في السن كان أقوى منها على المعاضلة، حيث يقول: فهذا غريب جدا، علمنا أن الغلام امر ما يكون وأشبق، وانكح واحرص عند أول بلوغه. ثم لا يزال كذلك حتى يقطعه الكبر، او تعرض له آفة".

وفي هذا التعليق نقض صريح لنظرية أرسطو، وهو نقض مبني على واقع التجربة والاختبار، ولم يكن أرسطو هو أول وآخر من كان هدف نقد الجاحظ، فقد كان زرادشت الحكيم الفارس هو الآخر قد تعرض لتعليق الجاحظ عندما ادعى بأن السنور إذا بال في البحر يهلك عشرة آلاف سمكة، والجاحظ يرد عليه ساخراً: "هل سمعت بحجة قط أو بحيلة أو بأضحوكة... يبلغ بون هذا الاعتلال". ويملك الجاحظ قوة استنتاج هائلة، فعندما تحدث عن أسباب كثرة انتشار في بلاد الهند، يضع لذلك تعليلا علميا معقولا فيقول: "وهذا يدل على عفن التربة وسخن الهواء". ويرد الجاحظ بشدة على أي خبر لا يتفق والمنطق العلمي الذي كرس حياته من أجله وهذا مثال لنقدهه للذين يزعمون أخبارا عن بعض الحيوانات والتي لا تمت للعلم بصلة من قريب أو بعيد بشيء فيقول: "والذين زعموا أن البغل إنما طال عمره لقلة السفاد، والعصفور إنما قصر عمره لكثرة السفاد وغلمته- لو قالوا على جهة الظن والتقريب لم يلمهم أحد من العلماء. والأمور المقربة غير الموجبة...".

وهكذا نجد أن الجاحظ كان يستخلص الحقائق العلمية التي يتصيدها ويرد
بروح فلسفية عالية ونقد مبني على التجربة على بعض الخرافات والأساطير التي شاعت بين الناس، والتي انتشرت انتشاراً كبيراً في كتب من سبقه باعتبارها من الحقائق العلمية فيتصدى لها ويدحظها بالبرهان والأسانيد التي تلائم الحقائق العلمية الصرفة.

بحوث الجاحظ تعتمد على المشاهدة والتجربة:

كان الجاحظ من أشهر علماء العرب في مجال استخدام التجارب والبحوث والمشاهدة في أسناد وضع مؤلفاته وخصوصاً كتابه الحيوان. وقل ما كان يؤمن أو يصدق بكل ما يسمع. لذلك كان الجاحظ يهرع دائماً للتثبت مما يسمع عنه، كلما سنحت له الفرص، حيث يشاهد ويختبر في وقت كان التحقيق العلمي لا يزال في طفولته المبكرة، والخرافات والأساطير منتشرة بين الناس بصورة شائعة. وفي هذا الصدد يقول: الدكتور حين فرج زينن الدين "وللجاحظ في الحيواناتت ملاحظات ومشاهدات تميزه عن غيره من فلاسفة وكتاب تلك العصور ممن كتبوا في الحيوان، وتقربه إلى ناحية العلم أكثر منهم بل إن له بالفعل بعض تجارب عملية أجراها بنفسه، وهي إن كانت لا ترقى إلى مرتبة التجارب المعملية، إلا أنها ولا شك بداية طيبة ومبادرة منه على طريق العلم التجريبي".

والجاحظ عالم يراقب ويفسر فعندما يشاهد طائرا قبيح الصوت، يسرع إلى صاحبه يسأله عنه فيجيبه أنه من نتاج صنفين من الطيور هما القمري والفاختة. وفي هذا الخبر نرى الجاحظ يلجأ إلى أصحاب المعرفة والتجربة والاختبار ينشد عندهم تفسيرا، فهو يسأل أصحاب الطيور عن الطيور وأصحاب الحيوان عن الحيوان وهكذا. ومن عقليةالجاحظ الواسعة أنه كان شديدا في طرح تفسيراته العلمية في مجال نفي الأساطير والخرافات الملفقة، فلقد لاحظ مثلاً أن بيضة الطير يبدأ خروجها من جانبها العريض بينما كان في السابق يعتقد أن رأسها هو الذي يخرج أولاً. وعن سلوك النمل فهو يراقب حركاتها ثم يخرج بنتيجة تضعه في سلم علماء السلوك الحيواني فيقول: "وعلى أننا لم نر ذرة (أي نملة) قط حملت شيئاً أو مضت إلى جحرها فارغة فتلقاها

ذرة، إلا واقفتها وخبرتها بشيء. فهل ذلك على أنها في رجوعها عن الجرادة إنما كان لأشباهها كالرائد لا يكذب أهله".

وعن فضل الجاحظ في مجال سلوك الحيوانات والطرق العلمية التي اختطها في بحوثه في هذا المجال يحدثنا الدكتور أحمد أمين فيقول: "إن الجاحظ سبق إلى اتجاهات قيمة فيما يسمى سيكولوجية الحيوان، فهو يراقب نداء الديك بالليل، وبحث هل إذا كان في قرية وحده يصيح أولا، ليعلم هل تصيح الديكة بالتجاوب أو بطبعها. ويراقب الدجاج هل يكثر فراخها إذا كثر عديدها أو نقل؟ ويلاحظ الكلب ملاحظة دقيقة ليعلم مقدار ذكائه ووجوه تنبهه والفروق الدقيقة بين أصنافها إلى كثير من أمثال ذلك".

وقد روى الجاحظ تجارب كثيرة لغيره من معاصريه كالنظام وسهل بن هارون ومحمد بن الجهم الذي أجرى تجربة على الذباب لمعرفة ما إذا كان يأكل البعوض أم لا. وقد كان مذهبه الذي سار عليه هو التجربة أو الامتحان كما يعبر الجاحظ أحياناً، فقد استخدمها الجاحظ استخداما بارعا عجيبا، وكذلك كان أستاذه النظام، فهو يسقي الخمر للحيوانات ليرصد نتائج ذلك، ويجري تجارب على ذكر النعام ليعرف كيف يبتلع الجمر والحجارة المحماة والحديد والزجاج والمسامير وغيرها. وكان الجاحظ يستند أبداً على التجربة والملاحظة، وأن يرى الأمور مع عللها وبراهينها، يلاحظ ويحس ويتدبر، لا يمتهن شيئا في الكون وإن كان ضئيلا.

يقول الجاحظ: "أوصيك ألا تحقر شيئاً أبداً لصغر جثته، واعلم أن الجبل ليس بأدل على الله من الحصاة...". وكان الجاحظ يتدرج في أساليبه في البحث والتقصي، تدرجا عموديا، حتى يبلغ الذروة التي يشاؤها له العلم. فهو يتدرج من الغرض العقلي، فالاستنتاج المبني على المنطق والجدل فالرؤية فالاختبار والتجربة. والحقيقة أن الجاحظ قد يكون قد سبق كثيراً من علماء العصر الحديث في مجال إجراء التجارب والاختبارات فيما يخص الحيوانات، فقد جرب على أصناف شتى من الحيوان كالضب والحيات والظليم (النعام) والخنفساء والسمك والعقارب والجرذ والنمل وجرب على النبات أيضاً. وكان في كل تجربة من تجاربه الكثيرة يذهب مذهبا خاص فكان في بعضها يقطع طائفة من الأعضاء. وفي بعضها كان يلقي على الحيوانات ضربا من

السم وحينا كان يروم في تجربته إلى معرفة بيض الحيوان واستقصاء صفاته. وحينا كان يعزم على ذبح الحيوان وتفتيش جوفه وقانصته ومرة كان يذمن الحيوان في بعض النبات ليعرف حركاته، ومرة يقوم بذوق الحيوان، وكان في أوقات يبعج بطن الحيوان ليعرف مقدار ولده، وفي أوقات يجمع أضداد الحيوان في أناء من قوارير ليعرف تقاتلها.

وكان يستخدم بعض المواد الكيماوية ليتعرف على مدى تأثيرها في الحيوان. ومن أقواله في هذا الشأن ومما يؤيد أقوالنا: يقول: "إن الناس تزعم أن الأفاعي تكره ريح السذاب والشيح، وجرب الجاحظ ذلك بنفسه وقال: "أما أنا فإني ألقيت على رأسها وأنفها من السذاب ما غمرها فلم أجد على ما قالوا دليلا". ويصف برنية زجاج وضع فيها عشرون عقربا وعشرون فأرا، وما فعلت العقارب بالفئران وبالعكس. ويورد الأستاذ شفيق جبري عن تجارب الجاحظ ما يلي: (وقد تجد فيها صفة من صفات المجرب الحاذق، وأريد بهذه الصفة التطلع العلمي فإن هذا التطلع قد يحمل العالم على الاهتمام بأمور لا يكون لها في نظر العامة معنى من المعاني وقد نجد فيها شيئا من الصفات التي تستلزمها التجربة كالانتباه والتنزه من كل غرض وإنما ينقصها لوازم التجربة في عصرنا هذا فمن هذه اللوازم تنويع التجربة وبسط آفاقها ونقلها من شكل إلى شكل وقلبها وما شابه ذلك فلئن كان الجاحظ يجرب فما رأيناه في بعض تجاربه يذهب مذاهب مختلفة وصولا إلى الحقائق فما كان ينوع هذه التجارب ايو يبسطها أو يخرج بها من صورة إلى صورة أو يقلبها من وجه إلى وجه. ولقد كان ينقصه شيء أعظم من هذا كله على ما أعتقد فما كان يذهب من التجريب على أمور خاصة إلى استنباط القوانين العامة وما كان يقابل بين أصناف الحيوان ويصنف ضروب هذا، والمقابلة والتصنيف ركنان من أركان التحقيق في علم الحيوان وما رأيناه من بعض ماقبلاته قد يكون كثيرا. على أن الجاحظ وقد ظهر منذ أحد عشر قرنا وليس من العدل ان نكلفه أمورا لم تهتد إليه الفلسفة والعلم إلا من زمن غير بعيد).

وعن اختباراته يعتمد أحياناً على نفسه وأحيانا أخرى على بعض أصدقائه من العلماء في إجراء هذه الاختبارات العلمية على بعض الحيوانات ليستخلص منها بعض

النتائج التي كان يتوخاها الجاحظ نفسه، كما نرى فيها المنحى العلمي الذي سار عليه في كتابه الحيوان. وقد اعتبر بعض المستشرقين كتاب الحيوان كتاب أدب، وهو أقرب إلى ذلك من أن يعد كتابا في طبائع الحيوان، ورد على هذا الرأي الأستاذ محمد كرد علي رئيس المجمع العلمي العربي بدمشق ردا مقنعا قال: لأن ما حققه الجاحظ في صنوف الحيوان قبل غيره من العلماء كاف في عد الجاحظ، السابق المبرز في موضوعه وفنه، وبأن الشعر الكثير الذي نقله لا يزري بما كتب، وهو يملي على الناس روح عصره وما كان فيه من أدب فهو واقعي وبجواره أمتع الفوائد الأدبية والمسائل الدينية وأجمل النوادر والحكايات وأجمع من هذا كله كلامه على أجناس الحيوان.

أثر الجاحظ في علم الحيوان الحديث:

كان أثر الجاحظ واضحا وملموسا في أكثر كتب ومؤلفات العرب التي توالت بعد كتابه الحيوان، وكذلك كان أثره كبيراً من مؤلفات الغرب التي تبحث في مجال علم الحيوان، لأن هذا العالم العربي الكبير كان جريئاً فيما ذهب إليه من الاستنتاجات والأخذ بها. فقد برهن الجاحظ عن دقة ملاحظة وقدرة هائلة على التصوير العلمي وإظهار المفارقات والخصائص التي تميز حيوانا عن حيوان، لأنه كان يعني عناية فائقة في تقصي التفاصيل والجزيئيات وربطها بقرائنها وهو كعالم حيوان كان يحاول أن يصنف، وكان تصنيفه بدائياً في بعض الأحيان وإن كان لم يفارق ما سبقه من تصنيف فالتصنيف العلمي الحق وليد القرن الثامن عشر، أي بعده بنحو تسعة قرون. وكان يحاول أن يضع القاعدة، فمثلا يحدثنا عن الأرجل ويذهب إلى أنها تكون أزواجا أزواجا، فإذا سمع بحيوان له مائة رجل لم ينكره، ولكن إذا نقصت واحدة منها أنكره. والجاحظ أول عالم من علماء الحيوان التجريبيين كان يتذوق طعم لحم الحيوان حتى السام منها كالعقرب مثلا.

ومن أصدق مشاهدات الجاحظ وأكثرها روعة ما ذكره عن الذرة (النملة) حين يقول: "ولها مع لطافة شخصها وخفة وزنها في الشم والاسترواح ما ليس لشيء. وربما أكل الإنسان الجراد أو بعض ما يشبه الجراد، فتسقط من يده الواحدة أوصدر الواحدة وليس يرى بقربه ذرة، ولا له بالذر عهد في ذلك المنزل، فلا يلبث أن تقبل ذرة قاصدة

إلى تلك الجرادة، فترومها وتحاول قلبها ونقلها وجرها فإذا أعجزتها بعد أن بلغت عذرا مضت إلى حجرها راجعة، فلا يلبث ذلك الإنسان أن يراها قد أقبلت وخلها كالخيط الأسود الممدود حتى يتعاون عليها فيحملنها، فأول ذلك صدق الشم لما يشمه الإنسان الجائع بعد المهمة والجرأة على نقل شيء في وزن جسمها مائة مرة وأكثر...".

ويصف الجاحظ لنا التمساح وصفا بديعا وعلاقته بأحد الطيور المسماة باسمه وهو بذلك يكون من الرواد في دراسة سلوك الحيوانات وطرق التعاون (التكافل) فيما بينها فيقول: "بأنه (أي التمساح) مختلف الأسنان فينشب فيه اللحم فيغمه فينتني عليه، وقد جعل في طبعه أن يخرج عن ذلك إلى الشط ويمشي (أي يفتح) فاه لطائر يعرفه بعينيه يقال أنه طائر صغير أرقط فيجيء من بين الطير، حتى يسقط بين لحبيه ثم ينقره بمنقاره حتى يستخرج جميع ذلك اللحم فيكون غذاء له ومعاشا. ويكون تخفيفا عن التمساح وترفيها، فالطائر الصغير يأتي من هناك يلتمس ذلك الطعم والتمساح لا يتعرض له لمعرفته بذلك منه". وهذه مشاهدة صادقة عن تمساح النيل، والطائر اسمه الزقزاق المصري (بلوفيانس انجيتوس) وقد أخذ يقل في مصر بعد اختفاء التمساح منها. وعن مشاهداته في حيوان اليربوع (وهو من الثدييات) فيقول: "إنه دابة كالجرذ منكب على صدره لقصر يديه طويل الرجلين له ذنب كذنب الجرذ برفعه الصعداء إذا هرول، وإذا رأيته كذلك رأيت فيه اضطرابا وعجبا". وهذا وصف علمي مطابق تماما للوصف الحديث له. ولم يغب عن الجاحظ وصفه مشابهه الحيوان للوسط الذي يعيش فيه وبذلك كان الجاحظ قد أرسى أسس علم استخفاء الحيوان أو مماتنة الحيوان للبيئة التي يعيش فيها، فيحدثنا في هذا الموضوع عن القمل والصؤاب، فيقول: "والقمل يعتري من العرق والوسخ إذا علاها ثوب أوريش أو شعر حتى يكون لذلك المكان عفن وخموم.

والقملة تكون في رأس الأسود الشعر سوداء، فإذا كانت في رأس الخضيب بالحمرة كانت حمراء، وإن كان الخاضب ناصل الخضاب كان لونها شكله، إلا أن يستولي على الشعر النصول فتكون بيضاء، وهذا شيء يعتري القمل كما تعتري الخضرة دون البقل وجراد وذبابة وكل شيء فيه".

وكان الجاحظ قد سبق علماء الفسيولجيا المعاصرين في وصفه العادة وأثرها في الكلاب، وهي التي تسمى في العصر الحاضر (بالانعكاسات المشروطة) والتي قام بها العالم السوفياتي الشهير (ايفان بافلوف) في بحوث قيمة أدت إلى تقدم علم سلوك الحيوان. ومن طريف ما يرونه في هذا الصدد: "أن كلبا إذا كان يوم الجمعة أقبل قبل صلاة الغداة إلى باب جارية فلا يزال هناك ما دام على معلاق الجزار شيء من اللحم، وباب جارية تنحر عنده الجزر في جميع أيام الجمعة خاصة، وكأن بهذا عادة، ولم يره أحد في ذلك الموضوع في سائر أيام الجمعة حتى إذا كان غداه الجمعة أقبل، فليس يكون مثل هذا إلا عن مقداريه بمقدار ما بين الوقتين..".

ومن أصدق مشاهدات ودقة وأسلوب وبلاغة الجاحظ العلمية ما جاء عن الحمام في أبان تزاوجه ورعاية فراخه وبناء عشه، ولنستمع لعالمنا الجاحظ يحدثنا عن وصف الحمام فيقول: "فإذا علم الذكر أنه أودع الأنثى ما يكون منه الولد فتقدم في إعداد العش ونقل القصب وتشقيق الخوص وأشباه ذلك من العيدان الخور الرقاق حتى يعملا الخوص وأشباه ذلك وينسجاه نسجا مداخلا، وفي الموضوع الذي اتخذاه واصطنعاه بقدر جثمان الحمامة، ثم أشخصا لتلك الأفحوصة حروفا غير مرتفعة لتحفظ البيض وتمنعه من التدحرج ليكون رقدا لصاحب الحضن وسندا للبيض، ويرخيانها ويطيبانها وينفيان عنها طباعها الأول ويحدثان لها طبيعة أخرى مشتقة من طبائعها، ومستخرجة من رائحة أبدانها وقواهما الفاضلة من أرحامهما، مع الحضانة والإثارة، لكي لا تنكسر البيضة بيبس الموضع، ولئلا ينكسر طبائعها طباع المكان، وليكون على مقدار من البرد والسخانة والرفاوة والصلابة، وإذا وضعت الأنثى البيض في ذلك المكان، فلا يزالان يتعاقبان الحضن ويتعاورانه، حتى إذا بلغ البيض مداه وانتهت أيامه وانصدع البيض عن الفرخ، فخرج عاري الجلد صغير الجناح قليل الحيلة منسد الحلقوم، فيعيناه على خلاصه من بيضه وترويحه من ضيق هوانه، وهما يعلمان أن الفرخين لا تتسع حلوقهما للغذاء، فلا يكون لهما عند ذلك هم إلا أن ينفخا حلوقهما الريح لتتسع الحوصلة بعد التحامها، وتتفتق بعد ارتفاقها، ويعلمان أنه إن امتنعت الحوصلة شيئا لا يحتمله في أول غذائه، أنه يزق بالطعم فيزق باللعاب المختلط بقواهما وقوى الطعم، وهم يسمون

ذلك اللعاب (اللّبأ)، ثم يعلمان أن طبع حواصلهما يضعف عن استمرار الغذاء وهضم الطعم، وأن الحوصلة تحتاج إلى دبغ وتقوية، وتحتاج إلى أن يكون لها بعض المتانة والصلابة، فيأكلان من صروح أصول الحيطان وهي شيء بين الملح والحمض وبين التراب الخالص، فيزقان الفرخ، حتى إذا أعلما أنه قد اندبغ واشتد زقاه بالحب الذي هو أقوى وأطرى، فلا يزالان يزقانه باحلب والماء الذي هو أقوى وأطرى فلا يزالان يزقانه بالحب والماء على مقدار قوته ومبلغ طاقته وهو يطلب ذلك منهما، وبيض نحوهما، حتى إذا علما أنه قد أطاق اللقط، منعاه بعض المنع ليحتاج إلى اللقط فيتعوده، حتى إذا علما أنذاته قدتمت وأن أسباباً قد اجتمعت وأنهما إن طقما فطما مقطوعا مجذوذا قوى على اللقط، وبلغ لنفسه منتهى حاجته. ضرباه إذا سألهما الكفاية ونهياه متى رجع إليهما للعادة، ثم تنزع تلك الرحمة العجيبة منهما له وينسيان ذلك العطف المتمكن عليه، ويذهلان عن تلك الأثرة والكد المضني من الغذو يوميا عليه، والرواح إليه ثم يبتديان العمل ابتداءاً ثانيا على هذا النظام، وعلى هذه المقامات فسبحان من عرفهما والهمهما وهنأهما وجعلهما دلالة لمن استدل، ومخبرا صادقا لمن استخبر، ذلك اللـه رب العالمين".

ومن الدراسات العلمية التي أبدع فيها الجاحظ أيما إبداع ملاحظاته القيمة عن هجرة الطيور وهو بذلك قد ضرب مثالا رائعا على مدى عمق فكرة الذي استمده من حضارة العرب العريقة وعن ذلك يقول الدكتور محمد يحيى الهاشمي: "يحدثنا الجاحظ في كتاب الحيوان عن الحمام الزاجل وعن كيفية رجوعه إلى وطنه. وقد رأى أن في هذا الأمر عجبا. ذكر لنا محاورة جرت بين ابي اسحق وبين مثنى بن زهير وقوله الأخير أنه يبلغ من كرم الحمام ووقائه وثبات عهده وحنينه إلى أهله، أنه ربما قضى الطائراً دهراً بعد أن طار منه زمناً طويلاً فمتى نبت جناحه عاد إليه، وكلما زهد فيه كان إليه أغرب. ويعلق الجاحظ على هذه القصة سائلاً: هل الطير يحن إلى صاحبه أم إلى عشه الذي درج منه".

ويقرر الجاحظ أن الباعث على رجوع الطيور الحنين إلى الوطن ويستدل بذلك بالطيور المهاجرة التي خرجت تقطع الصحاري والبراري والجزائر والفياض والبحار حتى تصير إلينا في كل عام فإن قلت أنها ليست تخرج إلينا على سمت ولا على هداية ولا دلالة ولا على أماره وعلامة وإنما هربت من الثلوج والبرد الشديد، وعلمت أنها

تحتاج إلى الطعم، وأن الثلج قد ألبس ذلك العالم، فخرجت هاربة، فلا تزال في هربها إلى أن تصادف أرضا خصبا ودفئا فتقيم عند أدنى ما تجد، فما تقول عنها عند رجوعها ومعرفتها بانحسار الثلوج عن بلادها التي قد اهتدت طريق الرجوع؟ ومعلوم عند أهل تلك الاطراف وعند أصحاب التجارب وعند القانص أن طير كل جهة إذا قطعت رجعت إلى بلادها وجبالها وأوكارها وإلى غياضها وأعشتها.. ثم لا يكون اهتداؤها على تمرين وتوطين ولا عن تدريب وتجريب ولم تلق بالتعليم ولم تثبت بالتدبير والتقويم. فالجاحظ أمام لغز معقد لم يتمكن العلم الحديث من حله أيضا. وقد مضى على قول الجاحظ أكثر من أحد عشر قرنا وهو لا يزال لغزا معقدا.

إن الجاحظ فرق بين الطيور المهاجرة التي تترك أوطانها ثم تعود إليها من غير سابق تمرين ومعرفة وبين الحمام الزاجل الذي يتعلم ذلك. وهو كذلك كأنه يريد أن يدلل على أن الطيور تشبه البشر في معرفة المعرفة حيث أن هناك معرفتين هما المعرفة الفطرية والمعرفة العقلية.

ولعل تفسير هذا آت من مذهبه في الاعتزال الذي يجمع بين الوحي الفطري الكائن في الجبلة دون سابق معرفة وتمرين ودون مقدمات ونتائج وبين عالم العقل المستمد من العالم الحي مع عمل الفكر والروية وهو بهذا يعتبر سابق للعلماء العصريين أمثال أرنست هيكل القائل أن طبيعة الإدراك في الحيوان والإنسان من جوهر واحد. ويقارن لنا الجاحظ هجرة الأسماك بالطيور المهاجرة حيث يقول: "واعجب من جميع قواطع الطير قواطع السمك الأشبور والجران والبزقان هذه الأنواع تأتي دجلة البصرة من أقصى البحار، تستعذب الماء في ذلك الأبان كأنها تتحمص بحلاوة الماء وعذوبته بعد ملوحة البحر...

ونحن بالبصرة نعرف الأشهر التي يقبل إلينا فيها الأشبور وأصناف السمك وهي تقبل مرتين في كل سنة، ثم تجدها في إحداهما من الجنس فيقيم كل جنس منها عندنا شهرين إلى ثلاثة أشهر، فإذا مضى ذلك الأجل، وانقضت مدة ذلك الجنس أقبل الجنس الآخر في جميع أقسام شهور السنة من الشتاء، والربيع والصيف والخريف في نوع من السمك عند النوع الآخر". إن دراسة الجاحظ لهجرة الحيوانات المختلفة ذاكرا

المتشابهة منها والمتباين، ساعيا لإقامة البراهين بالحجج المنطقية. فمشابهة عالم الأسماك بعالم الطيور من وجهة الأفعال والأعمال وخصوصاً في مجال الهجرة والترحال، هو يقياس منطقي صرف أقره البحث العلمي الحديث. ومن مشاهدات الجاحظ البديعة في مجال ملاحظة بعض ضروب الحيوان فيما يخص سلوك غذائها فيقول: "وقد يأكل الأسد الملح ليس على طريق التغذي، ولكن على طريق التملح والحمض". وهذا يتفق مع العلم الحديث، حيث أن افتقاد كمية من الملح بالقدر اللازم من غذائها له أهمية في فسيولوجية الدم وتكوين بعض الحوامض التي تفرزها المعدة. ويحدثنا الجاحظ عن الحيات ويصفها وصفا جيدا فيقول: "إنها تلد وتبيض وإنها ليست بذات قوائم وإنما تنساب على بطنها، وفي تدافع أجزائها وتعاونها في حركتها، الكل من ذات نفسها، دليل على افراط قوة بدنها. وربما كانت الحيات عظاما جداً ولا سموم لها، ولا تنقر بالعض، وفي البادية حية يقال لها الحفاث تأكل الفأر ولها وعيد منكر ونفخ وإظهار للصولة، وما أكثر ما يكون بين أعناق الحيات تخصير، ولصدورها أغباب، وذلك في الأفاعي أعم". ومن أوصافه العلمية القيمة مخالب الأسد وأشباهه حيث يقول: "أنها تكون في غلق إذا وطئت على بطون اكفها ترفعت المخالب ودخلت في أكمام لها، وكذلك أنياب الأفاعي هي ما لم تعض فمصونة في أكمام".

وللجاحظ ملاحظات كثيرة تشابه فيما يعرف اليوم بعلم الوراثة. فعن النتاج المركب هو ولادة بين جنسين مختلفين من الحيوان من بعض الأصناف يقول: "فقد وجدنا بعض النتاج المركب وبعض الفروع المستخرجة منه أعظم من الأصل". ومن المعروف أن النتاج المركب ممكن بين عدد من أجناس الحيوان بين الذئب والكلبة، وبين الحمار والفرس وبين الحمام البري والحمام الأليف. ثم هو غير ممكن بين عدد آخر من أجناس الحيوان كالتين (ذكر المعز) والنعجة (انثى الخروف) وبين البقرة والجاموس بينما الشبه كبير بينهما في الشكل. أما النتاج المركب بين جميع سلالات البشر فهو ممكن، وفي هذا الصدد يقول الجاحظ: "ورائنا الخلاسي من الناس وهو الذي يختلف بين الحبشي والبيضاء والعادة من هذا التركيب أن يخرج (المولود) أعظم من أبويه وأقوى من أصليه. ورأينا البيسري من الناس هو الذي يختلف بين البيض و الهند ولا يخرج ذلك النتاج (منه) على مقدار ضخم الأبوين وقوتهما ولكنه يحيي أملح وأحسن.

فضل الجاحظ على الحضارة الإنسانية:

قد يظن الكثير أن الجاحظ ذلكم الكاتب الذي حاول أن يصنف كتابا في علم الحيوان ليكون على منوال ما قام به من سبقه من علماء اليونان كأرسو، ويكون ذلك الكتاب مجرد سرد لأقوال قيلت ولقصص سردت، ولكن هذا العالم العربي خرج عن هذا التقليد فوضع موسوعته العلمية هذه في الحيوان بعد دراسات واختبارات وبحوث اعتمادا على أشخاص موثوق بهم من النواحي العلمية والفلسفية وعلى نفسه شخصيا. ولما كان العلم في العصر الذي عاش فيه الجاحظ في طفولته المبكرة ولعدم توافر ما لدى علماء العصر الحديث من أساليب وأدوات ونظريات ليصل إلى نتائج يقينية ذات إطار علمي ثابت. وبالرغم من كل ذلك فإنه استطاع أن يبذر البذور الأولى لمثل هذه البحوث التي تدل على باع الجاحظ وعقليته الموسوعية الشاملة وأصالته في كل ما طرقه، وهي تدعو إلى الدهشة وتشير إلى الروح العلمية التي كان يمتلكها أكثر علماء العرب في البحث والتقصي، وتنم عن عمق وجذور الحضارة العربية الأصيلة. إن الروح العلمية التي يمتلكها الجاحظ هي برهان آخر على ما قدمته الأمة العربية والإسلامية من رصيدد وزخم عظيم في الثقافة والفكر العلمي والفلسفي.

وإن رأينا عدم وجود ترتيب في المواضيع التي عالجها الجاحظ في كتابه الحيوان فإن الدكتور محمد يحيى الهاشمي يجيبنا عن ذلك فيقول: "إن شفيعه بذلك حب نشر المعرفة على أكبر عدد ممكن من الناس وعدم إملال القارئ بالنظريات العلمية البحته، بل مزجها بالأقاصيص والشواهد أيضا ومهما قيل في حقه فيكفيه فخرا. أنه قال بآراء وتفسيرات في عالم الحيوان لم يعرفها إلا أساطين العلم الحديث في العصر الحاضر".

وصفوة القول أن الجاحظ لم يكن من الأدباء الفطاحل وحسب بل وكان كذلك عالما فذا إلى جانب كل ذلك وله ثقافة جمعت كل صنوف المعرفة الرفيعة. ولو كان الجاحظ قد عاش أو ظهر في هذا العصر لكان أعظم فلاسفة العلم عامة وعلم الحيوان خاصة. وسيبقى الجاحظ خالدا وحيا بيننا مادامت افكاره الشامخة باقية في أفكارنا ونفوسنا وعند أجيالنا...

ابن الجزار

اسمه وبيئته:

من علماء العرب وأطبائه المغمورين وأحد ألمع رجال العلم في وطننا العربي الكبير والعالم الذي لقب بطبيب الشعب أو طبيب الفقراء في عصر كان الطب وقفا على قلة قليلة من الناس بحيث لا يعالج إلا من كان يمتلك إمكانات مالية تعينه في التغلب على المرض الذي يعذب من يوليه. إنه الطبيب والعالم أحمد بن الجزار.

قام هذا العالم بتديون كل ما وصلت إليه يديه من معلومات طبية وما قام به من تجارب مختبرية وبحوث ودراسات ذات طابع عملي في الطب في عدد من الكتب والرسائل جعلها ميسرة بين أيدي عامة الشعب، ضارباً بذلك الحواجز التي كانت سداً منيعاً بين الطب وأنين المرضى من الناس.

إن هذا الرجل قد ترك ثروة ذهبية عظيمة من التصانيف القيمة في مجالات عدة ولكن من أهمها ما يتعلق باختصاصه في الطب وكل ما يتعلق به. وقد تضاربت الآراء حول حياته وولادته ووفاته باختلاف المصادر والمراجع التي تناولت سيرة حياته وأعماله وإن كانت كلها قد اتفقت على عبقريته ونبوغه ونزاهته وحبه للعلم حباً جعله لا يخرج عن هذا المحراب العلمي ولا يتزعزع عن طلب الحقيقة قيد انملة. إنه بحق علم من اعلام الطب في العالم، ومن العلماء المنسيين مع انه حصيلة علمية كبيرة قدر تركها تشع علماً ونوراً على الحضارة العربية والإنسانية، واعتقد أن سبب ذلك يعود بالدرجة الأولى إلى الجسور الثقافية بين المغرب العربي ومشرقه ضعيفة إن لم نقل مبتورة أو مشلولة.

وامتازت ثقافة أحمد بن إبراهيم بن أبي خالد القيرواني المعروف بابن الجزار بالموسوعية والواقعية، فقد كان على دراية بالعلوم النقلية والعلوم الوضعية والتاريخ والفلسفة والأدب والسير والصيدلة وطب الأطفال وعلم النبات.

ولد ابن الجزار سنة (٢٨٢هـ- ٨٩٨م) في مدينة القيروان بتونس لعائلة تميزت بالاختصاص بالطب فوالده كان طبيباً بالعيون وعمه أبو بكر من أشهر الأطباء الجراحين في ذلك الوقت. وكان نبوغ ابن الجزار في عصر اشتهر بظهور نوابغ وعباقرة الفكر والثقافة والعلوم في تلك الفترة من أمثال المتنبي والأصفهاني وغيرهم.

ومن أهم الذين تتلمذ عليهم ابن الجزار والده إبراهيم وعمه محمد والطبيب اسحاق بن سليمان (توفي بعد ٣٤١هـ- ٩٥٣م) الذي استقدمه آخر امراء الأغالبة (زيادة الله الثالث) سنة (٢٩٣هـ- ٩٠٥م) من مصر إلى تونس.

وكان تأثير الطبيب البغدادي الأصل اسحاق بن عمران توفي حوالي (٢٩٤هـ- ٩٠٧م) في القيروان الذي استقدمه إلى افريقية من العراق الأمير الأغلبي إبراهيم الثاني (٢٦١هـ/ ٨٧٤م- ٢٨٩هـ/ ٩٠٢م) سنة (٢٦٤هـ/ ٨٧٧م) كبيراً في بلورة دراسة ابن الجزار للطب والفلسفة. فقد كان لهذا الرجل دور مهم في نشر الطب والفلسفة وعلوم أخرى في أفريقية، ومن ناحية أخرى فقد استفاد ابن الجزار من الترجمات اللاتينية في الطب والأدوية المفردة والمركبة وبرزت بشكل موضوعي في مؤلفاته في مجال تحضير الأدوية وبخاصة النباتية منها.

ولقد تعددت الروايات التاريخية حول سنة وفاته ففي البيان المغرب لابن عذارى (١: ٣٣٨) إن وفاة ابن الجزار كانت سنة (٣٦٩هـ) وفي طبقات الأدباء لياقوت الحموي (٢: ١٣٧) أنه توفي سنة (٣٥٠هـ) أو ما قاربها، وفي جذوة المقتبس لابن الخطيب أن مولده سنة (٣٤١هـ) ووفاته بمدريد سنة (٣٩٥هـ)، وفي هدية العارفين أنه توفي بالأندلس مقتولا بالسم سنة (٤٠٠)؟! في حين أن معظم المصادر التي تناولت سيرة وحياة ابن الجزار قد اتفقت بصورة لا تقبل الشك أنه لم يغادر تونس قط إلى أي جهة أخرى من العالم العربي أو الافرنجي. وفي بحث للأستاذ إبراهيم بن مراد أن وفاة ابن الجزار كانت سنة (٣٦٩هـ/ ٩٨٠م).

وكان ابن الجزار حسب اتفاق المصادر القديمة التي ترجمت له من أحسن العلماء خلقا واستقامة في السلوك، وكان عزيز النفس أبيا لا يتقرب ويتزلف لأحد ممن

كانوا في السلطة آنذاك، ولكنه كان لا يمتنع من خدمة أي مريض مهما كانت منزلته وينفعه بطلبه وعلمه، وهذا راجع إلى كونه من عائلة فيما يبدو غنية وكان هو نفسه ذا مال كثير يؤكد ذلك ما ذكره ابن جلجل عن الثروة التي خلفها بعد وفاته وهي أربعة وعشرون ألف دينار، ويوضح الأستاذ إبراهيم بن مراد عند ذلك بقوله "ولا نعتقد أن ترفعه كان لتكبر أو غرور أو عجبا بالنفس، فقد عرف بتواضعه وخاصة برأفته على الفقراء ورفقه بضعفاء الحال". فقد كان له عليهم معروف كثير وأدوية يوزعها عليهم بدون مقابل.

وقد تناولت مصادر عديدة حياة ومؤلفات ابن الجزار ولكن من أهمها ما جاء في كتاب طبقات الأطباء والحكماء لابن جلجل (أبي داود سليمان بن حسان الأندلسي) نقرأ هو أحمد بن إبراهيم بن أبي خالد قيرواني، مسلم النحلة، طبيب ابن طبيب وعمه أبو بكر (محمد بن ابي خالد الجزار، عاش في النصف الأول من القرن الرابع، له عدة أدوية من أشربة ومعاجين وترياقات)، كان ممن لقى اسحاق بن سليمان وصحبه وأخذ عنه وله في الطب تواليف عجيبة. وكان من أهل الحفظ والتطلع والدراسة للطب وسائر العلوم.

وله تواليف في غير الطب، كتأليفه التواريخ وتأليفه كتاب الفصول والبلاغات. وكان قد أخذ بنفسه (لنفسه) مأخذا عجيباً في سمته وهديه وقعوده، ولم تحفظ عليه بالقيروان زله قط، ولا أخلد إلى لذة.

وكان يشهد الجنائز والعرائس ولا يأكل فيها، ولم يركب إلى أحد من رجال أفريقية (أي تونس) ولا إلى سلطاتها (سلاطينها).

وكان ينهض في كل عام إلى المنستير (مدينة بساحل تونس كان يرابط بها بعض الزهاد) رابطه على البحر فيكون هناك طول أيام القيظ، ثم ينصرف إلى افريقية وكان قد وضع علىباب داره سقيفة اقعد فيها غلاماً له يسمى رشيق أعدّ بين يديه جميع المعجونات والأشربة والأدوية، فإذا رأى القوارير بالغداة امر بالجواز إلى الغلام وأخذ الأدوية منه، نزاهة بنفسه أن يأخذ من أحد شيئاً.

ويضيف ابن جلجل ابن الجزار قائلاً: عاش نيفا وثمانين سنة ولما مات وجد

له أربعة وعشرين ألف دينار وخمسة وعشرين قنطاراً من كتب طبية وغيرها. وكان قد هم بالرحلة إلى الأندلس ولم ينفذ ذلك وكان في دولة معد. وقال محمود بن الحسين المعروف بكشاجم من أهل الرملة وشاعر سيف الدولة الحمداني (توفي سنة ٣٦٠هـ/ ٩٧٠م) مادحاً ابن الجزار ويصف كتابه المعروف بزاد المسافر، وهو لم يدخل تونس قط.

أبا جعفر أبقيت حيا وميتا ... مفاخر في ظهر الزمان عظاماً
رأيت على زاد المسافر عندنا ... من الناظرين العارفين زحاماً
سأحمد أفعالاً لأحمد لم تزل ... مواقعها عند الكرام كراما

***

أثر ابن الجزار في مجال النبات الصيدلي والطب:

اهتم ابن الجزار بالنبات في مجالين العلاجي والطبي الدوائي وهو راجع إلى كونه طبيباً وصيدلياً مما جعله أن يبتعد عن الاهتمام بالنبات في المجال التصنيفي والبيئي والاقتصادي والتشريحي كما فعل ابن الرومية أو رشيد الدين الصوري.

ويشير الدكتور محمد سويسي في بحثه (ابن الجزار الطبيب القيرواني) إلى أن ابن الجزار حقق أشخاص النبات وضبط أسماءها بالعربية أو بلهجة إفريقية، ويعين أحياناً منابتها في جهة القيروان أو تونس.

وحب ابن الجزار التعشيب حيث استفاد وأفاد من محيط إفريقية الغني بالنباتات الطبية وذكر منها الكثير في مؤلفاته ولا سيما كتابه الاعتماد. ومن المؤكد أن ابن الجزار كان يعد الأدوية بنفسه بعد إجراء التجارب عليها مختبرياً ويتفقد في كل يوم قوارير الأدوية ويرى ما نقص منها، ويخرج من داره إلى تابعه رشيق مقدار الأدوية الناقصة، ويحاسب غلامه على ما قبض من ثمن الأدوية المعطاة، نزاهة بنفسه أن يأخذ شيئاً. وهكذا فإن ابن الجزار قد اتبع طريقة تعريف النبات أولا باللغات المختلفة التي كانت سائدة آنذاك علميا وهي العربية والرومية والفارسية والبربرية والسريانية واللاتينية ومن ثم تبيان قوة الدواء من حار أو بارد، أي درجة البرودة والحرارة من يابس أو رطب بعد ذلك يتبعها بالتعريف العلمي: وصف الدواء بشكل مفصل، أنواعه

والرديء منها والجيد وفي المرحلة الرابعة يتطرق إلى الخصائص العلاجية والحالات التي يؤخذ فيها الدواء وحسب التنظيم الصيدلي، المتبع (كأشربة - جوارش- جلاب- رب- نقوع- حب- الخ...) ثم يذكر طرق تحضير مثل هذه الأدوية وذكر الجرعات حيث يقول الشربه منه كذا والجلاب كذا وغير ذلك. ويحذر من غش الأدوية ويوضح عن ذلك بالاختبارات العلمية للوقوف عليها، وركز على موضوع ابدال الأدوية التي أعارها اهتماماً خاصاً ووضع لذلك كتابا لهذا الغرض أسماه (ابدال الأدوية).

ومما يدل على سلوك ابن الجزار العلمي وأمانته وتواضعه في عمله الطبي إننا وجدناه يعلن هو بكل لطف ووفاء كونه لم يكن سوى جامع لعيون ما ذكره أفاضل الأطباء من مكنون علمهم وصحيح تجربتهم.

ولكنه يمزج هذه وتلك بنتائج تجاربه وملاحظاته السديدة وتحقيقاته الشخصية فهو لا يعتمد على قول من قال بل يجريه بنفسه ويتحقق منه بخبرته ونتائج أعماله العملية فيبقى ما صح لديه بالخبرة لا الخبر ويرفض رفضا قاطعا ما لا يوافق العلم والطب الأصيل فتراه يقول ويؤكد: لتذكر نسخ الأطباء التي يعالج بها الأطباء هذا الداء، فيما جربناه عمن كان قبلنا من حذاق هذه الصناعة.

ويلاحظ الدكتور محمد سويس أن ابن الجزار لا يكتفي بمجرد النقل للوصفة الطبية بل يحاول أن يعلل نجاعة الدواء أو عجزه عن العلاج. ففي باب الصرع العارض للصبيان يقول ابن الجزار: زعم جالينوس أنه رأى صبيا ابن ثمان سنين لم يصبه هذا الوجع والعرض البته، وكان يعلق عليه عقار (الفاوينا) فلما وقع من عنقه عرض له هذا الداء من ساعته فجرب ذلك مرات وتحقق منه، وأنا أقول أنه قد تسيل من هذا الدواء أجزاء صغار وتستنشق في التنفس فتبرأ المواضع السقيمة، وأنه يغير الهواء فيستنشقه الإنسان فينفعه ذلك.

وهكذا نجد أن ابن الجزار قد تجاوز النقل عمن سبقه بل اتخذ من التمحيص والنقد والتجارب التي تشبه التحاليل العصرية منهجاً له في عمله وتآليفه.

وقد فرق ابن الجزار في الممارسة الطبية بين بيت الوصف (أي مكان فحص المريض) وبيت الصرف (أي الصيدلة أو مكان تقديم الدواء له)، وأفرد كتبا خاصة

فمـيا يخص أعضاء جسم الإنسان كما في كتاب المعدة ومقالته في الجذام ورسالته في الزكام. ووضع مؤلفات خاصة بالفقراء لإعانتهم على معالجة أمراضهم دون تحمل النفقات الباهظة، ومن هنا لقب بطبيب الفقراء. وخصص بعضا من مؤلفاته في الأمراض البحته والبعض الآخر للأدوية المركبة والمفردة. إنه بحق أحد أعلام علماء الطب في العالم.

ابن الجزار والحضارة الإنسانية:

لم يكن ابن الجزار يقل شأناً وتأثيراً وإشعاعاً في الحضارة العربية الإسلامية والأوروبية عن علماء آخرين أمثال ابن سينا والرازي والزهراوي، وحظيت مؤلفاته باهتمام كبير لا سيما كتابه (زاد المسافر) الذي أفاد منه معظم أطباء وعلماء المشرق العربي وبلاد الأندلس وهو ما يزال على قيد الحياة.

ومن ثم ازدادت أهمية أفكاره وبحوثه ونظرياته وآراؤه وكتبه بعد وفاته وأصبحت من أهم مصادر ومراجع العديد من علماء الشرق والغرب، ففي المجال الطبي (الصيدلي وعلوم الحياة) أخذ عنه أبو القاسم الزهراوي في كتابه التصريف وأبو علي بن سينا في كتابه القانون وابن بكاريش في المستعيني والتميمي في المرشد، والشريف الإدريسي في الجامع لأشتات النبات وأحمد الغافقي في كتاب (الأدوية المفردة) وابن البيطار في كتبه الجامع لمفردات الأدوية والأغذية والمغني في الأدوية المفردة وتفسير كتاب ديسقوريدس وأحمد بن يوسف التيفاشي في كتابه المعتمد في الأدوية المفردة وفي الطبقات اعتمده القاضي عياض في مداركه، وفي كتب التاريخ والجغرافية أفاد منه أبو عبيد البكري في مغربه والرقيق القيرواني في تاريخه وياقوت الحموي في كتابيه (معجم البلدان والمشترك) وابن أبي أصيبعة في كتابه عيون الأنباء في طبقات الأطباء.

وبالإضافة إلى ما تقدم فإن تأثير طب وأفكار ابن الجزار في الثقافة والعلوم الأوروبية في القرون الوسطى كانت أكبر وأشمل فقد فاق معظم العلماء العرب عن طريق الترجمة إلى اللغات العلمية التي كانت سائدة في تلك الفترة في أوروبا خلال القرن العاشر وحتى القرن السادس عشر الميلاديين وهي اللاتينية واليونانية

والعبرية. وحول أهمية كنز ابن الجزار العلمية وأثرها الواضح في تقدم طب وصيدلة وعلوم أوروبا الأخرى يجمل الأستاذ إبراهيم بن مراد ذلك قائلاً: لا نعرف أي طبيب عربي مترجم إلى اللغات الأعجمية يضاهي ابن الجزار في عدد الكتب المترجمة له كل من عداه، مع ثلاث ظواهر أخرى دالة على مدى أهميته وعمق تأثيره.

أولهما ترجمة كتابه (زاد المسافر) إلى اللغة اليونانية بعيد وفاته بقليل أو أثناء حياته نفسها وقد كانت الثقافة اليونانية الطبية والصيدلة لا تزال في عصر ابن الجزار الرافد الأساسي للثقافة العربية الإسلامية، وقد كانت الكتب العربية المنقولة إلى اليونانية لا تتجاوز الخمسة وكان زاد المسافر أحدها وأهمها أيضا.

وثانيهما اعتماد زاد المسافر وتداوله على نطاق واسع جداً في أوروبا سواء في التدريس أوفي العلاج حتى لحق النص الأصلي تحريف وتبديل كبيران بتطور الزمن لأن مستعمليه من العلماء يضيفون إله حسب حاجاتهم في العلاج والتدريس، ولم تحدث هذه الظاهرة لغير كتاب زاد المسافر.

وثالثة الظواهر السطو على مؤلفات ابن الجزار وانتحالها وأكبر منتحليها عالم تونسي عاش في إيطاليا هو (قسطنطين الإفريقي) ولا شك أن انتحالها دليل على أهميتها وعلى سبق ابن الجزار فيها إلى مواضيع طريقة مستجدة، مستحدثة.

مؤلفاته:

ترك ابن الجزار حصيلة كبيرة من الكتب والرسائل في مختلف المعارف والعلوم، ذكر قسما منها أصحاب المصنفات العربية القديمة كابن أبي أصيبعة وياقوت الحموي وابن جلجل وابن النديم وغيرهم. وقد أحصيت له حديثا ما يقارب من (٤٣ عنوانا) ضاع وفقد معظمها وهي كالآتي:

أ- الكتب الطبية والصيدلة وعلوم الحياة المطبوعة منها والخطوطة:

١- سياسة الصبيان وتدبيرهم (حققه الأستاذ الدكتور محمد الحبيب الهيلة)، نشر وطبع عدة طبعات.

٢- كتاب في المعدة وأمراضها ومداواتها (حققه الأستاذ الدكتور سلمان قطاية) نشر وطبع في بغداد سنة (١٩٨٠).

٣- زاد المسافر وقوت الحاضر.

٤- كتاب الاعتماد في الأدوية المفردة.

٥- كتاب طب الفقراء والمساكين (تحقيق الأستاذ الدكتور سلمان قطاية) نشر وطبع في باريس سنة (١٩٨٤).

٦- كتاب العطور.

٧- كتاب طب المشائخ وحفظ صحتهم.

٨- رسالة في البول.

٩- الفروق بين الاشتباهات والعلل (حققته الدكتورة رمزية الأطرفجي) نشر وطبع في بغداد (١٩٨٩).

١٠- إبدال العقاقير.

١١- كتاب الخواص.

١٢- مقالة في الجذام وأسبابه وعلاجه.

١٣- كتاب في الكلى والمثني (المثانة).

١٤- كتاب النسيان وطرق تقوية الذاكرة.

١٥- كتاب قوت المقيم.

١٦- كتاب نصائح الأبرار.

١٧- كتاب المختبرات.

١٨- كتاب النصح (في أدوية الخواص والملوك).

١٩- كتاب البغية في حفظ الصحة.

٢٠- كتاب البغية في الأدوية المركبة.

٢١- كتاب العدة لطول المدة.

٢٢- كتاب السمائم.

٢٣- كتاب المجربات في الطب.

٢٤- كتاب في نعت الأسباب المولدة للوباء في مصر.

٢٥- كتاب أصول الطب.

٢٦- كتاب في الحيوان.

٢٧- كتاب في مصالح الأغذية.

٢٨- كتاب في الزكام وأسبابه وعلاجه.

٢٩- رسالة في النوم واليقظة.

٣٠- رسالة في التخذر من إخراج الدم من غير حاجة دعت إلى إخراجه.

٣١- رسالة في المقعدة وأوجاعها.

٣٢- رسالة في أسباب الوفاة.

٣٣- مقالة في الحمامات.

ب- في التاريخ والطبقات والسير:

٣٤- مغازي إفريقية.

٣٥- كتاب أخبار الدولة.

٣٦- التعريف بصحيح التاريخ.

٣٧- طبقات القضاة.

ت- في الطبيعيات:

٣٨- كتاب الأحجار.

ث- في الجرافية:

٣٩- عجائب البلدان.

ج- في الفلسفة:

٤٠- رسالة في النفس وفي ذكر اختلاف الأوائل فيها.

٤١- رسالة في الاستهانة بالموت.

ح- في الأدب واللغة العربية:

٤٢- المكلل في الأدب.

٤٣- الفصول في سائر العلوم والبلاغات.

حنين بن اسحق

اسمه وبيئـته:

ترك حنين بن اسحق آثاراً ومُؤَلّفات قَيّمة لعبت دوراً هاماً وأساسياً في تقدم العلم والحضارة العربية، وكان شيخاً من شيوخ الترجمة العربية، ولذا فإن من مآثر حنين ابن اسحق ستبقى خالدة على مر الزمن لأنها خالدة على مر الزمن لأنها حافظت على التراث العربي بأسلوب متطور وممتاز.

يقول الدكتور يوسف حبي: (بالنظر إلى توقد ذهن وبراعة حنين في اللغات وعلم الطب ومراجعته لقدر كبير من روائع الفكر اليوناني وعلومه إلى اللغتين السريانية والعربية فأتاح هو وأمثاله أن تغدو بغداد عاصمة للحضارة ومنتدى للأدباء والحكماء والفنانين في عصر عباسي سمي بالعصر الذهبي الزاهر نظرا لما اتسمت الحضارة العربية فيه بأبعاد وإنجازات ذات قيمة وسمو).

ولد حنين بن اسحق العبادي في مدينة الحيرة[1] سنة ١٩٤هـ ٨٠٩ أو ٨١٠م. والحيرة مدينة على الضفة الغربية من الفرات، وتبعد خمسة كيلو مترات عن مدينة الكوفة قرب مدينة النجف الأشرف من العراق. نشأ حنين كأبيه مولعاً بالصيدلة والاهتمام بدراسة الحشائش والنباتات والطب[2]. وبرع حنين، براعة فائقة في اللغة العربية، وقد درسها في البصرة واعتمد في ذلك كتاب العين للخليل بن أحمد الفراهيدي الذي كان أهم مصدر من مصادر العربية وأصولها. وقد برز حنين في عصر المأمون فكان من ألمع المترجمين العرب. وهو من الأوائل الذين استنبطوا الطرائق العلمية والنقدية في الترجمة، وقد مارسها بنجاح كبير. وكان لا يكتفي بمخطوطة واحدة يترجم عنها، بل كان يعمد إلى جمع أكبر عدد من المخطوطات للكتاب الواحد قبل إقدامه على ترجمته ويرجع إلى الترجمات السابقة للكتاب بعينه إن توفرت، ويستنير بآراء العلماء القدامى، للوصول إلى درجة عالية من الاتقان والجودة.

وتوفي حنين سنة (٢٦٠هـ = ٨٧٥م). وأهم أساتذة حنين في ذلك الوقت هو أبو زكريا يوحنا بن ماسويه (توفي ٢٤٣هـ = ٨٥٧م) الذي هاجر إلى بغداد في أوائل القرن الثالث الهجري (التاسع الميلادي) وهناك أقام بيمارستان. ومن ثم جعله الخليفة المأمون سنة ٢١٥هـ رئيساً لبيت الحكمة. وفي هذه المدرسة التي سميت بمدرسة المترجمين أيضا تتلمذ حنين في المرحلة الأولى من حياته العلمية الممتازة. وقرأ حنين على أستاذه يوحنا هذا كتاب فرق الطب الموسوم باللسان الرومي والسرياني (بهراسيس)[٣].

واكب حنين على دراسة اللغة اليونانية حتى حذقها تماماً وبهذا تمكن أن يستقي العلوم الطبية من أساطينها الأصليين وهم أبقراط (٣٧٠ق.م) وجالينوس (٢٠١م)

وغيرهم[٤]. وبعد إتقانه للغات العربية واليونانية والسريانية رافق ابن اسحق جبرائيل بن بختيشوع (المتوفي ٢٠٤هـ) أشهر أفراد عائلة (بختيشوع) والطبيب الخاص للخليفة المأمون[٥].

وقام حنين بترجمة كتاب جالينوس (اصناف الحميات) وكتاب (في القوى الطبيعة) بطلب من يختيشوع. ونتيجة للذكاء الثاقب والنشاط العلمي المتميز وكفايته اللغوية الجيدة لعدة لغات امتدحه بختيشوع عند الخليفة المأمون مما حدا بالأخير أن يجعله رئيساً لبيت الحكمة البغدادي[٦]. وفي هذا المجال يقول ابن أبي أصيبعة[٧]: "كان حنين أعلم أهل زمانه باللغة اليونانية والسريانية والفارسية والدراية فيهم مما لم يعرفه من النقلة الذين كانوا في زمانه مع ما دأب أيضا في إتقان العربية والاشتغال بها حتى
صار من جملة المتميزين فيها"[٨].

مواقف مشهودة من أجل العلم:

وذكر المسعودي (أبو الحسين علي بن الحسين بن علي المسعودي البغدادي المتوفي ٩٥٧م) بعض المواقف المشهودة لحنين في مجالس الخليفة العباسي الواثق بالله والذي كان يحضره جملة من الفلاسفة والأطباء والعلماء والأدباء، يقول المسعودي "...وكان الواثق بالله محبا للنظر. مكرما لأهله مبغضا للتقليد وأهله، محبا للإشراف على علوم الناس وآرائهم، من تقدم وتأخر من الفلاسفة وغيرهم من الشرعيين، فحضرهم ذات يوم جماعة من الفلاسفة والمتطببين، فجرى بحضرته ذكر أنواع من

علومهم في الطبيعيات وما بعد ذلك من الإلهيات. وقد كان ابن بختيشوع وابن ماسويه وميخائيل فيمن حضره وقيل: أن حنين بن اسحق فيمن حضر هذا المجلس"(٩). ويشير المسعودي إلى أجوبة حنين العديدة على أسئلة الخليفة المتوكل فيما يخص آلات الغذاء والمسائل الطبيعية وأوقات السنة والكواكب والرياح والبلدان وتأثير البحار فيها.

يقول المسعودي: "فقد سأله الواثق عن آلات الغذاء فأجاب بحكمة فطلب إليه أن يصف له كتابا يذكر فيه الفرق بين الغذاء والدواء المسهل وآلات الجسد. كما أنه سأله في مسائل شتى جمعها بعد ذلك في كتاب (المسائل الطبيعية)(١٠). زمن المتفق عليه أن حركة الترجمة من اللغات العالمية العلمية التي كانت سائدة في ذلك الوقت وبالأخص اليونانية والهندية والسريانية قد نشطت بشكل كبير في عصر الخليفة المأمون. وبهذا الصدد يقول ابن أبي أصيبعة أن المأمون طلب من ملك الروم آنذاك أن يوافق على استقبال جماعة من العلماء العرب المسلمين العارفين باللغة اليونانية ليترجموا أهم كتب اليونان في مجالات العلوم المختلفة وقد أجاب ملك الروم طلب المأمون بعد امتناع فأنقذ المأمون جماعة من المترجمين والعلماء لاستحصال كتب العلوم القديمة منهم الحجاج بن مطر وابن البطريق ويوحنا ين ماسويه وحنين بن اسحق"(١١).

بغداد - عاصمة العلم والمعرفة والثقافة الرفيعة:

وقد أصبحت بغداد عاصمة الدولة العباسية كعبة العلم والعلماء ومركز الحضارة العالمية في تلك الفترة فقد اجتمعت في هذه المدينة الخالدة أهم المصادر والمراجع الطبية والفلسفية والعلمية، والأخرى في (الكيمياء والصيدلة والنبات والحيوان والفلك والميكانيك) باللغات اليونانية والهندية والسريانية أفاد منها طلاب المعرفة. وكان لتشجيع الخلفاء، أعظم الأثر في تقدم العلم والمعرفة في بغداد وانتشار التأليف واستنساخ الكتب والمصنفات لشتى ضروب المعرفة.

وراء المتاعب والمصاعب من أجل البحث عن العلم:

ومن أجل حبه للعلم ونشره بشكل يفيد الناس أجمعين جعله يجوب الأقطار في طلب الحصول على أي كتاب أو مصنف علمي وطبي. فعلى سبيل المثال كان كتاب

(البرهان) لجالينوس نادر الوجود في القرن الثالث الهجري قال عنه حنين[١٢]: "أنني بحثت عنه بحثا دقيقا وجبت في طلبه أرجاء العراق وسوريا وفلسطين ومصر إلى الاسكندرية ولم أظفر إلا بما يقرب من نصفه بمدينة دمشق". وبالاضافة إلى الترجمة فإن حنين لم يكتف بذلك بل في أكثر الأحيان يقوم بتلخيص كتب الأقدمين بل كثيرا ما يضعها على شكل سؤال وجواب ومن خلال ذلك يشرحها ويفسرها. وعن ذلك قال القفطي[١٣] عن حنين "كان جليلا في ترجمته وهو الذي أوضح معاني كتب ابقراط وجالينوس ولخصها أحسن تلخيص".

مكانته العلمية:

وبعد وصول حنين إلى قمة المجد كأشهر مترجم للكتب العلمية والطبية أصبح طبيباً بارزاً في زمن الخليفة المتوكل مما جعل حساده ومعارضيه والناقمين عليه كثيرون لا لشيء إلا لأنه عالم يحب العلم والسير في طريق الخير كما أن الخليفة المتوكل على ما يبدو كما رواه القفطي أراد أن يمتحن إخلاصه ووقائه له ولمهنته الطبية الشريفة والإنسانية. قال القفطي[١٤]: "إن المتوكل أحب امتحانه حتى يزول ما في نفسه عليه ظنا منه أن ملك الروم ربما عمل شيئاً من الحيلة به فاستدعاه يوماً وقال له بعد أشياء جرت أريد أن تصف لي دواءً يقتل عدوا نريد قتله ولم يمكن إشهاره ونريده سراً. فقال حنين يا أمير المؤمنين إني لم أتعلم إلا الأدوية النافعة وما علمت أن أمير المؤمنين يطلب مني غيرها فإن أحب أن أمضي وأتعلم فعلت ذلك فقال هذا شيء يطول ورغبه وهدده وهو لا يزال على حاله إلى أن أمر بحبسه في بعض القلاع". مكث حنين في حبسه سنة دأبه النقل والتفسير والتصنيف[١٥] غير مكترث بما هو فيه. ثم عاود الخليفة ترغيبه وتهديده بالقتل إن لم يفعل ما آمره به فكان جواب حنين قد قلت لأمير المؤمنين إني لم أحسن إلا للشيء النافع ولم أتعلم غيره[١٦]. وبعد تأكد الخليفة على إصرار حنين على موقفه الصلب هذا، قال: يا حنين طب نفسا وثق إلينا، فهذا الفعل كان منا لامتحانك لأننا حذرنا من كيد الملوك وإعجابنا بك فأردنا الطمأنينة إليك والثقة بك لننتفع بعلمك[١٧]. وقد وجه الخليفة سؤالا إلى حنين حول امتناعه عن إجابة طلبه. قال حنين[١٨]: "شيئان يا أمير المؤمنين الدين والصناعة. تمنعنا من الأضرار بإبناء

الجنس لأنها موضوعة لنفعهم ومقصورة على مصالحهم وقد جعل الـلـه في رقاب الأطباء عهدا مؤكدا بإيمان مغلظة أن لا يعطوا دواءً قتالا ولا ما يؤذي فلم أر أن أخالف هذين الأمرين من الشريعتين. فقال الخليفة أنهما الشريعتان جليلتان".

ولم تمر فترة قصيرة على نكبته هذه حتى وقع بنكبة أكبر منها كان حساده من

أقربائه وأصدقائه المقربين له قد ناصبوه العداوة والبغضاء. فقد وشا به بختيشوع بن جبرائيل وإسرائيل بن زكريا الظيفوري عند الخليفة المتوكل بالاحتيال والخديعة والاتهام له بالكفر والزندقة والالحاد حسدا منهم لعلو مرتبته العلمية وبروزه الطبي الكبير. وبعد تزييف موقف هذا الرجل أمام الخليفة أمر بحبسه وتعذيبيه[١٩].

وقد ألف حنين رسالة فيما أصابه من المحن والشدائد والرسالة موجهة إلى علي بن يحيى قال حنين: (أنه لحقني من أعدائي ومضطهدي الكافرين بنعمتي الجاحدين لحقن الظالمين لي المقعدين علي من المحن والمصائب والشرور ما منعني من النوم وأسهر عيني وأشغلني عن مهماتي وكل ذلك من الحسد على علمي وما وهبه الـلـه عز وجل من علو المرتبة علىأهل زماني وأكثر أولئك أهلي وأقربائي فإنهم أول شروري وابتداء محني ثم من بعدهم الذين علمتهم واقرأتهم وأحسنت إليهم وأوقدتهم وفضلتهم على جماعة أهل البلد من أهل الصناعة وقربت إليهم علوم جالينوس فكافؤوني عوض المحاسن مساوئ بحسب ما أوجبته طباعهم وبلغوا بي إلى أقبح ما يكون من إذاعة أوحش الأخبار وكتمان جليل الأسرار حتى ساءت بي الظنون وامتدت إلى العيون. ويمرض الخليفة المتوكل (٢٣٢- ٢٤٧هـ/ ٨٢٧- ٨٦١م) مرضا شديدا مما حدا بحاشيته أن يستدعوا حنينا لمعالجة الخليفة حتى برئ من مرضه هذا وعرف الحقيقة، وبذلك أعاد له عزه ومجده السابق وأغدق عليه. وتدور الدائرة على أعدائه ويصيبهم ما أصاب حنين منهم.

لكن حنين لا ينسى ما أدت به النكبة من وضع نفسي متأزم وحياة قاسية قضاها داخل الجدران الوسخة المظلمة محروما من علمه وكتبه وحبره. وما أصابه من تعسف وظلم ونكران للجميل وتعذيب لا مبرر له إلا الحقد والحسد ليس إلا. ومات حنين بعد هذه المرارة القاسية في خلافة المعتمد على الـلـه المتوفي (٢٧٩هـ).

أهم كتبه في الطب:

ترك حنين بن اسحق حوالي (١٤٠) كتاباً ورسالة في علوم الطب والأدوية والنبات والتشريح والنحو والفلسفة والمنطق والتاريخ والديانات. أكثرها مترجمة عن اليونانية إلى السريانية ومن ثم إلى العربية فقد ترجم من مؤلفات جالينوس إلى السريانية وحدها (٥٨ مصنفا) وإلى العربية (١٢ مصنفا) وإلى السريانية ثم العربية (٢٢ مصنفا) وبذلك يصبح مجموع ما ترجمه لجالينوس وتفسيراته باللغتين السريانية والعربية (٩٢ مصنفاً). وكثيراً ما خلط النساخ ما بين مؤلفات جالينوس وحنين وبالأخص نسبه ابن أبي أصيبعة لحنين[٢٠]. ومن أهم مؤلفات حنين في الطب كتاب "المسائل في الطب" الذي قال عنه ابن أبي أصيبعة "كتاب المسائل وهو المدخل إلى صناعة الطب لأنه قد جمع فيه جملا وجوامع تجري مجرى المبادئ والأوائل لهذا العلم. ليس جميع هذا الكتاب لحنين بل إن تلميذه الأعم جيشا تمه"[٢١]. وكان بعض المؤرخين يظن أن لحنين مؤلفين باسم المسائل والمدخل إلى صناعة الطب في حين أنه نفي المؤلف وهو الوحيد المسمى (المسائل في الطب). وقال ابن أبي صادق في شرحه لكتاب المسائل: "إن حنينا جمع معاني هذا الكتاب في طروس ومسودات بيض منها البعض في مدة حياته. ثم أن جيش بن الحسن تلميذه وابن أخته رتب الباقي بعده وزاد فيه من عنده زوائد ألحقها بما أثبته حنين في دستوره. ولذلك يوجد هذا الكتاب معنونا بكتاب المسائل لحنين بزيادات جيش الأعم. والذي يوجد في النص من هذا الكتاب أن زيادات جيش من عند ذكر أوقات الأمراض الأربعة إلى آخر الكتاب وأن زيادات جيش إنما هي من الكلام في الزقاق واستدل على ذلك بأن قال ثم إن حنين عمل مقالتين شرح فيهما ما قاله جالينوس في الترياق. ولو كان قاله حنين لكان يقول ثم إني عملت مقالتين شرحت فيهما كذا وكذا"[٢٢]. ويشير بعض الباحثين إلى أن حنينا شرع في تأليف هذا الكتاب وهو في السجن أيام نكبته الأولى في عهد الخليفة المتوكل بعد أن هرب بعض حراس السجن أوراقا ومدادا، وجعله على نمط كتاب جالينوس المسمى (Ars Paiva) (في السؤال والجواب). ولعب هذا الكتاب دوراً أساسياً في طب العصور الوسطى بالغرب تحت اسم (Ars Pawa) hannitii ad Tagni Sagogo Go[٢٣] وبفضله

عرف الغرب الطب اليوناني والعربي[٢٤]. وترجم كتاب المسائل إلى اللاتينية وبقى فترة طويلة يدرس في مدارس وسط أوروبا الطبية والصحية[٢٥]. وكتاب المسائل في الطب وهو مقدمة للطب العام ولم ينشر قبلا ولم تظهر له ترجمات حديثة وله أهمية كبيرة في الكشف عن اسهام حنين في بلورة المصطلح الطبي العربي وكانت بادرة الأساتذة الأفاضل الدكاترة[٢٦] محمد علي أبو ريان وجلال محمد موسى ومرسي محمد عرب في دراسة وتحقيق هذا الأثر القيم له دلالات ومعاني علمية كبيرة في إثراء تراثنا العلمي الزاهر ولهم الشكر الجزيل والعرفان العظيم والثناء الخالص على هذا العمل الممتاز.

المصطلحات العلمية عند حنين:

استطاع حنين بن اسحق أن يصقل الكلمات الأجنبية مثل اليونانية التي جابهته عندما أراد ترجمة الكثير من المصطلحات الطبية والفلسفية والعلمية كأسماء (النبات والحيوان) إلى السريانية والعربية صقلا كان نجاحا باهرا يدل على ما بلغه هذا الرجل من معرفة عميقة في فن الترجمة والابتكار العلمي.

وكان ابن اسحق فعلا شيخ المترجمين، فقد كان ينقل كتب اليونان إلى السريانية ثم يقوم بترجمتها إلى العربية أو يكلف أحد من تلاميذه بهذا العمل[٢٧].

ويعتقد أن حنين إنما كان يقوم بترجمة الكتب من اليونانية إلى السريانية قبل العربية يعود إلى غزارة المصطلحات العلمية والفلسفية السريانية مقارنة بمثيلاتها من العربية في تلك الحقبة. وكان ابن اسحق يتوخى في الترجمة وفي وضع المصطلح العلمي الدقة العلمية والمعنى والتعبير السليم الذي لا يلغه الغموض، متحاشيا التحوير والتبديل غير الموضوعي ويستنير بآراء من سبقه حتى يصل إلى درجة الجودة والاتقان[٢٨].

وكان في ترجمته دقيقا ووفيا وأميناً. بينما الذين سبقوه في الترجمة كانت ترجماتهم حافلة بالأغلاط والركاكة وعدم الدقة. ومن خلال هذا الإلهام الذي يتمتع به ابن اسحق في معظم العلوم تأليفا وترجمة فقد ترك كتباً كثيرة جداً في النبات والطب والفلاحة والعقاقير والمفردات الطبية النباتية.

ما ضمه كتاب المسائل في الطب:

يقسم ابن اسحق الطب إلى جزئين هما النظر والعمل للتفرقة بين ما هو نظري وعملي كما هو الحال عند المحدثين اليوم للفصل بين العلم البحث والعلم التطبيقي. النظر عند حنين، نظر في الأمور الطبيعية وهي الكليات في الطب كالأركان والأمزجة والأخلاط والأعضاء والقوى والأفعال والأرواح كل واحدة من هذه الأمور السبعة تنقسم أقساما وتتفرع فروعا ونظر كذلك في الأسباب والدلائل[٢٩]. حاول ابن اسحق أن يعالج بشكل عام كل ما يتعلق بالطب بكلياته وجزيئاته، ففي الفصل الأول الكليات الطب دون جزيئاته والفصل الثاني لعلم الأمراض (الأجناس وحالات البدن) والفصل الثالث للأسباب (الأجناس والأنواع) والرابع للدلائل (الأجناس والأصناف) والفصل الخامس للعلاج، والسادس للأدوية (الأجناس والقوى والأوزان).

إن كتاب المسائل في الطب كتاب طبي فلسفي حكمي يعتبر من خيرة ما ألفه حنين في الطب والفلسفة خصوصاً وأنه ألف بقدر ما ترجم في العلوم المختلفة.

مصادرنا عن مؤلفات حنين:

ذكر الكثير من المؤرخين العرب والأجانب مؤلفات لابن اسحاق في علوم الحياة من بينهم:

١- ابن النديم في الفهرست، حيث أشار إلى كتاب الأدوية المفردة لجالينوس، وكتاب الأغذية، وكتاب الحشائش لديسقوريد وكتاب الحمام، وكتاب اللبن.

٢- ابن جلجل في طبقات الأطباء والحكماء، كتاب في الأغذية.

٣- ابن أبي أصيبعة في عيون الأنباء في طبقات الأطباء، كتاب اختصار جالينوس في الأدوية المفردة، كتاب البيطرة، كتاب الفلاحة، كتاب في اللبن، كتاب في ماء البقول.

٤- علي بن يوسف القفطي في أخبار العلماء بأخبار الحكماء: الأدوية المفردة لجالينوس، الأغذية، الحمام، اللبن.

٥- اسماعيل باشا البغدادي في هدية العارفين في أسماء المؤلفين وآثار المصنفين

(استانبول ١٩٥١م): أسماء الأدوية المفردة، كتاب البيطرة، كتاب الحمام، كتاب الفلاحة، كتاب اللبن.

٦- الدكتور صلاح الدين المنجد: في مصادر جديدة عن تاريخ الطب عند العرب ٠مجلة معهد المخطوطات العربية، الجزء الثاني، مجلده، كتاب الأغذيةن كتاب جالينوس في تشريح الحيوان الميت.

٧- الدكتور يوسف حبي: آثار حنين (مضروب على الآلة الكاتبة) بغداد (١٩٧٣م) الأدوية المفردة، الأغذية، تولد الجنين لسبعة أشهر لجالينوس، الحشائش لديسقوريدس، في الأعشاب لجالينوس، في أغصان النباتات، في أنواع الحبوب، في تركيب اللحوم والأسماك كتاب البيطرة، كتاب الحمام، كتاب الفلاحة، كتاب اللبن، مقالة في كون الجنين، النبات لأرسطو.

٨- عبد الحميد العلوجي، في تاريخ الطب العراقي (١٩٦٧م). الأجنة لأبقراط، الأغذية، تشريح الحيوان الميت لجالينوس، الحشائش لديسقوريدس.

٩- عادل أبو النصر (تاريخ الزراعة القديمة- ١٩٦٠م)، كتاب الفلاحة، كتاب النبات، كتاب في البقول وخواصها، كتاب في تركيب الأدوية، كتاب الأدوية حتى يسهل وجودها، اختصر كتاب جالينوس في الأدوية المفردة، كتاب في الفواكه ومنافعها، كتاب علم البيطرة، كتاب طبائع الحيوان لأبقراط، كتاب تشريح الحيوانات لجالينوس، كتاب النبات لأرسطو.

مؤلفات ومصنفات ابن اسحق في علوم الحياة:

ومن أهم الكتب التي وصلت إلينا من مؤلفات ابن اسحق في علوم الحياة ما يأتي:

١- **كتاب اختصار كتاب جالينوس في الأدوية المفردة:** قال عنه ابن أبي أصيبعة أنه أحد عشر مقالة وأنه اختصره بالسريانية ونقل منه إلى العربية. وقد ضم هذا الكتاب طائفة جيدة من أسماء النباتات المختلفة وفوائدها الطبية وهو كتاب قيم في بابه.

٢- **الأعشاب:** ذكره ابن النديم في كتابه الفهرست بعنوان كتاب مقالتين في الدواب

والسموم. وقد ذكره الدكتور دي لاسي وليري في كتابه (انتقال علوم الإغريق إلى العرب) بعنوان النبات: وقال أن حنين ترجم (النبات لديسقوريدس) الذي غدا فيما بعد أساسا لقانون تركيب الأدوية عند العرب، وذكره الأب لويس شيخو في مجلة المشرق، (١٨٩٩)/ (ص١٠٢) (بعنوان كتاب النبات لديسقوريدس) وقال أنه اطلع على نسخة مخطوطة بترجمة حنين في مكتبة أيا صوفيا باستانبول (الخطوطات المصورة/ الجزء٣، القسم٢) بعنوان الحشائش، وقال أنه لديسقوريدس العين زربي، نقل اصطفتى بن بسيل واصلاح حنين، وهو خمس مقالات. وأشار إلى نسخة مخطوطة منه في الخزانة التيمورية برقم

(٤٢٠ طب في ٨٧ ورقة) وقال أنها نسخة جيدة.

٣- **تشريح الحيوان الميت:** ذكره الأستاذ عبد الحميد العلوجي في تاريخ الطب العراقي، كما ذكره الدكتور صلاح الدين المنجد (كتاب جالينوس في تشريح الحيوان الميت)، وقال أنه ترجمه حنين، وأشار إلى نسخة مخطوطة منه بدار الكتب المصرية برقم (٥٥٠ طب).

٤- **كتاب الأغذية:** وهو في ثلاث مقالات:

الأولى: منها قول عام لجالينوس وغيره في الأغذية.

والثانية: فيما يغتذي من النبات والحيوان.

والثالثة: فيما يغتذي به من البذور والثمار.

وقال حنين إني اختصرت وجمعت في هذا الكتاب للأمير أدام الله عزه وإكرامه كل ما يحتاج إلى معرفته في أمر الأغذية مما قاله جالينوس.

٥- **كتاب اللبن:** وهو كتاب يبحث في صناعة اللبن وأنواعه وفوائده. وقد ذكره القفطي وكذلك ابن أبي أصيبعة، وقال أنها منسوبة لجالينوس وذكره بروكلمان بعنوان (معرفة قوت لبن)، وأشار إلى نسخة مخطوطة منه في المكتبة الأصفية برقم (٣٦٠٩٣٦٠١١).

٦- **النبات لأرسطو:** وعرف أيضا بكتاب النبات (وفي النبات) يقول جورج سارتون إلى أن حنينا ترجمه إلى العربية، ونقل هذه الترجمة إلى اللاتينية رجل

انكليزي يدعى الفرد ساراشل (في النصف الأول من القرن الثالث). وقد ضاع هو وترجمته العربية واليونانية ولقد نقح الأصل اللاتيني ونشره المستشرق "ماير" في ليبزك سنة (١٨٤٦)، وكثير من عباراته عليها المسحة العربية. ويتألف هذا الكتاب من مقالين ومنه مخطوطة في مكتبة بني جامع باستانبول كما يذكر الدو ميلي في العلم عند العرب. وقد استفاد منه العديد من المؤلفين من بينهم البرت الكبير الذي استعان به على تأليف كتبه السبعة في الخضر والنبات.

٧- **كتاب الفلاحة**: يقول الأستاذ عادل أبو النصر، أن كتاب الفلاحة من الكتب القيمة التي فقدت والتي تبحث في أكثر النواحي الزراعية، وكيفية الاعتناء بها، وقد ألفه ابن اسحق سنة (٢٦٤ هـ) في أيام الخليفة المعتمد.

٨- **كتاب علم البيطرة**: ألفه ابن اسحق في أيام الخليفة المعتمد. ويدرس هذا الكتاب أمراض الحيوانات وأهم ما يتعلق بعلم الخيل ومن ثم يعرج على الحيوانات الداجنة، ويتناول أكثر نظريات الطب البيطري القديم وعند العرب أيضا.

٩- **كتاب في البقول وخواصها**: يبحث عن فوائد البقول وخواصها وأنواعها. وهو كتاب قيم. يقول الأستاذ عادل أبو النصر في تاريخ الزراعة القديمة، توجد نسخة من هذا الكتاب في مكتبة حلب الكبرى.

١٠- **كتاب في الفواكه ومنافعها**: يبحث في الفواكه وفوائدها، بشكل فني دقيق، وفيه منافع جمة وقيمة. ويقول كذلك الأستاذ أبو النصر أنه توجد منه نسخة في مكتبة حلب الكبرى.

الهوامش:

١- أجمعت معظم المصادر على أن مدينة الحيرة هي مسقط رأس حنين عدا البيهقي (تتمة صوان الحكمة ص٣) الذي اعتبر بغداد مسقط رأسه.
٢- القفطي: تاريخ الحكماء، ص١٧٣.
٣- القفطي: تاريخ الحكماء، ص١٧٤/ وعيون الأنباء لابن أبي أصيبعة، ص١٨٤.
٤- محمد علي أبو ريان (مقدمة المسائل في الطب الحنيني بن اسحق)، ص٩.
٥- مايرهوف، ماكي: مقدمة كتاب العشر مقالات في العين المنسوب لحنين بن اسحق، ص١٥.
٦- المصدر السابق، ص١٥.
٧- ابن أبي أصيبعة: طبقات الأطباء، ص١٨٦.
٨- المصدر السابق، ص١٨٧.
٩- المسعودي: مروج الذهب ومعادن الجوهر، ج٣، ص٤٨٢.
١٠- المصدر السابق، ص٤٩٢- ٤٩٤.
١١- ابن أبي أصيبعة، طبقات الأطباء، ص١٨٦.
١٢- ابن أبي أصيبعة: طبقات الأطباء، ص١٨٧/ ارنولد، تراث الإسلام، ص٤٥٧.
١٣- القفطي: تاريخ الحكماء، ص١٧١.
١٤- المصدر السابق، ص١٧٩، ابن ابي أصيبعة، ص١٨٨.
١٥- البيهقي: تتمة الصوات، ص٣-٤.
١٦- القفطي: تاريخ الحكماء، ص١٨٠.
١٧- المصدر السابق، ص١٨٠.
١٨- المصدر السابق، ص١٨٠.
١٩- ابن أصيبعة، طبقات الأطباء، ص١٩.
٢٠- سزكين (فؤاد): تاريخ التراث العربي، ج١ (مادة حنين ابن اسحق).
٢١- ابن أبي أصيبعة: طبقات الأطباء، ص١٩٨.
٢٢- ابن أبي صادق: شرح المسائل لحنين بن اسحق (نسخة خطية بمعهد ولكلولم لتاريخ الطب بلندن. (المقدمة) عن المسائل في الطب لحنين، ص٢٣.
٢٣- المسائل في الطب (المقدمة)، ص٢٤.
٢٤- جرجي زيدان: تاريخ التمدن الإسلامي، ص٩٣٩.
٢٥- ميلي: الدو، العلم عند العرب، ص١٤٠.
٢٦- حنين، المسائل في الطب، المقدمة، ص٢٤- ٢٥.
٢٧- مايرهوف: مقدمة كتاب العشر مقالات في العين لحنين، ص٥٨.
٢٨- أبو ريان: مقدمة كتاب المسائل في الطب لحنين، ص١٢- ١٣.
٢٩- ابن اسحق: المسائل في الطب (المقدمة ص٢٦).

الدميري

اسمه وبيئته:

أهم من ظهر في عصر المماليك (١٣٨٢– ١٥١٧م) في التأليف والبحث في العلوم العقلية هما اثنان، أولهما ابن الهائم (شهاب الدين بن الهائم الفرضي المتوفي سنة ٨١٥ هـ وله مؤلف هام في الحساب الموسوعة مرشد الطالب) والثاني عالمنا الدميري الذي نحن بصدده في هذا المجال، ويعتبر كتابه (حياة الحيوان الكبرى) من أروع الكتب العربية التي وضعت في مضمار علوم الحياة في التراث العلمي للحضارة العربية. ويصف مؤرخو التاريخ العلمي العالمي هذا الكتاب بأنه يكاد الوحيد الذي وضع خصيصاً في هذا المضمار.

ومؤلف موسوعة حياة الحيوان الكبرى له تاريخ وباع طويل في علوم شتى كان من أهمها وضعه هذا الكتاب واهتمامه في الإلمام بكل جوانب حياة الحيوانات وسلوكها وتصنيفها ودراستها، دراسة تكاد تكون شبه تامة لو توفرت له كل مقومات الجوانب العلمية البحتة المتوفرة في الوقت الحاضر كما أنه كان يعتقد أن مزج العلم بالأدب والشعر والدين والفقه والتاريخ، يبعد القارئ عن الملل والسأم من مطالعة موسوعته وهذا أيضا كان أحد الأسباب التي أفقدت كتاب حياة الحيوان معنويته العلمية البحتة لقد صدر كتاب حياة الحيوان الكبرى في أواخر القرن الثامن الهجري، أي قبل أكثر من ستة قرون خلت.

ولد كمال الدين (أبو البقاء ابن محمد بن موسى بن عيسى بن علي الملقب بالدميري) نسبة إلى دميرة الشمالية بالقرب من سنمود بمديرية الغربية في مصر في القاهرة سنة (٧٤٢هـ)، الموافق (١٣٤١م)، وتوفي في (٣جمادي الأولى سنة ٨٠٨هـ)، الموافق (١٤٠٥م)، ودفن بالقاهرة أيضا في ضريحه بالحسينية، بمسجد المعروف بالصوابي قريبا من جامع سيدي علي البيومي.

تخرج الدميري وتتلمذ في جامع الأزهر، وبعد ذلك بدأ يدرس في جامعة الأزهر بصفة محاضر لأنه تمكن أن يحصل على درجة الأستاذية.

كتاب حياة الحيوان الكبرى:

ويعد كتاب حياة الحيوان الكبرى من أوفى الكتب التي وضعت في علوم الحيوان في الحضارة العربية ومنذ بداية القرون الوسطى وما تلتها. ذكر الدميري أن كتابه هذا جمعه من (٥٦٠ كتابا) و(١٩٩ ديوان شعر) من دواوين الشعراء العرب وجعله في نسختين كبرى وصغرى. في الكبيرة زيادة في التاريخ وتعبير الرؤيا، فرغ من مسودته سنة (٧٧٣هـ) وعمره لا يتجاوز الحادية والثلاثين.

وتوخى في وضعه سبعة أمور هي:

أولاً: اللغة وقد اعتمد فيها على ابن سيدة، والجوهري، والجاحظ الذي سبقه في الكتابة عن الحيوان.

ثانياً: وصف الحيوان وعاداته.

ثالثا: القصص.

رابعاً: ذكر أحكام الشريعة فيما يتعلق بالحيوان في مختلف المذاهب.

خامساً: الأمثال التي فيها ذكر الحيوان، واعتمد في أغلبها على الميداني.

سادساً: الخواص الطبية والطبيعية لأجزاء الحيوان المختلفة.

سابعاً: تعبير الرؤى التي يرى فيها الحيوان.

رتب الدميري كتابه على حروف المعجم ليسهل على القارئ الوقوع على ما يريده فجاءت كأول موسوعة أبجدية نوعية عن الحيوان، لم يسبقه إلى مثلها أحد ممن كتب عن الحيوان قبله مثل أرسطو وبلايين والجاحظ والقزويني والبغدادي ولا بعده لقرون متعددة لأن هذا الطراز من الموسوعات النوعية إنما هو مما تتميز به الاسم التي استوفت قسطا وافرا من الحضارة في العصور الحديثة.

وأهم كتاب كان يذكره الدميري في معرض كلامه عن الحيوانات (الحيوان للجاحظ) الذي يعتبر الرائد الأول الذي صنف أول كتاب عن الحيوانات في الحضارة العربية.

إلا أن كتاب الحيوان للجاحظ كما قال جاكار عنى بفقه اللغة والنحو ومعاني الأسماء أكثر من عنايته بالناحية الوصفية لأنواع الحيوان. غير أن هذا الكتاب قد اشتمل إلى جانب ما ذكره جاكار على تجارب خاصة أجراها على الحيوانات المختلفة، وكان في كل تجربة يسير على نهج خاص وبذلك كان أول عالم يستخدم الطرق العملية في علم الحيوان إلى جانب الأعمال النظرية ولكن كتاب الدميري يعد من الناحية التأريخية أول محاولة في المصنفات العربية، ظهرت في صورة منسقة، جمعت شتات العلوم الخاصة بالحيوان سواء ممن نقل عنهم أو مما انطبع في أذهان العرب من حياتهم في البادية وفي مناحي الصحراء، ولو راجعنا الحقائق والمشاهدات التي أوردها الدميري في كتابه ثم صرفنا النظر عما خالطها من ألوان الخيال والخرافات لدلت يقينا على أن العرب إنما كانوا يلاحظون طبائع الحيوان في دقة بالغة ويراقبون خصائصه مراقبة نفاذه. ولم يزعم الدميري حين صنف كتابه أنه كان عالما في العلوم الطبيعية، وإنما ذكر في تواضع العلماء إنه إنما جمع الحقائق المعروفة عن الحيوان في عصره، ووضعها أمام القارئ في إطار مرتب على حروف المعجم، ويتضح مما كتبه في مقدمة كتابه أن الباعث له على وضع موسوعته هذه هو رغبته في تصحيح معلومات خاطئة عن الحيوان، شاعت في أذهان الناس ورسخت حتى بين أقصى طبقات أهل العلم في زمانه فوضع هذا الكتاب مشتملا على المعلومات الصحيحة والآراء الصائبة المعروفة في عصره.

وينقسم الذين اعتمد عليهم الدميري وأخذ عنهم إلى ثلاثة أقسام:

القسم الأول: فيما يتصل بالحيوان (ومن أشهرهم أرسطو طاليس وبلاييني والجاحظ والقزويني وابن البيطار وابن رشد وبختيشوع).

القسم الثاني: فيما يتعلق في تعبير الرؤيا (ومن أشهرهم ابن سيرين وريتميدوروس داليانوس).

والقسم الثالث: بتعلق بالنواحي الفقهية والحديث والأدب والأمثال وسائر الفنون الأخرى التي طرق أبوابها وسبر أغوارها فقد اعتمد الدميري على طائفة كبيرة من أعلام الفقه اوالأدب والتاريخ لا حصر لهم.

وكتاب الدميري منسق حسب نهج خاص ورتبت الحيوانات حسب الحروف الهجائية العربية ليسهل على القارئ متابعة قرائته.

وفي الكتاب مواد مطولة مسهبة وأخرى مقتضبة موجزة، بحسب أهمية الموضوع، وما قد تحتوي عليه من حشو وإفاضة. فقد تستطيل المادة إلى جملة صفحات عن الحيوانات المشهورة كالأسد والإبل والخيل والفيل والذئب، أو تقتصر إلى بضعة أسطر أو بضع كلمات عن الحيوانات النادرة أو غير المألوفة مثل مادة (البهثة) ومادة (القرعوش) فيقول عن **الأولى:** البقرة الوحشية، وعن **الثانية:** القيراد الغليظ.

وتبدأ كل مادة بتعريف اسم الحيوان وشرح الاسم من الناحية اللغوية، وتعداد الأسماء التي يكن بها الحيوان معتمدا على أشهر فقهاء اللغة مثل ابن سيدة والجوهري والجاحظ يتلو ذلك وصف الحيوان وذكر طباعه، وعدد أنواعه وأصنافه. ثم يروي الدميري الأحاديث النبوية التي ورد فيها اسم الحيوان، سواء في ذلك ما له علاقة مباشرة أو غير مباشرة بالحيوان. ومع أن الدميري كان يعتبر من علماء الحديث. وهو الوحيد من علماء هذا العلم الذي جعل الأحاديث النبوية مادة علمية لكتابه.

وتناول في المواد المطولة كل ما يتصل بالحيوان من التحريم أو الإباحة ليس فقط من ناحية الأكل، بل كذلك في كل ما له علاقة بالحياة العادية للمسلمين مثل الصيد أو الدية أو الزكاة أو الطهر أو النجاسة معتمدا في ذلك على المذاهب والأحكام المختلفة.

وينتقل إلى ذكر الأمثال التي تتصل بالحيوان، ومن المعروف أن معظم الأمثال العربية مشتقة من الحيوان، بل يندر وجود حيوان يعرفه العرب لم يضربوا به مثلا أو أكثر لذلك كان كتاب حياة الحيوان هو خير مجال وأفسحه لإيضاح حقائق الأمثال، وتصويرها تصوير صحيحاً. ثم يخطو المؤلف بعد الأمثال إلى ذكر الخواص الطبية وغير الطبية لأجزاء الحيوان المختلفة وعصاراته وفضلاته. ومع أنه أظهر فيه المقدرة ما يشهد له بالتفوق، فقد استوعب آراء الآخرين وما أثبتوه من مشاهداتهم وركزها جميعا في إيجاز بارع، معتمدا على آراء أرسطو وابن سينا وابن بختيشوع وابن رشد وحنين بن اسحق والجاحظ والقزويني.

قد يعتقد البعض أن ما ذكره الدميري فيما يخص الاستفادة من أعضاء الحيوانات من الوجهة الطبية تعتبر من الخرافات التي ابتلت بها العصور القديمة إلا أن نتائج البحوث الحديثة لمعرفة قيمة المواد العضوية التي تستخلص من الغدد الحيوانية وغيرها لا تدع مجالا للشك في صحة ما ذهب إليه الرواد الأوائل في ميدان العلاج.

وكان هؤلاء الرواد يستخدمون نفس المنتجات الحيوانية على حالتها الطبيعية وقد اتجه الطب الحديث إلى الأخذ بهذه النتائج وأصبحت من أسباب تقدم العلاج.

وعلى ذلك تعد المحاولات القديمة على الأقل بذورا في حقل العلاج الطبي وينهي الدميري عادة كلامه عن كل حيوان يصفه بذكر التغيير في المنام، وتكلم أيضا عن القصص التي تتصل بالحيوان ومن جملتها (هدهد سليمان وحوت موسى وفرس فرعون والبراق والعنقاء) بحيث تبدو كل قصة بذاتها عملا فنيا رائعا.

ويشير الدميري في آخر كتابه (أنه فرغ من مسودته في شهر رجب من سنة (٧٧٣هـ)، وتوجد من كتاب حياة الحيوان للدميري نسختان كبرى وصغرى، والنسخة الكبرى هي التي اهتم بها العالم العربي واعتمد عليها، وتوالت طبعاتها عدة مرات، فقد طبعت أولا بالمطبعة الأميرية ببولاق بالقاهرة سنة (١٢٧٤هـ- ١٨٥٨م) وقد راجعها وقدم لها محمد العدوي، ثم أعيد طبعها سنة (١٢٨٤هـ- ١٨٦٧م) وقد راجعها وصححها محمد الصباغ وتقع في جزئين، يضم الجزء الأول (٤٦٠ صفحة) والجزء الثاني (٤٨٥ صفحة) من القطع الكبير عدا مقدمة المصحح ويضم الكتاب (١٠٦٩ مادة) تتصل بالتاريخ الطبيعي للحيوان، وهناك (٦٩فصلا) من تاريخ الخلفاء العرب منذ الخلفاء الراشدين حتى نهاية الدولة العباسية، وهذه تعتبر خارجة عن ما هو معروف من علم الحيوان.

وعدد الحيوانات المذكورة في كتاب حياة الحيوان قليلة نسبيا لأن الحيوان في أكثر الأحيان يتكرر ذكره عندما يحمل عدة أسماء مختلفة بحسب ترتيبه الهجائي، ويذكر سركيس في (معجم المؤلفات العربية) أن كتاب حياة الحيوان للدميري طبع في بلاد فارس سنة (١٢٨٥هـ) مع صور ورسوم جميع الحيوانات الواردة فيه، وكذلك صور بعض الآدميين ممن ذكروا في الكتاب.

حياة الحيوان وعلاقته بالمؤلفات الأخرى:

ترجم كتاب حياة الحيوان إلى الانجليزية جاكار وطبع في لندن (١٩٠٦-١٩٠٨). وظهرت عدة مختصرات لكتاب حياة الحيوان، من بينها (حاوي الحسان من حياة الحيوان)، ويذكر الدكتور حسين فرج زين الدين: إن هذا المختصر هو من تأليف الدميري نفسه وقد حذف منه مادة التاريخ التي تضم الخلفاء الراشدين وخلفاء الدولتين الأموية والعباسية. والمختصر الآخر بعنوان (عين الحياة) تأليف محمد بن بكر عمر بن أبي بكر بن محمد المخزومي الدماميني المالكي، وقد ألفه في نهرو له (بالجزيرة) بالبنجاب بالهند سنة (٨٢٣هـ- ١٤٢٠م) أي بعد وفاة المؤلف بخمس عشرة عاما. وذكر مؤلف المختصر في مقدمته أنه أحد تلاميذ الدميري، وقد حذف من الأصل كل البحوث الفلسفية والدينية والاقتباسات الشعرية والقصص الأدبية بحيث أصبح المختصر على صورة موجزة في متناول الجميع.

وقد عرف كتاب حياة الحيوان الكبرى للدميري في جميع أنحاء أوروبا وجامعاتها ولعب دوراً هاماً في الثقافة الغربية وأدى فعلا إلى تقدم الحضارة الأوروبية في مضمار علوم الحيوان الحديث، حتى أن العديد من فطاحل علماء الغرب المعروفين اقتبس منه واستفادوا من موسوعته القيمة هذه، فالعلامة (لين) في معجمه الغربي المشهور اقتبس من الدميري الكثير، وكذلك وستنفلد اقتبس عنه ووصفه وصفاً دقيقاً كما استعان به العلامة بوكارت في مؤلفه المسمى (هيروز ويكون)، كما أخذ عنه العلامة هازل بعض ما ورد عن مادة الجراد نقلا عن مخطوط في كوبنهاكن وأورد العلامة (سلفستر دي ساس) مقتطفات مطولة من كتاب حياة الحيوان الكبرى في كتابه الشهير (لاشاس دوبيني) بالاضافة إلى ما تقدم فقد أخذ علماء عديدون من الشرق والغرب عن كتاب الدميري أمثال كرامر وهومل وتكسن وبريم وليكليرك وجاكار.

ولو تصفحنا ما قاله أشهر المؤرخين الأوروبيين الشرقيين لاتضح لنا أن الدميري كان وسيبقى الرائد الأول في علوم الحياة العربية القديمة والحديثة.

ما قيل في الدميري:

يذكر العالم العربي حاجي خليفة في كتابه كشف الظنون بأن الدميري فقيه ولكنه غير أخصائي مثل الجاحظ، وكتابه من هذه الناحية لا يرقى إلى مرتبة كتاب الجاحظ، ولا يخرج عن أنه جمع للمعلومات من مراجع متعددة ومع ذلك فإن كتاب حياة الحيوان الكبرى للدميري كتاب لايباري.

ويقول الدوميلي: "والمؤلف الذي يمكن عده من أهم المؤلفين العرب فيما يتصل بعلم الحيوان هو كمال الدين محمد بن موسى الدميري (١٣٤٤- ١٤٠٥م) ونجد لكتابه حياة الحيوان أصولا ثلاثة أكملها بنفسه وآخرها هو الذي تم تحريره سنة (١٣٧١م)".

ويذكر العلامة السويدي (أيريك نوردن سكيولد في كتابه تاريخ البيولوجيا) [لقد وصل إلينا كتاب ضخم يسمى كتاب حياة الحيوان من وضع محمد الدميري، كتبه في أواخر القرن الرابع عشر الميلادي، وصف فيه عددا كبيراً من أنواع الحيوان، قدره البعض بنحو تسعمائة نوع وصف جانبا منها عن خبرة، ومشاهدة شخصية ووصف الجانب الآخر عن تصورات خيالية].

ويقول العلامة لوسين ليكليرك: "إن الدميري هو أعظم عالم في علم الحيوان أنجبته العرب". أما البروفوسور م.م شاريف فقد قال عن الدميري: "ويكفي أن الدميري كتب أكثر ما كتب عن الحيوان في العالم الإسلامي، وقد كتبه بأسلوب رجل أديب أكثر منه بأسلوب رجل عالم في التاريخ الطبيعي".

والدميري متفوق على القزويني في سعة الاطلاع وفي كثرة المعلومات التي أوردها ولكنه من ناحية أخرى يختلف عن القزويني في طريقة سرد الموضوع أو المادة فكتاب حياة الحيوان مرتب على الحروف الهجائية ولذلك خلا من عرض الحيوانات في مجاميع من الرتب والفصائل. ويشير ليكليرك مرة أخرى بقوله: (إن الدميري كثيراً ما يخرج عن الموضوع الأصلي لأقل سبب منساقا إلى ذكر أمور لا تمت إلى الموضوع بصلة... وأنه إذا أسقط من الحساب ما ورد في كتاب الدميري من الخرافات والقصص وتراجم الأشخاص فإن الكتاب يعد مجموعة فريدة قيمة من الحقائق المتصلة بتاريخ الحيوان).

والخرافات التي وردت في كتاب الدميري، فإنها لا تعد غريبة على مثل هذا الطراز من الموسوعات وهي بدون شك إنما مرآة لعصرها تعكس جميع الآراء والمعتقدات لذلك يكون الدميري غير منحرف عن الجادة حين يسجل الآراء الغريبة التي كثيرا ما يشير إلى مصدرها أو ينفيها أو يشكك في صحتها، وذلك إلى جانب الحقائق الراسخة التي أثبتها في كتابه.

وكتاب حياة الحيوان لم يكن كله جمعا من كتب أخرى كما يزعم بعض الكتاب، وإنما الدميري مؤلف تمكن أن يصف جانبا كبيرا من الحيوانات وصفا دقيقا مركزا. فيقول عن فرس النهر (سيد قشطة) حيوان يوجد في نيل مصر وله ناصية كناصية الفرس ورجلاه مشقوقتان كالبقر وهو أفطس الوجه له ذنب الخنزير، وصورته تشبه الفرس إلا أن وجهه أوسع وجلده غليظ جدا وهو يصعد إلى البر فيرعى الزرع وربما قتل الإنسان وغيره. يعتبر الفيلسوف الألماني جيته أبا لعلم التكافل (Symbiosa) في أوروبا عامة وألمانيا خاصة، وذلك لمجرد عبارة عارضة جاءت في مؤلفه (فاوست) ومضمونها أن (روحين يسكنان صدري).

ولا يكاد يصدر كتاب ألماني في هذا العلم إلا وهو يحمل على صدره هذا الشعار دلالة على أسبقية الشعب الألماني وفضله على وجود علم التكافل هذا.

وللدميري فضل السبق في الحديث عن هذا العلم، وهو لم يذكره في عبارة عارضة بل سجل ما يثبت وجود هذه الظاهرة التكافلية بما لا يتحمل تأويلا... ولهذا فهو جدير بأن يتبوأ مكان الصدارة ومنزلة السبق في الكشف عن هذا العلم الحديث، لأنه سجله قبل جيته بمئات السنين، ويقول الدكتور حسين فرج زين الدين: (إذا كان جيته هو رائد علم التكافل فإن الدميري هو الرائد الأول، وصاحب الفضل الأسبق ولهذا فمن حق العلماء أن يزينو صدور كتبهم في هذا العلم بكلمة الدميري "إن بين الضب والعقارب مودة". ومن آثار الدميري في علوم التطور ودراسة البيئة، ما أورده في كتابه عن تحريم أكل التمساح من قوله "إن الشرع يبيح أكل لحوم الكائنات البحرية قاطبة إلا أن التمساح ليس من هذه الكائنات إذ أنه من اللواحم الأرضية [آكلات اللحوم] التي عادت إلى الماء. واللواحم الأرضية لا يؤكل لحمها، فكأنه يشير هنا إلى طور بائد

من أطوار حياة التمساح".

كتاب حياة الحيوان والحضارة الإنسانية:

ويمكننا أن نحدد فضل كتاب حياة الحيوان الكبرى على الحضارة العالمية في عدة نقاط منهجية علمية تطابق المنهاج العلمي الحديث فيما يتعلق بعلوم الحيوان هي كما يلي:

١- يرجع الفضل إلى الدميري وكتابه حياة الحيوان الكبرى إلى أنه اول من تناول الحيوان من زوايا متعددة سواء من الناحية اللغوية والعلمية والأدبية والدينية، كل ذلك في مؤلف واحد، وهو موسوعة شاملة فريدة من نوعها.

٢- اهتم الدميري فيما يتصل بعلوم الأحياء (بالجغرافية الحيوانية) فقال: مثلا عن الحيوان المعروف باسم (الشيخ اليهودي) أو إنسان الماء، إنه حيوان يوجد ببحر الشام (أي البحر الأبيض المتوسط). وقال عن السمك الطيار (السمك الخطاف) أنه سمك ببحر سبته لها جناحان على ظهرها اسودات، تخرج من الماء وتطير في الهواء، ومنثم تعود إلى البحر. وهذه الأمثلة توضح أن المطلع يستطيع أن يتبين منه موطنن الحيوان سواء من الوصف أو من النوادر والأمثال.

٣- اهتم الدميري بالكلام عن بيئة الحيوان وطباعه وغذائه. وذكر الحيواناتت التي تنشط في الليل والتي تنشط في النهار وتأثير ذلك على أبصارها. وتحدث عن الحيوانات التي تعيش في البيئات المختلفة كالصحارى وفي الأراضي المنزرعة والجبال والصخور وفي الأنهار والبحار. وتكلم عن الخفاش ووصفه بأنه "حيوان ليلي ضعيف البصر، يتغذى بالهوام". وقال عن القنفذ "حيوان شوكي يتغذى بالحيات والحشرات"، وقال عن اليوم "إنها طائر ليلي يصيد الفأر". ووصف النعامة (بأنهاا جمل الصحراء، ولها ساقات طويلان وخفان يساعد على العدو السريع وتتغذى بالحشائش). وذكر الدميري البيات الشتوي فقال عن الدب: "فإذا جاء الشتاء دخل وجاره الذي اتخذه في الغيران ولا يخرج حتى يطيب الهواء".

٤- تمكن الدميري في كتابه حياة الحيوان الكبرى من تعريف كل حيوان بحيث يجعله في موضعه الصحيح من الشجرة الحيوانية فقسم الثدييات والطيور والزواحف والأسماك، كما قسم هذه الأقسام إلى أقسامها الصحيحة كما في التصنيف الحديث وبذلك فقد سبق كارل لينوس الذي زعم الغرب أنه أول من وضع التصنيف الحديث للأحياء.

٥- زود الدميري المكتبة العربية لعلم الحيوان بثروة من الأسماء السليمة سواء في ذلك الحيوان البالغ أو صغاره وأسماء الذكر والأنثى. كما أفاض في تسمية الأنواع، مثل ما ورد تحت مواد الأسد والابل والخيل، والحية وغيرها. وقد تضمن الكتاب أيضا بعض الأسماء الغريبة التي سارت جنبا لجنب مع العلم الحديث مث كلمة (الجلكي) التي تطلق على نوع من الأسماك اللافكية، يتطفل على الأسماك، ومثل كلمة الأرنب البحري عن ضرب من الحيوانات الرخوة، يزحف على الأعشاب البحرية التي يتغذى بها، ويتميز بأن قرنية الأماميين ويعرفان بالملماسي كبيران، ويشبهان أذني الأرنب، ومن هنا اشتق اسم الحيوان ومثل كلمة (نقلق) على طائر من طيور الماء، وأخذها عنه أحمد فارس الشدياق، والدكتور جورج بوست والدكتور أمين المعلوف في تعريف هذا الطائر.

٦- استعان بكتاب حياة الحيوان الكبرى للدميري كثير من علماء الأجناس البشرية الأوربيين من أمثال هومل في تحديد مواطن الجنس السامي في الشرق حسب التوزيع الجغرافي للحيوانات.

٧- نتيجة لاعتزاز علماء الغرب بالعالم العربي الدميري فقد اطلق العديد منهم أسماء على مؤلفاتهم مشابهة لاسم كتاب حياة الحيوان مثل العالم الألماني (بريم) الذي أطلق على موسوعته التي أخذ فيها عن الدميري (Tieresiesieben) أو حياة الحيوان، وهو نفس الاسم الذي أطلقه الدميري على كتابه. كما أن دائرة المعارف البريطانية وغيرها من الموسوعات الأوروبية والأمريكية ترجمت للدميري وكتابه اعترافا بفضله وتقديرا لعلمه.

٨- لقد سطر لنا الدميري في كتابه هذه مادة علمية غزيرة عن الحيوانات التي بحث ودرس عنها، لقد شمل كتابه تقريبا جميع المجاميع من الحيوانات المألوفة التي نعرفها اليوم ما عدا المجهرية والغريبة جدا منها والتي لم يكشف العلم عنها إلا بعد ثلاثة قرون من تأليف الدميري كتابه.

كمال الدين الدميري وعلم الحيوان الحديث:

ومن العلومات العلمية البحته التي ذكرها الدميري في كتابه والتي تطابق البحوث العلمية المعاصرة نقتطف بعضها، يعطي الدميري أسماء الكثير من الحيوانات كأن يسمي النوع أو الضرب على أساس صفة معينة مميزة أو على اسم شخص، وهذا مستعمل الآن في التسمية العلمية الحديثة.

وقد وصف الدميري الحلزون بقوله: (إنه دود في جوف أنبوبة حجرية يوجد في سواحل البحار وشطوط الأنهار، وهذه الدودة تخرج بنصف بدنها من جوف تلك الأنبوبة الصدفية وتمشي يمنة ويسرة تطلب مادة تغتذي بها، فإذا أحست بلين ورطوبة انبسطت إليها، وإذا أحست بخصونة أو صلابة انقبضت وغاصت في جوف الأنبوبة الصدفية حذارا من المؤذي لجسمها، وإذا انسابت جرت بيتها معها.

وقد جاء مثل هذا المعنى فيما ورد في رسائل إخوان الصفا عند كلامهم عن الحلزون. وكل هذا يطابق ما ذكره العلم الحديث عن الأنبوبيات التي تنتمي إلى قبيلة الديدان الحلقية، والتي تعيش في أنابيب تصنعها لنفسها من إفرازها أو من حبات الرمل المتماسكة. وقد يطلق عليها اسم المستقرات.

ويذكر الدميري أن الابل بدون مرارة (كيس الصفراء)، وهذا صحيح لأن معظم الظلفيات ومن بينها الجمل بدون مرارة. ويذكر الدميري عن الخيل بقوله: (على أن الخيل كانت وحشية كسائر الوحوش ثم دجنها الإنسان واستأنسها). وهذا صحيح حيث أن دراسة العلماء الذين درسوا التطور للخيول حديثا. ولازال قسم من الخيول إلى الآن في حالة وحشية في مناطق عديدة من أمريكا والاتحاد السوفييتي.

وعن الخفاش فإنه يصفه وصفاً يكاد لا يختلف عن الوصف العلمي الحديث إلا في بعض النقاط البسيطة، فهو يقول: "ليس هو من الطيور في شيء فإنه ذو أذنين

وأسنان، وللذكر منه خصتين ومنقار وهو يحيض ويطير ويضحك كالإنسان ويبول كما تبول ذوات الأربع ويرضع ولده ولا ريش له... وتلد أنثاه ما بين ثلاثة أفراخ إلى سبعة وكثيراً ما يسقد وهو طائر في الهواء". باستثناء أن الخفاش يحيض فإن ما جاء عنه في كلام الدميري صحيح علميا.

ويتحدث الدميري عن حيوان الخلد (وهو من ثدييات آكلة الحشرات Insectivora) بقوله: (لا سمع لها ولا بصر، تتغذى على الحشرات، حادة الشم وأنه يشبه الفأر، ويعيش في الجحور بعد حفرها بالرمال). كل هذه المعلومات مطابقة للعلم الحديث عدا لاصقة سمع له. ولعل الدميري اعتقد بعدم قابلية هذه الحيوانات على السماع لانعدام وجود صيوان لأذنيه فأوحى له بذلك.

ويصف الدميري مرض داء الكلب وصفاً علمياً دقيقاً سبق به باستور العالم الفرنسي الذي وضع اللقاح للتحصين منه.

ويقول الدميري عن هذا الداء: (هو داء يشبه الجنون وعلامة ذلك أن تحمر عيناه وتعلوهما غشاوة وتسترخي أذنيه ويندلع لسانه ويكثر لعابه وسيلان أنفه ويطأ رأسه ويتحدب ظهره ويتعوج صلبه إلى جانب ولا يزال يدخل ذنبه بين رجليه ويمشي خائفاً مغموماً سكراناً، فلا يأكل ويعطش فلا يشرب....).

ويذكر الدميري أيضا أن داء الكلب ينتقل من الكلب المصاب إلى الكلاب الصحيحة وإلى الإنسان وإلى الذئب وابن آوى وابن عرس والثعلب والحمار والابل. وهذا صحيح وإشارة واضحة إلى الأمراض المعدية السارية.

وهذا الوصف القيم لمرض فيروس هام من قبل الدميري يوضح بجلاء أثر هذا الكتاب في النهضة الأوروبية الحديثة. وهذا المرض لم يعرف إلا بعد أن اخترع المجهر واكتشافات الفيروسات من قبل علماء توفرت لهم المختبرات والأدوات العلمية الحديثة المكملة لذلك.

ويصف الدميري اليربوع (وهو من الثدييات القارضة) وصفا علميا بحتا يطابق وصف أحدث كتاب يبحث في التاريخ الطبيعي لهذا الحيوان الصغير ولنسمع الدميري يتحدث عنه: (اليربوع حيوان طويل الرجلين قصير اليدين جدا له ذنب كذنب

الجرو لا يرفعه صعدا. في طرفه شبه النوارة، لونه كلون الغزال، وهذا الحيوان يسكن بطن الأرض لتقوم رطوبتها له مقام الماء وهو يؤثر النسيم. يتخذ حجرة في نشز من الأرض ثم يحفر بيته في مهب الرياح الأربع ويتخذ فيه كوى... وظاهر بيته تراب وباطنه حفر، وفي طبعه أنه يطأ الأرض اللينة حتى لا يعرف أثر وطئه كما يفعل الأرنب وهو يجتر ويبعر له كرش وأسنان وأضراس في الفك الأعلى والأسفل) وهذا الكلام الأخير أنه نقل عن قول الجاحظ والقزويين وهو صحيح سوى أنه لا يجتر، حيث أن الاجترار مقتصر على مجموعة الظلفيات المجترة وهي صفة مميزة لها.

ويتناول الدميري في كتابه الأطوار التي تمر بها الجرادة من البيضة حتى الحشرة الكاملة بصورة علمية صحيحة بقوله: ((والجراد إذا خرج من بيضه يقال له الدبا (أي الحورية) فإذا طلعت أجنحته وكبرت فهو الغوغاء وذلك حين يموج بعضه في بعض فإذا بدت فيه الألوان واصفرت الذكور واسودت الإناث سمي جرادا. والجراد أصناف مختلفة فبعضه كبير الجثة، وبعضه صغيرها وبعضه أحمر وبعضه أصفر وبعضه أبيض)).

ومن المعروف لدى العلماء الآن أن الجراد أنواع كثيرة تعود لعدة أجناس تختلف بالحجم واللون وبعض التراكيب الجمسانية. ويصف هجرة الجراد وصفا رائعا يطابق بحوث علماء هجرات الحيوانات الحديثة فهو يقول: (الجراد ينقاد لرئيسه فيتجمع كالعسكر إذا أظعن أوله تتابع جميعه ظاعنا وإذا نزل أوله نزل جميعه).

ويعطينا الدميري فكرة مبسطة عن دورة حياة القراد عندما يقول: (يقال للقراد أول ما يكون صغيرا قمقامة ثم يصير همنانة ثم يصير قرادا). والقراد يمر بأدوار استحالة هي اليرقة بست أرجل - والحورية بثمان أرجل ثم البالغة.

وعن النمل يقول: (والنمل عظيم الحيلة في طلب الرزق إذا وجد شيئا أنذر الباقين ليأتوا إليه). (وإنه يحتكر قوته من زمن الصيف لزمن الشتاء إذا احتكر ما يخاف أنباته قسمه نصفين وإذا أخاف العفن على الحب أخرجه ظاهرة الأرض ونشره)

(وهو يحفر قريته بقوائمه وهي ست فإذا حفرها جعل فيها تخاريج لئلا يجري إليها ماء المطر، وربما اتخذ قرية فوق قرية بسبب ذلك وإنه يفعل ذلك خوفا على ما يدخره من البلل، ومن عجائبه اتخاذ القرية تحت الأرض فيها منازل ودهاليز وغرف وطبقات يملؤها حبوبا وذخائر للشتاء).

وهذا الوصف القيم من قبل الدميري عن النمل وحياتها الاجتماعية وسلوكها يوضح لنا ما للدميري من باع طويل في معرفته الخبيرة بسلوك وحياة هذه الحشرات الاجتماعية، وهو بذلك يقف بمصاف أشهر علماء الحشرات المحدثين في القرن العشرين. ويقول الدميري عن النحل: "وهو حيوان فهيم ذو كيس وشجاعة ونظر في العواقب ومعرفة لفصول السنة وأوقات المطر وتدبير المرتع والمطعم والطاعة لكبيره والاستكانة لأميره وقائده وبديع الصنعة وعجيب الفطرة).

ويقول أيضا عن النحل: (وإن طارت فهي تخرج بأجمعها، وترتفع في الهواء ثم تعود إلى الخيلة). وهذه العملية تسمى التطريد (Swanming) ويقوم بها النحل في الربيع عندما تخرج الملكة الجديدة مع عدد كبير من العاملات لتفتش عن محل جديد وتبدأ في تكوين مستعمرة أو خلية جديدة. ويصف الدميري وصفاً علمياً صحيحاً وموجزا دورة حياة الضفدع بقوله (وأول نشأتها في الماء أن تظهر مثل حب الدخن أسود ثم يخرج منه وهي كالدعموص ثم بعد ذلك تنبت لها الأعضاء).

ومن المعروف في علم الحيوان الحديث أن إناث الضفادع عندما تضع بيوضها تكون ذات لون داكن وبعد الإخصاب في الماء تفقس البيوض عن يرقات صغيرة بذنب تسبح في الماء لفترة وتتنفس بواسطة الغلاصم ثم تبدأ الأطراف الخلفية بالظهور وبعدها الأطراف الأمامية ويأخذ الذنب بالضمور حتى يصل الحيوان دور التكامل وهو الضفدع الأصلي الذي نراه.

ويصف الدميري في كتابه الحيات وأنواعها بقوله: (والحية أنواع منها الرقشاء وهي التي فيها نقاط سود وبيض ويقال لها الرقطاء أيضا وهي من أخبث

الأفاعي.. ومن أنواها الأزعر... وفيها ذوات القرون... ومنها الاصلة وهو عظيم جداً، ومنها ذو الطفتين والابر). وهذا وصف تصنيفي علمي قيم لأنواع مختلفة من الحيات.

ولو درسناها بمساعدة كتب قديمة أخرى لأصبح من الممكن أن نضع كل اسم منها على مسماه العلمي الصحيح.

ويقارن الدميري بين الورليات (Varanidae) وبين السقنقوريات للتميز بينهما، وهذه المقارنة قيمة وعلمية بحته ولها أثر بالغ في إظهار القضايا العلمية للحيوانات التي طغت عليها الخرافات عصورا كثيرة قبله. فهو يقول: (والفرق بين الورل بري لا يأوي إلا البراري والسقنقور لا يأوي إلا بالقرب من الماء أو فيه)... (ومنها أن جلد السقنقور ألين وأنعم من جلد الورل) (ومنها أن ظهر الورل أصفر وأغبر وظهر السقنقور مدبج بصفرة وسواد) ومن هذه المقارنة يمكن أن نعرف أن الدميري عالم بالحيوان في عدة مجالات كالبيئة الحيوانية وفسلجة الحيوان وتصنيف الحيوان وسلوك الحيوان وغيرها. وهذا لا يمكن أن يجمعه حتى عالم معاصر في علوم شائكة مثل علوم الحيوانات.

يذكر الدميري عن التمساح بقوله: (ومن شأنه أنه يغيب في باطن الماء أربعة أشهر، مدة الشتاء كله ولا يظهر). وهذا الوصف يطابق ما جاء به العلم الحديث بهذا الشأن لأن التمساح كما هو معلوم أنه من الزواحف، والزواحف بطبيعة الحال من ذوات الدم المتغير الحرارة وتسبت أثناء الشتاء لهذا الغرض.

ويتحدث الدميري عن سمك الكوسج ويصفه وصفا علمياً صحيحاً بقوله: (الكوسج سمكة في البحر لها خرطوم كالمنشار تفترس به وربما التقمت ابن آدم وقصمته نصفين وهي القرش ويقال لها اللخم) ويقول الدميري نقلا عن القزويني (الكوسج نوع من الأسماك وهو في الماء شر من الأسد في البر يقطع الحيوان في الماء بأسنانه كما يقطع السيف الماضي)... (ورأيته وهو سمكة مقدار ذراع أو ذراعين، وأسنانه كأسنان الناس تنفر منه الحيوانات البحرية وله أوان معين يكثر فيه بدجلة البصرة). وهذا الكلام كله صحيح.

ومن المعروف أن الكوسج (Ssquaies) من أشرس الأسماك البحرية قاطبة وأنواعه المعروفة (٣٥نوعاً)، جميعها كبيرة الحجم مستطيلة الشكل وتعيش منه بعض الأنواع في شط العرب في محافظة البصرة من العراق.

وهذه الأسماك مفترسة ويقول عن سمك السياق الذي يسميه باسم (قوقي) (صنف من السمك عجيب جدا على رأسه شوكة يضرب بها)... (وإذا قصدها قاصد في الماء تضربه بالشوكة فيهلك). وهذا الكلام صحيح علميا.

وينتمي سمك السياف أو أبو السيف إلى عائلة أسماك أبو سيف والذي يتراوح طوله بين مترين ونصف أو ثلاثة أمتار أو يزيد وهو يعيش في المحيط الأطلسي وعلى الشواطئ الشمالية والغربية من قارة أفريقيا. وهذا السمك من أكثر الأسماك افتراساً وشراسة بالنسبة لشباك الصيد العالمية.

ويصف الدميري سمك الخطاف بقوله (...سمكة ببحر سبته لها جناحان على ظهرها سودان، تخرج من الماء وتطير في الهواء ثم تعود إلى البحر).

وهذا الوصف علمي ويطابق العلم الحديث باستثناء ذكر وجود جناحان على ظهرها، فالأجنحة التي تحدث عنها الدميري ما هي إلا زعانف كبيرة تشبه الأجنحة، وليست أجنحة بالمعنى العلمي الصحيح. وتنظم هذه الأسماك إلى عائلة الأسماك الطيارة، وهناك نوعان معروفان من هذه العائلة وهما أكثرها انتشارا وتسمى أسماك هذين النوعين بذوات الأجنحة كما ذكرها الدميري.

ويقول عن السمك عامة قولا علميا جيداً: (وهو أنواع كثيرة ولكل نوع اسم خاص)... (ومن أنواع السمك ما لا يدرك الطرف أولها وآخرها لكبرها وأخرى لا يدركها الطرف لصغرها).. (والسمك يستنشق بأصداغه فيقوم له الماء، في تولد الروح الحيواني في قلبه، مقام الهواء).. (وبيض السمك ليس له بياض ولا صفرة وإنما هو لون واحد).

وبعد ذلك يفصل في الأنواع السميكة تفصيلا بديعا بقوله: (ومن اصنافه ما هو على شكل الجبات وغير ذلك).. (ومن أنواعه السمكة الرعادة وهي صغيرة. وإذا وقعت في الشبكة، والصياد ممسك حبلها، ارتعدت يد الصياد)... (وأنواع السمك كثيرة

ويكره من جملتها الأسود والأصفر والأجماي وما أغتذي بالحمأة. ويكره الابراميس والبوري...).

ويتحدث عن الببغاء وبصورة مفصلة عن نوع مشهور بالدرة قوله: (وهي في قدر الحمام، يتخذها الناس للانتفاع بصوتها، كما يتخذون الطاووس للانتفاع بصورته ولونه)... (ومن الببغاء نوع أبيض، أسود المنقار والرجلين، على رأسها ذوأبه فستقية).

وكلام الدميري عن هذا النوع من الببغاوات مطابق لعلم الحيوان الحديث، فالدرة - Psittacuia، جنس طير من فصيلة الببغاوات. أنواعه عديدة، أثوابها متراكبة الألوان المختلفة الزاهية الجميلة. مواطنها شاسع الأرجاء يمتد من آسيا إلى أفريقيا وأمريكا ومعظمها يقبل التعلم، لكنه يقتبسه بمشقة وعناء خلافا لجنس الببغاء السريعة الإدراك والاقتباس وعن العصفور يقول الدميري: (وهو أنواع، منها ما يطرب بصوته ويعجب بصورته وحسنه). (ووكره في العمران تحت السقوف خوفا من الجوارح وإذا خلت مدينة من أهلها ذهبت العصافير منها فإذا عادوا إليها عادت العصافير)... (والعصفور لا يعرف المشي إنما يثب وثبا).. (ومن أنواعه عصفور الشوك، وأكثر مأواه السياج، ومن أنواعه القبرة، ومن أنواعه حسون والبلبل والصعو والحمره والعندليب والمكاكي والصافر والتنوط والوصع والبراقش والقبعة).

وهذا كلام صحيح فيه تشابه كثير في الوصف العلمي الحديث للعصفوريات ويقول الدميري عن طير القرلي (القاوند - Aicenao) ويصف كيفية اصطياده الفريسه وهي غذاؤه المفضل الأسماك. وهذا صحيح من الوجهة العلمية.

ويقول الدميري واصفاً هذا الطير نقلاً عن الميداني: (إنه طائر صغير الجرم، حديد البصر، سريع الاختطاف لا يرى إلا فرقا على وجه الماء على جانب كطيران الحدأة يهوي بإحدى عينيه إلى قعر الماء طمعا، ويرفع الأخرى إلى الهواء حذرا فإن أبصر في الماء ما يستغل لحمله من الأسماك أو غيره انقض

عليه كالسهم المرسل فأخرجه من قعر الماء، وإن أبصر في الهواء جارحا مر في الأرض).

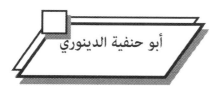

أبو حنفية الدينوري

اسمه وبيئته:

هو أحمد بن داود بن ونند، وونند هذه كلمة فارسية كانت اسماً لجده ومعناها الكاسب أو الرابح على ما ذكره بروكلمان في تاريخ آداب اللغة العربية. أما كراتشوفسكي المستشرق الروسي فقد ذكر في مقدمة فهارس الأخبار الطوال لأبي حنيفة إن (ونند) امس نجم من النجوم أو اسم إله يمثل ذلك النجم، وأنه ذكر كثيراً في كتب البرسيين المقدسة، ويظهر أن الأشخاص كانوا يسمون به.

ويقول الأستاذ مصطفى الشهابي: "وكتب العالم بورداود - أستاذ اللغات القديمة في جامعة طهران بناءً على طلبي تحقيقاً ممتعاً لمعنى هذه الكلمة، ومما جاء فيه أنها كانت تدل على نجم وعلى الاله المختص به، وإنها وردت مراراً مع غيرها من أسماء النجوم".

ويعرف الدينوري بأبي عبد الـلـه بن علي العشاب، نسب إلى دينور العراق كما كان يسميه المؤرخون، وهي تبعد اليوم عدة أميال عن مدينة همدان الإيرانية. ودينور هذه التي ولد فيها ونسب الدينوري إليها بلدة إيرانية ليست بعيدة عن حدود العراق. وفي معجم البلدان: إنها مدينة من أعمال الجبل قرب قرميسين (كرمان شاه). وذكر أسماء بعض من نسب إليها من الأدباء والعلماء. ولا تعرف سنة ولادة الدينوري بصورة دقيقة لعدم وجود مصدر يرجع إليه في هذا الصدد، وعن ذلك يشير الأستاذ الشهابي بقوله: (لم أجد في كتب التراجم ولا في كتب اللغة ذكراً للسنة التي ولد فيها أبو حنيفة). ويعتقد بروكلمان أنه ولد في السنين العشر الأولى من المائة الثالثة للهجرة. وقال الأستاذ أحمد امين في ضحى الإسلام (ج١، ص٤٠٢): ولد بدينور ولم يعلم تاريخ ولادته وإن كان يرجح أنها في العشرين الأولى من القرن الثالث الهجري. وسيظل تاريخ ولادته مجهولا ما لم نعثر فيه على نص قديم موثوق به.

وفقدان هذا النص حمل الزركلي صاحب قاموس الإعلام على جعل تأريخ ولادته مجهولاً. أخذ عن البصريين والكوفيين، وأكثر أخذه عن ابن السكيت. وكان نحوياً لغويا مهندساً منجماً حاسباً راوية ثقه فيما يرويه ويحكيه. قال ياقوت الحموي: وجدت على ظهر النسخة التي بخط ابن المسيح، بكتاب النبات من تصنيف أبي حنيفة. وكان بالإضافة إلى كونه عالم نبات فله باع طويل في علم النجوم وأسرار الفلك والفلسفة والأنواء الجوية والعوم الفيزيائية. وتوفي أبو حنيفة الدنوري سنة (٨٩٥م- ٢٨٢هـ) وقيل سنة (٨٩٤م - ٢٨١هـ).

مؤلفاته:

وأهم كتبه الأخرى غير النبات:

١- كتاب الفصاحة.

٢- كتاب الأنواء.

٣- كتاب البحث في حساب الهند.

٤- كتاب الجبرو المقابلة.

٥- كتاب البلدان.

٦- كتاب الأخبار الطوال.

٧- كتاب الوصايا.

٨- كتاب نوادر الجبر.

٩- كتاب إصلاح المنطق.

١٠- كتاب القبلة والزوال.

١١- كتاب الكسوف.

١٢- كتاب في تفسير القرآن الكريم، يقع في ثلاثة عشر مجلدا.

١٣- كتاب جواهر العلم.

١٤- كتاب حساب الدور.

المنهج العلمي عند الدينوري:

يعتبر الدينوري من رواد العرب والمسلمين في علوم النبات، وقد استقى من معلوماته وتتلمذ عليه كثير من علماء تلك الفترة، ووضع كتاباً في النبات لم يصنف مثله في اللغة العربية إلى زمانه. قال المستشرق الروسي كراتشقوفسكي: (اتسعت آفاق أبي حنيفة حتى شملت جميع فروع العلم في أيامه. وإذا كان أبو حنيفة قريع الجاحظ في عمق التفكير وسعة المعرفة، فقد فاقه في دقة تصنيف العلوم وفي الابتعاد عن خلط بعض البحوث العملية ببعض في كتاب واحد فجعل لكل موضوع علمي كتاباً على ما يتضح لنا من أسماء تصانيفه. ومن العجيب أنه على الرغم من خوضه في علوم مختلفة فقد كان مالكاً لزمام مواضيعها، فلا يكتفي بالرواية أو النقل، بل يأتي بالآراء الشخصية الطريفة خلافاً لكثير من العلماء والمؤلفين المعاصرين له والذين جاءوا بعده.

ومع أن اللغة كانت الغرض الأساسي الذي دعاه لتأليف كتاب النبات، شأنه في ذلك شأن أساتذته ومعاصريه، فقد جاء هذا الكتاب فذاً في موضوعاته حتى أنه فاق كثيراً كتب النبات اليونانية. وموجز القول في أبي حنيفة أنه كان عالماً موسوعياً بكل ما في هذه الكلمة من معان، وأنه حلق فوق أقرانه من علماء العلو المختلفة.

كتاب النبات بصورة موجزة:

يقول الدينوري في مقدمة كتابه: (وقد جمعت فيه كل ما كانت العرب تعرفه في هذا العهد من نباتات). وقد عني أثناء الحديث عن كل نبات بذكر ما وصفه به العرب من شعر ونثر، جامعاً فيه بين ما قاله ورواه لغويو العرب في النبات وما كتب عن هذه النباتات لدى الأمم الأخرى.

وكان الدينوري يعتمد على مشاهداته في وصف النبات من حيث التفاصيل الدقيقة عن أعضائه واجزائه.

يقول المستشرق لوين - الأستاذ في جامعة أوبسالا السويدية عن الدينوري (إن مطالعة كتاب النبات لأبي حنيفة الدينوري في وصفه الدقيق للنبات واستعمال الكلمات غير العربية في تعريف النباتات التي لا تنبت في أرض الوطن العربي توضح لنا أن

أبا حنيفة الدينوري كان ذا نظر واسع وخبرة علمية عميقة بأسماء النباتات العربية وغير العربية، لذلك كان عمدة في اللغة وبخاصة في النبات فأمدها بفيض زاخر من الألفاظ الجديدة وقام بتحقيقات لغوية واسعة لأسماء النبات وأوصافه، فكان منبعاً صافياً استمد منه أكثر علماء العرب من النباتيين ما أثروا به مؤلفاتهم).

التهجين عند الدينوري (هل سبق مندل بذلك؟):

ويعتبر الدينوري من الرواد في استخدام طريقة التهجين كما تمكن من استنباط ثمار ذات صفات جديدة بطريقة التطعيم. كما استطاع أن ينتج أزهاراً جديدة بالمزاوجة وبذلك سبق علماء أوروبا وأمريكا في مجال الوراثة والتهجين أمثال عز يغول مندل العالم النمساوي الذي يعتبر أبو علم الوراثة الحديث، وبربانك العالم الأمريكي الذي طور علم التهجين الحديث.

ماذا بقي من كتاب النبات؟:

ولم تقتصر كتابات الدينوري على النقل من علماء الإغريق كما يزعم البعض وإنما أضاف الكثير من عنده دراسات وتمحيصات مضنية ذات شأن، وصحح العديد من أخطاء من سبقه من علماء الإغريق والعرب على السواء. ولو عثر على معظم أجزاء كتاب النبات للدينوري لاتضح أن هذا الرجل بحق عالم زراعة ونبات طبق البحث والتجربة والملاحظة على دراساته لمختلف النباتات والمزروعات التي تناولها وليس كاتباً لغوياً ووصفياً كما يعتقد الكثير من مؤرخي العلوم.

يقول المستشرق الألماني بروكلمان في الموسوعة الإسلامية: (أن أبا حنيفة كان لغوياً عربياً. وإن كتاب النبات له شأن كبير في تاريخ العلوم).

ولم يبق من كتاب الدينوري إلا قطعة صغيرة من الجزء الخامس وقسم من الجزء الثالث، قام المستشرق السويدي لوين - الأستاذ بجامعة أوبسالا السويدية بنشر هذه البقية الباقية من هذا الكتاب القيِّم في ليدن، وقد نقلها عن نسخة مخطوطة بمكتبة الجامعة باستانبول في تركيا، وأتم طبعها بمطبعة بريل سنة (١٩٥٣م).

وهناك قطعة من الكتاب مخطوطة في (٢٢ورقة) بمكتبة عارف حكمت بالمدينة المنورة تحت رقم (١١٦ مجاميع).

ويذكر الأستاذ حسين نصار بقوله: (وقد ذكر البغدادي في خزانة الأدب أنه رأى الكتاب في ستة أجزاء كبار. ويبدو أن التقسيم الذي أشار إليه البغدادي، يتفق مع تقسيم النسخة التي عثرنا على جزئها الخامس. وهي نفسها تدلنا على وجود تقسيم آخر للكتاب، إذ تصرح بأن هذا الجزء الخامس يضم القطعة الأخيرة من الجزء السابع، والأولى من الثامن، من رواية أبي سعيد السيرافي. وقد عثرت على فقرة في ختام الجزء السابع، وصف فيها المؤلف بعض مناحي منهجه، تنير الطريق أمامنا كثيراً).

وجمع الدكتور محمد حميد اللـه أحد علماء الهند من مدينة حيدر آباد ما ورد عن أبي حنيفة في النبات من كتب اللغة والطب ما يربو على حوالي (١١٢٠) اسماً من النبات في مجلدين كبيرين. وعند تتبع منهج أبي حنيفة في تأليف كتابه في النبات وترتيبه نجده ارتضى أن يسجل أسماء النباتات، نبتاً - نبتاً وحسب المشهور من أوصافها وعلى ما شاهده بنفسه وعاينه وصنفها بصورة معجمية أي حسب أوائل حروفها وانتهاءً بأواخرها المعروفة بها حتى يسهل التصنيف فهلا تعتبر تلك مبادئ لعلم تصنيف النبات وهي تمهيد منه ومن علماء العرب الآخرين لكارل لينوس العالم السويدي ولعلماء أوروبا الآخرون في أن يظهروا ويصنعوا هذا العلم في شكله الحالي، لأنه لولا بدايات علماء العرب في هذه العلوم الشائكة لما تحقق ما وصلت إليه علومنا المعاصرة بوضعها الحديث.

يقول الدكتور أحمد عيسى (١٨٧٦- ١٩٤٦): [استقصى أبو حنيفة في كتاب النبات ما نطقت به ألسنة العرب من أسماء سواء ما يختص منها بنص اللغة أو بالنبات من جهة شرحه شرحاً علمياً بعد معاينة النبات في أماكنه وملاحظته بنفسه وزاد كثيراً فيما وجده من النبات على من تقدمه من الباحثين فلم يترك أبو حنيفة شاردة ولا واردة إلا أثبتها في كتابه حتى فاق بهذا المصنف ما تقدمه من علماء اللغة ومدوّنيها والباحثين في النبات، ومن الشواهد على ذلك ما جاء في لسان العرب في حرف صعقل قال: ابن برّي رأيت بخط ابن سهل الهروي على حاشية كتاب: جاء على فعلول صعقول لضرب

من الكمأة، قال ابن بري في أثناء كلامه، أما الصعقول لضرب من الكمأة فليس بمعروف ولو كان معروفاً لذكره أبو حنيفة في كتاب النبات. هذا قول حجة من افذاذ علماء اللغة في كتاب النبات ومما يجب الإشارة إليه أنه لم يخرج في كتابه عن حدود النبات، فلم يذكر مادة أخرى من أي مملكة من ممالك الطبيعة... وقد دفع بي الشوق إلى هذا الكتاب أن أتفقد ما نقل عنه باسمه في مظان اللغة الموجودة فطالعتها كلها وما قيل أنه من قول أبي حنيفة، فقد جمعته وألفت معجما مرتبا على حروف ألف باء، وما أظن أن نباتاً واحداً مما ذكره أبي حنيفة في كتاب النبات قد أفلت أو لم أعثر عليه، وأضفت إليه أيضاً ما قاله بعض علماء اللغة في النبات باختلاف آرائهم حتى تتم الفائدة، وأسميته الجامع لأشتات النبات، وعسى أن أوفق إلى طبعه في القريب العاجل].

وأصبح كتاب الدينوري المصدر الوحيد الذي اعتمد من علماء النبات واللغويين والأطباء والعشابين ولا يمكن لأي من هؤلاء أن يعتبر نفسه صاحب اختصاص في عمله ما لم يكن قد استوعب هذا الكتاب ويؤدي الاختبار فيما حفظه من مواده. ولو تصفحنا الكتب لوجدنا أن كتاب النبات للدينوري هو المصدر الأساسي لها.

ومن هذه المؤلفات في مجال اللغة (الجمهرة لابن دريد، والتهذيب للأزهري، وكتاب النبات والشجر المنسوب لابن خالوية، والصحاح للجوهري، والمحكم والمخصص وكلاهما لابن سيدة، والعباب للصاغاني، ولسان العرب لابن منظور، والقاموس المحيط للفيروز آبادي، وتاج العروس للزبيدي وغيرها).

وفي علوم الصيدلة والنبات والطب (كتاب الجامع لمفردات الأدوية لابن البيطار الذي نقل عنه نحو ١٣٠ نباتاً، وتذكره داود الأنطاكي.... الخ).

وأوضح أبو حنيفة منهجه في تأليف كتابه قائلاً: ((قد أتينا فيما قدمنا من أبواب كتابنا هذا على ما استحسنا تقديم ذكره قبل ذكر النبات، نبتاً - نبتاً فلم يبق إلا ذكر أعيان النبات، ونحن آخذون في تسميتها بما انتهى إلينا من صفة كل واحد منها أو شاهدناه، وإن كان في شيء من ذلك اختلاف مما يرى أنه ينبغي أن يذكر، ذكرناه إن شاء الله.

وجعلنا تصنيف ما نذكر منها على أوائل حروف أسمائها وان اختلط أيضاً الشجر بالأعشاب وبقلها وجنبتها (الشجيرة) وغير ذلك من أصنافها التي جنسناها فيما سلف وصنفناها لأن وصفنا إياها نبتاً- نبتاً سيلحق كل واحد منها بجنسه عند من فهم عنا ما قدمنا وما أخرنان، وإنما آثرنا هذا التصنيف على توالي حروف المعجم لأنه أقرب إلى وجدان المطلوب وأهون مؤونة على الطالب من كل تصنيف سواء)).

وعن هذا المنهج قال الدكتور عبد الحلمي منتصر: ((اهتم أبو حنيفة بإيراد كل ما قالته العرب عن نباتاته، فهو يروي ما ذكر في وصف النبات أو ذاك أو أي جزء من أجزاءه من زهر أو ثمر أو ورق، ويستشهد بأقوال هؤلاء عن صفات النبات واستعمالاته ومواطن نموه وأزهاره فضلا عن استشهاده بأقوال أبي زيد الكلابي أو أبي زياد الأنصاري أو الأصمعي وأبي نصر وغيرهم ممن نقل عنهم)).

النبات في وصف أبي حنيفة:

سنتناول بعض ما وصفه من النباتات التي شاهدها أو درسها أو حصل عليها من الفلاحين أو العشابين، لتتوضح أمامنا الصورة العملية الشخصية هذا العالم الذي يعتبر شيخ علماء النبات في الحضارة العربية الإسلامية.

الآراك (Salvadora Persica):

يقول الدينوري عن هذا النبات واحدته أراكة، أفضل ما أستيك بفرعه وبعرقه من الشجر وأطيب ما رعته الماشية رائحة لبن.

ويضيف نقلا عن أبي زياد الأعرابي: الاراك من العضاه، وليس يخالفه في هذا أحد إلا من ذهب إلى أن العضاه ما عظم من الشجر ذي الشوك خاصة، ولا من زعم أن العضاه جميع الشجر المشوك ما عظم منها وما صغر، لأن الاراكة قد جمعت العظم والشوك جميعاً. قال: (وقد تكون الأراكة دوحة واسعة محلالا، والمحلال الذي يحل الناس تحتها لسعتها)، وللاراك ثلاث ثمرات: (العرد، والكياث، والبرير) والعرد أشده رطوبة ولينا، والكباث ضخام يكاد يشبه التين، والبرير كأنه خرز صغار وكل هذا يأكله الناس والإبل والغنم، وفيه حرارة على اللسان، ومنابت الأراك بطون الأودية. وربما نبت بعض الأراك في الجبل وذلك قليل، وللاراك شويكة قليلة فرقة.

ونقل عن الأصمعي رأيه في الثمرات الثلاث، أن العرد الغض والكباث المدرك، والبرير يجمعها. لقد استغرق وصف الاراك من أبي حنيفة بضع صفحات من كتابه، استشهد فيها بأقوال عدد من الشعراء أمثال بشّار وذي الرمة، وكثير والجعدي والشماخ وعتيبة وغيرهم كثير تأييداً لآرائه في صفاته ومنابته وثماره.

نبات الاسمل (cordia officinalis, C.Sebestena):

شجر يشبه الاثل ومن لا يعرفهما لا يكاد يفرق بينهما، ومنابت الاسمل، منابت الأراك في السهول، وهو أيضا يستاك بقضبانه، وخشب الاسمل أصلب من خشب الاراك. فالاراك، خوار قصف، لذلك اتخذت الرماح من الاسمل، ولونه غير لون الاراك، في خضرة إلى البياض، وقضبان الاسمل سمر إلى السواد، يقول هو من العضاه عند أبي زياد وابن الأعرابي، وأورد في وصفه شعراً لذي الرمة والهذلي والجعدي والعجاج وامرئ القيس.

الأثاب (F. benghalensis, Ficus Indica):

شجر عظام جداً واسعة، والاثبة محلال يستظل تحتها الألوف من الناس، ينبت نبات شجر الجوز وورقها أيضا كنحو ورقة ولها ثمر مثل التين الأبيض الصغار، وفيه كراهة وقد يؤكل. وقد ينبت الاثاب في الجبال كما ينبت في السهل، ونقل عن أبي زياد قوله عن الاثاب من العضاه، وهو طوال في السماء ليس له ورق، سلب مستقيم الخشب، وخشبه جيد يحمل إلى القرى فتبني عليه بيوت المدر، وورقه هدب طوال دقاق، وليس له شوك، ومنه تصنع القطاع والجفان والآنية.

الأرز (Cedrus):

واحدته أرزة، ليس من نبات أرض العرب (يقصد الجزيرة العربية) وهو مما يطول طولا شديداً، ويغلظ، ويضيق وأخبرني الخبر أن الأرز ذكر الصنوبر وأنه لا يحمل شيئاً. وقد جانب أو حنيفة الصواب في ذلك.

الأشكل (Rhamnus Lotus L.):

قال أبو حنيفة إنه شجر مثل شجر العناب في شوكه وعقف أغصانه، غير أنه أصغر ورقاً وأكثر أفناناً، وهو صلب جداً، وله نبيقة حامضة شديدة الحموضة ومنابته

شواهق الجبال، يكون خشبه أصفر ثم يحمر كلما تقادم عليه العهد.

الأرطي (Calligonum comosum):

الأرطي والغضا فهما متشابهان إلا أن الغضا أعظمهما. وللغضا خشب تسقف به البيوت وأرطي أيضاً، ينبت عصياً من أصل واحد يطول قدر قامة، وورق الأرطي أيضاً هرب وله مثل نور الخلاف الذي يقال له البلخي، غير أنه أصغر منه، واللون واحد ورائحته طيبة ومنابتهما جميعاً الرمل وعروق الأرطي حمر شديدة الحمرة ولا شوك للارطي، وله ثمرة مثل العناب مرة، تأكلها الابل غضة.

آلاء (Cadaba farinosa):

إنه شجرة من شجر الرمل، دائم الخضرة أبداً، واحدته آلاءة، ورقة هدب لا يأكله شيء ولا يرعاه لمرارته ويدبغون به، ويؤخذ ذلك نقلا عن أبي زياد: الآلاء شجر مر شيديد المرارة، ينبت في الرمل، يعظم ويطول وهو أبداً أخضر شديد الخضرة وطيب الريح لا يؤكل. ومن المعروف أن الآلاء هو ثمر السرح وهو نبات من الفصيلة الكبارية.

الآس (myrtus comunis):

واحدته آسة وهو بأرض العرب كثير، ينبت في السهل والجبل وخضرته دائمة أبداً، يسمو حتى يكون شجراً عظاماً، وللآس ورقة بيضاء، طيبة الريح، تسود إذا أينعت وتحلو وفيها مع ذلك عليقمة، يقول: زعم قوم أن الآس يسمى الرند، وانكر ذلك أبو عبيدة وغيره من العلماء وقالوا أن الرند شجر طيب الريح وليس بالآس.

الأقحوان:

الواحدة أقحوانة، وهو البابونج وهو طيب الريح على كل حال، وورقه زهره وله زهرة بيضاء صافية البياض.

الايهقان (Eruca erucastrum , Brassica erucastrum):

عشبة تطول في السماء طولا شديداً ولها وردة حمراء وورقه عريضة والناس يأكلونه.

الاسهل (Juncus arabicus, J.acutus):

يخرج قضباناً دقاقاً ليس لها ورق ولا شوك إلا أن أطرافها محددة وليس لها شعب ولها خشب، وقد يدقه الناس فيتخذون منه أرشية يستقون بها وحبالا ولا يكاد ينبت إلا في موضع فيه ماء او قريباً من الماء. والاسهل تتخذ منه الحصر، واحدته أسلة. وإنما سمى القنا أسلا تشبيهاً به في طوله واستواءه ودقة أطرافه.

ابن أوبر (Tuber magnatum):

والجمع بنات أوبر جنس من الكمأة، صغار زغب، ولذلك سميت بنات أوبر، وسيأتي وصفه في الكمأة وهي من الفطريات.

الاشتان (Salsola Kali):

هو الحرض، ويجمع أشانين، ولم نر حرضاً أنقى وأشد بياضاً من حرض ينبت باليمامة وأجناس الأشنان كثيرة كلها من الحمض، ومنابتها السباخ.

التامول (Chavica betel, Piper betel):

ينبت نبات اللوبياء ويرتقي في الشجر وما ينصب له، وهو مما يزرع ازراعاً بأطراف بلاد العرب من نواحي عمان، وطعم ورقة طعم القرنفل وريحه طبية والناس يمضغون ورقه فينتقون به في أفواههم.

البسر:

بسر النخل، والواحدة بسرة، حتى الغض الذي لم يسبق إليه. وكل استعجال بشيء قيل أناه: ابتسار ومنه ابتسار الفحل طروقته إذ أضر بها على غير اهتياج منها، وحتى قيل في النخلة إذا ألحقت قيل إني تلقيحها. وقال ابن مقيل في وصف نخل:

طافت به الغرس حتى بذ ناهضها   عم لقحن لقاحاً غير مبتسر

***

البكاء:

قال عنه أبو حنيفة ذكر بعض الرواة أنه نبات يتعلق بالثوب فلا يكاد يفارقه، وانشد تخبرنا بأنك أحوذي (أي السريع في السير) وأنت البكاء بنا لصوقا. هذا النبات

الذي نسميه بالعامية (دييغة) وفصيحه لالصيقي، وهو نبات مضر ينبت عرضاً في الحقوق وحواليها، اسمه العلمي (Galiu aparine) من فصيلة الغويات، وأشهر ما فيه ثماره فهي صغار كروية عليها أبيرات معقوفة فإذا مست ثوب الإنسان انفصلت عن النبات ولصقت بالثوب.

البردي:

قال أبو حنيفة: أن ساق البردية هي كأحسن ما شبهت به سوق النساء. وساقان كالبردتين غذاهما بوادي القرى نهر ندب جداوله والبردي نبات مائي مشهور اسمه العلمي (Gyperus Papyrus).

وكان له شأن ولا سيما عند المصريين القدماء، وهو نبات عشبي كالموز لا شجرة ولكن ساقه الهشة العريانة تبلغ ثخن الذراع وتعلو مترين أو أكثر وفيها شحمة أي لب كانوا يأكلونه أويصنعون منه فتائل للسرج والمشاعل.

الثمام (Pennisetum dichotomum, Panicum Setigerum):

ينبت معاً خيطاناً دقاقاً صغار العيدان تأكله الابل والغنم وطول الثمامة على قدر قعدة الرجل وربما كانت أطول من ذلك بشيء قليل وله ورق كأنه ورق الحب وله ثمر كثير منه وهو أبقى شجر نجده عند السنة يبقى بعد الكلأ، وذلك لكثرته.

الثيل (Triticuni repens, Agropyrum repens):

ينبت على شواطئ الأنهار، ورقه كورق البر إلا أنه أقصر، ونباته فرش على الأرض يذهب ذهاباً بعيداً ويشبك حتى يصير على الأرض كاللبدة ولذلك سمي الوشيح وله عقد كثيرة وأنابيب قصار، ولا يكاد ينبت الأعلى ماء أو في موضع تحته ماء. وهو من النبات الذي يستدل به على الماء.

الحسك (Trianthema terrestris):

عشبة تضرب إلى الصفرة لها شوك يسمى الحسك مدحرج لا يكاد أحد يمشي فيه إذا يبس إلا في رجليه خف وشوكة الحسك تنشب في أوبار الابل في مراتعها وفي أصواف الغنم.

الدوم (Hyphaene coccifera, Hyphaene thebaica):

واحدته دومة، شجرة كالمقل تميل وتسمو لها خوص كخوص النخل وتخرج أقتاء كأقتاء النخل فيها المقلة، ويقال لخوصها الطفى والابلم، والواحدة طقية وأبلمه وينسج منخوصها حصر تسمى الطفى باسم الخوص، خوصها متين قوي باق، يصنع منه أشباه الغرائر تعبأ فيها الأمتعة. وثمرة المقل الوقل، وقيل إذا كان رطباً لم يدرك فهو البهشى فإذا يبس فهو الوقل.

الدباء (Cucurbuta Siceraria, Lagenaria Vulgaris):

هو القرع من اليقطين الذي ينغرس ولا ينهض كجنس البطيخ والقثاء.

الدعاع (Panicum milliaceum):

هو من الأحرار بقلة تسطح على الأرض ولا تذهب صعداً، فإذا يبست جمع الناس يابسها ثم دقوه واستخرجوا منه حباً أسود كأنه السوينزيختبزون منه ويعتصرون. وقد رأيت الدعاع وهو على وصف ابي زياد له ورقات قريبة منورق الهندباء وتسطح وتظهر البرعومة من وسطها في أول نباتها، وأكثر العرب أكلاً للدعاع طي وبنو فزارة، لكثرته في بلادهم وقيل يختبر منه من غير أن يطحن.

الذنون (نبات طفيلي) (Cistanche Iutea):

ينبت في أصول الشجر وليس له ورق، وهو أشبه بالهليون إلا أنه أضخم وأعظم وله برعمة تتورد ثم تنقلب إلى الصفرة ثم تيبس وهو أبيض إلا ما ظهرمنه من تلك البرعمة ولا يأكله شيء إلا إذا أسن الناس فلم يكن بها شيء أكل، وأكثر ما يكون الذنون في أصل الشجرة رأسها واحداً، فإذا حفروه وجدوا له عند الأرض أولاداً.

العنب (Vitis Vinifera):

ويصف الدينوري بعض أصناف العنب مما كان معروفاً في تلك الأيام، فيقول: أصابع العذارى صنف من العنب الأسود طوال كأنه البلوط، يشبه بأصابع العذارى المخضبة، وعنقوده نحو الذراع، ومتدا من الحب وله زبيب جيد، ومنابته السراة. والاقماعي صنف آخر من العنب يعول عليه الناس. وعنبه أبيض ثم يصفر أخيراً حتى يكون كالورس، وحبه مدحرج كبار، وعناقيده مكتنزة، وماؤه كثير ويعتصر ويربب أيضاً.

ما قيل في أبي حنيفة الدينوري:

قال أبو حيان التوحيدي عن الدينوري في كتابه الأخلاق: [أنه من نوادر الرجال، جمع بين حكمة الفلاسفة وبيان العرب، له في كل فن ساق وقدم ورواء وحكم].

وقال: أبو سعيد السيرافي عندما سئل عن رأيه عن الدينوري وتشابهه مع الجاحظ فأجاب: [الدينوري أكثر ندارة، والجاحظ أكثر حلاوة، ومعاني الجاحظ لاصقة بالنفس، سهلة في السمع، ولفظ الدينوري أعذب وأغرب وأدخل في الأساليب الثقافية. وقد جمع بين ما روى لغويو العرب في النبات وما كتب عنه عند الأمم الأخرى واستعان ببلاغته على حسن وصفه].

وترجم ولي ديورانت في موسوعته قصة الحضارة عن الدينوري بقوله: [أن الدينوري اضاف إلى ما نقل ديسقوريدس كثيراً من النباتات الطبية التي دخلت في تركيب العديد من العقاقير، فأصبحت من عناصر العلوم الصيدلانية المهمة].

ويقول الدكتور عبد الحليم منتصر في كتابه تاريخ العلم عن الدينوري: [يعتبر الدينوري أبرع عالم نبات تمكن أن يحل الحلقة التي تصل النبات بعلوم التطور حتى قال فيها: إنها حلقة النبات في شيجة الحياة]. وقال الأستاذ مصطفى الشهابي (١٨٩٣- ١٩٦٨) عن الدينوري [وهو لم يكن في علم النبات من طبقة ابن الصوري وابن البيطار مثلاً، ولكنه كان متفوقاً عليهما وعلى غيرهما من المتقدمين بين الفصيح والمولد والعربي والمعرب، يضاف إلى ذلك دقة وأمانة في النقل عمن سبقوه وفي الأخذ عن الأعراب، سواء في تسمية النبات أم في تحليته].

ويقول الدكتور أحمد أمين: [وصف ابو حنيفة الدينوري بضع مئات من النبات منها ما رآه بنفسه ومنها ما نقل أوصافه عن الثقات من مراجعة مثل الأعرابي والأنصاري وأبي نصر والأصمعي وغيرهم، أما استدلاله على صفات النبت وأماكن وجوده ومنابت بأقوال الشعراء فهو شيء لا أقول اختص به أو حنيفة وحده، ولكن لأممراء في أنه أتى في هذا الفن بكل عجيب ممتع وما أشك في أن كثيراً من المحدثين

قد اتخذوا من أبي حنيفة مصدراً، وقدوة على أنه كان في كثير من الأحيان يقول: أخبرني بعض الثقات أو أخبرني أعرابي. على أن الذي لا شك فيه أن أبا حنيفة، نباتي عربي أصيل، حتى في مصادره، لم يذكر كغيره من المتاخرين أمثال ديسقوريدس وجالينوس وأبقراط، إنما اعتمد في روايته على المصادر العربية الأصيلة].

وهكذا كان الدينوري ذا نظر وساع وخبرة دقيقة في النبات، ويعتبر شيخاً لعلماء النبات الذين سبقوه وعاصروه، وهو كذلك عالم مبدع في علوم عديدة أخرى كالفلك والفيزياء والرياضيات.

ابن رشد

اسمه وبيئته:

ظهر ابن رشد (أبو الوليد محمد بن أحمد بن محمد بن رشد)، في الأندلس في عهد الخليفة يوسف وولد بقرطبة سنة (١١٢٥م) وتوفي سنة (١١٩٨م). كان أبوه قاضياً بارزاً في ذلك الوقت. وقد برز ابن رشد في عهد الخليفة الأندلسي المنصور الذي خلف عهد الأمير يوسف وقد درس ابن رشد الفلسفة والفقه والرياضيات والطب والطبيعيات وتعمق في هذه العلوم منذ صغره. وقد رعاه الأمير يوسف بإسناد من العالم المعروف ابن طفيل، وقد تولى ابن رشد عدة مناصب قضائية كقاضي لمدينتي اشبيلية ومن ثم قرطبة، وبعد ذلك عين حاكما لإحدى المقاطعات وفي أثناء حكم الأمير منصور ممن سبقه في العلوم وخصوصاً آراء أرسطو ومؤلفاته. وبدأ ينشر هذه الآراء الأرسطوية ويعممها ويناقشها مما أثار عليه الحساد والحاقدين واتهموه بالخروج على الدين ورموه بالإلحاد والزندقة وأثاروا عليه الناس، مما جعل الخليفة المنصور يصدق هؤلاء المنافقين والوشاة فانقلب على ابن رشد وحاكمه واتهمه بالكفر والخروج، على تعاليم الإسلام وأمر بسجنه ونفيه إلى قرية اليسانا على مقربة من قرطبة وجرده من كل رتبه وما أغدق عليه. وبعد وفاة المنصور خلفه ابنه الذي أعاد النظر في أمر ابن رشد ورد له اعتباره وعوضه عما لحقه من ظلم وحيف وأذى وأعاده إلى مكانه الأول واسترد ابن رشد ألقابه ومكانته. وقد غادر ابن رشد بعد ذلك الأندلس إلى مراكش ولكن بعد فترة قصيرة من وجوده هناك توفي تاركا ثروة فلسفية وعلمية في غاية الروعة والقيمة لا تقدر بثمن أو أي شيء آخر.

آراؤه الفلسفية في علوم الحياة:

لم ينل ابن رشد ما هو أهلاً له في بلده الأندلس ومن أبناء شعبه بسبب المنافقين كما اسلفنا، ولكن شهرته التاريخية برزت على يد علماء الغرب حتى اشتهر في أوروبا باسم (أفيروس)، وقد أعجبوا به وكونوا جماعة عرفت (جماعة ابن رشد اللاتيني). ونادت هذه الجماعة بمذهب ابن رشد واعتنقته، وسايرته وهو المذهب الذي

نادى بحرية الفكر والبحث والنظر في القضايا العلمية وعدم التقيد بالآراء الجامدة التي كان ينادي بها اتباع أرسطو. ويقول الدكتور حسين فرج زين الدين: (ان مقالات ابن رشد تشتمل على الفقه والنحو والفلك والطب والفلسفة وما زال كثير من هذه المقالات محتفظا به في مخطوطات وبعضها نشر بالعربية أو ترجم إلى الألمانية. وابن رشد أكثر فلاسفة العرب والإسلام استقلالا بأفكاره). ودرس ابن رشد بصورة خاصة العلاقة بين طبيعة الاحتمال والحقيقة، ومن القضايا العلمية التي تتصل بالطبيعة وبعلم الحياة، دراسة العلاقة بين القوة الكامنة أو [**الكمونية**] وبين الطاقة الظاهرة أو [**الوجود الفعلي**] فأرسطو يقول: ان الرخام احتمال يصبح حقيقة عندما يصنع تمثال وقد طبق أرسطو هذا القول على الحياة الطبيعية، فيقول أن البذرة والجنين هما احتمال بينما النبات والحيوان حقيقة، وقد عارض ابن رشد هذا القول، وقال: أنه ليس هناك شيء كموني في الطبيعة إذ لم يكن له وجود فعلي مهما صغرت درجة نمو هذا الشيء أو كان في شكل يخفى على الناس. فالنبات موجود فعلا في البذرة مهما كانت درجة نموه قليلة، وكذلك الحيوان في الجنين، ولذلك لا يمكن تطبيق هذه النظرية على الكائنات الحية.

وبالنسبة إلى تشبيه أرسطو للطبيعة بالرخام شيء لا يمكن تطبيقه ابداً. وقد يكون التشبيه مقبولا إذا ما وجد التمثال معمولا لا بشكله الحالي.

وبهذا الاتجاه استطاع ابن رشد أن يخطو بالعلم خطوة واسعة وفلسفية نحو التقدم العلمي الصحيح التي تؤمن بالتطور الطبيعي وما تلاه من التقدم في بحوث علم الأجنة الذي أصبح دعامة لنظرية التطور الحديثة، وبذلك استبدلت نظرة أرسطو المجردة الكمونية، بنظرة مقاربة مع الفكرة المعاصرة للطاقة. إن ابن رشد خطا خطوات كبير ودللت على بعد ونظر عظيم نحو بناء العلم على أسس صحيحة وكاملة وهكذا كان ابن رشد مفكر وعالم وفيلسوف العلوم الطبيعية ولقب بأرسطو القرون الوسطى وشيخ الفلاسفة. ومهما كان الاتهام الذي وجهه البعض إلى ابن رشد باعتباره ناقلا ومترجما لآراء أرسطو فإنهم لم يدركوا الأعمال القيمة والبحوث العلمية التي أحدثها هذا الرجل في تفهمه السليم لما انطوت عليه الطبيعة من أسرار ومكنونات غامضة ان ابن رشد أحد أفذاذ العصور الوسطى وأحد بناة أسس النهضة العلمية الحديثة في أوروبا والعالم أجمع.

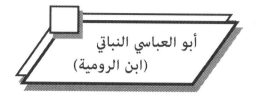

أبو العباسي النباتي
(ابن الرومية)

اسمه وبيئته:

يعتبر كل من العالمين ديسقورديس وابو العباس النباتي من أكبر رواد علوم النبات في الشرق والغرب. وبزغ فجر عالمنا العربي أبو العباس النباتي إبان حكم الموحدين بالأندلس وفي ظل رعاية قيمة من قبل ملوك وأمراء هذه الحقبة للعلم والآداب والثقافة والفكر، وبعد أن تضاءلت هيبة قرطبة السياسية والثقافية. قال ابن عبد الملك المراكشي في (الذيل والتكملة) يصف ابن الرومية ورحلاته وبحوثه: ((إمام المغرب قاطبة، جال بالأندلس ومغرب العدوة، ورحل إلى المشرق فاستوعب المشهور من افريقية ومصره وشامه وعراقه وحجازه، وعاين الكثير مما ليس بالمغرب وعارض كثيراً فيه كل ما أمكنه ولم يزل باحثا على حقائقه كاشفا عن غوامضه، حتى وقف منه ما لم يقف عليه غيره، ممن تقدم في الملة الإسلامية فصار أوحد عصره فردا لا يجاريه فيه أحد بإجماع أهل ذلك الشأن)).

ولد ابو العباس النباتي، المعروف بابن الرومية في مدينة اشبيلية سنة (٥٦١هـ- ١١٦٥م)، وتوفي أيضا في مدينته ليلة الإثنين منتصف ربيع الأول سنة (٦٣٧هـ- ١٢٣٩م) قبل سقوطها في أيدي القشتالين بنحو تسع سنوات فقط. وتميز هذا العالم بنبوغ رصين، فاجتمع عنده علمان تميز فيهما، قل أن اجتمعا عند غيره من قبل: هما علم الحديث ولذلك لقب بأبي العباس الحافظ وأبي العباس المحدث. وعلم النبات مما جعله أن يلقب بأبي العباس النباتي. وكان أبو العباس متعصباً لمذهب أبي علي بن حزم في الفقه الإسلامي، وفي هذا المجال أشار الأستاذ محمد عبد الله عنان قائلاً: ((وكان ابن الرومية فقيها ظاهري المذهب شديد التعصب للعلامة ابن حزم القرطبي، إمام الظاهرية وقطبهم الأكبر وعلى يديه انتشرت تصانيف ابن حزم بما أبداه من غيرة وعناية فائقة في إظهارها والإنفاق على استنساخها، وقد أنفق في هذا السبيل أموالا

جمة)). ولا شك أن هذا الميل الجانح لرغبة الالتزام بالمظاهر في الفقه قد أثر عليه في دراسته وبحوثه في مجال النبات مما جعله أن يختط ملك جديد في البحث الميداني العملي بعيداً عما كان قد سار عليه من سبقه من المختصين بالنبات من قريب أو بعيد، والذين اتكلوا على الرواية والاسناد وأقوال من سبقوهم. تتلمذ أبو العباس النباتي على جده وأبيه وكانا قدوة في العلم به. وأخذ عن أبي علي ابن حزم (٩٩٤- ١٠٦٤م) الحديث والفلسفة والطب الشيء الكثير فتأثر به وتعصب لآرائه. وكان أبو العباس النباتي رجلاً فاضلاً ورعاً صالحاً زاهداً، شديد العطف على طلبة العلم، يجود عليهم بالمال والكتب التي يعز وجودها، مستعينا على ذلك بيساره وجدته، وله في ذلك أخبار كثيرة، وهو كثير الشغف بالدرس يواصل سهر الليل في تقييد بحوثه ومصنفاته، ويقضي معظم أوقاته في فحص المرضى وإمدادهم بالأدوية والعقاقير النباتية التي بذل جهوداً جبارة في تمييزها وتصنيفها وإعدادها لهذا العمل الإنساني والأخلاقي العالي الذي تحلى به كل علماء المسلمين. قام أبو العباس بالبحث عن النباتات في أرجاء الأندلس حتى قيل أنه وصل إلى داخل فرنسا من أجل النباتات والأعشاب. وفي سنة (٦١٢هـ- ١٢١٥م) شد الرحال للقيام برحلات إلى المشرق ومن أجل الحج إلى مكة ورواية الحديث وجمع ودراسة النباتات التي لم تكن معروفة. وكان في كل بلد يبقى به مدة ليجتمع بعلماء ذلك البلد ويدرس نباتاته ويتصل بأهلها ليعرف منهم ما يتعلق بأنواع النباتات التي تنبت في أرضهم.

فقد امتدت رحلته من المغرب الأقصى والمغرب الأوسط وأفريقية (أي تونس) وطرابلس الغرب وبرقة (ليبيا) حتى مصر. وعندما وصل الاسكندرية سنة (٦١٣هـ- ١٢١٦م)، سمع به سلطانها الملك العادل أبو بكر بن أيوب ملك مصر، استدعاه إلى القاهرة لما وصله من أخبار علمه ومنزلته العالية في معرفته بالنبات وفضله على تطور هذا العلم، وتلقاه وأكرمه ورسم بأنه يقرر له جامكية وجراية ويكون مقيماً عنده فلم يفعل واعتذر منه وأخبره أنه جاء ليحج ويعود إلى بلده الأندلس، وبقى في ضيافة ذلك الملك مدة وجمع له الترياق الكبير وركبه، ثم توجه إلى الحجاز، ولما حج بيت الله الحرام في مكة وزار قبر الرسول الكريم محمد صلى الله عليه وسلم في المدينة المنورة

سنة (٦١٣هـ- ١٢١٦م) قام برحلة داخل الحجاز لجمع معلومات نباتية.

وزار بعد ذلك العراق وبلاد الشام وأقام بهما نحو سنتين، وعرج منها على جزيرة صقلية وقيل جنوب إيطاليا، ثم عاد إلى الأندلس سنة (٦١٥هـ- ١٢١٨م) ووضح ابن الخطيب في الإحاطة شمولية أبو العباس في جمعه الحديث مع علم النبات قائلاً: ((عجيبة نوع الإنسان في عصره، وما قبله وما بعده، في معرفة علم النبات وتمييز العشب وتحليتها وإثبات أعيانها على اختلاف أطوار منابتها بمشرق أو بمغرب، حسا ومشاهدة وتحقيقا، لا مدافع له في ذلك ولا منازع، حجة لا ترد ولا تدفع، قام على الصنعتين لوجود القدر المشترك بينهما وهما الحديث والنبات، إذ مواردهمام الرحلة والتقييد وتصحيح الأصول، وتحقيق المشكلات اللفظية، وحفظ الأديان والأبدان، وغير ذلك)).

شاعرية أبو العباس النباتي:

وحول شاعرية أبي العباس الحافظ يؤكد الأستاذ عنان امتلاكه حس أدبي وشعري جيد، ويقول: ((وكان ابن الرومية إلى جانب براعته في الحديث وتفوقه في دراسة النبات، أديباً وشاعراً محسناً)). وقد نقل إلينا ابن الخطيب من نظمه الأبيات الآتية:

خيم تخلق بين الكأس والوتر ... في جنة هي ملء السمع والبصر
ومتع الطرف في مرأى محاسنها ... بروض فكرك بين الروض والزهر
وانظر إلى ذهبيات الأصيل بها ... واسمع إلى نغمات الطير والسحر
وقل لمن لام في لذاته بشرا ... دعنى فإنك عندي من سوى البشر

***

ومن يدري فربما هناك مؤلفات ودواوين شعر لأبي العباس النباتي قد فقدت كما فقد غيرها من مؤلفاته الأخرى.

مؤلفاته:

أ- في النبات والطب والفلسفة:

١- الرحلة المشرقية، أو الرحلة النباتية: جمع أبو العباس النباتي كل مشاهداته النباتية ودون فيه نتائج أبحاثه ومشاهداته ولا سيما التي بسواحل البحر الأحمر،

واتصاله مع عرب البوادي والصحارى والرعاة في مختلف الأقطار والبلدان التي زارها أثناء رحلته الكبيرة هذه في كتاب أسماه (الرحلة المشرقية). ويبدو انه رتب مادته على حروف المعجم. وأشار إلى ذلك مؤكداً المقري في نفح الطيب عندما قال أن ابن الرومية قد صنف كتاباً حسناً كثيرا الفائدة في الحشائش ورتب فيه أسماءها على حروف المعجم. وذكر ابن الخطيب في الإحاطة أن كتاب ابوالعباس الحافظ الذي ضمنه رحلته سماه (الرحلة النباتية). والذي يؤسف له أن هذا الكتاب الهام والمهم في تاريخ علم النبات العربي الإسلامي قد ضاع ولم يبق منه إلا بضعة مواد في كتاب ابن البيطار تلميذ أبي العباس ((الجامع لمفردات الأدوية والأغذية)).

٢- تفسير أسماء الأدوية المفدرة من كتاب ديسقوريدس أو (شرح حشائش ديسقوريدس وأدوية جالينوس).

٣- مقالة في تركيب الأدوية، وأدوية جالينوس والتنبيه على أوهام ترجمتها.

٤- التنبية على اغلاط الغافقي.

٥- كتاب الكليات.

٦- كتاب المستدركة.

٧- شرح أرجوزة ابن سينا.

٨- جوامع كتب أرسطو طاليس في الطبيعيات والإلهيات.

٩- مقالة في الترياق.

١٠- تهافت التهافت.

١١- تلخيص كتاب الحميات لجالينوس.

١٢- تلخيص الإلهيات لنيقولاس.

ب- في الحديث:

١٣- اختصار حديث مالك، للدار قطني.

١٤- رحالة المعلم بزوائد البخاري على مسلم.

١٥- نظم الدراري فيما تفرد به مسلم على البخاري.

١٦- الحافل في تذييل الكامل. وغيرها.

أثر أبي العباس في تقدم علم النبات ومنزلته في إرساء دعائم هـذا العلـم عـلى أسس جديدة:

عند التدقيق في السبعة والتسعين نبته المتبقية من كتاب الرحلة المشرقية في كتاب الجامع لمفردات الأدوية والأغذية لابن البيطار نجد جميعها ذات صبغة علمية جديدة في الملاحظة والوصف والتصنيف وهو ابتداع أيضا جديد على العلماء العرب في علم النبات. ومظاهر الجدة في دراسة أبي العباس الحافظ للنبات يمكن تحديدها بهذه النقاط التالية:

١- يعتبر أبو العباس النباتي أول من اعتنى اعتناءً حقيقياً بالوصف الظاهري والدقيق لأي نبات يدرسه فهو يهتم بصورة خاصة في وصف أجزاء النبات الذي يشاهده بحيث يركز في أغلب الأحيان على خصائصه المخصوصة به وهذا يدل على اهتمامه بعلم النبات البحت، أي يصف الجذور والساق والعيدان والأغصان والقضبان والشوك والزغب والصمغ والرأس والورق والزهر والبزر والثمر. مع التأكيد على شكل النبات وحجمه وطوله وعرضه وامتداده ولونه وطعمه وموضع أنباته وزمانه.

وقد كان أبو العباس قليل الاهتمام بالنبات الطبي مع أنه كان طبيبا جيد العلاج ومشهوراً في ذلك أيضاً وهذا راجع لكونه صب جل علمه على علم النبات العام.

وقد وقع ابو العباس النباتي في هنات كما وقع من سبقه في مجال وصف النبات بالتشبيه فمثلا وصف نبات (اسرار) قائلاً: (...وهو على قدر ما صغر من شجر الرند، وورقه وزهره كورقه وزهره، ويثمر ثمراً على قدر البندق كأنه ما صغر من ثمر الخوخ، ازغب إلى الطول ما هو... ولهذه الشجرة صمغة لدنة فيها بعض شبه بالكندر) كما أن أبا العباس لم يتخلص من عدم ذكر منافع النبات كما يفعل من سبقه أو عاصره، وهو أن ذكر تلك المنافع فلا تتعدى جملة أو جملتين وهي في أكثر الأحيان ما تكون طبية أو صناعية أو غذائية.

في هذا الصدد قال المستشرق الفرنسي (لوسيان لكرك): [لقد كان أبو العباس بين العرب عالم النبات الأحق بهذا الاسم. فقد كان العلماء قبله يعتمدون عادة النقل

والرواية، وهو أول من صرف حياته إلى دراسة النبات، دراسة (ميدانية) مباشرة فتجاوز نظرة السابقين إلى النباتات باعتبارها مجرد مفردات طبية. فابن جلجل كان قد كشف عن نباتات جديدة لم يذكرها ديوسقريدس ولكن اعتماده في ذلك كان على الكتب والغافقي والشريف الإدريسي كانا قد أدخلا في قائمة النباتات الطبية عددا غير قليل من النباتات الجديدة ولكن همهما لم يكن توسيع ميدان علم النبات المحض]. وصفوة القول أن أبا العباس النباتي لم يكن أول عالم عربي في علم النبات عنى بدراسته لعلم النبات بالملاحظة العلمية البحتة وحسب وإنما كان اخصبهم وأوفرهم خطاً للسير بهذا العلم خطوات ذات فقزة نوعية محلات بالعلم التطبيقي.

٢- لم يثقل أبوالعباس كتابه الرحلة بالنقول عن الذين سبقوه في مجال النبات بل اعتمد على المعاينة المباشرة والتحليل الدقيق للنبات المتحدث عنه. بل وأضاف معلومات جديدة لنباتات كانت معروفة ولكنها منقوصة الوصف التشخيصي والبيئي أو التوزيع الجغرافي، لأن معظم المؤلفين السابقين قد ركزوا اهتماماتهم على أهم فوائدها الطبية واللغوية وبذلك أصبحت المعلومات الأخرى وهي الأهم في علم النبات منقوصة وخير مثال على نزعة أبي العباس في التحقيق ورغبته في إضافة الجديد. فقد اعتمد أكثر الأطباء والصيادلة في معلوماتهم عن نبات (الماميثا) على ديوسقريدس مما جعلهم أن يقعوا في خطأ فاضح حيث خلطوا بين هذا النبات ونبات آخر هو الخشخاش الساحلي المعروف (بالمقرن) لوجود توافق بينهما وبذلك تاهت عليهما الصفات الحقيقية لكل منهما.

وعندما لاحظ أبو العباس ذلك ناقش هذا التناقض الغير منطقي بصورة علمية رائعة، قال: ((الفرق الثابتت الذي لا يشكل ولا يحتاج معه إلى فرق آخر وقد خفى على من مضى من المحدثين ولم يعلمه كثير من المتأخرين أن الخشخاش الساحلي فيه الحبة المنكتة وغير المنكتة والماميثا ما يكون في أسفل ورقة نكته دكنة اللون ومنه ما لا نكته فيه وكذا من أنواع الخشخاش ما يشبهه إلا أن زهر هذا أحمر وسنفته قائمة فصار فيها خشونة بخلاف سنقة الخشخاش المقرن. والماميثافان زهر ثمرها معوج كالقرون)).

٣- لولا أبو العباس النباتي وتعريفه العلمي الدقيق لنباتات الجزيرة العربية، وبالذات سواحل البحر الأحمر التي ذكرها أبو حنيفة في كتابه النبات التي فقدت أكثر أجزاءه لما عرفنا عنها أي شيء. وقد كانت لمساهمات أبو العباس في تعريف النباتات العربية التي لم تصلنا إلا في معاجم اللغة ومتونها الأثر الكبير لتكملة ومساعدة بحوث العالم السويدي بطرس فورسكال (الذي عاش في القرن الثامن عشر الميلادي) في علم النبات في أرض الجزيرة العربية ومصر، وعلى سبيل المثال لا الحصر فذكر نباتات [بكاوتنوم وحذف وايهقان وجثجاث] وغيرها.

وقد أضاف أبو العباس أصنافا جديدة من النباتات إلى علم النبات العربي التي ذكرها ابن البيطار في كتابه الجامع وهي (الاشراس) وهو صنف من الخنث و(الاكرار) وهو الصنف الكبير غير المثمر من الطرنشولى و(البابونق) وهوالصنف الصغير من البابونج والصنف الصقلي من البردي والربل وهو صنف من البرنجاسق والصاليبة وهو صنف صغير من الناعمة والالسقاقن والزيزفون وهو الصنف الذكر غير المثمر من البغيراء والغبارية وهو صنف ممن سبلين (Mespilus) اليوناني وسبعة أصناف من القرصعنة هي (الأبيض الزهر والأخضر، والمستدير الورق والأزرق والأبيض والساحلي والمر) واللوفا وهو صنف من القوطوليودون والمثنان اللبني أو البرقى نسبة إلى برقة في ليبيا وهو صنف من المثنان الثابت في مصر وبلاد الشام.

٤- أضاف أبو العباس الحافظ جملة من النبات الجدية على علم النبات العربي التي اكتشفها خلال رحلته الشهيرة وهي بالطبع لم تكن معروفة من قبل والتي أحصيناها في كتاب ابن البيطار بلغت عشرين نباتا من مجموع سبعة وتسعين وهذا العدد يعتبر مهماً جداً بالقياس إلى عدد النباتات التي بقيت من كتاب (الرحلة المشرقية). وتلك النباتات العشرون دفعت على الأماكن التي زارها أبو العباس وعشب بها ودرسها اثنان منها من الأندلس (بطره، عديسة)، ونبات واحد من المغرب الأقصى (اقشروا)، وخمسة نباتات من أفريقية (أي تونس) وهي راكر البحر، زقشته، قزاح، قللجة، قلنجونة) وأربعة نباتات من الحجاز (ساحل البحر الأحمر بالذات) وهي (أسرار،

شورة، عكرش، وهو غير النبات الذي ذكره أبو حنيفة بهذا الاسم، علقم وهو غير الذي ذكره علماء العرب في هذا المجال مسبقا)، وخمسة نباتات شاهدها في أكثر من مكان أثناء تجواله العلمي وهي (بلان في برقة وبيت المقدس، وذنب الخروف وهو غير النبات المعروف سابقا، أطلع عليه في أفريقية وبلاد الشام، شِشترة من الأندلس والمغرب، شطيبة من الأندلس وأفريقية، ليفية من مصر والحجاز)، والثلاثة الأخرى التي لم يذكر أي مكان معين شاهدها فيه هي نباتات (شبرم آخر، صنين، غلقى).

وهذه المحصلة وغيرها تجعلنا نقول وبإصرار أن أبا العباس النباتي هو العالم الطبيعي الرائد في تاريخ علم النبات العربي - الإسلامي، لأنه صاحب مذهب ومدرسة لها منهج تطبيقي وفلسفة مستقلة في علم من أهم علوم الإنسان القديم والمعاصر. ومن المؤكد أن علماء النبات الغربيون قد أخذوا الكثير والمزيد من عطاءات هذا العالم العربي المسلم الفذ لأنها كانت لهم نورا بزغت على علومهم كما تبزغ الشمس على الأرض، ويبزغ الضياء على الظلمة.

السجستاني

حياته وبيئته:

أنجبت مدينة البصرة الأصيلة عباقرة ونوابغ في مختلف العلوم والآداب، وبرز فيها علماء عمالقة في ميدان العلم والفكر والثقافة وكانوا موسوعيين فيما بحثوا عنه وما درسوا فيه وما تركوه من آثار ومصنفات.

ومن بين هذه النجوم الزاهرة أبو حاتم[1] سهل بن محمد بن عثمان بن يزيد السجستاني الجشمي ينسب إلى (سجستانة) إحدى قرى البصرة كما يؤكد أكثر من درس حياة وسيرة هذا الرجل العالم.

ولا زالت سنة ولادته لحد الآن غير معروفة وغامضة، وحتى سنة وفاته اختلف فيها أيضاً فقيل سنة (٢٤٨هـ) أو (٢٥٠هـ) أو (٢٥٥هـ). والذي عرف عنه أنه كان[2] فتى يطلب العلم في البصرة وأخذ من علماء ذلك الزمان وشيوخه علوم اللغة والتشريع والشعر والأدب وبعض العلوم النقلية.

والمصدر الوحيد الذي يعتبر موثوق به حول وفاة السجستاني ما أورده تلميذه (ابن دريد) الذي قال: (مات أبو حاتم بالبصرة في رجب سنة خمس وخمسين ومائتين، ودفن بسرة المصلى، وصلى عليه سليمان ابن جعفر بن سليمان بن علي بن عبد الله بن العباس بن عبد المطلب، وكان والي البصرة يومئذ)[3].

وجاء في الفهرست عن السجستاني ما يلي: (قال أبو سعيد اسمه سهل بن محمد وكان كثير الرواية عن أبي زيد وأبي عبيدة والأصمعي عالما باللغة والشعر قال أبو العباس المبرد وسمعته يقول قرأت كتاب سيبويه على الأخفش مرتين وكان حسن المعرفة بالعروض كثير التأليف للكتب في اللغة يقول الشعر صادق الرواية وعليه اعتمد أبو بكر بن دريد في اللغة وخبر لي أنه مات سنة خمس وخمسين وقال ابن الكوفي قرأته بخطه توفى في شهر رجب من سنة خمس وخمسين ومائتين في يوم

مطير وصلى عليه سليمان بن القاسم أخو جعفر بن القاسم ودفن عند المصلى حيال الميل قال ابن دريد وكان يتبحر في الكتب ويخرج المعمى حاذق بذلك دقيق النظر فيه)[٤]. أخذ السجستاني عن العقدي (أبو عامر) المحدث المقرئ (ت٢٠٤هـ) وابن كركرة (أبو مالك عمر ت٢٠٥هـ)، والحضرمي (يعقوب بن اسحق) ٠ت ٢٠٥هـ) والأصمعي (عبد الملك بن قريب البصري) (ت٢١٦هـ) والدوري (حفص بن عمر) (ت٢٤٦هـ) والجمحي (محمد بن سلام) (ت٢٣١هـ) والأخفش (سعيد بن مسعدة) (ت٢١٥هـ) والأنصاري (أبو زيد) (ت٢١٥هـ) وغيرهم[٥].

مؤلفاته:

اشتهر السجستاني كونه أحد علماء اللغة والنحو والرواة ومفسرا بارعا ومحدثا بليغا وشاعرا مجددا. وقد ترك مؤلفات ومصنفات كثيرة في مجالات تخصصاته التي ذكرناها ومن بين هذه المؤلفات القيمة توجد كتب تعتبر ذات قيمة في بلورة المصطلحات اللغوية العلمية في علوم النبات والحيوان ولها أهمية كبيرة اليوم لصياغة هذه المصطلحات لتدريس هذه العلوم في الجامعات العربية وان اعتبرها البعض لغوية محضة. إنني أعتبر مؤلفات السجستاني وغيره من علماء اللغة العربية التي وضعها في علوم الحياة، البذرة الأولى والأساس لبناء مرتكزات هذه العلوم في الحضارة العربية المشرقة وبالتالي تأثيرها بأي شكل من الأشكال في الحضارة الأوروبية. وأهم ما وصلنا من أسماء كتب، السجستاني في علوم الحياة ما يلي:

١- الكرم.

٢- النخلة أو النخل.

٣- الإبل.

٤- الجراد.

٥- الحشرات.

٦- الخصب والقحط.

٧- خلق الإنسان.

٨- الزرع.

٩- الشجر والنبات.

١٠- الطير.

١١- العشب والبقل.

١٢- اللبأ واللبن والحليب.

١٣- النحل والعسل.

١٤- الوحوش.

وهذه المؤلفات التي ذكرت للسجستاني لم تعد موجودة الآن ما عدا كتاب الكرم الذي طبع في بيروت سنة (١٩٢٠) وكتاب النخل الذي طبع في بيروت سنة (١٩٨٥) وحققه الدكتور إبراهيم السامرائي. وكان الدكتور حاتم الضامن قد حقق هذا الكتاب تحت اسم النخلة ونشره في مجلة المورد، العدد ٣، المجلد ١٤، خريف ١٩٨٥.

الفلاحة والنبات من خلال كتاب النخل للسجستاني:

ومع أن كتاب النخل الذي وضعه أبو حاتم ضم طائفة من الأشعار والأدب الشعبي والفكر الأسطوري وما يتعلق بالنخل من الوجهة اللغوية، فقد جاء فيه فوائد قيمة عن مادة الفلاحة من تهيأة الأرض وأهم صفاتها ومتى تزرع النخلة بواسطة النواة أو الفيلة، وأساليب السقي وكيفية سماد الأرض حتى تصبح عامرة.

ويتخلل ذلك ألفاظاً كثيرة تتصل بالنخل[٦]. ويذكر الآفات التي تصيب النخل ويوضح أهمية النخلة في اقتصاديات العرب القدماء من غذاء (الرطب والتمر) وصناعة (من خوصها وسعفها وليفها وجذعها وجمارها). وعند توزيع النخل جغرافيا قال السجستاني، (وغنما النخل قدرة الـلـه - جل وعز للعرب في جزيرة العرب وفي المشرق ومنه شيء في المغرب، وأكثره في العراق. فالذي بالمغرب بافريقية على خمس ليال منها لموضع يقال له[٧] (قصطيلية) حتى يبلغ وادي طيب[٨] بقرب مصر، وهو واد فيه مسيرة أيام، كثير النخل[٩]. وينتقل إلى مناطق أخرى من البلاد العربية ليحدد انتشار أشجار النخيل فيها، قال: (ثم بمصر من النخل شيء يسير إلى القلزم[١٠]، ثم بالشام

بالغور تحل كثير بيسان والطيرية[١١]، والغور فإن بهن أدقالا[١٢] كثيرة فائقة. ثم ليس بالشاميات ولا الجزيرة[١٣] شيء منه ثم في بلاد اليمن في مواضع كثيرة إلى عمان ونواحيها نخل كثير ثم في جبلي طي نخل كثير جدا أو إذا شارفت الكوفة وبغداد إلى حلوان ثم من القلزم إلى المدينة إلى مكة وما حولها نخل كثير إلى بلاد هذيل. ثم من مكة إلى ذات[١٤] عرف إلى مران[١٥]، إلى القريتين إلى النباج[١٦]، إلى اليمامة، إلى بلاد بني سعدو وإلى وبار الرمل[١٧] وإلى قبائل بني تميم في البدو وقبائل قيس عيلان ثم إلى البحرين هجر والقطيف، وبلاد اليمامة تحل كثير جداً.. ثم بعمان نخل كثير، ثم نخل البصرة أظنه مثل نخل الدنيا مرارا.

وسمعت الأصمعي مراراً يقول: سمعت هارون أمير المؤمنين يقول: نظرنا فإذا كل (ذهب وفضة على وجه الأرض لا يبلغان ثمن نخيل البصرة) وعند الرجوع إلى المعلومات الحديثة حول انتشار النخيل في الجزيرة العربية ومصر والعراق وبالأخص في البصرة نجد أن التوزيع الجغرافي الذي ذكره السجستاني صحيح وقيم. فالنخيل كما هو معروف علميا لا ينبت ولا تزدهر زراعته ولا تنضج ثمارها (الفترة الكائنة بين التلقيح حتى نضج الثمار) بشكل ممتاز إلا في المناطق ذات الجو المرتفع الحرارة، القليل الرطوبة، الخالي من الأمطار. وحتى إن وجدت مزروعة في بعض بقاع العالم الأخرى ذات المناخ والطبيعة غير الملائمة لهذه الشجرة المباركة فإنها لا تنتج ثمرا جيداً صالحا للأكل[١٨].

ولهذه الأسباب وتلك نجد أن البصرة أصبحت من أهم وأكبر غابات النخيل لا في العراق حسب وإنما في أنحاء العالم وقد قدر عدد نخيل البصرة بعشرة ملايين أو أكثر تنتشر على ضفاف نهري الفرات ودجلة من حدود محافظتين ذي قاروميسان حتى التقاء النهرين قرب مدينة القرنة وبداية شط العرب فتأخذ الكثافة تزداد وتتوسع وتبلغ أوسعها بشكل كبير جدا في منطقة أبي الخصيب وذلك بسبب كثرة النزع التي تتفرع من شط العرب وعلى جانبيه وتمتد للصحراء بمسافة (٢ – ٥ كيلو مترات) وكما ذكر العامل البصري العربي السجستاني فإن البصرة تشتهر بأجود وأقل التمور على الإطلاق، ومن أهم مراكز تجارة التمور في العالم (الأمس واليوم).

وكان السجستاني موفقا أيضا عندما ذكر انتشار النخيل في الوطن العربي بشكل منصف وموضوعي فالجزيرة العربية بكل أقطارها الحالية ومصر وبلاد الشام تعتبر بعد العراق أهم مناطق زراعة النخل وإنتاج التمور الجيدة لكن لا تصل إلى جودة ونوعية تمور العراق عامة والبصرة خاصة وهذا لا شك فيه.

وعن بعض المراحل التي تمر بها ثمرة التمر قال السجستاني: (وإذا اخضر قيل قد خضب النخل، ثم يحصل، والخضل صفته صفة حب المحلب. وسألني عمارة بن عقيل[١٩] ونحن في بستان، وقد حصل النخل، فقال لي: إلى كم يدرك هذا، قلت: إلى شهرين، قال: أهذا الحصل قال: ثم هو البلح وأهل البصرة يقولون: الخلال والواحدة بلحة وخلالة فإذا بلغت البلحة أن تخضر وتستدير قبل أن تشتد فأهل نجد يسمونها (الجدالة) والجميع (الجدال)[٢٠]. وعند مقارنة وصف السجستاني لمراحل تطور ثمرة التمر نلاحظ أنه لا يختلف كثيراً عن الوصف العلمي الحالي إلا الهم بالمصطلحات العربية القديمة وهي حسب رأي الباحث أصلح وأفضل بكثير من المصطلحات اللاتينية الحديثة.

ففي علم النبات الزهرة المؤنثة للنخلة تتألف من ثلاثة مبايض محاطة بكم ولا يظهر من المبايض إلا رؤوسها الرفيعة الثلاثة البارزة من الكم. ويلقح فقط أحد هذه المبايض أما الآخران فيضعفان وبعد ذلك يتساقط غطاءهما، وينمو المبيض الأوحد ويقوى حتى يصبح الثمرة المطلوبة.

وتمر الثمرة بأدوار وأطوار مختلفة حتى دور البلوغ ولهذه الأطور أسماء مميزة تعرف باختلاف المناطق ويتضح من دراسة أكثر علماء النبات المعاصرين أن الأسماء والمصطلحات الواردة فيما كتب عن أدوار تطور ثمرة التمر في اللغة الانجليزية مقتبسة من التعابير المستعملة في منطقة شط العرب (البصرة) والتي بدأها (داوسن Dowson, V.H.W) في كتابه (Dates & Date cultivation of the IRAQ ٢٠٥) والأطوار المميزة خمسة هي كما جاءت في كتاب نخلة التمر للأستاذ عبد الجبار البكر، ص (٢٤٨- ٢٤٩):

١- بعد التلقيح بفترة قصيرة تأخذ الثمرة النامية شكلا كرويا تقريبا وتكون ذات لون قشطي بخطوط أفقية خضراء سماها العرب: حَصَل أو جَدَال والمفرد: حَصَلة

وجَدَالة. وفي منطقة شط العرب تسمى: حَبابوك وفي السعودية (الإحساء) تسمى: حَبَمبوْ. وفي الحجاز: سَدى وقد يستغرق هذا الدور (٤- ٥) أسابيع بعد التلقيح. والنمو في هذا الدور بطيء ويستمر حتى شهر حزيران (يونية).

٢- وعندما تأخذ الثمرة بالنمو والاستطالة عادة، ويصبح لونها أخضر تسمى بالعربية: بَلَحَ، سَيَاب، بغَوْ والمفرد: بَلحَة، سيابَة، بغوه. وتسمى بمنطقة شط العرب: زكمْرى (جمري)، وفي بغداد: خلال الطوش، وفي البحرين والإحساء وعمان: خلال. وفي الحجاز: بلح. وفي اليمن الجنوبية: نَقص. وفي ليبيا: عَمَق (عَمك) وقد يمتد هذا الدور إلى أوائل آب (أغسطس)، يتصف هذا الطور بالزيادة السريعة في الوزن والحجم. وطعم الثمار عقصّية (شَلةَّ).

٣- وعندما يتغير لون الثمرة من الأخضر إلى اللون الأصفر أو الأحمر أو الأشقر تسمى الثمرة عند ذاك في العربية. بُسرْ، زهوْ، لَون، وفي منطقة شط العرب تسمى: خَلال وفي الإحساء ونجد: بُسرْ وفي الحجاز: زهو. وفي مصر: بَلحَ بُسرْ، ويتصف هذا الطور بابطء في زيادة الوزن (وقد ينخفض الوزن في أواخره) ويزداد خلاله تراكم السكر ويصبح حلو المذاق مشوب بطعم عفصي عادة. وهناك بعض الأصناف حلوة غير عفصية وتستمر فترة هذا الدور من (٣ – ٥) أسابيع، فأكثر. وربما في بعض المناطق الباردة قد لا يتجاوز النضج هذا الدور وهو على النخل.

٤- الرُطب: يبدأ ارطاب البسر بظهور نقط من الارطاب أحياناً وفي الغالب يبدأ الارطاب من ذنب البسرة ثم يعمها فتصبح الثمرة مائية أو عسلية اللون مطاوعة لينة. وفي هذا الدور تترسب المادة العفصية وتصبح الثمرة حلوة سكرية الطعم، وتتراوح فترة الدور ما بين أسبوعينن إلى أربعة أسابيع. وفي بعض المناطق الحرية تتساقط الثمار في هذا الدور قبل أن تصبح تمرا وفي بعض الأصناف الشبه جافة قد لا يتم هذا الدور أو لا تمر به الثمرة وإنما يتغير لون اليسر إلى لون تبني أو لون محمر. ويكون قوام اللحم اما جلدياً مجعدا عند الذنب في الأصناف شبه الجافة أو يابسا صلبا في الأصناف الجافة. وكلما رطب تكاد تكون

عامة الاستعمال في أغلب مناطق زراعة النخل على أنها في المنطقة الوسطى من العراق كثيراً ما يطلق عليه (تمراً).

٥- التَمر: هو الدور النهائي لنضوج الثمرة. وفي الأصناف اللينة قد يتماسك اللحم بقوام، ويعتم اللون وتتجعد القشرة. وفي الأصناف الجافة يكون اللون فاتحا عادة وقام اللحم صلبا يابسا. وكلمة تمر تكاد تكون عامة في معظم المناطق العربية لزراعة النخل، وإن كان يسمى في مصر (بلح) وفي مسقط وعمان (سُحّ، سَحّ) وفي المغرب (مراكش) أبلْوُح. والتسمية التي يعول عليها الآن في الأدوار الخمسة التي تمر بها الثمرة هي [حَصَل/ بلح/ بسر/ رطب/ تمر].

وعن فوائد نوى التمر في تغذية حيوانات المزرعة والذي يستخدم الآن في علف الماشية وفي علائق الدواجن بعد أن يجرش ويخلط مع باقي أنواع الأعلاف الأخرى[٢١]. قال أبو حاتم السجستاني: (ونوى النخل عظيم البركة جدا، تعلف الابل النوى حتى تسمى وتكثر شحوما فربما وجدوا في أبعار الإبل النوى الصحاح... وتقوى الابل بذلك على حمل المحامل الثقال. وتعلف الضفايا من الغنم النوى أيضا فيكثر ألبانها. ويباع بالبصرة من النوى. بمالٍ عظيم جداً لا يضبط حسابه)[٢٢]. وعن زراعة النخل بالنوى وما هي مراحل الفلاحة في ذلك يشرح السجستاني ذلك قائلاً: (وقال الطائي الصباح بن رويشد بن كثير بن حنظلة بن آوس بن حضن بن حيان كبير بن سعد بن مسعود بن بولان وهو غصين بن عمرو بن الغوث بن طيء: أن النخل يزرع نوى في بلاد طيء، يعمد إلى تراب طيب وأرض سهلة وربما كان في جواء[٢٣] من الرمل المحيط به، وربما كان في أرضٍ غليظةٍ، فيها حجارة فتخرق الحجارة إلى تراب أسفلها ولا يكون في الصخرة الصماء، فيجعلون في كل حفيرةٍ نواةٍ أو اثنتين أو فوق ذلك إلى عشر نوايات ولا يكون فوق ذلك ويعمق لها في الأرض حتى تبلغ المنكب، فيوضع فيها النوى ثم يهال عليه التراب ويسقى الماء ساعة ينصب ثم يترك أياماً خمسة أو ستة ثم يسقى بعد ذلك ودناً، والودن الرش حتى يكون الموضع ثرياً حفيفة لا يكثر عليها الماء فيعتنب أي فيعفن. قال الطائي[٢٤]: ويزرع النوى في آخر الشتاء مستقبلا الصيف فإذا وجد النوى حر الأرض نبت بإذن اللـه جل وعز - وربما جعل غِرارٍ واحد.

وقد ذكر السجستاني أسباب تفضيل عملية تكثير زراعة النخل بواسطة الفسائل على تكثيرها بالنوى وهي طريقة أوضحها العلم الحديث وأثبت أن تكثير النخيل بالفسائل هو أنجح وأوفق وأضمن للأسباب التالية[٢٥]:

١- أكثر من نصف النخل المكثر بالنوى يكون فحولا.

٢- لا يمكن تمييز ذكور النخل عن الإناث بشكل يسير وفي وقت قصير إذا كثرت بالنوى.

٣- معظم نخل النوى ذات ثمار رديئة ونوعية غير صالحة للأكل والخزن وقد قدر الجيد منه ان وجد بـ(٠.١%).

٤- لا تكون ثمار النخل البذري متشابهة النوعية مما يجعلها غير تجارية.

٥- تتأخر ثمار النخيل البذرية كثيراً عن النخيل المغروسة بالفسائل.

ومع ذلك فهناك بعض الشذوذ عن هذه القاعدة العلمية فربما كانت هناك بعض من هذه النخيل البذرية قد تساوت مع المكثرة بالفسائل.

قال وفي زمان يغرس إلا أن هذا الوقت أحب إليهم فيمكث النوى تحت الأرض خمس عشرة ليلة إلى العشرينن ودون ذلك، ويقال له: (الزريعة، ثم يطلع)[٢٦].

ويصف السجستاني النخلة الجيدة وما هي صفاتها، قال: (وأفضل النخل أرقها عروقا يبدأ العرق أبيض كأنه حية فإذا قدمت النخلة فصاً أحمر. قالوا: وإنما يرديه ويسيء نبتته طعمة الأرض فيجيء ضخما كثير القشر سريع اليبس[٢٧] ثنتا أي عفنا جخرا نخرا، و(الجخر) الضخم الذي ليست له قوة ولا تعجبه الأرض فيميل وينتفخ وتخوى نختله وتردؤ. وإذا كان في أرض جيدة السر جاء أبيض رقيقاً وتراه كان طرفه مدرى لا يعوجه شيء حتى يدرك الماء بعد أو قرب)... (وإذا كان العرق في أرض طيبة الطين وقف ساعة يشرع في الماء لأنه يرجع إلى طينة طيبة وطعمةٍ تعجبه، ولم ينحدر إلا طلب الماء فلما شام الماء وقف وإذا انحدر من أرض خبيثة الطين، ليس لها سر، انخرط حتى يتثنى في الماء عفنا، لأنه إنما ساقه طلب الماء... فإذا الم النخل[٢٨] أن يطلع أحمر ليفه، ونشرت شحومه وتبخقت عسبه يعني بانت من النخلة، وتطامنت وتفرج للاطلاع كما تفرج الناقة للنتاج فتراها تفاج ولا تبول ثم يبدو الاطلاع وهو أن تخرج

الكوافير والواحد كافور، وهو (وعاء الطلعة وقشرها). وتناول السجستاني في كتابه النخل عملية تلقيح النخلة، قال (وقال ابن رويشد: إذا انشق الكافور (غلاف الطلعة) يقال: شَقَّقَ النخل وهو حينئذ يؤبر (يلقح) بالذكر وهو أن يؤتي بشماريخ (تسمى الشماريخ في البصرة لقاح وفي المنطقة الوسطى من العراق: كش) من الذكر فتنبغَ في وليع (شماريخ) الإناث والنَّبغ أن تنقض فيطير غبارها في وليع الإناث فبذلك تلقح.

و(حَنَذ) موضع بناحية المدينة فإذا لم يفعل ذلك بالنخلة ضلت وكان تمرها عدو لا وذلك أن تكون بسرتان أو ثلاث في تُغروق واحد، والثفروق القِمعَ والنخلة حينئذ تسمى (الضالة) وربما ضلت فأبرت بأفواه الطيب وبالعبيثْران[٣٠]. ويسمى الفرد من البسر الذي يضل فلا نوى فيه بـ(الصيصاء) وهو (الشيص) وهو أن يكون تمرها شيصا لا نوى فيه[٣١]. وقد أبدع السجستاني في وصف عملية التلقيح (Pollination) في النخيل وبذلك بز العلم المعاصر. وطريقة تلقيح أشجار النخيل تكاد تكون متشابهة مع وجود فوارق بسيطة وفي العراق وبالذات في منطقة شط العرب (البصرة) تبدأ في أكثر الأحيان من شباط أو أواسط آذار وتتفاوت المدة بين بدء التلقيح وبدء جني الثمار (من ١٥٠ يوما إلى ١٨٠ يوماً). وقد تتأخر أو تتقدم تبعاً لتقلبات المناخ ويتم جمع طلع (الأغاريض) الفحل (الذكر) الكامل النضج. وبجزء كل اغريض إلى أجزاء صغيرة، كل جزء يحتوي على ثلاثة شماريخ (لقاح) فأكثر تجمع هذه الأجزاء في كيس او زنبيل صغير يعلقه الملقح أو صاعود النخلة في رقبته ثم يرتقي النخيل الإناث ويضع كل جزء في وسط اغريض من اغاريض طلع الأنثى المتفلق غلافها.

وعن أسباب أمراض النخلة قال السجستاني: (وقال الطائي: من النخل نخل يسقط بسرة حين يحلى فتبقى ثغاريقه في الشماريخ وذلك من ري النخلة وكثرة الماء في أصلها وربما كان من غير ذلك، فهي كالشاة البخلاء التي تخلف وهي تمشي فيجعل للنخلة شمال ورمال ليسقط ما سقط منها فيهما...)[٣٢].

ويتضح من دراستنا لكتاب النخل أن السجستاني ربط اللغة العربية بنحوها وبلاغتها وأسسها بالعلم البحث الذي يتناول النخلة من الوجهة الجغرافية والتشريحية والزراعية والغذائية واقتصادياتها العديدة فهو قد نجح في سرد معلوماته التي استقاها من

مزارعين ولغويين سبقوه في هذا المجال. ويمكن اعتبار السجستاني موفقا في منهاجه العلمي هذا وهو عالم لغوي وشاعر. والذي كنا نأمله لو أسعفنا الحظ في الحصول على مؤلفاته الأخرى في مجال الحيوان والنبات لنقف على عبقرية هذا النابغة البصري وجهوده العلمية في تزيين حضارتنا العربية الخالدة. لنتعرف على موسوعية علماء العرب فيما درسوه وبحثوه فهم أدباء العلم وعلماء الأدب. إن ألفاظ النخل وما يتصل بها ما ورد في كتاب النخل للسجستاني لهي مصطلحات علمية ممتازة ورصينة لو استخدمت مع غيرها من الألفاظ التي صنعها وصاغها علماء وأدباء العرب الآخرون لكونت معاجم قيمة وكبيرة تضاهي المصطلحات العلمية الأوروبية التي تدرسها الآنن في جامعاتنا ومعاهدنا العلمية.

وفي ختام البحث نضع قائمة بأهم أصناف التمور البصرية الحالية وهي كالآتي:

١- **اسطة عمران السابر:** الخلال أصفر مخضر اسطواني متطاول متوسط الحجم حلو هش. رطبه عسلي وتنكمش القشرة الخارجية في حالة النضج الكامل. مبكر يؤكل رطب وبكبس. الجذع متوسط الحجم، السحف مزدحم في الرأس أفقي والأشواك كثيفة ويوجد لون بني داكنن في نهايات السعف.

٢- **تمر بريم:** من تمور البصرة ومنتشر بشكل أقل في جميع أنحاء العراق. الخلال أصفر وردي أسطواني الشكل غير كامل الاستدارة متوسط الحجم، حلو الطعم هش وعصيري، الرطب عسلي شفاف وتنكمش القشرة الخارجية نحو اللب تماما عند النضج الكامل. وهو يؤكل خلال ورطب ويكبس بشكل جيد وهذا التمر تجاري ممتاز. الجذع ضعيف والسعف ضعيف سهل الكسر، أخضر غامق قليل المقاومة للبرد والثلج.

٣- **تمر بنت الباشا:** من تمور البصرة وبشكل خاص في منطقة الفاو. الخلال أصفر مع ظل خفيف جداً من اللون الوردي في قمة الخلالة خطوط بنية غير منتظمة، مستطيل الشكل (متوسط إلى كبير الحجم) حلو الطعم هش. الرطب عسلي. يجمد، يؤكل رطبا ويكبس وهو نوعية ممتازة. الجذع ضخم، الكرب رفيع متباعد، السعف قصير قائم والخوص قصير مفتوح قليل الانتشار.

٤- **تمر حساوي:** الخلال أصفر كمثري الشكل متطاول، متوسط الحجم، حلو عصيري هش، الرطب عسلي وتنكمش القشرة الخارجية نحو اللب، يؤكل خلال ورطب ويكبس وهو فاخر النوعية وصنف ممتاز ونادر الآن. الجذع ضعيف والسعف ضعيف ومزدحم وقصير قائم منحني من الأطراف والخوص قائم.

٥- **تمر حويز:** الخلال أصفر اللون مع ظل خفيف جداً من اللون الوردي قرب قمع الثمرة مستطيل الشكل كبير الحجم. الرطب بني محمر، يجمد وتنكمش القشرة الخارجية، نوعية ممتازة يؤكل رطب ويكبس. الجذع ضخم والرأس قصير وضخم والسعف أفقي قوي وطويل بشكل مظلة كاملة مزدحم في رأس النخلة، لونه أخضر غامق الخوص عريض ومفتوح وقائم.

٦- **تمر خضراوي البصرة:** الخلال أصفر مخضر بيضوي إلى متطاول الشكل، متوسط الحجم مروشل الطعم، والرطب بني فاتح مخضر. الجذع ضعيف السعف أفقي منحنى من الأطراف والخوص قصير وأطوله واقع في الجزء العلوي من السعفة ولونه أخضر داكن وهذا الصنف من التمور من أفضل أصناف التمور التي تكبس ولها تجارة رابحة.

٧- **تمر خصاب:** الخلال أحمر دموي - بيضوي إلى اسطواني الشكل ذات نهاية مستديرة مدببة الرأس متوسطة إلى كبيرة الحجم، القشرة الخارجية للثمرة سميكة جدا حلو هش عند النضج والأشواك طويلة الشكل أكثر من ثلث السعفة الخوص، مفتوح ومنحنى إلى الأسفل الرطب أسود متأخر جداً يستهلك خلال. وينضج الرطب عادة في نهاية شهر تشرين الأول. الجذع ضخم والسعف متوسط الطول متشابك مزدحم، منطقة الأشواك تساوي ربع طول السعفة وتنمو الفسائل على جذع النخلة على شكل رواكيب، وبذلك تشوه الجذع بعد قلعها، ترتفع الجذور الهوائية إلى ماسفة متر ونصف.

٨- **تمر كبكاب:** وهو من الأصناف النادرة المنتشرة على ضفاف شط العرب. لون الخلال أصفر مشرب بعضه بحمرة خفيفة عند بداية النضج مر الطعم. الرطب

بني عامق إلى السواد والقشرة ملتصقة بالثمرة يفرز دبس عند كبسه بالخصاف، من الأصناف المرغوبة.

٩- تمر ليلوي أحمر: من تمور شط العرب، الخلال أحمر مستدير متأخر النضج جدا (بعد سقوط الأمطار)، الرطب لذيذ الطعم وهو من الأصناف الجيدة مكبوسا.

١٠- تمر مويراية: الخلال أصفر إلى برتقالي أحيانا مستطيل أسطواني مع أنحاء قليل، حلو هش، متوسط الحجم والقشرة الخارجية سميكة الرطب عسلي غامق سميك القشرة وتنكمش نحو اللب في حالة النضج التام وتشكل أشبه بضلوع بارزة. يؤكل رطب ويكبس، نوعيته ممتازة السعف رفيع وقصير أفقي ومنحني قليلا والخوص قائم مع السعفة ويشكل زاوية منفرجة من جهتي السعفة.

١١- تمر هدل: قليل الانتشار، الخلال برتقالي مشرب بحمرة خفيفة بيضوي الشكل متوسط الحجم، المادة المرة قليلة، الرطب بني مائع ثم يجمد ويكبس. جذع النخلة ضخم والشماريخ قصيرة (١٢سم) مزدحمة الثمار وسمي بهذا الاسم لتهدل سعفه وانحنائه لطوله.

الهوامش:

١- من أراد الانقطاع للاستزادة في مسيرة وتأريخ وآثار السجستاني ينظر في المصادر والمراجع الآتية وهي مرتبة ترتيباً زمنياً كما وضعها الأستاذ الفاضل حاتم الضامن في دراسته القيمة عن كتاب النخلة المنشورة في (مجلة المورد، العدد٣، مج١٤، خريف سنة ١٩٨٥). وأضفت عليها ما استجد. الجرح والتعديل (٢٠٤/١/٢). مراتب النحويين، ١٣٠. أخبار النحويين البصريين، ٩٣. تهذيب اللغة ٢٢/١. طبقات النحويين واللغويين، ٩٤. الفهرست ٦٤، تاريخ العلماء النحويين ٧٣، فهرسة ابن خير ٣٤٨، ٣٦١. نزهة الآباء ١٨٩. الأنساب ٧/ ٨٦، معجم الأدباء ٦٣/١١، الكامل في التاريخ ٧/ ١٣٦، اللباب في تهذيب الأنساب ١/ ٥٣٣، أنباة الرواة، ٢/ ٥٨، نور القبس ٢٢٥، وفيات الأعيان ٢/ ٤٣٠، سير أعلام النبلاء ١٢/ ٦٨، العبر في خبر من غبر ١/ ٤٥٥، دول الإسلام ١/ ١٥١، معرفة القراء الكبار ١٧٩، مرآة الجنان ٢/ ١٥٦، البداية والنهاية ١١/ ٢، البلغة في تاريخ أئمة اللغة ٩٣، غاية النهاية في طبقات القراء ١/ ٣٢٠، الفلاكة والمفلوكون ١١٣، طبقات النحاة واللغويين ٢٩٩، تهذيب التهذيب ٤/ ٢٥٧، تقريب التهذيب ١/ ٣٣٧، النجوم الزاهرة ٢/ ٣٣٢، بغية الوعاة ١/ ٦٠٦، الزهر ١/ ٨٤، ٢/ ٤٠٨، ٤١٩، ٤٤٥، ٤٦٤. خلاصة تذهيب الكمال ١/ ٤٢٧، طبقات المفسرين ١/ ٢١٠، مفتاح السعادة ١/ ١٥٧. كشف الظنون ٣٣، ١١٥، ١٢٣، ١١٨٩، ١٣٨٧، ١٣٨٨، ١٤٢٣، ١٤٢٩، ١٤٣٦، ١٤٣٩، ١٤٤٦، ١٤٤٩، ١٤٥٢، ١٤٥٤، ١٤٥٧ ١٤٥٨، ١٤٦٢، ١٤٦٦، ١٤٦٩، ١٥٧٧، ١٧٨١. شذرات الذهب ٢/ ١٢١، إيضاح المكنون ٢/ ٢٦٢، ٢٨٥، ٢٨٩، ٢٩٠، ٢٩٢، ٣٠٧، ٣٢٢، ٣٤٢، ٣٥٠، ٣٥١. هدية العارفين ١/ ٤١١، الإعلام ٣/ ٢١٠، تاريخ الأدب العربي لبروكلمن ٢/ ١٦٠، معجم المؤلفين ٤/ ٢٨٥، أبو حاتم السجستاني الراوية، فعلت وأفعلت للسجستاني، تحقيق د. خليل العطية، كتاب النخل تحقيق د. إبراهيم السامرائي (٩-١٨)، كتاب النخلة للسجستاني تحقيق د. حاتم الضامن مجلة المورد، العدد ٣، مج ١٤، ١٠٧- ١٥٨.

٢- الضامن: كتاب النخلة، المورد، مج ١٤، ص ١٠٨.

٣- القفطي: انباة الرواة على انباة النحاة، ١٩٥، ٦١/٢.

٤- ابن النديم: الفهرست، ٨٦.

٥- ابن الجزري: غاية النهاية في طبقات القراءة ١/ ٣٢٠.

٦- إبراهيم السامرائي: مقدمة كتاب النخل، ١٥.

٧- لعله يقصد بها مدينة قسطنطينية في الجزائر الآن.

٨- اعتقد أنه يقصد الواحات المنتشرة ما بين مصر وليبيا التي يكثر فيها النخل.

٩- السجستاني: النخل، ٤٣.
١٠- القلزم: البحر الأحمر.
١١- بيسان وطبرية: مدن فلسطينية.
١٢- الدقل: الجمع ادقال، وهو نوع من النخل ينبت من النوى وعلى الأكثر يكون ثمراً رديئاً.
١٣- الجزيرة: هي بادية الجزيرة التي تقع بين نينوى والأنبار.
١٤- عرف: هي الحدين نجد وتهامة (معجم البلدان) ٣/ ٦٥١.
١٥- مران: يقول الدكتور إبراهيم السامرائي (ومران على أربع مراحل من مكة إلى البصرة، انظر معجم البلدان ٤/ ٤٧٩) (حواشي كتاب النخل، ٤٤).
١٦- النباح: يذكر د. السامرائي نقلا عن معجم البلدان ٤/ ٧٣٥: قال أبو منصور وفي بلاد العرب نباجان: أحدهما على طريق البصرة يقال له: نباج بني عامر وبحذاء قيد، والآخر نباج بني سعد بالقريتين. ويقال غيره: النباج منزل الحجاج البصرة، حواشي كتاب النخل، ٤٤.
١٧- وبار (بالفتح) قرية لبني وبار بالجزيرة العربية.
١٨- عبد الجبار البكر: نخلة التمر، ١٠٣.
١٩- عمارة بن عقيل: شاعر اسلامي من أهل اليمامة في الجزيرة العربية (توفي سنة ٢٣٩هـ٩.
٢٠- السجستاني: النخل، ٧٥.
٢١- البكر: نخلة التمر، ٨١٩.
٢٢- السجستاني: النخل، ٥٠.
٢٣- الجواء: الفرجة بين الموضعين.
٢٤- الطائي: يقول السامرائي (ربما هو نفسه الصباحح بن رويشد الذي ذكره السجستاني في قمدمة الموضوع أو احتمال أن يكون أحد الأعراب الذي أخذ أهل اللغة عنهم (كتاب النخل، الحواشي، ٥٢).
٢٥- البكر: نخلة التمر، ٢٩١.
٢٦- السجستاني: النخل، ٥٢.
٢٧- الثنت: المنتن – الرائحة العفنة الكريهة.
٢٨- الم: أصبح ثمرها على شكل رطب.
٢٩- السجستاني: النخل، ٦٦- ٦٧.
٣٠- العبيثران: شجر كاليقصوم يؤكل وله قضبان (اللسان).
٣١- السجستاني، النخل ٧١.
٣٢- المصدر السابق ٩٦.

ابن سينا

اسمه وبيئته:

ظهر ابن سينا في فترة تعتبر من أزهى عصور الحضارة العربية - الإسلامية حيث برز فيها اشهر عباقرة الفلك والفيزياء والكيمياء والنبات والصيدلة والطب والفلسفة والمنطق وغيرها وقد لقب بالشيخ والرئيس لما كان يتمتع به من ذكاء خارق ولمعرفته وتفوقه في علوم عديدة في الطب والفلسفة والرياضيات والفلك والحيوان والأرصاد والأجرام السماوية والنبات والصيدلة والنفس والمنطق والموسيقى. يقول الدكتور عبد الحليم منتصر: (وقد خرجت من قراءتي لبعض أعمال ابن سينا أني أمام عبقرية نادرة المثال، أو لعلها على غير مثال، وقدرت قول سارتون: أنه أعجز من جاء بعده، كما عذرت الذين آمنوا به إيماناً مطلقاً، حتى أنهم إذا وجدوا حقائق مغايرة لما قال ابن سينا، لم ينسبوا الخطأ لابن سينا، ولكن قالوا: أن ذلك من أغاليظ النساخ أو أن الطبيعة حادت عن مجراها). ولد أبو علي الحسين عبد اللـه بن سينا بمدينة أفشنة بالقرب من بخارى سنة (٣٧١هـ- ٩٨٠م) الواقعة في الاتحاد السوفياتتي حاليا. وتوفي ابن سينا ينة (٤٢٨هت- ١٠٣٦م) في همدان في إيران.

ألف ابن سينا كثيراً في كل المجالات حتى أكد البعض أنها بلغت حوالي (٢٧٦) كتابا ورسالة أو أكثر. ضاع العديد منها. ومن أهم مؤلفات ابن سينا كتابيه القانون في الطب والشفاء (موسوعة في كل العلوم والفنون والفلسفة).

أثر ابن سينا في علوم النبات:

إن الدراسات التي تركها ابن سينا في العلوم قاطبة وعلم النبات خاصة لتلقي ضوء كاشفاً عن العبقرية التي حملها هذا العالم إلى الحضارة العربية والعالمية وأضاف علوما كانت مندثرة في ظلالها الجهالة والظلام ففي كتابه القانون يخصص الجزء

الثاني منه للأدوية المفردة، فيصف النباتات وصفا دقيقا مع موازنتها بنظائرها، مركزا على الصفات الأساسية، وقد استقصى ابن سينا نسبة كبيرة من النباتات، التي كانت معروفة في عصره فأورد في القانون طائفة كبيرة من النباتات الشجرية والعشبية والزهرية والفطرية والطحلبية، وبين الأجناس المختلفة من نباتات الأنواع المختلفة من من الجنس الواحد، وذكر المتشابهة وغير المتشابهة، وعنى بذكر مواطن النبات والتربة التي ينمو فيها ان كانت مالحة أو غير مالحة وأفتى في بيان ألوان الأزهار والثمار الجاف منها والطري وكان دقيقاً حين ذكر الأوراق العريضة والضيقة التي كملت حافتها والمشرشرة وكان من أهم ما أورده في هذا القسم من كتاب القانون الأسماء المختلفة لبعض النباتات يونانية أو محلية كما فرق بين البستاني والمنزرع والبري.

وتحدث عن ظاهرة (المهانهة) في الأشجار والنخيل، وتفسير هذه الظاهرة بأن تحمل الشجرة سنة حملا ثقيلا، وسنة حملا خفيفا، أو تحمل سنة ولا تحمل سنة أخرى، وهكذا، وأشار إلى اختلاف الطعم والرائحة في النبات وبذلك فقد سبق العالم الألماني (كارل متز) في أهمية التشخيص بالعصارة في سنة ١٩٣٤.

ويعتمد ابن سينا في وصف النبات على مصدرين أساسيين: الطبيعة، فيصف النبات غصنا طريا، ويتكلم عن طوله وغلظه وذوقه وشوكه وزهره وثمره، مما يتفق مع علم الشكل الحديث (المورفولوجيا). وثانيهما: ما يباع منه جافا عند العطارين من أخشاب أو قشور وأثمار وأزهار مما يتفق مع علم النبات الصيدلي.

وقد وصف ابن سينا على هذا النحو أربعمائة نبات من النباتات الطبية. وفي كتاب (الشفاء) خصص بعض أجزائه لدراسة النبات وقدم إلينا فيها كثيراً من الآراء والنظريات حول توالد النبات، الذكر منه والأنثى، ويذكر ابن سينا بقوله: أن النبات قد شارك الحيوان في الأفعال والانفعالات المتعلقة بالغذاء، وإن كان النبات في ذلك لم يصل إلى مرتبة الحيوان، لأن التصرف في الغذاء وإن دل على الحياة حقاً من جانب النباتات إلا أنه لا يدل على الإدراك والإرادة التي انفرد بها الحيوان.

وبعد ذلك يتكلم عن الثمار والأشواك، والنبات السيقي والساحلي والسبخي والرملي والمائي والجبلي ويتحدث بصورة رائعة وقيمة عن مختلف وسائل التطعيم في النبات.

وشرح ابن سينا أيضاً النباتات المستديمة الخضرة والتي تسقط أوراقها في مواسم معينة، ثم عن الذكر والأنثى في النباتات وعن التكاثر.

لقد تناول ابن سينا بعناية النباتات تناولا عاما من حيث أوصافه الدقيقة التي تميزه من غيره وذكر منابته وهو لم يهمل الخصائص الطبية للنبات كما يظن البعض بل كان يعطيها من الأهمية مثل وصفه للنبات، ومن هنا تبرز دقة ابن سينا في التأليف العلمي المتقن في النبات فهو يضاهي الآن أشهر علماء النبات المعاصرين في دراسة النبات بأكمله.

يتكون كتاب النبات الذي هو من ضمن (موسوعة الشفاء) من سبعة فصول:

الفصل الأول: في تولد النبات واغتذائه وذكره وأنثاه وأصل مزاجه.
الفصل الثاني: تكلم عن أعضاء النبات ونشوئها وما يلي ذلك من مراحل.
الفصل الثالث: تناول مبادئ التغذية والتوليد والتولد في النبات.
الفصل الرابع: عالج حال تولد أجزاء النبات بحسب البلاد.
الفصل الخامس: أحوال السوق والغصون والورق.
الفصل السادس: فيما يتولد من النبات المثمر والبذور والشوك والصموغ وما شابهها.
الفصل السابع: أصناف النبات وعن أمزجة الأشياء التي لها نفس غاذية.

ووصف الثمار بأنواعها في النباتات المختلفة. وقال منها ما له غطاء صلب، أصلب من الموقي كالجوز واللوز ومنها ما هو لين متخلخل، وعن ترتيب البذور في الثمار ووجود أو عدم وجود حواجز بينها، يقول: والشوك منه شوك أصلي وشوك زور. والشوك الأصلي كالسلاح للشجرة وربما كان للزينة وربما كان لمنفعة تتعلق بالشجرة، وكثير من الأشجار تشوك في حداثتها ثم يسقط الشوك إذا استعيض عنه باللحاء الصلب، يقول وربما أشتاك له.

ويشير الدكتور إبراهيم مدكور رئيس المجمع اللغوي العربي في القاهرة عن ابن سينا: (نشأ ابن سينا - ١٠٣٧- في العصر الذهبي للعلوم، ووجد أمامه دراسات نباتية أفاد منها وأخذ عنها ويرجع بعضها إلى أصل عربي مثل رسالة النبات والشجر للأصمعي وكتاب النبات للدينوري أو إلى أصل مختلط مثل الفلاحة النبطية لابن وحشية وكتاب أسباب النبات لثيوفراسطس خليفة أرسطو والنباتي الأول بين علماء اليونان، وكتاب الحشائش لديسقوريدس. والنبات عند ابن سينا أحد أجزاء العلم الطبيعي وهو القسم السابع على نحو ما عده الفارابي في إحصاء العلوم. ولذا وقف عليه الفن السابع من طبيعيات الشفاء، وتدارك به ما فات الفلاسفة الإسلاميين الطبيعيين السابقين وعلى رأسهم الكندي والرازي).

وإذا كان ابن سينا قد عرض للنبات في الشفاء فإنه لم يهمله في القانون وآراءه في كليهما يكمل بعضها بعضا.

الوصف النباتي عند ابن سينا:

اشنة: قشور دقيقة لطيفة تلتف على شجر البلوط والصنوبر والجوز، ولها رائحة طيبة، وهي المعروفة باسم (Lichenis) وهي أنواع كثيرة تنمو معلقة على الشجر، أو مغطية جذوعه.

بلسان: شجرة مصرية تنبت في موضع بقال له عين شمس، شبيهة الورق والرائحة بالسذاب، ولكنها اضرب إلى البياض وقامتها قامة شجرة الحضض وهو (Opopal Samam comp) وتابع للفصيلة (hora)، وينمو هذا النبات في الجزء الجنوبي من شبه الجزيرة العربية وفي الصومال التي تقابلها، وفي بعض المناطق الجنوبية لشاطئ البحر الأحمر، كما ينمو في المناطق المرتفعة بجبال عاليه. ويقال انه كان منزرعا بعين شمس منذ زمن طويل.

والنبات شجيرة أو شجرة صغيرة أفرعها نحيلة تحمل دوائر صغية ومتبادلة وتنتهي كل دائرة بخصلة من الأوراق ورائحة النبات نفاذه. والأوراق صغيرة ثلاثية مركبة وتنتهي الوريقة السوطى بثلاثة أسنان، والأزهار صغيرة في مجاميع ويعطي النبات (بلسم مكه) أو بلسم جيليا وهو مادة زيتية راتنجية لها رائحة (حصا البان)

واستعملت منذ أمد طويل في البخور، كمادة عطرية عند الشرقيين، وقليلا ما تستعمل في الطب. والثمرة تستعمل لطرد الأرياح.

دفلن: منه بري ونهري: البري ورقه كورق أرق وقضبان طوال منبسطة على الأرض، وعند الورق شوك وينبت في الخرابات، والنهري ينبت في شطوط الأنهار وشوكه خفي، وورقه كورق الخلايا (الصفصاف) وثمرته صلبة مفتحه محشوه كالورد الأحمر وعليه شيء مجتمع مثل شيء يشبه الصوف وهو (Weriumoleander) وتابع للفصيلة (Apocyuoceae).

حسك: الحسك صنفان، أحدهما ورقي يشبه بقلة الحمقاء، إلا أنه أرق منه، وله قضبان مستديرة منبسطة على الأرض وعند الروق، شوكة ملزز صلب، ينبت في المواضع الندية والأنهار، قضبانه مرتفعة ورقته أعرض من شوكته حتى أنه يغطيه بعرضه، وطرق ساقه الأعلى أغلظ من طرفه الأسفل.

الصنف الآخر بعضهم يعلفون به دوابهم إذا كان رطبا، يعملون من ثمره خبزا إلا أنه حلو مغذ ويأكلونه. والبري منها أرضيته أكثر والبستاني ماؤه أكثر وهو (Daucusaurea) من الفصيلة الخيمية.

حامض: أصناف كثيرة، منها صنف ينبت في أرض دسمة، ورقه طوال حادة الرأس وقد ينبت في البساتين، ومنها صنف ينبت في الأجسام، وأوراقه صلبة ممدودة الأطراف ومنها صنف بري ناعم شبيه بلسان الحمل ومنها صنف ورقه كورق الصعتر وقضبان عليها بذر غير ومنها صنف يسمى انقوليون أكبر من الذي وصف، ينبت في الأجسام وقال بعضهم البري يقال له السلق البري، وليس في البري كله حموضة بل العلة في بعضه حموضة والبري أقوى وهو (Rumexacetosal).

سعد: أصل نبات له ورق يشبه الكرات غير أنه أطول وأرق وأصلب وله ساق طولها ذراع او أكبر وساقه ليست مسقيمة بل فيها اعوجاج عليه زوايا شبيه بساق الاذخر وهو من الفصيلة النجيلية، على طرقه أوراق صغار نابته وبذره وأصوله كأنها زيتون، منه طوال ومنه مجرود ينبت في أماكن وأرض رطبة في طرطوس الجزائر وسوريا وهو يطلق على جنس (yperlus) وخاصة نوع (cyperuslonguas) من الفصيلة السعدية.

سرخس: السرخس صنفان ذكر وهو نبات ليس له زهر ولا ثمر وله قرن ثابت في قضيب طوله ذراع أو أكبر، والورق مشرق منتشر دقاق: كأنه جناح وله رائحة فيها شيء مر وله أصل ظاهر أسود طيول له شعب كثيرة في طعمه قبض. وينبت هذا النبات اما في مواضع جبلية وأما في أماكن صخرية وصنف آخر أنثى وهو نبات له ورق شبيه بورق الذكر، غير أن له قضبانا كثيرة أطول منه وعروقه عراض طوال عظام حمر تميل إلى السواد وبعضا أحمر كالدم من فصيلة (Polirpolaceae).

كشوت: شيء يلتف على الشوك والشجر يشبه الليف المكي لا أوراق له، وله زهر صغار بيض فيه مرارة وعفوصة والغالب عليه الجوهر المر من الفصيلة العلقية.

كمون: الكمون أصناف كثيرة منها كرماني أسود ومها فارسي أصفر ومنها شامي ومنها نبطي والفارسي أقوى من الشامي والنبطي ومن الجميع بري وبستاني. والبري أشد جرافه، ومن البري صنف يشبه بذره، بذور السوسن. وقال ديسقوريدس: البستاني طيب الطعم وخاصة الكرماني وبعده المصري. وقج ينبت في بلاد كثيرة، له قضيب طوله شبر ورقه أربعة أو خمسة دقائق مشقق كورق الشاهترج وله رؤوس صغار.. ومن الكمون ما يسمى كومون اغريون. أي الكمون البري، وهو نبات له ساق طوله شبر عليه أربع ورقات أو خمس مشققة وعلى طرقه رؤوس صغار خمسة أو ستة مستديرة ناعمة فيها ثمر وفي الثمر شيء كالبسر أو النخالة يحيط بالبذور، وبذره أشد حرافة من البستاني، وجنس آخر من كمون بري شبيه بالبستاني ويخرج فيه من الجانبين غلف صغير شبيه بالشونيز الأبيض. من الفصيلة الخيمية والأسود من الفصيلة الشقيقية.

كماء: اصل مستدير لا ساق له ولا عرق، لونه إلى الغبرة كالفطن، يوجد في الربيع تحت الأرض، ومن الناس من يأكل الكمأ نيئاً ومطبوخاً فيه مائية، وعديم الطعم وهذا الفطر المعروف باسم (terfezie).

سذاب: بستاني وبري ومنه جبلي، الجبلي أحمر وأشد حرافة مخرجة من أصل واحد وله قضبان كثيرة وورق أطول من ورق السذاب الآخر، ثقيل الرائحة، زهره

أبيض، ورؤوس السذاب الآخر مثلثة. فيها بذر لونه إلى الحمرة. وصنف آخر أصله أسود في أرض رطبة، والسذاب على نوعين جبلي وبري.

فوفل: نبات في الهند يشبه شكله شكل الجوز بواي، إلا أن الفوقل أحمر اللون، شديد الكسر، وتنفرك عند الكسر، له رائحة طيبة، أهل الهند يتناولونه للطيب والنكهة ويحمر الأسنان وقوته قريبة من قوة الصندل وهو من الفصيلة النخيلية.

غوشنه: جنس من الكمأة أو الفطر شكله شكل كأس صغير تغسل به الثياب ويؤكل.

عنب الثعلب: أصناف كثيرة، البستاني يؤكل وليس بعظيم وله أغصان كثيرة وورق لونه إلى السواد، وأكبر من ورق الباذروج، وثمره مستدير يظهر أخضر ثم يسود، وإذا نضجت احمرت وإذا أكل لم يضر وهو من الفصيلة الباذنجية.

شوكران: يسميه أهل جرجان البوط. وهو نبات له ساق ذو عقد، مثل ساق الرازيابخ وهو كبير له ورق شبيه ورق الكرفس، إلا أنه أرق منه، ثقيل الرائحة، في أعلاه شعب وأكاليل، زهره أبيض، وبذوره شبيه بالأنيسون إلا أنه أبيض منه، وله أصل أجوف وليس بمنقعر وهو من الفصيلة الخيمية.

سرو: شجرة طويلة معروفة، لا يغير ورقه في الخريف والشتاء ويبقى كما هو أخضر وفي طعمه حدة وحرافة يسيرة ومرارة كثيرة وعفوصة أكثر من المرارة وحرارته وحدته مقدار ما تعرض قوته. وهو من المخروطيات من معراة البذور.

هذه نماذج من وصف ابن سينا لماهية النبات، كما قدمها في كتاب الأدوية المفردة وبهذا الصدد يقول الدكتور عبد الحليم منتصر: (ولعله مما يستلفت النظر، ويستحق أعمال الفكر أن ابن سينا في كتابه هذا لم يترك مجموعة من النباتات التي تعرفها في الوقت الحالي فقد تحدث عن الطحالب والفطريات والأشن، وهذه هي أهم مجاميع النباتات البسيطة كما تكلم عن السراخس وذكر معراة البذور من صنوبر وتنوب.

أما النباتات الزهرية الراقية وهي أغلب النباتات التي كانت معروفة آنئذ فقد صال فيها وجال، وتحدث عن التبوعات وهي النباتات ذات الافراز اللبني.

وتكلم عن الساق الأجوف والساق الخشبية والنبات الأملس والنبات الشائك. ولم يترك بيئة من من بيئات النبات إلا أوردها، فهذا النبات جبلي وذاك نهري أو مائي وهذا ينمو في الخربات أو في الأماكن الوعرة، وذاك ينمو في الظل أو في الشمسة الصاحية. ولم ينس الشيخ الرئيس في تعريف النبات أن يذكر أنه عشب او شجرة لا تطول أو شجرة كبيرة.

ومن الحق أن تثبت للتاريخ والعلم أن ابن سينا أول من نبّه إلى أن الفطر يمكن أن يستخرج منه دواء، وهذا مما يوضح أن جذور اكتشاف العلاج بالفطريات من بنسلين وسترتبومايستين وغيره موغلة في القدم عند ابن سينا منذ ألف سنة حيث قال: (ان من الفطر ما يقتل) وهذا صحيح فإن منها ما هو سام ومنها ما يبرئ من الأمراض ويستعمل في علاج شتى الأمراض والأوبئة.

علوم الحيوان عند ابن سينا:

أفاض ابن سينا في دراساته للحيوانات بالجزء الخاص بالحيوان من كتاب الشفاء. مما يدل على المامه وشغفه الكبير في علوم الحيوان. وهذه نماذج مما قاله في هذا المجال، فعن الحيوان بشكل عام قال: ومنها ما تكون مائية، ثم تستجبل بريه مثل حيوان يسمى باليونانية (مادام اسيداس) وهو يعيش في الأنهار ثم إنه تستجبل صورته ويصير (ساطوس) ويبرز إلى البر.

والحيوانات المائية منها ذات ملاصق تلزمها كأصناف من الأصداف ومنها متبرنه أي متحررة الأجساد مثل السمك والضفادع واللاصقة منها ما تزال تلصق ولا تبرح ملتصقة مثل أصناف من الصدف والاسفنج.

والحيوان المائي المنتقل في الماء منه ما يعتمد في غوصه على رأسه وفي السباحة على أجنحة كالسمك ومنه ما يعتمد في السباحة على أرجله مثل الضفدع ومنه ما يمشي في قعر الماء كالسرطان. ومنه ما يزحف مثل ضرب من السمك لا جناح له كالدود ولعله يعني ثعبان السمك. أما الحيوان البري، وكل طائر منه ذي جناح فإنه يمشي برجليه، ومن جملة ذلك ما يكون صعب عليه كالخطاف الكبير الأسود والخفاش.

ويصف الحيوان المعروف (بالحلما الاون) واعتقد أنه الحرباء الكبر (MAELENCHE) فإنه يشبه سام أبرص، وأضلاعه إلى الطول كما للسمك ووسطه صلبه، نات كما للسمك، وذنبه طويل جداً، دقيق الطرف جدا، يلتوي كالسير، وكل رجل منه مشقوقة إلى مثل ابهام الإنسان وسائر الأصباغ، وعليها مخالب عف ويعرض للونه ان يتغير تارة إلى سواد ما، وتارة يظهر عليه تبقيع، وهو بطيء الحركة.

وللدلفين ثديان لأنه يلد حيوانا ولا حلمتان لثدييه، بل نقرتان كافتتان. ويقول ابن سينا: وكل حيوان له قرن ولا سن له في فكه الأعلى فإنه يجتر فله كرش واحد عظيم خشن صلب، وثلاثة بطون أخرى صغار والسبب في كثرة بطونه تدريج هضمه، فإنه إنما يغتذي باليابس ومع ذلك فلا يمضغه جيداً، فيحتاج أن يمضغه جيداً، فيحتاج أن يمضغه مرة ثم يطبخه ثم يعاود إجادة مضغه، وهو الاجترار، وكذلك معاد هذا الصنف أعظم من معاد لا يجتر ومعدة الفيل كثير التشابك والالتفاف حتى يظن أن بطنه كبطن المجتر وأما ما له اربعة أرجل ويمتص فمعدته واحدة، ثم يقول ابن سينا: ولكثير من الطير حوصلة لهضم الشيء الصلب.

التشريح وعلم وظائف الأعضاء (العسلجة) عند ابن سينا:

وتكلم ابن سينا عن وظائف الأعضاء في الحيوانات المختلفة وعن علم التشريح المقارن، بلسان عالم من علماء العصر الحديث التي توفرت له معظم الأجهزة العقدة ذات التقنية الرائعة فيقارن الأجهزة المختلفة في أقسام عالم الحيوان.

فعندما تكلم عما سماه بالأعظام الباطنة يقول: وتبدأ من فوق.. من الدماغ فكل حيوان ذي دم فله دماغ وأما الرئة فإنها مؤلفة من أجزاء أحدها شعب القصبة، والثانية شعب الشريان الوريدي والثالثة شعب الوريد الشرياني، وهما عرقان نابتان من القلب. وهذه الشعب بجمعها لا محالة لحم رخو متخلخل كثير المنافذ إلى البياض، فيما تم خلقه من الحيوان. وعن الأعضاء المتشابهة يقول ابن سينا: (وأول الأعضاء المتشابهة الأجزاء العظم، وقد خلق صلبا لأنه أساس البدن ودعامة

الحركات ثم الغضروف، وهو ألين من العظم فينطق وأصلب من سائر الأعضاء والمنفعة في خلقه أن يحسن به اتصال العظم بالأعضاء اللينة، فلا يكون الصلب واللين مركبا متوسط، فيتأذى اللبن والصلب وخصوصاً عند الضربة والضغطة بل يكون التركيب متدرجا مثل ما في عظم الكتف ومثل الشارسيف في أضلاع الخلف، ومثل الغضروف الحنجري تحت القص، وأيضا إذا كان بعض الفصل يمتد إلى عضو غير ذي عظم يستند إليه ويقوي به، مثل عضلات كان هناك دعاما لا وتارا لها، وأيضا في مواضع أخرى تمس الحاجة فيها إلى اعتماد على شيء قوى، ليس بغاية الصلابة كما في الحنجرة، ثم العصب وهي أجسام دماغية المنبت أو نخاعية المنبتت بيض لدنه لينه في الانعطاف صلبة في الانفصال، خلقت ليتم بها للأعضاء الحس والحركة.

ثم إن الأوتار وهي أجسام تنبت في أطراف العضل شبيهه بالقصب فتلاقي الأعضاء المتحركة فتارة تجذبها بانجذابها لتشنج العضلة واجتماعها ورجوعها، وتارة ترخيها باسترخائها لانبساط العضلة، عائدة إلى وضعها أو زائدة فيه على مقدارها في طولها حال كونها على وضعها المطبوع لها على ما نراه نحن في بعض العضل، وهي مؤلفة على الأكثر من العصب النافذ في العضلة البارزة منها في الجبهة الأخرى، ومن الأجسام التي نسميها رباطات وهي أيضا عصبية المرأى والملمس وتتلو ذكرها ذكر الأوتار وهي التي تأتي من العظام إلى جهة العضل فتتشظى هي والأوتار ليفا. فما ولي العضلة منها احتشى لحما، وما فارقها إلى المفصل أو العضو المحرك اجتمع إلى ذاته وانفتل وترا.

وعن الشرايين فيقول: وهي أجسام ثابته من القلب، ممتدة مجوفة طولا، عصبانية وباطنية الجوهر كلها حركات منبسطة ومنقبضة، تنفصل بسكونات خلقت لترويج القلب وتقض البخار الدخاني. واعتقد أنه يقصد هنا (بخار الماء وثاني أوكسيد الكربون) وتوزيع الروح على أعضاء البدن. ثم يتطرق إلى الأوردة فيقول وهي شبيهة بالشريانات ولكنها نابته من الكبد وساكنة لتجمع الدم من أعضاء البدن ثم الأغشية (memberanes) وهي أجسام منتسجة من ليف

عصباني غير محسوس، رقيقة الثخن، مستعرضة تغطى سطوح أجسام أخرى وتجري عليها المنافع منها لتحفظ جملتها على شكلها وهيأتها ومنها لتعلقها من أعضاء أخرى وتربطها بها بواسطة العصب والرباط. وعن الدماغ فيقول ابن سينا: (أما الدماغ فمبدأ الحس عند قوم مطلقا، وعند قوم لا مطلقا، والكبد مبدأ التغذية عند قوم مطلقا وعند قوم لا مطلقا، وقال جليل الفلاسفة (يقصد أرسطو) القلب وهو الأصل الأول لكل قوة، وهو يعطي سائر الأعضاء كلها القوة التي تغذو بها والتي تجيء، والتي تدرك وتحرك.

فالأعضاء الرئيسية هي الأعضاء التي هي المبادئ للقوى الأولى في البدن المضطر إليها في بقاء الشخص أو النوع، أما بحسب الشخص فالرئيسية ثلاثة:

القلب وهو مبدأ قوة الحياة، **والدماغ** مبدأ قوة الحس والحركة، **والكبد** وهو مبدأ قوة التغذية. ويوالي الرئيس ابن سينا شرحه العلمي الرائع هذا فيتناول من الأجزاء الظاهرة في الرأس فيقول: ومن الأجزاء الظاهرة في الراس الأذنان وهي للسمع فقط وأجزاؤه: الغضروف المتشنج في الإنسان والشحمة والثقبة الملوية، وقد عرض المحارة أو صيوان الأذن بينهما بالهيئة التي بها ليظهر الطنين للصوت، واجتماع الهواء الحامل للصوتت في غضونه ولولب ثقبه لتكون المسافة القصيرة المدى طويلة، فلا يكون داخل الأذن وحيث تجاور الدماغ معرضا لوصول البرد والحر إليه من الثقب بسهولة والزوج الحساس من العصب الذي يأتيه، صلب لأنه معرض لمحاكة الهواء بالفرش على السطح الباطن من الصماخ لأنه يحتاج أن يلقي الهواء المتموج لها مماسة مصادمه، وذلك العصب يبرز إليه من ثقب... وللأذن منفذ خفي أيضا إلى الحنك.

ومن هذه النماذج القليلة التي قدمناها في هذا المقام يتضح لنا ما يتمتع به الرئيس ابن سينا من فكر عميق وفلسفة وحكمة رصينة وما خرج به من نظريات وآراء نادى بها منذ مئات السنين فسبق به أكثر علماء الغرب والشرق. وكل ما

قال به تقريباً هو أسس ما خرج به العلم الحديث وبالأخص في علوم الحياة والتشريح والطب وعلم وظائف الأعضاء وغيرها.

ابن الصوري

اسمه وبيئته:

هو أبو المنصور بن أبي الفضل بن علي الصوري، اشتهر بمعرفته الأدوية المفردة وماهياتها واختلاف أسمائها وصفاتها وتحقيق خواصها وتأثيرتها. ولد سنة (٥٧٣هـ/ ١١٧٧م) بمدينة صور ونشأ بها ثم انتقل إلى بغداد واشتغل بصناعة الطب على الشيخ موفق الدين عبد العزيز السلمي والشيخ موفق الدين عبد اللطيف البغدادي، وأقام في القدس سنوات عديدة وكان شيخاً فاضلاً في الأدوية المفردة، متفننا في علوم أخرى.

اطلع رشيد الدين الصوري على كثير من خواص النباتات وتميز على غيره في بروزه في هذا المجال وخدم بصناعة الملك العادل أبا بكر بن أيوب سنة (٦١٢هـ) واستصحبه من القدس إلى مصر وبعد وفاته خدم ولده الملك المعظم وفوض إليه رئاسة الطب، ثم أقام بدمشق عندما توجه الملك الناصر إلى الكرك في الأردن. وتوفي ابن الصوري سنة (٦٣٩هـ/ ١٢٤١م) بدمشق.

يقول الأستاذ خير الدين الزركلي في الإعلام: "رشيد الدين بن أبي الفضل بن علي الصوري، عالم بالنبات والطب. مولده في صور (بساحل سورية) وإليها نسبته. كان مولعا بالتنقيب عن غريب النباتات والحشائش". وقال عنه الأستاذ عمر رضا كحالة في كتابه معجم المؤلفين: "رشيد الدين الصوري من أطباء الشام المشهورين ومن أعلمهم في الأدوية المفردة، ترعرع في صور ولكنه انتقل عنها إلى بعض المدن العربية وانتهى به المطاف في دمشق حيث درس الطب هناك على كبار علماء الطب مثل موفق الدين عبد اللطيف البغدادي وغيره".

وجاء في كتاب "عيون الأنباء في طبقات الأطباء" لابن أبي أصيبعة ما يلي:

"وكان قد خدم بصناعة الطب الملك العادل أبا بكر ابن أيوب، ولما كان الملك العادل متوجهاً إلى الديار المصرية والقدس استصحبه وبقى في خدمته إلى أن توفي الملك العادل رحمه اللـه. ثم خدم بعده لولده الملك المعظم عيسى بن أبي بكر. وكان مكيناً عنده وجيهاً في أيامه، وشهد معه مصافات عدة مع الفرنج لما كانوا نازلوا ثغر دمياط، ولم يزل في خدمته إلى أن توفي المعظم رحمه اللـه، وملك بعده ولده الملك الناصر داود ابن الملك المعظم، فأجراه على جامكيته، ورأى له سابق خدمته، وفوض إليه رياسة الطب، وبقي معه وفي إلى أن توجه الملك الناصر إلى الكرك فأقام هو بدمشق".

وجاء في كتاب (عيون الأنباء في طبقات الأطباء) أيضاً هذه الأبيات الرائعة في حق ابن الصوري:

لعلم رشيد الدين في كل مشهد ... منار علا يأتمه كل مهتدي
حكيم لديه المكرمات بأسرها ... توارثها عن سيد بعد سيد
حوى الفضل عن آبائه وجدوده ... فذاك قديم فيه غير مجدد
تفرد في ذا العصر عن كل مشبه ... بخير صفات حرصها لم يحدد
أتتني وصاياه الحسان التي حوت ... ينثر كلام كل فضل منضد
وأهدى إلى قلبي السرور لم يزل ... بها أبداً فيما أحاول مقتدي
ولا غرو من علم الرشيد وفضله ... إذا كان بعد اللـه في العلم مرشدي

****

مؤلفاته في النبات:

لرشيد الدين الصوري مؤلفات كثيرة في الطب والفلسفة والفقه والنبات يعتقد أنها مفقودة لأسباب مجهولة، ولكن المعروفة منها في مجالات النبات ما يلي:

١- كتاب النبات مصور بالألوان.

٢- الرد على كتاب التاج البلغاري في الأدوية المفردة.

٣- كتاب الأدوية المفردة.

بحوثه في علم النبات:

قال: ابن أبي أصيبعة في طبقات الأطباء عن كيفية تأليف كتاب النبات لرشيد الدين الصوري: "إن هذا الكتاب بدأ بعمله في أيام الملك المعظم، وجعله باسمه واستقصى فيه ذكر الأدوية المفردة، وذكر أيضا أدوية اطلع على معرفتها ومنافعها لم يذكرها المتقدمون وكانا يستصحب مصورا ومعه الأصباغ والليق على اختلافها وتنوعها فكان يتوجه الصوري إلى المواضع التي بها النبات مثل جبل لبنان وغيره من المواضع التي قد اختص كل منها بشيء من النبات فيشاهد النبات ويحققه ويريه للمصور، فيعتبر لونه ومقدار ورقه وأغصانه وأصوله ويصور بحسبها ويجتهد في محاكاتها". ويشير الدكتور أحمد عيسى بهذا الموضوع: إلى أن الصوري كان يرى النبات للمصور في أبان نباته وطراوته فيصوره ثم يريه إياه وقت كما له وظهور بذوره فيصوره تلو ذلك، ثم يره إياه أيضا في وقت ذواه ويبسه فيصوره تلو ذلك، ثم يره إياه أيضاً في وقت ذواه ويبسه فيصوره فيكون الدواء الواحد يشاهده الناظر إليه في الكتاب هو على أنحاء ما يمكن أن يراه في الأرض فيكون تحقيقه له أتم ومعرفته أصلح.

يقول الدكتور أحمد شوكت الشطي: "يتضح أن رشيد الدين الصوري كان في أبحاثه عن النباتات وخواصها رائداً كبيراً من رواد علم النبات في زمانه البعيد، اتبع أسلوباً علمياً لم يسلكه الغرب إلا في العصر الأخير. والجدير ذكره أنه أسهم إسهاماً ملموساً في علاج المرضى في الحروب الصليبية وكان له مجلس للطب والجماعة يتردّدون إليه ويشتغلون بالصناعة الطبية عليه. وقد اشتغل رشيد الدين الصوري في النبات، فجرى على سنة سابقيه بتصوير النباتات ورسم في كتابه النبات في مختلف اطواره غضاً وجافاً ومبرعماً ومزهراً ومثمراً". وهذا العمل يعرف اليوم بالدراسة الميدانية أو الموضوعية والتي يعتمد عليها الآن علم النبات الحديث.

أما الدكتور أنور الرفاعي فقد ذكر عن أثر ابن الصوري في علم النبات، فقال: "إن رشيد الدين الصوري، (١١٧٧- ١٢٤١م) عميد الأطباء، في دمشق ولد في صور ودرس الطب في دمشق، ألف كتاباً سماه (الأدوية المفردة) وزينه برسوم النبات بألوانها

الطبيعية، وصف فيه (٥٨٥ عقاراً، منها ٤٦٦) من فصيلة النبات و(٧٥) من المعادن و(٤٤) من فصيلة الحيوان)، وكتابه أول كتاب مصور في علم النبات باللغة العربية".

وخلاصة القول أن ابن الصوري من العلماء الرواد القلائل أخرج كتاب في النبات مصور، تصويراً يفوق ما يتصوره المطالع في الكتب النباتية الحديثة. كما أنه يعتبر من العلماء القلائل الذين استخدموا التطبيقات العملية والعلمية البحتة في بحوثه حول النباتات وفوائدها العلاجية والطبية في آنٍ واحد، وفي ذلك الوقت بالذات. فهو فعلاً أحد مؤسسي علم النبات الحديث ولاسيما النبات الدوائي أو الصيدلي لإضافاته الجريئة إلى النباتات الطبية، أنواعاً جديدة لم تكن معروفة عند علماء العرب والمسلمين واليونان.

ابن طفيل

اسمه وبيئته:

ولد أبو بكر محمد بن عبد الملك بن محمد بن محمد بن طفيل القيسي الأندلسي المشهور بابن طفيل حوالي سنة (١١٠٦م/ ٥٠٠هـ) في وادي آشر بالقرب من مدينة غرناطة. وتوفى سنة (١١٨٥م/ ٥٨١هـ) في مراكش. امتهن أول أمره الطب ثم شغل منصب الحجابة (الوزارة) في غرناطة. اعتمد عليه الموحدين في مراكش فعينوه كاتبا لسر الأمير أبي سعيد ابن عبد المؤمن حاكم سبته وطنجة. وبعد ذلك أصبح طبيباً خاصاً لأبي يعقوب يوسف سلطان الموحدين في سنة (٥٥٨هـ). ثم اغتزل المناصب التي أسندت إليه في بلاط السلطان أبي يعقوب وسافر إلى مراكش وكان ذلك في سنة (١١٨٢م). وقد ترك ابن طفيل العديد من المؤلفات القيمة في الفلسفة والطبيعيات وأصبح أحد أعظم عباقرة فلاسفة العالم وأبلغهم أثراً في الفكر والثقافة العربية والعالمية، ولا سيما في تقدم أوروبا الحالية.

فلسفة ابن طفيل في علم الحيوان:

لم يبق من مؤلفات ابن طفيل إلا القليل جداً ومن هذا القليل كتابه الفلسفي القيم المعروف بـ (قصة حي بن يقظان) الذي حوى التربية والأخلاق وما وراء الطبيعة (الوجود والهيّات) وعلما الاجتماع والجغرافية وعلم نشوء الكون والفلك والرياضيات وكيمياء وفيزياء وعلوم حياة وتشريح وطب. وهذا الكتاب عبارة عن قصة إنسان يولد ويعيش في جزيرة لا يوجد فيها أي بشر فيها باستثناء الحيوانات. يصف ابن طفيل في حي ابن يقظان قصة تولده حتى وفاته، وهنا تظهر فلسفته بالنشوء والارتقاء واصل الحياة. يقول الدكتور جليل أبو الحب عن فلسفة النشوء والارتقاء عند ابن طفيل بما يلي: (لم يكتب ابن طفيل قصة حي بن يقظان لوجهة بايولوجية بل إنه تطرق لكيفية خلق حي بن يقظان لوجهة بايولوجية بل إنه تطرق لكيفية خلق حي بن يقظان في تلك

الجزيرة لوحده لكي يتدرج معه في معرفة نفسه والكون والخالق وتطور فكره بدون الاعتماد على منس يعلمه ذلك). لقد خرج ابن طفيل بكتابه حي بن يقظان بنظريتين عن أصل حي وهي بطبيعة الحال المقصودة (أصل الحياة).

النظرية الأولى:

نظرية الخلق الإلهي والتي يطلق عليها النظرية المثالية أو نظرية الخلق الخاص والتي جاءت بها الأديان كافة وتعتبر معروفة لدى جميع المذاهب والأقوام ولم يكن ابن طفيل قد أتى بجديد فيما هو ذهب إليه.

ومضمون هذه النظرية: ((....أنه كان بإزاء تلك الجزيرة، جزيرة عظيمة متسعة الأكناف، كثيرة الفوائد، عامرة بالناس، يملكها رجل شديد الآنفة والغيرة وكانت له أخت ذات جمال وحسن باهر فعصلها ومنعها الزواج، إذا لم يجد لها كفوا)). ((وكان له قريب يسمى يقظان فتزوجها سرا على وجه جائز في مذهبهم المشهور في زمنهم. ثم إنها حملت منه ووضعت طفلا. فلما خافت أن يفتضح أمرها وينكشف سرها وضعته في تابوت أحكمت زمه، بعد أن أروته من الرضاع وخرجت به في أول الليل في جملة من خدمها وثقاتها إلى ساحل البحر، وقلبها يحترق صبابه به ، وخوفا عليه. ثم إنها ودعته، ثم قذفت به في اليم، فصادف ذلك جري الماء بقوة المد فاحتملته من ليلته إلى ساحل الجزيرة الأخرى المتقدم ذكرها وكاد المد يصل إلى ذلك الوقت إلى موضع لا يصل إليه إلا بعد عام. فأدخله الماء بقوته إلى أجمة ملتفة الأشجار، عذبة التربة، مستورة عن الرياح والمطر، محجوبة عن الشمس تزور عنها إذا طلعت وتميل إذا غربت. ثم أخذ الماء في النقص والجزر عن التابوت الذي فيه الطفل وبقي التابوت في ذلك الموضع وعلت الرمال وهبوب الرياح وتراكمت بعد ذلك حتى سدت باب الأجمة على التابوت وردمت مدخل الماء إلى تلك الأجمة فكان المد لا ينتهي إليها، وكانت مسامير التابوت قد قلقت والمواحة قد اضطربت عند رمي الماء إياه في تلك الاجمة فلما اشتد الجوع بذلك الطفل بكي واستغاث... حتى وصلت التابوت ففحصت عنه بإظلافها وهو ينوء ويئن من داخله حتى طار عن التابوت لوح من أعلاه فحنت الظبية... وألقمته حلمتها وأروته لبنا سائغاً. وما زالت تتعهده وتربيه وتدفع عنه الأذى. هذا ما كنان من ابتداء أمره عند من ينكر التولد".

النظرية الثانية:

هي نظرية التولد الذاتي أو التولد المادي او التولد الطبيعي، وهنا يقول: ابن طفيل أن حياً قد تولد، تولدا ذاتيا بالنشوء الطبيعي المرتجل، وأن أصله طينة قد تخمرت في بطن الأرض في جزيرة الواقوق، وأن تكون الطينة قد احتوت على نغافة منقسمة إلى قسمين بنهما حجاب رقيق وممتلئة بجسم لطيف هوائي تعلق به الروح الذي هو من أمر الله.

ثم تمخضت هذه الطينة عن جسد طفل بادر إلى الاستغاثة عند اشتداد جوعه فلبته ظبية كانت قد فقدت طلاها وأرضعت الظبية الطفل وخضته.. ومهما جاء في معرفة ابن طفيل لأصل الحياة كما توضح من كتابه (حي بن يقظان) فيمكن أن نستدل على أنه كانت لديه فكرة أو معرفة غير عميقة في معرفة نظرية التطور، وهو قد بين أن هناك تنافس شديد بين الكائنات الحية وأن القوى هو الذي يفوز في البقاء.

وهذا التعريف مشابه لما اصطلح عليه داروين (التنازع على البقاء وبقاء الأصلح والانتخاب الطبيعي) كما نستدل على أن ابن طفيل كان قد عرف ان الكائنات الحية بما فيها من حيوانات ونباتات هي من أصل وجذر واحد. وأخيراً اعتقد ابن طفيل أن الإنسان هو أعلى قمة تطور الكائنات الحية وبه يصل التطور إلى أعلى وأسمى مراحل التكوين العضوي لكافة الأحياء والأهم من ذلك كله أن ابن قد بنى اعتقاده هذا على أساس أن كافة الكائنات الحية كانت قد سبقت الإنسان في الظهور على الكرة الأرضية وأن احياء الماء أسبق من احياء اليابسة.

ويشير الاستاذ فاروق سعد إلى أن المكان الذي ذكره ابن طفيل عن حدوث النشوء الطبيعي في جزيرة من جزائر الهند تحت خط الاستواء هو نفسه الذي يشير إليه انجلز في بحثه تحت عنوان (دور العمل في تحول الإنسان إلى قرد).

وقد تطرق ابن طفيل في كتابه حي بن يقظان إلى علم التشريح وأصوله. فهو يصف أعضاء الظبية التي شرحها ليقف على سبب موتها. فبين وظائف الأعضاء وخصوصاً القلب، وانتقل بعد ذلك من الوصف إلى التعرف إلى الحواس وميزاتها، وانتقل إلى الدماغ والأعصاب، وقال: (لكل واحد من هذه الأعصاب أعضاء تخدمه ولا يتم لشيء من هذه فعل إلا بما يصل إليها من ذلك الروح على الطرق التي تسمى

عصباً. ومتى انقطعت تلك الطرق أو انسدت تعطل فعل ذلك العضو: وهذه الأعصاب إنما تستمد الروح من بطون والدماغ يستمد الروح من القلب. والدماغ فيه أرواح كثيرة، لأنه موضع تتوزع فيه أقسام كثيرة).

ويقول: الدكتور جليل أبو الحب عن علوم التشريح عند ابن طفيل: (عرف أنه يوجد في جسم الحيوان اللبون تجويفان، التجويف الصدري والتجويف البطني، بالإضافة إلى ذلك فقد اعتبر ابن طفيل الجمجمة تجويفا ثالث في الجسم ويقع فيه الدماغ. فهو يقول: أن جميع أعضائها (أي الوحوش الميتة) مصمته لا تجويف فيها إلا القحف والصدر والبطن، ثم إن الصدر محاط بالضلوغ التي توصل بينها عضلات لحمية.

ويبطن الصدر من الداخل حجاب أو غشاء وهو ما تسميه اليوم بغشاء الجنب. وتوجد داخل التجويف الصدري، الرئتان واحدة منهما على كل جانب وما بينهما القلب الذي هو في وسط الصدر، وشق بها ما بين أضلاعها حتى قطع اللحم الذي بين الأضلاع وأفضى إلى الحجاب المستبطن للأضلاع. وقد اعتمد ابن طفيل كثيراً على جالينوس في وصفه لتشريح القلب. وكان جالينوس قد وقع في أخطاء كثيرة في وصفه تشريح وتقسيم القلب وهذا يدل على ابن طفيل لم يشرح بنفسه أي كائن حي كالظبية مثلا ولهذا فقد أبقى على شرح جالينوس ووقع في نفس أخطائه. ولكن لو كان قد قد قام بنفسه هو بتشريح الظبية لوصل إلى نتيجة عملية شبه تامة في معرفته التشريح الدقيق لكائن حي.

ويمكننا أن نستشف من معرفة علم التشريح عند ابن طفيل أنه قد ألم ببعض أجزائه بصورة قيمة وذات أبعاد علمية دقيقة لا سيما أنه في زمان لا وجود فيه لأبسط الأجهزة والمبتكرات العلمية التي يستعملها علماء الأجنة في العصور الحديثة.

لذلك فإن أعمال ابن طفيل في مجال أصل الحياة والنشوء والاتقاء تعتبر من أهم آثار تأثير العلوم والفلسفة العربية العريقة في علوم وفلسفة وحضارة الغرب، ولا سيما أوروبا التي لولا ظهور ابن طفيل وغيره من علماء العرب لما وصلت إلى ما عليه الآن من رقي وتقدم تقني كبير ولما ظهر داروين باستور وغيرهم من فطاحل وعباقرة الغرب والشرق.

ابن العوام

اسمه وبيئته:

أبو زكريا بن يحيى بن محمد أبو أحمد المعروف بابن العوام الإشبيلي. لا
تعرف سنة ولادته، وتوفي في سنة (٥٤٠هـ/ ١١٤٥م). لم نعرف أي شيء عن هذا العالم
الزراعي العربي إلا أنه كان يعيش في مدينة أشبيلية في القرن السادس الهجري (الثاني
عشر الميلادي). ذكره ابن خلدون في مقدمته لكنه لم يعرف كتابه، وعلى ما اعتقد أنه
ظن أنه مختصرا لكتاب الفلاحة النبطية.

يقول الدكتور عز الدين فراج: "أما أبو زكريا بن العوام الإشبيلي فلا نعرف
سوى القليل عن حياته ونشأته، بل لا نعرف متى عاش بالضبط وكل ما نعرفه أنه
عاش في إشبيلية في أواخر القرن الثاني عشر الميلادي في ذلك ذروة التقدم الفكري
والحضارة وكانت الفنون الزراعية تزدهر بنوع خاص في هذه المنطقة، منطقة الوادي
الكبير، وهي ما زالت حتى اليوم تمتاز بوفرة خصبها ونضرتها، ودرس ابن العوام
الفنون الزراعية ووضع كتابه الفلاحة".

كتاب الفلاحة لابن العوام:

يذكر الأستاذ عادل أبو النصر (ت١٩٦٦) أن ابن العوام لم يؤلف كتابه
الفلاحة إلا بعد أن قام بتجارب زراعية عديدة تأكد من صحتها بنفسه، وكان يسجل
ما يصل إليه من نتائج، وكان يدون ما يشاهده أثناء زيارته لهذا الجبل ولغيره من
المناطق. ولدى مطالعة كتابه القيم بمنظار العصر الحديث نلاحظ أن معظم نظرياته
الزراعية هي قريبة من الحقيقة العلمية التطبيقية.

وكان (كازبري المستشرق الإسباني) اول من نبه الأذهان في فهرسه إلى
المخطوطات الكاملة لهذا الكتاب المحفوظ بمكتبة الأسكوريال. وقد نشره تلميذه

بانكوري مع ترجمة إسبانية سنة ١٨٠٣. ووضع المستشرق ماير خلاصة قيمة لهذا الكتاب. ونشر كليمان ميوله ترجمة فرنسية لهذا الكتاب سنة ١٨٦٤.
ويذكر رام لاندو في كتابه "علماء العرب في الحضارة": إن ابن العوام من علماء القرن الثاني عشر الميلادي، المرموقين في حقل الزراعة والنبات. لقد احتوى كتابه (الفلاحة) على
(٥٨٥ نبته) مختلفة، كما أن فيه وصفاً لكل واحدة، مما جعل إسبانيا مصدراً زراعياً لجميع القارة الأوروبية، ومن ثم الولايات المتحدة الأمريكية.

والحق أن ابن العوام عالم تفخر به البشرية أجمع لما قدمه من خدمة لهم حول قوتها وعقاقيرها اليومية. أما الدوميبلي فقد قال: في كتابة "العلم عند العرب وأثره في تطور العلم العالمي"، إن أبا زكريا بن العوام الإشبيلي يعتبر بحق من أطباء الأندلس الذين نبغوا في القرن الثاني عشر الميلادي، وكتاب الفلاحة أهم كتاب عربي من هذا النوع. ومع أن ابن العوام كان يؤلف كتبه على أساس الجمع بين الكتب العلمية الإغريقية والعربية وبين المعارف العلمية العميقة التي استفادها من التجارب المباشرة، فهو يقدّم وصفاً دقيقاً لعدد يبلغ (٥٨٥ نوعاً) من النباتات ذكر من بينها
(٥٥ نوعاً من الأشجار المثمرة)، ويؤكد الأستاذ قدري حافظ طوقان على أصالة ابن العوام حيث قال: (حاول أبو زكريا بن العوام الإشبيلي أن يطبق معارف العراق واليونان والرومان وأهل إفريقيا على بلاد الأندلس، وقد نجح في تطبيقاته وانتفع بذلك عرب الأندلس والأوروبيين فيما بعد.

وصاروا (أي العرب) يعرفون خواص الأتربة وكيفية تركيب السماد مما يلائم الأرض أكثر من غيرهم، كما أنهم أدخلوا تحسينات جمة على طرق الحرث والغرس والسقي. وهذا ما جعل الأندلس في العهد العربي الإسلامي جنة الدنيا. وأوضح العالم الفرنسي دانيال لكلير (١٦٥٢- ١٧٢٨م) في كتابه الشهير (تاريخ طب العرب): إن ابن العوام كان عملاقاً في حقل الفلاحة، فقد قدم للإنسانية من المعارف التطبيقية ما تحتاج إليه. كما أن إنتاجه يتسم بالتوثيق التاريخي الذي يهتم به علماء القرن العشرين الميلادي، فهو عاش في القرن الثاني عشر الميلادي، ولكن بعقلية القرن العشرين الميلادي.

ماذا احتوى كتاب الفلاحة؟:

ينقسم كتاب الفلاحة إلى أربعة وثلاثين فصلا في جزأين، فالجزء الأول يقع في ستة عشر باباً، ووقع الثاني في ثمانية عشر باباً.

تبحث الفصول الأولى في الفلاحة، بينما تبحث الأربعة الأخيرة في تربية الماشية ووصفها وصفاً قيماً وكيفية علفها ونظافتها ومعالجة بعض أمراضها. ويقول أبو النصر: (أن ابن العوام قد انتفع كثيراً من كتاب الفلاحة النبطية لابن وحشية، إلا أنه ترك الطلاسم والخرافات الكثيرة وجميع الاعتبارات الدينية والفلكية)، ويضيف قائلاً: (إن مطالعة كتابه تظهر لنا أن قدرته العلمية عظيمة وأسلوبه سهل هين، وتنسيقه علمي. ونظرياته قيمة للغاية ما عدا بعض النظريات القليلة التي لا تنطبق على العلم الحديث).

وقد قدم ابن العوام لكتابه بمقدمة طويلة رائعة ضمنها بعض الأحاديث الشريفة فيما يخص الزراعة والزرع، وقد سمي ابن العوام المراجع والمصادر التي استقى منها، ورمز لمؤلفيها بحروف لا يفتأ يذكرها، كلما أراد فهذا الغرناطي (غ)، وجالينوس (ج)، وقسطوس (ق)، وأرسطو (طط)، وطامتري (ط)، وهكذا.

يقول ابن العوام أنه لم يثبت إلا ما جربه مراراً، ويقول أحياناً أنه لم يقطع بأن هذا يصح في بلادنا لبعد بلادهم عنا، كما أنه حدد المقاييس وعرف المصطلحات كالطمر والكمخ والنبش.

وخص الجزء الأول من الكتاب في معرفة نوع الأراضي وأنواع الأسمدة وأنواع المياه والبساتين، واتخاذ الأشجار والثمار، ثم في تطعيم الأشجار وتسمية الأشجار المعتاد زراعتها عن تركيب الأشجار بعضها في بعض أوقات وكيفية اختيار الأقلام ثم تقليم الأشجار، وتحدث عن حرارة الأرض المغترسة، وتسمية الأشجار التي توافقها. ويتكلم عن أنواع الزبول (الأسمدة) وعلاج الأرض المالحة وكيفية التسميد والعمل في سقي الأشجار والخضر بالمياه وما يحتلم السقي الكثير.

ويصف عملية تذكير الأشجار المتحابة والمتنافرة وعن علاج الأشجار من الأمراض والآفات الزراعية وكذا علاج البقول والخضر.

ويتحدث ابن العوام عن بعض الصناعات التي تخص الفاكهة والخضروات وهو ما يسمى الآن بالصناعات الزراعية فقال: ملحا مستطرقة تعمل في بعض الأشجار والخضر وتغيير لون الورد وتدبير في الورد حتى يورد، والتفاح حتى يثمر في غير أيامه. وتناول كيفية العمل في اختزان الحبوب والفاكهة الغضة واليابسة والتحليل وغيره، وشرح عمل القليب ومنفعته وإصلاح الأرض بعد كلالها، وما يريح الأرض ويصلحها من الحبوب والقطاني واختيار البذور، واختيار ما يصلح لكل نوع من أنواع الحبوب، أنواع الأرض ومعرفة أوقات الزراعة وصفة العلم في زراعة الرز والذرة والدخن والجلبان واللوبيا والعنب والقطن وبصل الزعفران والفول وزراعة البقول ذوات الأصول مثل السلجم والجزر والفجل والقثاء والبطيخ والدلاع والباذنجان والحنظل. ثم البذور المستعملة في الأدوية كالكمون والكزبرة والكراوية والتي تسمى الويم بالنباتات الطبية.

ويخصص فصلاً للرياحين وثان لأنواع النبات التي تتخذ منه الجنان، وثالثا لاختيار البيادر والمدارس حيث تجمع المحاصيل وتدرس. وخصص بابا لاختيار مواضع البناين وقت قطع الخشب ومعاصر الزيت.

الحيوانات الزراعية:

وخصص باقي الأبواب من الكتاب للتحدث عن الحيوانات الزراعية وطرق تربيتها وأمراضها (علم البيطرة الآن)، فتكلم عن اقتناء الحيوان الطائر في البيوت مثل الحمام والأوز والدجاج ونحل العسل، ثم تربية الكلاب للصيد والحراسة. ويوضح الدكتور عبد الحليم منتصر عن أهمية كتاب الفلاحة (...وكذلك نرى أن الكتاب على بعد عهده يعالج كل العلوم الزراعية تقريباً في أسلوب سهل جذاب لا تلم قراءته، اتسم بالأمانة في العرض والاستشهاد ثم يتبع ذلك بقوله: لي وذلك حين يعرض رأيه هو. وفيما عدا ذلك فإنه ينسب إلى قائليها).

أنواع الترب الزراعية:

ويذكر ابن العوام أنواع الترب الزراعية والتي يمكن أن تصلح لنبات معين أو

لا تصلح فيقول: (أول مراتب علم الفلاحة معرفة الأرض، والسواد دليل الحرارة، كذلك الحمرة، إلا أن حر الحمرة أقل من السودة، ثم يتلوه الصفرة، إن أنت مارست الطين بيديك فأصبته شبيهاً بالشمع يلصق شديداً فاعلم أنها أرض غير موافقة للبقول*.

وهذا قول يونيوس... وبعضهم يستدل على طيب الأرض ودناتها بأعشاب نبتها، لا تكاد تخطئ الاستدلال بها ويمثل بنباتات لا تنبت إلا في الأرض الجيدة، وأخرى تنبت في الأرض الدنيئة، والبعض ينبت في كليهما، وهي لا تخطئ أبداً. وهذا ما يسمى في العلم الحديث (النباتات كواشف للبيئة). ويستمر ابن العوام في وصفه أنواع الترب قائلاً: "وأجود الأرض البنفسجية ثم شديدة الغبرة فيها تخلخل وطعم ترابها عذب"**.

ومن التجارب التي بنى عليها دراسته الفلاحية وهو منهج تجريبي وإن كان بدائي، فإنه سليم، طلبه منك أن تأخذ قدراً معيناً من التربة وترجه بالماء الحار، وتتذوق الماء وتتبين رائحته.

ثم يطلب إليك أن تلاحظ ما ينبت بها من نبات بري إن كان قيمئاً (ضعيفاً) أو قوياً.

ويضيف ابن العوام قائلاً: "إن البعض يكتفون في امتحان الأرض بالنظر إلى ما ينبت فيها ولو بحشيشة واحدة مثل السوس والعوسج والشوك والعليق، فيأخذون من أغصانها وأوراقها المتوسطة، فيدقونه ويقيسون طعمه إلى طعم مثله مما ينبت في أرض سليمة من الآفات. فيستدلون بالخلاف والوفاق". وتسمى هذه الأقوال دراسة تجريبية مقارنة هي أساس التجارب العملية.

يقول ابن العوام: "وهناك الأرض المالحة والنزه والغدقة، والرخوة والدسمة المفرطة في ذلك والقابضة والحامضة الحارة والمفرطة التخلخل والمفرطة الاستحصاف والمفرطة

---

*ربما يقصد هنا ابن العوام الأرض الطينية الناعمة.

** من المحتمل قصد بها الأرض المسامية الخالية من الأملاح.

التكرز" وهنا يقول الدكتور عبد الحليم منتصر [وما أظن علم الأراضي الحديث يزيد على هذه الأنواع، وإنما ابتكر المقاييس والتعاريف المختلفة].

ويتناول ابن العوام الأرض التي تصلح كل منها لنبات معين **ويقول:** "والأرض المالحة، وهي أنواع منها ما يشوب طعمها مع الملوحة حموضة، ومنها ما يشوبه معها مرارة، ومنها ما يشوبه معها قبض. وللملوحة علاج عام وعلاج خاص وإن زرع في هذه الأرض حب الازادرخت واللوز المر والآس وشجر الغار، لقطت هذه الأشياء المرارة كلها حتى تصلح صلاحاً تاماً، ويتم صلاحها بتكرير التزييل الحصوف المرافق... اهرب كل الهرب من الأراضي المالحة والرمل المالح".

ويقول: "من صفات الأرض التخلخل والرخاوة والتكزز والتنكيد". وعن معرفة نوع الأرض يقول ابن العوام: "يحفر ثلاث حفر، عمق نصف ذراع ويجمع التراب في آنية من الخزف بعناية شديدة ثم يأخذ من أرض متخلخلة غير مكتنزة ويوضع في الحفاير فإن بقى شيء كانت مكتنزة".

يقول: "والأرض المتخلخلة تصلح للغرس. والصلبة المكتنزة لا تصلح، وشديدة التلزز من طبعها تحبس الماء فلا تمص كثيراً، ولا تجذبه إلى باطنها". ويقول: "ويصلح في الجبلية منها على حال مع كثرة العمارة، شجر الزيتون والخروب والبلوط والشاة بلوط والغبيراء والكمثرى والأجاص والقراصيا".

ويعقد ابن العوام مقارنة للأسمدة البلدية فيقول: "هذا رأي يونيوس، أما قسطوس فيرتبها الأزبال والاتبان والأرمدة، إما مفردة أو مرمكبة". ويفرد فصلاً حول استعمال الازبال في الشجر والخضر.

ويقول: "وهذه مع منفعتها للبنات فإنها تنفع الأرضين التي فيها النبات والتي لا نبات فيها ولا شجر، وذلك أنه إن طرحت في أرض ردیئة أصلحتها، وإن كانت الأرض صالحة زادتها صلاحية في طيبها وقوتهان وكذلك هو فعلها في

النبات والشجر. التقوية والصلاح ودفع العوارض الرديئة عنها".

أنواع المياه المستعملة في السقي:

وعن أنواع المياه المستعملة في سقي الخضر والنباتات الأخرى، يقول ابن العوام "هناك الماء العذب، والماء المر، والماء المالح الزعاق، والماء القابض العفن، والماء الذي غلب عليه طعم بعض المعادن. ويستدل على قرب الماء بأنواع النبات وبلون وجه أرض وطعمه وريحه. وتجرب الشمعة لئلا يوجد في البئر بخار مؤذي.

ولا يكون غرس الأشجار غرساً مختلطاً لئلا يغلب القوي منها الضعيف، وينبغي ان تكون الفرج التي بين الغروس على قدر طبع الأرض وقوتها، وأجود جميع الغروس التي تحرّل، وخير غرس الشجر ما يكون من غصون، وأن الغروس التي من البذور في الجملة أضعف من جميع الغروس ولا تغرس الأشجار التي تعظم مع الأشجار التي لا تعظم، ولا التي تتعرى من أوراقها مع التي لا تتعرى منها، وكذلك ما يأتي منها فائدة في وقت واحد، يغرس معاً في وجهة واحدة، مثل التفاح والأجاص والكمثرى والمشمش لتخف المؤونة في حرازتها. وبعد أن يذكر ما يصلح غرس من نوى أو بذر، يذكر إجماع حذاق الفلاحين على ألا تقر هذه الأشياء في مواضعها، بل تنقل، وذلك مثل الجوز واللوز وشاه بلوط والخوخ والأجاص والنخل والصنوبر والسرو والغبيراء والغار والصنوبر والمشمش والفستق، فإذا حال عليها حولان، حولت كلها إلى مكان آخر".

الترقيد من عمليات الزراعة العملية:

وحول عمليات تكثير النباتات يقول: ابن العوام "وما ينبغي أن يغرس من فروع تنتزع من الشجر، التفاح فالقراصيا، والآس والزعرور، ومن الناس من يعمد إلى زرع هذه الأشجار فيمليها ويطمرها في التراب، حتى يصير لها أصول ثم ينقلها".

وهو بذلك يصف ما نسميه اليوم (بالترقيد)، يقول والأشياء التي تغرس في أوتاد التوت، والأترج والسفرجل والزيتون والطرفا والحور، وهذه هي أيضا إن نقلت فغرست تكون أسجود.

وأما شجرة التين، وإن كانت من الأشجار اللابثة (المعمرة) فلتحريف عودها وخوره رأوا غرسه من القضبان الرقاق. ونبقى مع ابن العوام في وصفه القيم حول التكاثر الخضري في الأشجار المختلفة، فيقول: "تقلع القضبان من الترميدانات (المشاتل) بطينها، وتطمر ثلاثة أرباعها ويبقى الربع بارزا، وينبغي أن تكون الترميدانات في أرض لم تفلح جافة، وأن تكون الشمس مشرقة عليها، وتصل إليها الرياح الجارية، وينبغي أن تقلب هذه الأرض قلبا مستقصى لتنزع أصول الحشائش، ويحفر حول الغروس مرة كل شهر، وأن تكون الآلات صغارا جداً لئلا يضر ذلك بالغرس، وتلقط الفروع التي تنبت في الغروس، وهي غضة قبل أن تخشن وينبغي أن تكون الأرض التي تحول إليها الغروس من موضع تربتها مقاربة في الصفة للأرضين التي ابتدأ زراعتها فيها أو مثلها، ولا تحول من أرض جيدة إلى أرض رديئة.

وفي أوقات الغرس، إنها تختلف على قدر اختلاف البلدان والأمم أو الربيع أو الخريف. وإذا أردت أن تأخذ الغرس من أي نوع شئت كان قطعا، أو خلعا، أو ملخا أو وتدا أو غرسا بأصله فلا تأخذ إلا ما يلي الشمس، فهي تحره وتدبغه، وكلما أحرته الشمس فهو أجود ولا تأخذ غرسا أبدا من ناحية الشمال، وما جاوز الشمال فإنه ظليل قليل الحمل، قليل التعلق.

ينبغي أن تأخذ الأغصان من أعلى الشجرة. ويقول سيداغوس*: ينبغي ألا تنقل ما كان من الملاخ والقضبان والنوى والأوتاد منشوه على السقي والرطوبة الدائمة إلا إلى مثل ما كان عليه، فينبغي أن ينقل السقي إلى السقي، والبصل إلى البعل.

*سيداغوس: لم أعثر على مصادر عنه فيما توفرت لي.

وبعد ذلك يقارن بين أقوال يونيوس* وديمقراطيس* وبنهاريس* وقسطوس* وابن حجاج* والحاج الغرناطي* وغيرهم.

الغراسة: يقول ابن العوام: "وتختار للغراسة من الأشجار أكثرها حملا وأطيبها طعماً، فإن المؤونة والنفقة في غراسة النوع الجيدة وعمارته والرديء سواء، فغراسة الجيد أولى، وإنه ليذكر ما آثرت ذلك.

قالوا: نغرس الأشجار في زيارة القمر، فإنها تطول وتغلظ وتفرط في ذلك ويكثر حملها إذا غرست في ذلك الوقت. وبالضد من ذلك فيما يغرس أو يزرع في نقصانه". وأنه ليؤيد آراءه أحيانا بقوله: "قال ابن الحجاج رحمه الله: هذا إجماع من حذاق أصحاب الفلاحة على كراهة غدران الناس وكراهة الإفراط في الزبل لشجر الزيتون" فبعد ان يذكر آراء سلفه يقول: لي "جربت ذلك فصح".

فهذا هو ابن العوام وكتابه، فهو كتاب ليس معرض فصاحة وبلاغة لكنه كتاب لأجود الأبحاث الزراعية القديمة التي كانت معروفة في الأندلس، كما يصلح كثيراً في التطبيقات الزراعية الحديثة أيضاً.

وقال: (أنطوان باسي) في تقرير قدمه إلى الجمعية الوطنية الزراعية السورية: "لا تقتصر قيمة كتاب ابن العوام على كونه يحوي الفنون الزراعية القديمة والتي كانت متبعه في الأندلس بل إن له قيمة ثانية وهو كشف النقاب عن أن العرب كان لهم

---

*يونيوس: لم أفلح في الحصول على معلومات عنه.

*ديمقراطيس: عاش في حدود سنة ٤٥٩ ق.م، حيث ولد في أبديرا من أعمال تراقية، عالم اغريقي عاصر سقراط وبقراط، وهو فيلسوف ومهندس، ترك مؤلفات في تلك العلوم.

*بنهاريس: لم تتوفر لي مصادر عنه.

*قسطوس: قسطوس بن اسكوراسكينة، فيلسوف وحكيم روموي ألف كتاباً باليونانية، عرف بالفلاحة اليونانية، ونقله إلى العربية سرجس بن هلبا الرومي. وقد طبع هذا الكتاب.

*ابن حجاج: أبو عمر أحمد بن حجاج، عالم أندلسي، ولد في اشبيلية وعاش فيها، وضع كتاب المغني في الزراعة نحو سنة (٤٦٦هـ/ ١٠٧٢م.

*الحاج الغرناطي: أحمد الغرناطي، الملقب بالحاج، عاش في غرناطة في الأندلس. له كتاب مختصر عن الفلاحة، عاش في حدود سنة ٥٥٣هـ- ١١٦٠م.

ملحوظات في الطبيعة والكيمياء ما كنا نرتقب وجودها لديهم. وهو سفر مليء بالفوائد يرينا بإيجاز ما كانت عليه الزراعة لدى الأمم القديمة ثم في الأندلس وسائر البلاد العربية. وبالاختصار أن هذه الموسوعة الزراعية التي خص بها القرن الثاني عشر الميلادي، هي موسوعة تامة". إن ابن العوام أحد العلماء القلائل الذين ظهروا في بلاد العرب وكانوا رواداً في كل مجال طرقوه وأفاضوا فيه.

الغافقي

اسمه وبيئته:

مصادرنا عن هذا العالم الأندلسي قليلة ولم تساعد الباحث عن معرفة أعماله في مجال الصيدلة والطب وعلوم النبات بشكل علمي وواسع. وهناك نبذة متفرقة عنه هنا وهناك.

والمعروف بالغافقي نسبة إلى (غافق) وهو حصن صغير إلى جوار مدينة قرطبة الشهيرة في الأندلس. لم تعرف سنة ولادته بالضبط. وقيل توفي في سنة (٥٦١هـ- ١١٦٥م) أو سنة (٥٤١هـ- ١١٤٦م).

نشأ وتعلم العلوم على يد مشايخ وعلماء مدينة قرطبة، ثم بدأ يطبب فيها. وبرز بمداوة أمراض العيون وعالج التراخوما (الكاتاركت) بشفط مائها بإبرة رفيعة صنعها بنفسه. ذكره ابن أبي أصيبعة في طبقاته قائلاً: "هو أبو جعفر احمد بن محمد بن أحمد ابن اسيد الغافقي، أمام فاضل وحكيم عالم ويعد من الأكابر في الأندلس. وكان أعرف أهل زمانه بقوى الأدوية المفردة ومنافعها وخواصها وأعيانها ومعرفة أسمائها. وكتابه في الأدوية المفردة لا نظير له في الجودة ولا شبيه له في معناه.

قد استقصى فيه ما ذكره ديسقوريدس والفاضل جالينوس بأوجز لفظ وأتم معنى ثم ذكر بعد قوليهما ما تجدد للمتأخرين من الكلام في الأدوية المفردة، أو ما ألم به واحد منهم وعرفه فجاء كتابه جامعاً لما قاله الأفاضل في الأدوية ودستوراً يرجع إليه فيما يحتج إلى تصحيحه منها. وللغافقي من الكتب: كتاب الأدوية".

أثر الغافقي العلمي وأهم مؤلفاته:

اشتهر الغافقي كونه أحد أكبر علماء النبات العرب لمعرفته الجيدة والقيمة بالنباتات وخصوصاً الطبية منها، ووصفها في كتبه أحسن وصف. ويؤكد ابن أبي أصيبعة أن ابن البيطار كان يستصحب معه دائماً كتب نباتية ثلاثة: لجالينوس

وديوسقوريدس، والغافقي. وقد وصلنا من مؤلفات الغافقي أسماء أربعة مؤلفات، وإن كان البعض منها مفقوداً الآن:

١- **كتاب الأدوية والمفردات:** لا نعرف عنه شيء باستثناء ما نقله عنه ابن البيطار في كتابه الجامع، وفي مختصر له أعده ابن العبري (٦٨٤هـ- ١٢٨٥م) وترجم إلى اللاتينية. ومن هذا المختصر عدة نسخ عبرية ولاتينية. ويقال أن الغافقي قد وضع صورة لكل نبات ذكره في كتابه هذا، وذكر أسمائها بالعربية واللاتينية والبربرية.

٢- **جامع المفردات:** وضع له ابن العبري أيضا مختصر أسماه (المنتخب) ولهذا المنتخب عدة مخطوطات.

٣- **منتخب الغافقي في الأدوية المفردة:** أعده البطريرك غريغوريوس مفريان.

٤- **كتاب الأعشاب والنباتات الطبية:** يضم حوالي (٣٨٠ رسماً ملوناً) لنباتات وعقاقير وحيوانات ومعادن طبية مع نبذة قصيرة عنها. من هذا الكتاب مخطوطة بالمتحف الإسلامي بالقاهرة تحمل اسم (أحمد بن خليل الغافقي).

ابن قتيبة

اسمه وبيئته:

هو أبو محمد عبد الله بن مسلم بن قتيبة بن مسلم المروزي الدينوري، الكوفي. قيل نسبه إلى مرو- قصبة من خراسان، والدينوري نسبة إلى دينور من أعمال الجبل قرب (قرميسين) وكان مولده سنة (٢١٣ هـ)، ويذكر ابن الأثير وابن النديم وابن الأنباري أن ولادته كانت بالكوفة بينما يذكر الخطيب البغداي والسمعاني والقفطي أن مولده كان ببغداد. وأنا أقول أن ولادته بالكوفة أصح، وقد سكن بغداد بعد ذلك. وقد اختلف المؤرخون بوفاته أيضاً. لكن الأستاذ عبد الله الجبوري يرجح سنة (٢٧٦هـ) هي أصح الأقوال وأوثق الروايات استناداً إلى حجج كثيرة من أهما:

١- إجماع المؤرخين عليها.

٢- رحلة تلميذه قاسم بن أصبغ الأندلسي (ت ٣٤٠هـ) إلى بغداد وأخذه عن ابن قتيبة في سنة (٢٧٤هـ).

وقد نشأ ابن قتيبة في بغداد والدينور والبصرة، وقد تتلمذ على نحو ثلاثين من شيوخ الأدب واللغة والشعر والعلم والفقه. وكاننت حياة حافلة ونشطة نشأ في ظلها في بغداد حياة علم ورأي نقيض بهذا كله.

مؤلفاته في علوم الحياة:

لابن قتيبة العديد من المؤلفات في اللغة والأدب والفقه والعلوم، ومنبين تلك الكتب الكثيرة كتب أخص علوم الحياة منها:

١- كتاب الجراثيم (توجد نسخة منه في الخزانة الظاهرية بدمشق برقم (١٥٩٦).

٢- كتاب المعاني الكبير يشمل اثنى عشر كتابا والتي تهم موضوعنا هي (كتاب الغرس في ستة وأربعين باباً، كتاب الابل ستة عشر بابا، كتاب السباع والوحوش سبعة عشر بابا، كتاب الهوام أربعة عشر بابا)، طبع عدة مرات.

٣- عيون الأخبار وهو في عشرة كتب صغيرة، الذي يهمنا من هذه الموسوعة كتابان هما: الرابع- كتاب الطبائع الذي يتناول فيه المشركات من الحيوان ثم الأمثال المضروبة في طبائع الحيوان وخواصها كالسباع وما شاكلها ثم النعام والطيور وأنواعها والحشرات والنبات الخ... والتاسع كتاب الطعام، يتناول مع ما يتناول فيه انواعاً كثيرة من النبات والبقول والحبوب والبزور والفواكه والبصل والثوم والكرنب والقنبيط والخردل والحمص والتفاح والاترج وغير ذلك. وقد طبعت عدة طبعات.

٤- كتاب خلق الإنسان.

٥- كتاب الوحش، نشره الأب موريس ويج.

٦- كتاب الخيل.

٧- كتاب النخل والكرم، نشره الدكتور أوغست هفنر في مجلة المشرق، السنة الخامسة ونسبه إلى الأصمعي، ثم أعاد نشره الأب لويس شيخو في مجموع (البلاغة في شذور اللغة، ص٦٤) ونسبه إلى ابي عبيد القاسم بن سلام، ثم رجح بعد نسبه إلى أبي حاتم السجستاني.

٨- كتاب النعم والبهائم والوحش والسباع والطير والهوام وحشرات الأرض نشره الأب: موريس بوج في بيروت سنة (١٩٠٨) ونسبه إلى أبي عبيد القاسم بن سلام.

٩- اللبأ واللبن، نشره الأب شيخو ملحقاً بكتاب (اللبأ واللبن) لأبي زيد الأنصاري في (البلغة، ص/١٤٦، ١٥١).

وصف الحيوان عند أبي قتيبة:

وهذه نماذج مما قاله ابن قتيبة في وصف الحيوان من كتابه الطبائع: قال عن عض الكلب للإنسان: "وهذا ما يسمى بداء الكلب، والكلب إذا عض إنساناً فربما أحاله نباحاً مثله، ويزعمون أنه يطلب الماء أشد طلب فإذا أتوه به صاح عند معاينته لا أريد لا أريد... أو شيئاً في معنى ذلك". وهذا قول علمي وصحيح.

وعن طبائع الذئب يقول: "وقالوا في طبع الذئب محبة الدم ويبلغ به طبعه أنه يرى الذئب مثله قد دمى فيثب عليه فيمزقه.. والذئب أشد السباع مطالبة وإذا عجز عوى عواء استغاثة فتسامعت الذئاب فأقبلت حتى تجتمع على الإنسان فتأكله وليس شيء من السباع يفعل ذلك".

وهذا الوصف مطابق لما جاء به علم الحيوان الحديث بشكل كبير.

وقال ابن قتيبة عن سلوك بعض الحيوانات الأخرى: "وليس شيء يجمع فيه الزواج والغيرة إلا الإنسان والقرد"... "وقالوا: والديسم جرو الدب تضعه أمه وهو كعذرة لحم فتهرب به على المواضع العالية من الذر والنمل حتى تشتد أعضاؤه.. وقالوا: الخطاف والزرزور يتبع الربيع حيث كان". وهذه إشارة من ابن قتيبة إلى سلوك الهجرة عند هذه الطيور.

وقال: "وقالوا والزرزور يعشش في الأماكن المرتفعة فإذا أراد الطيران رمى بنفسه في الهواء فطار... وإذا أراد أن يشرب الماء انقض عليه يشرب منه اختلاسا من غير أن يسقط بالأرض".

وعن سلوك النمل تحدث ابن قتيبة واصفاً هذه الطبائع بما يتفق وعلم سلوك الحيوانات المعاصرن قال: "والذرة - النمل - تدخر في الصيف للشتاء فإذا خافت العفن على الحبوب أخرجتها إلى ظاهر الأرض فشررتها (أي نشرتها) في الشمس لتجف.. وأكثر ما تفعل ذلك بليلا في ضوء القمر فإن خافت أن ينبت الحب نقرت وسطة الحبة لئلا تنبت".

النبات في وصف ابن قتيبة:

وفي النبات ذكر العديد من النباتات واصفاً إياها وصفاً علمياً لا يقبل الشك في معظمها وأوضح فوائدها الطبية والاقتصادية والصناعية بالإضافة إلى الوصف العام لأكثر النباتات التي ذكرها. وهذه بعض مما قاله: "والخبازي ينضم ورقه بالليل ويتفتح بالنهار والنيلوفر ينبت في الماء فيغيب بالليل كله ويظهر إذا طلعت الشمس والنيلوفر نبات هندي سمي بلغة الهند وأكثر ما ينبت في المستنقعات والمياه الضحلة".

وقال: "وقالوا: إذا أخذ بزر السذاب البري وزرع وطال به ذلك تحول حرملا. والنمام إذا عنق تحول عبقا النمام نبت ورقه كالسذاب له بزر كالريحان عطري قوي الرائحة سمي بذلك لسطوع رائحته".

المسعودي

اسمه وبيئته:

يبدو للوهلة الأولى أننا لا نعرف المسعودي إلا لكونه مؤرخاً وجغرافياً بأحسن الأحوال. ولكن عند دراسة مؤلفاته العديدة التي وصلنا القليل منها ومن بينها كتابه الشهير (مروج الذهب) تتضح لنا معالم فكر هذا العالم العربي الرحالة الذي جاب أكثر أصقاع آسيا وأفريقيا ودرس مجاهلها براً وبحراً وترك لنا حصيلة كبيرة من وصف الحيوانات والنباتات التي شاهدها أو سمع بها أو حكي له عنها عندما زار تلك البلدان المختلفة.

لقد تناثرت العديد من الدراسات عن هذا الرجل العالم وتباينت الأخبار عن حياته وسلوكه وفلسفته في الحياة بشكل لا يمكن ضبطها بسهولة. وقبل أن نتناول ما جاء من وصف للحيوانات في كتابه مروج الذهب وتحققها لا بد أن نعرف فذلكة قصيرة عن حياة المسعودي، ففي كتاب فوات الوفيات[1] جاء ما نصه: "علي بن الحسين بن علي، أبو الحسين المسعودي، المؤرخ من ذرية عبد اللـه بن مسعود، قال الشيخ شمس الدين: عَدادُهُ في البغداديين وأقام بمصر مدة، وكان إخباريا، علامة صاحب غرائب وملح ونوادر مات سنة ست وأربعين وثلثمائة وله من التصنيفات كتاب مروج الذهب ومعادن الجوهر في تحف الإشراف والملوك، وكتاب ذخائر العلوم وما كان في سالف الدهور وكتاب الرسائل والاستذكار بما مر في سالف الأعمار، وكتاب التاريخ في أخبار الأمم من العرب والعجم، وكتاب التنبيه والإشراف، كتاب خزائن الملوك وسر العالمين، وكتاب المقاولات في أصول الديانات، وكتاب أخبار الزمان ومن أباده الحدثان، وكتاب البيان في أسماء الأئمة، وكتاب الخوارج، و اللـه أعلم".

وقال عنه ابن النديم، في الفهرست[2]: "المسعودي هذا الرجل من أهل المغرب، يعرف بأبي الحسن علي بن الحسين بن علي المسعودي من ولد عبد اللـه بن مسعود مصنف لكتب التواريخ وأخبار الملوك، وله من الكتب: كتاب يعرف بمروج

الذهب ومعادن الجهور في تحف الإشراف والملوك، كتاب ذخائر العلوم وما كان في سائر الدهور، كتاب الاستذكار لما مر في سالف الأعمار، كتاب التاريخ في أخبار الأمم من العرب والعجم، كتاب رسائل". ذكره جرجي زيدان في كتابه تاريخ آداب اللغة العربية[٣]، قال: "هو علي بن الحسين بن علي، من ذرية عبد الله بن مسعود، ولذلك قيل له المسعودي. نشأ في بغداد وجاء مصر ورحل في طلب العلم إلى أقصى البلاد فطاف في فارس وكرمان سنة (٣٠٩) حتى استقر في اصطخر. وفي السنة التالية قصد الهند إلى ملتان والمنصورة، ثم عطف إلى كنباية فصيمور فسرنديب (سيلان). ومن هناك ركب البحر إلى بلاد الصين وطاف البحر الهندي إلى مدغشقر وعاد إلى عمان. ورحل رحلة أخرى سنة (٣١٤) إلى ما وراء أذربيجان وجرجان ثم إلى الشام وفلسطين. وفي سنة (٣٣٢) وفد على أنطاكية والثغور الشامية إلى دمشق واستقر أخيراً بمصر ونزل الفسطاط سنة (٣٤٥)، وتوفي سنة (٣٤٦هـ).

ولم يغتر في أثناء أسفاره عن الاستقصاء والبحث واكتساب العلوم على اختلاف موضوعاتها.. فجمع من الحقائق التاريخية والجغرافية ما لم يسبقه إليه أحد.

وألف كثيراً من الكتب المفيدة في موضوعات شتى أهمها في التاريخ، وهاك أشهر مؤلفاته الباقية:

١- مروج الذهب ومعادن الجوهر، ويتضمن هذا الكتاب فوائد كثيرة لا تجدها في سواه. وقد عنى المستشرق باربيه دي مينار بنقله إلى اللغة الفرنسية، وطبع في باريس سنة (١٨٧٢) في تسعة مجلدات. وقد انتقد هذه الترجمة عبد الله المراشي في مجلة الضياء (سنة ٢) ونقله إلى الانجليزية الاستاذ سبرنجر، وطبع الجزء الأول من ترجمته في لندن سنة (١٨٤١).

٢- كتاب أخبار الزمان ومن أباده الحدثان من الأمم الماضية والأجيال والممالك الدائرة. وهو كبير مثل اسمه يتألف من ثلاثين مجلدا. وقد أكثر المسعودي من الإشارة إليه في مروج الذهب... إذا اختصر الكلام في باب قال: "وقد فصلنا في كتابنا أخبار الزمان"، لكن هذا الكتاب مفقود الآن. عدا الجزء الأول، فهو في مكتبة فينا.

٣- كتاب الأوسط: هو وسط بين الكتابين المتقدمين، وقد ضاع أيضاً، ولكن في مكتبة اكسفورد نسخة يظنون أنها هو. ويظن بعض الباحثين أنه وقف على شيء منه في بعض مكاتب دمشق (مجلة النعمة سنة ١، ج٢).

٤- كتاب التنبية والإشراف: أودعه لمعا من ذكر الأفلاك وهيئاتها والنجوم وتأثيراتها، والعناصر وتركيبها، وأقسام الأزمنة وفصول السنة ومنازلها والرياح ومهابها والأرض وشكلها، وغيرها وفيه أشياء كثيرة لا توجد في غيره من كتب التاريخ. وقد طبع في ليدن سنة (١٨٩٤) في جملة المكتبة الجغرافية في خمسمائة صفحة.

ويمتدح المستشرق السوفياتي أغناطيوس كراتشكوفسكي[٤]، المسعودي ورصانة كتاباته بقوله: "والمسعودي عربي صرف يرتفع نسبه إلى الصحابي مسعود، وقد ولد على ما يظهر ببغداد في بداية القرن العاشر وأحاط إحاطة تامة بكل التراث الأدبي لعصره وبمختلف فروع العلم. غير أن ميدانه الحقيقي فيما يبدو كان الرحلات الواسعة والاتصال المباشر بممثلي مختلف الطبقات؛ وقد شملت رحلاته جميع البلدان من الهند إلى المحيط الأطلنطي ومن البحر الأحمر إلى بحر قزوين، ومن المحتمل أن يكون قد زار الصين وأرخبيل الملايو.

وكثيرا ما يثبت في مصنفاته تاريخ زيارته لمواضع معينة، وهو أمر وإن ما يمكننا من تتبع خطاه إلا أنه على أية حال يعطي فكرة عن تجواله الواسع العريض.

ولعل شخصية المسعودي ككاتب يمكن أن تكون أكثر جلاء لو أن مؤلفاته الكبرى لم تمسها يد الضياع ونخص منها بالذكر كتابيه الكبيرين (أخبار الزمان) الذي يقع في ثلاثين جزءاً والذي بدأ تأليفه في سنة (٣٣٢هـ- ٩٤٣م)، (الكتاب الأوسط) غير ان هذه المؤلفات مع الأسف لم تعرف إلا من خلال اقتباسات ضئيلة ليست بذات أهمية".

ونقتطف هذه المعلومات القيمة عن سيرة المسعودي من موسوعة العلوم الإسلامية والعلماء المسلمين (٥): "أبو الحسن علي بن الحسين بن علي الشافعي البغدادي، جغرافي ومؤرخ وأديب عراقي ولد في بغداد - العراق، حوالي عام

(٣٠٩هـ- ٩٢١م)، وتوفي بالقاهرة- مصر في عام (٣٤٥هـ- ٩٥٦م).

نشأ في بغداد وأحاط فيها بعلوم عصره ثم طوف في إيران والهند وسيلان ومدغشقر (وربما زار الصين وبعض جزر الشرق الأقصى) وجنوب غربي روسيا والبلقان وسوريا. ثم استقر في مصر وتوفي في الفسطاط. وقد افتتن المستشرق رينان بالمسعودي في أواخر القرن الثالث عشر الهجري/ التاسع عشر الميلادي، وسماه كراوزر "أكثر جغرافي القرن العاشر أصالة". وقيل عنه أن عقله كان متفتحا، ومحايدا وخاليا من كل أثر من آثار التعصب. ولكنه اتهم أيضا بقلة الوعي النقدي، وبالسرعة، وبالصحفية، وقد خلط كما قال: دوزي بين أسماء الأندلسيين والعواصم الأندلسية. وبأنه لم يفرق بين الجغرافية والتاريخ.... ومن الآراء التي عابها عليه المؤرخون من بعده أن جميع العواصم الكبرى في العالم تقع على خط عرض واحد. وأن الشعوب الشمالية تتصف بالغباوة والجفاء والهمجية. ومع ذلك فقد ردد المسعودي الإرهاصات الأولى لتأثير البيئة على علوم الاجتماع، وهي التي طورها بعد ذلك ابن خلدون. وألمح المسعودي إلى تطور وارتقاء الكائنات وهي النظرية الداروينية التي اكتملت حلقاتها منذ أواخر القرن الماضي. ومما كتبه المسعودي حول كروية الأرض: [وأن الشمس إذا غابت في أقصى الصين كان طلوعها على الجزائر العامرة في بحر أوقيانوس الغربي. وإذا غابت في هذه الجزر، كان طلوعها في أقصى الصين. وذلك نصف دائرة الأرض].

وقسم المسعودي شعوب العالم إلى سبع مجموعات اثنولوجية، هي الفرس والكلدانيون (ويضم إليهم العرب واليهود) والأوروبيون والليبيون والأفارقة، والترك والهند والسند والصينيون. ويتضح من خلال تتبعنا لحياة هذا العالم العربي العراقي الأصيل أنه بغدادي بإجماع آراء المؤرخين باستثناء ابن النديم الذي اعتبره من أهل المغرب ولا ندري على أية مصادر استند في روايته هذه .

مؤلفاته:

ترك المسعودي حوالي (٣٠كتاباً) ورسالة في مختلف العلوم التأريخية والجغرافية والأدبية والدينية حسب تقديرات العديد من المؤرخين والمتتبعين لهذا العالم

من التي وصلتنا عناوينها وأسماؤها هي ما يلي (٦):

١- مروج الذهب ومعادن الجوهر، طبع عدة طبعات محققة وغير محققة.

٢- كتاب أخبار الزمان ومن أباده الحدثان من الأمم الماضية والأجيال والممالك الداثرة (يشير إليه في نهاية كل موضوع يطرقه تقريباً).

٣- كتاب الأوسط.

٤- كتاب التنبيه والإشراف، طبع عدة طبعات.

٥- كتاب المبادئ والتراكيب.

٦- الرؤوس السبعة.

٧- الزلف.

٨- الصفوة في الإمامة.

٩- سر الحياة.

١٠- الدعاوي.

١١- الاسترجاع.

١٢- كتاب مزاهر الأخبار وظرائف الآثار.

١٣- كتاب الرؤيا والكمال.

١٤- كتاب طب النفوس.

١٥- الاستبصار.

١٦- الزاهي.

١٧- المقالات في أصول الديانات.

١٨- كتاب حدائق الأذهان في أخبار آل محمد صلى الله عليه وسلم.

١٩- كتاب القضايا والتجارب.

٢٠- كتاب الواجب في الفروض اللوازم.

٢١- كتاب ذخائر العلوم وما كان في سائر الدهور.

٢٢- كتاب خزائن الملوك وسر العالمين.

٢٣- كتاب البيان في أسماء الأئمة.

٢٤- كتاب الخوارج.
٢٥- كتاب الرسائل.
٢٦- كتاب أخبار الأمم من العرب والعجم.
٢٧- كتاب الاستذكار لمامر في سالف الأعمار.

ويقول كراتشكوفسكي أنه قد نسب للمسعودي خطأ تأليف كتاب العجائب والأساطير (أخبار الزمان وعجائب البلدان) أو (مختصر العجائب والغرائب) بينما لم يؤلف المسعودي مثل هذا الكتاب(٧).

لماذا ألف المسعودي كتاب مروج الذهب؟

وعن بواعث قيامه بتأليف كتابه مروج الذهب، قال المسعودي: "...علي أن نعتذر من تقصير إن كان، ونتصل من إغفال إن عرض، لما قد شاب خواطرنا، وغمر قلوبنا من تقاذف الأسفار، وقطع القفار، تارة على متن البحر، وتارة على ظهر البر، مستعملين بدائع الأمم بالمشاهدة عارفين خواص الأقاليم بالمعاينة، كقطعنا بلاد السند والزنج والصين والزابج، وتقحمنا الشرق والغرب، فتارة بأقصى خراسان وتارة بوسائط إرمينية وأذربيجان والران والبيلقان، وطوراً بالعراق وطوراً بالشام، فسيرى في الآفاق سُرس الشمس في الإشراق، كما قال بعضهم:

تَيمَم أقطارَ البِلادِ، فَتَارَةً ... لدى شرقها الأقصى وطوراً إلى الغربِ
سُرسَ الشمس، لا ينفك تقذفه النّوى ... إلى أفق ناءٍ يُقصرُ بالرّكبِ(٨)

***

وصف الحيوانات من خلال كتاب مروج الذهب:

جاء وصف الحيوانات عند المسعودي حسب رحلاته وجولاته وحسب ما وقعت عيناه عيه أو سمع به أو استفسر من أهالي تلك المناطق التي زارها، لذلك فإنه لم يقسمها أو يفرد فصولاً خاصة لها وإنما جاءت في سياق كلامه في كتابه هذا الموسوم [مروج الذهب ومعادن الجوهر].

ونحن سنقوم بهذا البحث بدراسة ما جاء من وصف هذه الحيوانات بشكل

علمي حتى نستنتج التطابق الموضوعي بين ما قاله هذا العالم العراقي وبين ما جاء به العلم الحديث.

أ- من اللبائن:

١- سمك الأوال:

(عند حديثه عن بحر الزنج)[٩]،(... وفيه السمك المعروف (الأوال)، طول السمكة نحو من أربعمائة ذراع إلى خمسمائة ذراع بالذراع العمرية، وهي ذراع ذلك البحر، والأغلب من هذا السمك طوله مائة ذراع، وربما يهز البحر فيظهر شيئاً من جناحه، فيكون كالقلع العظيم وهو الشراع، وربما يظهر رأسه وينفخ الصعداء بالماء فيذهب الماء في الجو أكثر من ممر السهم والمراكب تفزع منه في الليل والنهار، وتضرب له بالدبادب والخشب لينفر من ذلك، ويحشر بأجنحته وذنبه السمك إلى فمه وقد فغر فاه، وذلك السمك يهوي إلى جوفه جريا، فإذا بغت هذه السمكة بعث الـلـه عليها سمكة نحو الذراع تدعى اللشك فتلصق بأصل أدنها فلا يكون لها منها خلاص، فتطلب قعر البحر، وتضرب بنفسها حتى تموت فتطفو فوق الماء، فتكون كالجبل العظيم[١٠]، الذي ذكره المسعودي بسمك الأوال هو حوت البال (Balaena) وقد كان العرب يصفوا هذه الثدييات بكثير من المبالغة في طولها وحجمها فمنهم من قدره بمائة ومنهم من قدره بخمسمائة ذراع. في حين أن أضخم هذه الدواب يبلغ حوالي (١٠٠قدم) في الطول (أي ما يزيد بقليل على الثلاثين متر)[١١].

ويذكر الدكتور أحمد حماد الحسيني بقوله: "ويميل بعض علماء العصر الحاضر إلى الاعتقاد بأن القياطي قبل أن يلاحقها الإنسان بالصيد ويقتل جموعها بالمئات سنوياً في القرون الخمسة الماضية كانت تعمر فتبلغ أكثر من ذلك في الطول - وليس معنى ذلك أن كل أنواع القياطي تصل إلى هذا الحجم"[١٢].

والبال جنس من الفصيلة البالية ومن رتبة الحيتان، وأهم ميزة لهذه الثدييات وجود عظم الحوت أو البالين ينمو من الغشاء المبطن للفم في سقف الحلق - ويتركب من عدد من الألواح القرنية يصل في بعضها إلى (٣٨٠) تتدلى منها خيوط غليظة

تحاكي الشعر الصلب يزدحم بها تجويف الفم ويختلف طول الألواح القرنية فيصل في بعض الأنواع إلى حوالي أربعة أمتار، وطريقة الإطعام عند البالين هو أن يفتح البال فمه الكهفي فيتدفق الماء إليه محملا بكثير من الحيوانات كالأسماك والقشريات والحيوانات الدقيقة العالقة بالماء، فإذا أطبق البال فمه حجزت هذه الحيوانات في خيوط البالين ثم يتقلص اللسان العضلي الكبير فيزقها البلعوم.

وقد قيل أن النبي يونس عندما ابتلعها الحوت كان قائماً في فمه مختبئاً بين خيوط البالين فكان يتنفس كلما فتح الحوت فاه، وهذا أقرب إلى العقل عما إذا كان الحوت احتواه في معدته[١٣]. وتوالد وحياة هذه الثدييات لا تختلف عن حياة الحيتان الأخرى في البحار والمحيطات[١٤]. والبال من الحيوانات الاجتماعية التي تعيش في جماعات كبيرة يسميها الصيادون القطعان[١٥]. والكبير منها يفضل عرض البحار بينما الصغير يلازم الشواطئ والكثير منها تدخل الأنهار من مصباتها. وتعوم حيتان البال بقوة وسرعة عظيمتين بالقرب من سطح الماء للتزويد بالهواء ولكنها تستطيع، إن تمكث تحت الماء ما يصل إلى عشرة ساعات[١٦]. كما أنها تهاجر إلى مناطق المحيطات الجنوبية عند اشتداد البرد في الشتاء وتجمد معظم المناطق الشمالية. وذلك لوفرة الغذاء وسهولة الحصول عليه[١٧].

وما ذكره المسعودي من أن البال ينفخ الصعداء بالماء فيذهب الماء في الجو أكثر من ممر السهم... هو أقرب إلى الدقة العلمية حيث أن للحوت أنف ذو فتحة واحدة او فتحتين توجدان في أعلى الرأس ويخرج هواء الزفير من الأنف بقوة بالغة، وهو هواء ساخن محمل بكثير من بخار الماء يتكاثف في الهواء الجوي، وبالأخص في المناطق الباردة، لذا يبدو كالنافورة الشديدة شبهها القدماء (بالمنارة) أو السهم الشديد الانطلاق. وربما يندفع قليل من ماء البحر مع هذا الزفير إذا زفر الحوت قبيل أن يبلغ سطح الماء[١٨]. ويقول الدكتور أحمد حماد الحسيني[١٩]: ويميز الصيادون البال بهذه النافورة إن كانت واحدة من فتحة واحدة أو اثنتين من فتحتين. وقد كانت الفكرة السائدة قديماً أن البال يدفع هذا الماء من فمه إلى أنفه في عملية التنفس، ولكن هذا خطأ لأن البال يتنفس الهواء الجوي بالرئتين فهو يصعد إلى سطح الماء ليتنفس تنفساً عميقاً ثم

يغوص إلى الأعماق باحثاً عن قوته.

وما جاء في كلام المسعودي من وجود سمكة تدعى اللشك تلتصق بهذه الحيتان صحيح، فهذه الأسماك القرصية الرأس المنتمية للأسماك العظيمة البحرية والتي تعيش في البحار الدافئة حيث تقوم هذه الأسماك بالتطفل على الأسماك الكبيرة أو الحيتان، وتلتصق على ظهورها من أجل التغذي على بقايا ما تفترسه هذه الحيوانات المائية، كما أنها تضمن التخلص من أعدائها حيث الحماية والأمان في أجسام هذه الحيواناتت الضخمة[٢٠].

٢- ظباء المسك:

"وفي بلادهم [أي يقصد التبت في الصين]، الأرض التي بها ظباء المسك التبتي الذي يفضل على الصيني بجهتين: إحداهما أن ظباء التبت ترعى سنبل الطيب وأنواع الأفاوية وظباء الصين ترعى الحشيش دون ما ذكرنا من أنواع حشائش الطيب التي ترعاه التبتية والجهة الأخرى أن أهل التبت لا يتعرضون لإخراج المسك من نوافجه ويتركونه على ما هو به وأهل الصين يخرجونه من النوافج ويلحقونه الغش بالدم وغيره من أنواع الغش... وأجود المسك وأطيبه ما خرج من الظباء بعد بلوغه النهاية في النصج، وذلك أنه لا فرق بين غزلاننا هذه وبين غزلان المسك في الصورة والشكل واللون والقرن.. وخير المسك ما نضج في وعائه، وأدرك ي سرته وأستحكم في حيوانه، وتمام مواده، وذلك أن الطبيعة تدفع مواد الدم إلى السرة فإذا استحكم كون الدم فيها ونضج آذاه ذلك وحكه، فيفزع حينئذ إلى أحد الصخور والأحجار الحارة من حر الشمس فيحتك بها مستلذا بذلك فينفجر حينئذ ويسيل على تلك الأحجار كانفجار الخراج والدمل إذا نضج ما فيه عند ترادف المواد عليه فيجد لخروجه لذة، فإذا فرغ ما في نافجته الذمل حينئذ، ثم اندفعت إليه مواد من الدم، ويجتمع ثانية ككونها بَدْءا، فتخرج رجال التبت يقصدون مراعيها بين تلك الأحجار والجبال فيجدون الدم قد جف على تلك الصخور والأحجار وأحكته المواد، وأضجته الطبيعة في حيوانه وجففته الشمس، وأثر فيه الهواء، فيأخذونه، فذلك أفضل المسك، فيودعونه نوافج معهم قد أخذوها من غزلان قد اصطادوها مستعدة معهم؛ فذلك الذي تستعمله ملوكهم..."[٢١].

واعتقد أن كل ما ذكره المسعودي تقريباً عن هذا الحيوان اللبون صحيح وقيم. وظبي المسك أو (أيل- أو غزال) اسمه العلمي (موسكوس، موسكيفروس - moschus moschiferus) حيوان بري ليلي يعيش في الغابات الجبلية ويبلغ وزنه حوالي (١٠كيلو غرامات)[٢٢]. ولون شعر ظبي المسك الخشن بني. وهو عديم القرون وله نابان، وارتفاع كتفه ما بين (٥٠- ٦٠ سم). وينتشر في المرتفعات العالية من سيبيريا وجبال الهيملايا والتبت والصين وكوريا.

ولظبي المسك الذكر جراب تحت جلد بطنه يخزن فيه المسك، والمسك عبارة عن إفرازات متخثرة ويستعمل المسك بخصائصه المعتدلة والحريفة في الدواء الصيني التقليدي كمنبه. وهو يفيد في إعادة الوعي إلى المريض وفي معالجة السكتة الدماغية والتشنج والسبات والاختناق الذي يسببه البلغم، ومعالجة الخراج والبثرة والرضة.

ولما كان المسك يتصف برائحته الذكية الدائمة الفواح، لذا فهو يستعمل أيضاً في صناعة العطور والمستحضرات التجميلية منذ أكثر من ألف سنة في الصين. وكيفية استخراج المسك من جسم الظبي الحي تتم بعد أن يبدأ الذكر بإفراز المسك عندما يبلغ سنة واحدة من عمره. وعندما يبلغ الثالثة من عمره ينضج مسكه ويمكن استخراجه.

وكان الأمر في السابق يستدعي قتل الإيل لاستخراج مسكه، وذلك لاعتقادهم بأن الحيوان سيموت بعد استخراج مسكه[٢٣]. ويتغذى ظبي المسك على حوالي (٢٠نوعاً) في الأعشاب الطبية التي تقيه من شر الأمراض.

ويشير الدكتور جابر الشكري إلى مميزات المسك في الطبيعة، قال: "...يستمر الظبي بعمل المسك حتى شيخوخته، وتشير الإحصاءات أن مقدار المسك الذي يفرزه الظبي في كل مرة يتوقف على عوامل عدة، منها عمر الحيوان، وقوته الجسمية وغذائه، وكذلك الطقس... وغيرها".

وعلى العموم إن كمية كل مرة تقدر بمقدرا (٦- ٢٠ غرام) من المسك. أما [القيح، أي المسك الخام] المعلق على الصخور أو سيقان الأشجار فتكون رائحته كريهة في بادئ الأمر، ويجف تدريجيا. بحرارة الشمس والهواء.

وكلما جف عبقت رائحته، واكتسب اللون الأسود أو البني الغامق. ويأتي الصيادون لجمع المسك وحفظه في نوافج خاصة. ويضع الصيادون على أنوفهم كمامات لسدها، لأن رائحة المسك في الحقول قوية جداً، وقد تسبب للصيادين الرعاف، أي نزيف الأنف[٢٤].

٣- الزباد:

"وحشرات أرض الهند الزباد كالسنانير بأرض الاسلام كثيرة متخذة كالسنور، وأكثر ما يخرج من ضروعها الطيب المعروف بلين الزباد، وهو نوع من الطيب عجيب"[٢٥].

وصف المسعودي له جيد وقد فرق ما بينه وبين القط الأهلي، وهو عمل علمي ممتاز. اسم الزباد العلمي (Viverra civetta) وبالانجليزية (Civet- cat civette). تتبع رتبة الضواري أو أكلات اللحوم (arrivota)، ومن فصيلة الرباح (بفتح الراء) – Vivarredae. وهي فصيلة تتراوح حجوم أنواعها بين الثعلب والقط الأليف، أجسامها طويلة مستدقة، وذيولها سميكة كثيفة الشعر، وقوائمها قصيرة. ولها غدد تفرز مادة الزباد في جيب قرب أعضائها التناسلية، ومن هذا الجيب تغرف هذه المادة. غذاؤها القوارض واللبائن الصغيرة والطيور والسحالي والثمار البرية ونحوها. تستوطن أفريقيا جنوبي الصحراء الكبرى وجزيرة مدغشقر وجنوبي الصين، ومناطق أخرى.

ومن أنواعها سنور الزباد الإفريقي (civettictis civetta) ذو الشعر الطويل الذي يؤلف حرفا مرتفعا ممتدا على طول ظهره، وسنور الزباد العربي (Viverra Zebetha)[٢٦].

٤- القنافذ:

وعند حديثه عن مدينة سجستان في إيران تناول أهمية القنافذ هناك فقال: "...كمنفعة أهل سجستان بالقنافذ، ولذلك كان في عهد أهل سجستان القديم لا يقتل قنفذ ببلدهم، لأنه بلد كثير الرمال.. وحوله جبال كثيرة من الرمل قد سكرت بالخشب والقصب والبلد كثير الأفاعي والحيات جداً، فلولا كثرة القنافذ لتلف من هنالك من الناس.."[٢٧]. وجاء وصف المسعودي للقنافذ على أنها مفيدة في القضاء على الحيات

هو صحيح. والقنافذ (Erinaceidae) فصيلة تغطي الأشواك ظهورها وجوانبها، بينهما صغارها عند الولادة تكون مغطاة بالشعر وليس بالأشواك وهي حيوانات ليلية النشاط، تفترس الحشرات والحيات وبعض صغار الطيور وبيوضها. وعندما تشعر القنافذ بخطر ما تكور أجسامها حتى لا تتيح للعدو أن ينال منها شيئاً ومن أنواعها في العراق ثلاثة هي كما يلي:

١- القنفذ الأوروبي (E.Europaeus. L) والاسم الانجليزي (Erinaceidae).

٢- القنفذ الأثيوبي (Paraechinus aethiopicus. E).

٣- قنفذ آذاني (P.avritus. G)[٢٨].

٥- النمس:

قال المسعودي يصف هذا الحيوان عند وجوده في أرض مصر: ".. وكذلك أهل مصر في صعيدها وغيره، لهم دويبة يقال لها العرانس اكبر من الجرذ وأصغر من ابن عرسن حمراء بيضاء البطن، لولا هذه الدويبة لغلب على أهل مصر الثعابين وهي نوع من الحيات عظيمة، فينطوي الثعبان على هذه الدويبة ويلتف بها فترخى عليه الريح فينقطع الثعبان من ريحها، وهذه خاصية هذه الدويبة.."[٢٩]. ينطبق وصف المسعودي باعتقادي على النمس المعروف بالمنكوس الهندي أو ابن عرس املح (Herpestes edwardsi Geoffroy) وهو حيوان معروف يبلغ طوله نحو (٥٠ سم)، وذيله (٤٥سم) وارتفاع أكتافه (١٩سم). البوز طويل أسطواني الأنف عاري قصير، والآذان مدورة صغيرة المخالب غير غمدية، وهي حيوانات نهارية. وعندما يشتبك مع الأفاعي بمعركة ينتصب شعره ويبدو أمام الثعبان على أنه أكبر من حجمه الطبيعي مما يخيفها.

وهو يتحمل نسبة لا بأس بها من سم الأفاعي والحيات عند اللدغ. الفراء طويل، الشعر خشن رمادي اللون وفضي مقلم بمسحة حمراء والرقبة رمادية محمرة والقوائم أغمق. ولهذا النوع من النموس عداوة كبيرة للزواحف وخاصة الثعابين والحيات فيفتك بها فتكاً دون رحمة. وكذلك يتغذى على الحشرات والطيور وبيوضها[٣٠]. وقد حكيت أسطورة حول ابن عرس مفادها أنه يدخل في فم التمساح المفتوح فيصل البلعوم

والحنجرة حتى الأمعاء والقلب فيمزقها ويأكل قلب التمساح. وقد قدسه المصريون القدماء وعدّوه من الآلهة. كما وجدت له نقوش على بعض الألواح الطينية في أور مما يدل على أن السومريين قد عرفوه واستأنسوه في دورهم [٣١].

٦- الزرافة:

وعندما وصل المسعودي، السودان حاول أن يلم بكل شيء عن هذا البلد العربي، فكان من جملة ما وصفه حيوان الزرافة فقال: "وأكثر ما تكون الدابة المعروفة بالزرافة في أرضهم، وإن كانت عامة الوجود في أرض النوبة دون سائر بلاد الأحباش. وقد تتوزع في نتاج هذا النوع من الدواب المعروفة بالزرافة، فمنهم من رأى أن بدء نتاجها من الابل ومنهم من رأى أن ذلك كان يجمع بين الإبل والنمورة. وأن الزرافة ظهرت من ذلك، ومنهم من زعم أنه من الحيوان قائم بذاته كقيام الخيل والحمير والبقر، وأن ليس سبيلها كسبيل البغال المولدة من [النتاج بين] الخيل والحمير وتدعى الزرافة بالفارسية اشتركاو، وقد كانت تهدى إلى ملوكهم من أرض النوبة كما تحمل إلى ملوك العرب ومن مضى من خلفاء بني العباس وولادة مصر، وهي دابة طويلة اليدين والرقبة، قصيرة الرجلين لا ركبتين لرجليها وإنما الركبتان ليديها.. والزرافة عجيبة الفعل في إلفها، وتودها إلى أهلها، وهي كالفيلة: منها وحشية، ومنها مستأنسة أهلية"[٣٢].

يبدو أن المسعودي قد ركز على الزرافة النوبية والتي تقطن السودان واسمها العلمي (جيرافا كاميلو بارداليس كاميلو بارداليس – came lopardalis Geraffacame lopardalis) وهي ذات أرجل طويلة ورقبة بالغة الطول ولكن بها سبع فقرات فقط كبقية الثدييات. والذكر الكبير، قد يصل ارتفاعه واقفا إلى (٦ أمتار) والصغير المولود حديثا حوالي مترين. وتقطن الزرافة في عدة مناطق في افريقيا جنوب الصحراء الكبرى في منطقة المراعي المكشوفة، حيث تتغذى على أوراق الأشجار والشجيرات الصغيرة، مستخدمة لسانها الذي يبلغ طوله (٤٢.٥سم)، وشفتيها المتحركتين عندما تشرب الزرافة وهي بذلك تشبه الجمل في ذلك مما جعله المسعودي أن يعتقد أنها من نتاج الجمل. وعندما تشرب الماء تمد رجليها الأماميتين وهما

مفتوحتان، ثم تخفض رأسها حتى تصل إلى الماء.

ويعيش الزراف في جماعات، وتكون الذكور منفردة بعيداً عن الإناث والصغار[٣٣].

٧- الكركدن:

وعند وجوده في الهند وصف حيوان الكركدن قائلاً: "...وفي بلده الحيوان المعروف بالنشان المعلم، وهو الذي تسميه العوام الكركدن، وله في مقدم جبهته قرن واحد، وهو دون الفيل في الخلقة وأكبر من الجاموس، إلى السواد... وهو يجتر كما تجتر البقر وغيرها مما يجتر من الحيوان. والفيلة تهرب منه وليس في أنواع الحيوان - و اللـه أعلم - أشد منه، وذلك إن أكثر عظامه اصم، ولا مفل في قوائمه ولا يبرك في نيام وإنما يكون بين الشجر والآجام يستند إليها عند نومه، والهند تأكل لحمه، وكذلك من في بلادهم من المسلمين... وهذا النوع من الحيوان وهو النشان يكون في أكثر غابات الهند، إلا أنه في مملكة رهمي أكثر وقرونه أصفى وأحسن، وذلك إن قرنه أبيض.. فينشر هذا القرن وتتخذ منه في المناطق على صورة الحلية من الذهب والفضلة فتلبسها ملوك الصين وخواصها تتنافس في لبسها وتبالغ في أثمانها فتبلغ المنطقة ألفي دينار إلى أربعة آلاف... وقد زعم عمرو بن بحر الجاحظ أن الكركدن يحمل في بطن أمه سبع سنين، وأنه يخرج رأسه من بطن أمه فيرعى ثم يدخل رأسه في بطنها، وهذا القول أورده في كتاب الحيوان على طريق الحكاية والتعجب فبعثني هذا الوصف على مسألة من سلك تلك الديار من أهل سيراف وعمان ومن رأيت بأرض الهند من التجار، فكان يتعجب من قوله إذا أخبرته بما عندي من هذا وسألته عنه، ويخبرونني أن حمله وفصاله كالبقر والجواميس ولست أدري كيف وقعت هذه الحكاية للجاحظ أمن كتاب نقلها أو مخبر أخبره بها؟"[٣٤].

الكركدن ويسمى الخرتيت أيضاً، وجاء وصف المسعودي للنوع الهندي المسمى علمياً (Rhinoceros unicornis) الذي يستوطن الهند من إقليم نيبال حتى آسام على امتداد سفوح الهيملايا.

ويتميز بوجود قرن واحد فقط، ويبلغ طوله حوالي (٣.٧٥متر)، للذنب منها

(٦٠سم)، وارتفاعه (١٧٠سم) ويبلغ (١٠٠٠كغم) وزناً. ويتميز بجسم غليظ، بالغ القوة وبرأس عريض قصير نسبياً، والقرن فوق الأنف الذي يبلغ طوله حوالي (٥٥سم) وهو غليظ كليل مقوس إلى الخلف في ثلثه الأعلى. والأذن طويلة رفيعة، والشفة السفلى عريضة، والشفة العليا خرطومية الشكل. وللأنثى ثديان، والجلد بالغ السمك ذو ثنيات ضخمة كثيرة. واللون مختلف ففي الكبار بين رمادي داكن، بينما في الثنيات الجلدية أحمر باهت والصغار أفتح لونا[٣٥].وهو حيوان ليلي يكره الحرارة الشديدة ولذلك ينام في النهار غالبا وينشط ليلا. وهي تفضل المناطق الكثيرة المياه. وتقع فترة التزاوج في شهري تشرين الثاني وكانون الأول من كل سنة، وتبلغ مدة حمل الأنثى ما بين
(١٧- ١٨شهرا) لا كما زعم الجاحظ أنها (٧سنوات)، وتضع بعدها الأنثى صغيراً واحداً. وكذلك لا يخرج الصغير من بطن أمه كما اعتقد الجاحظ وإنما الذي قصده ربما حيوان الكنغر الذي يتأخذ من فتحة في بطن أمه كمكان إلى حين نضوجه الكامل وهذا ما يعرف بالكيس، وسميت أنواع هذه العائلة بالكيسيات وهي تعيش في استراليا والجزر المجاورة لها.

٨- الفيل:

وفي مجاهل الهند وغاباتها شاهد المسعودي الفيل فوصفه وصفاً لا يختلف بشيء عن الوصف العلمي الحديث إلا بالأسلوب اللغوي ليس إلا. قال: "والهند تتخذ الفيلة [في بلادها] وتتناتج في أرضها، ليس فيها وحشية، وإنما هي حربية ومستعملة كاستعمال البقر والابل، وأكثرها يأوي [إلى] المروج [والضياع] والغياض كالجواميس في أرض الإسلام، والفيلة تهرب من المكان الذي يكون فيه الكركدن.. فلا ترعى في موضع تشم فيه رائحة الكركدن... والفيل العظيم مما لا يتأتى لهم قتله ومنها الأسود والأبيض والابلق والاغبر وفي أرض الهند منها ما يعمر المائة سنة والمائتين ويضع حمله في كل سبع سنين والفيلة لا تنتج ولا تتوالد إلا بأرض الزنج والهند، ولا تعظم أنيابها بأرض السند والهند على حسب ما تعظم بأرض الزنج، والزنج تتخذ من جلود الفيلة الدرق وكذلك الهند... وخرطومه أنفه وبه يوصل الطعام والشراب إلى جوفه، وهو شيء بين الغضروف واللحم والعصب، وبه يقاتل ويضرب ومنه يصيح، وليس

صوت الفيل على مقدار عظم جسمه وكبر خلقه... وكل حيوان ذي لسان فأصل لسانه إلى داخل، وطرفه إلى خارج إلا الفيل فإن طرف لسانه إلى داخل وأصله إلى خارج، والهند تزعم أنه لولا أن لسانه مقلوب ثم لقن الكلام لتلكم، والهند تشرف الفيل وتفضله على سائر الحيوان لما اجتمع فيه من الخصال المحمودة: من علو سمكه وعظم صورته وبديع منظره واتصال صهوته وطول خرطومه وسعة أذنه وكبر عزموله[٣٦]، مع خفة وطئه وطول عمره وثقل جسمه وقلة اكتراثه بما وضع على ظهره وأنه مع كبر هذا الجسم وعظم هذه الصورة يمر بالإنسان فلا يحس بوطئه ولا يشعر به لحسن خطوته واستقامة مشيه"[٣٧].

والفيل حيوان لبون من فصيلة الأفيال (Elephantidae). يعتبر أكبر الحيوانات البرية حجما ويوجد منه نوعان فقط هما الإفريقي (لوكسودو نتا أفريكانا - Loxondonta africana). والذي يهمنا هنا لوصفه المسعودي له الهندي الذي اسمه العلمي (إيليفاس ماكسيموس - Elephas maximus)، وهو أصغر من الفيل الإفريقي، وله أذنان أصغر من نظيره الإفريقي أيضا وله شفة واحدة. والخرطوم عبارة عن بوز منثني به فتحتان أنفيتان عند نهايته. وحاسة الشم عند الفيل حادة جداً. ويستخدم الخرطوم كذلك في توصيل الطعام والماء إلى الفم ورش الماء على جسمه أثناء الاستحمام ويعيش الفيل الهندي من الهند إلى سومطرة ويستقر بصفة أساسية في الأماكن الكثيفة. وتعيش أفرادها في قطعان ترأسها أنثى كبيرة، أما الذكور فتعيش بشكل انفرادي[٣٨]. وتتغذى على الأعشاب وأوراق الأشجار وأغصانها.

ويستخدم الفيل الهندي عادة في حمل الأثقال وجر العربات. والفيلة هي المصدر الأساسي للعاج المستخدم في شتى الأغراض التجارية مما عجل في تقليل أعداده بشكل مخيف حيث أشرف على الانقراض إن لم تتخذ الإجراءات لحمايته.

٩- الجمل ذو السنامين:

وعندما زار المسعودي أواسط آسيا وإيران لاحظ حيوان غريب اعتبره من بقر تلك الأصقاع، وهو بالطبع لم يعرف انه أحد أنواع الجمال المسمى الجمل الآسيوي أو الفارسي المعروف بذي السنامين، قال: "وما ذكرنا من دوابهم أنها بقر، وأنهم عليها

يتقاتلون بدلا من الابل والخيل، وهي تجر كالخيل بسروج ولجم، ورأيت بالري (يقصد طهران الحالية) نوعاً من هذا البقر يحمل عليه الميتة من الحيوان كالخيل والابل والحمير والبغال، وملاكها نوع من المجوس مزدقية ولهم خارج الري قرية لا يسكن معهم فيها غيرهم، فإذا مات بالري أو قزيون شيء مما ذكرنا من البهائم ورد الواحد منهم مع ثوره فأناخه وحمل عليه تلك الجيفة وسار بها إلى قريته، فأكلهم منها وبنيانهم من عظامها ويجففون من لحمها ما يدخرونه لشتائهم، فأكثر أكلهم وأكل بقرهم تلك اللحمان رطباً ويابساً، وهذا النوع من البقر الغالب عليه حمرة الحدق، وسائر البقر تنفر وتهرب من هذا البقر، ورأيت بأصبهان وقم منها ما في أنوفها حلق الحديد والصفر، قد خزمت فيها الحبال وخطمت بها كما يفعل بالجمال البخت، وكذلك بالري رأيت ثوراً منها قد عدا نحو ثور من غير هذا النوع، فلما رآه [قد] قصده قام فزعاً من هذا الجنس"[٣٩].

والجمل ذو السنامين (كامللوس باكتريانوس – Camelus bactrianus) من فصيلة الجمال (camelidae)، جسمه غليظ، وثقيل الوزن وشعره طويل يستعمل في عمل الملابس.

وينتشر من آسيا الصغرى إلى منشوريا، ولا تزال توجد أعداد قليلة منه، تعيش في حالة برية في صحراء كوبي.

ويمكن لأنواع الجمال ومن بينها هذا النوع أن يأكل غذاءً جافاً به أشواك ويستطيع أيضاً أن يقفل منخريه، ليمنع دخول الرمل.

وتتميز الجمال بقدرتها العجيبة على تحمل العطش لفترة طويلة، وهو لا يختزن الماء في سنامه أو معدته كما كان يظن. وهو إن فقد ثلث سوائل جسمه لا يشكل ذلك خطورة عليه عكس باقي الحيوانات الأخرى، بل يعوض ذلك بأن يشرب كميات كبيرة من الماء عند توافره[٤٠]. ولحوم الجمال تعتبر من أفضل اللحوم للأكل. وجلده من أفضل الجلود التي تدخل في الصناعات الجلدية المختلفة.

١٠- البقر والجاموس:

ووصف المسعودي أنواعاً من البقر والجاموس في بقاع شتى من الأماكن التي زارها، قال: "... وليس في سائر أنواع البقر ما يأوي المياه والجزائر والبحيرات إلا

البقر المعروف الحبشية التي تكون ببلاد مصر وأعمالها، وبحير تنيس ودمياط وما اتصل بتلك الديار،، وأما الجواميس فإنها بالثغر الشامي تجر أكبر ما يكون من العجل في أنوفها حلق الحديد والصفر على ما ذكرنا من البقر، وكذلك منها ببلاد أنطاكية، وأكثر ذلك ببلاد السند والهند وطبرستان وقرون تلك البقر أكبر من قرون هذه الجواميس التي بأرض الإسلام وطول القرن منها نحو الذراع والذراعين وكذلك الجواميس كثيرة بأرض العراق مما يلي طفوف الكوفة والبصرة والبطائحح وما اتصل بهذه الديار"[٤١].

ينطبق وصف المسعودي لما أسماه بالبقر الحبشية على جاموس أصهب (Bubalusb. fulvus)، وهو كما يقال أنه ضرب من النوع الهندي، دجن منذ زمن بعيد يرقى إلى عصر كنفوشيوس أو قبله. وهو يتميز باعتدال غلاظة أطرافه وبغزارة لبنه الأبيض. وما الجاموس الأفغاني والإيراني والعراقي والسوري والمصري والتركيب والأرمني واليوناني والإيطالي والدانوبي سوى سلالات تحررت من هذا الضرب[٤٢]. وأما النوع الذي قال عنه المسعودي الذي يعيش في الهند وطبرستان فاعتقد أنه ينطبق على الجاموس المعروف باسم (خِرْباني – Bubalus Kerabau)، وهو نوع من الجاموس الآسيوي المتوسط الحجم، يصل في ارتفاعه ما بين
(١٤٥- ٢٠٠سم)، وطول الذنب حوالي (٦٦سم). يتميز باستطالة قرونه المنبطة المقوسة. يستوطن الهند والهند الصينية وجزر الزابج والجزر المنتشرة في المحيط الهندي. يربى من أجل الاستفادة من لحومها وجلودها وللجر والحراثة.

١١- القرود:

وعندما تحدث المسعودي عن القرود تنقل ما بين قرود الهند والقرود التي تعيش شمال السودان وبلاد اليمن، قال: "ووراء تلك الجبال الأربعة على ساحل البحر خسفة أخرى قريبة القعر فيها آجام وغياض، فيها نوع منتصبة القامات مستديرة الوجوه والأغلب عليها صور الناس وأشكالهم إلا أنهم ذوو شعر وربما وقع في النادر القرد منها إذا احتيل في اصطياده، فيكون في نهاية الفهمم والدراية إلا أنه لا لسان له فيعبر بالنطق، ويفهم كل ما يخاطب به بالإشارة.."[٤٣]. هنا قصد المسعودي قرود جبون أو

جيبون أو هيلوبات (Hylobates, Gibbon) قردة شبيهة الإنسان تتميز بذراعها الطويلة. وتتمكن من المشي منتصبة بسهولة ولها حوالي من (٦- ١٠) أنواع تعيش من آسام في الهند حتى جزيرة بورنيو الأندلوسية جنوب شرق آسيا. وهي من أرشق الثدييات وأخفها حركة ويقطن أعالي الأشجار، حيث يتأرجح بوساطة ذراعية، وهذا النوع من الحركة يعرف بالحركة العضدية. ويتمكن من القفز لمسافة (٩ أمتار). وتلد أنثى الجيبون واحد فقط في كل مرة، ويتعلق الصغير بأمه في بادئ الأمر. ويعيش الجيبون واحد فقط في كل مرة، ويتعلق الصغير بأمه في بادئ الأمر. ويعيش الجيبون في جماعات صغيرة، لكل منها مقاطعة خاصة تدفع عنها جيرانها وتتوعدها بالقتال ان هي تقربت من حدودها. وهي تتغذى على ما توفر من فواكه وأوراق الأشجار الطرية والحشرات والطيور وبيوضها في تلك المقاطعة التي تسكنها.

ومن أشهر أنواعها في الهند الجيبون الرمادي، يويو (H.leuciscus)، وبالانجليزية (Silvery gibbon). وجيبون هولق (H. hoolock) وهو من أفهم قرود هذا الجنس[٤٤].

ويستمر المسعودي في وصفه للقرود، قال: "... وذلك أن القرود تكون في بقاع الأرض الحارة، فمنها بأرض النوبة وأعلى بلاد الأحابيش مما يلي أعالي مصب النيل وهي القرود المعروفة بالنوبية، وهي صغيرة القد، صغيرة الوجوه ذات سواد غير حالك كأنه نوبي وهو الذي يكون مع القرّادين ويصعد على رمح فيصير على أعلاه، ومنها ما يكون في ناحية الشمال في آجام وغياض نحو أرض الصقالبة وغيرها.."[٤٥].

وصف المسعودي لهذا النوع من القرود يتفق مع القرود المعروفة باسم (هجرس سبا، شادي، عَبَلنج، طَوُتْ - cercopithecus sabaeus) وبالانجليزية Grivet، صغير الحجم، ربع التقاطيع. ثوبه إلى الخضار العابق، قوائمه وذنبه موشحة بالأبيض. وجهه وأذناه سود. يستوطن إفريقية الشرقية (من الحبشة وسنار وكردفان). أما القرد الذي يعيش في بلاد الصقالبة كما ذكره المسعودي فهو على ما أظن قد قصد به القرد المعروف بهبار حملايا أو هملايا الذي يبلغ طوله حوالي (٦٥سم)، شعره كثيف وطويل وجهه أسود البشرة، وظهره عابق اللون يعلوه مواج

أذناه صغيرتان، طول ذنبه حوالي (١٠٠سم) وينتهي عادة بخصلة موطنه جبال الهمالايا وبلاد الكشمير[٤٦].

ويتناول المسعودي بعد ذلك القرود التي تعيش في اليمن، قال: "... فأما اليمن... إن القرود منه في مواضع كثيرة لا يحصرها عدد لكثرتها: فمنها في وادي نخلة، وهي بين بلاد الجند وبلاد زبيد التي أميرها في هذا الوقت وهو سنة اثنتين وثلاثين وثلثمائة - إبراهيم بن زياد صاحب الحرملي، وبين هذا الوادي وبين زبيد يوم.. وهذا الوادي كثير العمائر، ومصاب المياه إليه كثيرة، وشجر الموز فيه كثير، والقرود فيه كثيرة، وهو بين جبلين والقرود قطعان كل قطيع منها يسوقه هرز، والهرز: الذكر العظيم كالفحل العظيم المقدم فيها، وقد تلد القردة في بطن واحدة عدة من القرود نحو العشرة والأنثى عشر... وتحمل القردة البعض من أولادها كحمل المراءة ولدها، ويحمل الذكر باقيهن ولهن أثدية. ولهن مجالس يجتمع فيها خلق منهن فيسمع لهن حديث ومخاطبات وهمهمة والإناث [كالنساء] متحيزات عن الذكور، فإذا سمع السامع محادثتهم وهو لا يرى أشخاصهن بين تلك الجبال وأشجار الموز.ن وذكل بالليل لم يشك أنهم أناس لكثرتهمم بالليل والنهار، وليس في جميع البقاع التي تكون فيها القرود أحسن ولا أخبث ولا أرع قبولا للتعليم من قردة اليمن، وأهل اليمون يسمونه القرد الرباح، ولهم جُمم للذكور والإناث قد سرحت ومنها سود كأسود ما يكون من الشعر، وإذا جلسوا يجلسون مراتب دون مرتبة الرئيس، ويتشبهون في سائر أعمالهم بالناس، ومن القردة باليمن ببلاد مأرب بين بلاد صنعاء وقلعة كهلان ما يكون في برارٍ وجبال هناكل كأنها السحب في تلك البراري والجبال لكثرتها..."[٤٧].

وهذا النوع من القرود الذي يعيش في اليمن هو المسمى بالقردوح اليمني أو ربّاح (Papiohama dryas) والانجليزي (Hamadryas). حجمه بحجم الكلب الكبير الغليظ، لونه إلى الصهبة الفضية. وجهه حنطي اللون. القوائم غليظة وقوية، ذنبه طويل ينتهي بخصلة وللذكر عفرة كثيفة مستطيلة الشعر تمنطق الرأس والعنق والصدر ونصف الظهر يستوطن بلاد الحبشة والسودان واليمن والأجزاء الجبلية من غرب الجزيرة العربية[٤٨].

١٢- حيوان الزبرق (الزبرقان):

ثم وصف المسعودي حيوان غريب الأطوار والسلوك وأصبغ عليه معلومات تلفها بعض الأساطير والخرافات حاولنا ان نتوصل إلى ماهيته وما يتعلق بحياته حسب الإمكان، قال المسعودي: "ولها بأرض الهند آفة عظيمة من نوع الحيوان يعرف بالزبرق وهي دابة أصغر من الفهد أحمر ذو زغب وعينين بارقتين [عجيبة]، سريع الوثبة، يبلغ في وثبته الثلاثينن أو الأربعين أو الخمسين ذراعاً وأكثر من ذلك.

وربما لحق الإنسان فأتى عليه، وفي الهند إذا أشرفت عليه هذه الدابة تعلق بأكبر ما يكون من [شجر] الساج وهي أكبر من النخل وأكبر من شجر الجوز... فإذا تعلق الإنسان بأعلى تلك الشجرة وعجز هذا الحيوان عن إدراكه لصق بالأرض ووثب إلى أعلى الشجرة... ووضع رأسه في الأرض وصاح صياحاً عجيباً، فيخرج من فيه قطع دم ويموت من ساعته.. وملوك الهند تتخذ في خزائنها مرارة هذه الدابة ومواضع من أعضائه وهو السم القاتل من ساعته..."[٤٩].

لم نتوصل إلى حقيقة هذا الحيوان الذي ذكره المسعودي بشيء من المبالغة والتهويل. وقد جاء في حواشي كتاب نهاية الأرب للنويري (٦٧٧- ٧٣٣هـ) عند الحديث عن الببر (... ويقال إنه متولد بين الزبرقانن واللبؤة..). وهنا يشرح محقق كتاب نهاية الأدب هذه الكلمة إذ يقول: "كذا ورد هذا اللفظ في كلا الأصلين ومباهج الفكر للكلتبي وحياة الحيوان للدميري ج١، وديوان الحيوان للسيوطي، وهو سبع هندي أصغر من الفهد أحمد ذو زغب وعينين براقتين، سريع الوثبة، انظر مروج الذهب، ولم نجد فيما لدينا من كتب اللغة ما يسمى بهذا الاسم من السباع وغيرها من بقية الحيوانات، ولهذا لم نضبطه"[٥٠].

وأنا أعتقد أن المقصود هو نمر الشجر أو القط الفهد (Panthera neofelis)، الفراء طويل، الشعر ناعم، يختلف لونه بني الرمادي، والرمادي البني او الرمادي المبيض المشوب باصفرار أو احمرار، وعلى الرأس والأطراف القصيرة والبطن بقع سود مستديرة وأشرطة من نفس اللون. يبلغ طوله حوالي متراً وللذنب (٧٤- ٩٢سم). ووزن هذا النمر حوالي (٢٠كغم). وهو يقضي معظم حياته على الأشجار، كما يوجد

في الجبال على ارتفاع لا يقل عن ألفي متر. ويتغذى على الثديات الصغيرة والطيور والزواحف ويفتك بالدجاج الأهلي ويكثر من سطوه على حقول هذه الطيور. يستوطن من آسيا (المناطق الجنوبية الشرقية بما فيها جزائر سواندا)[٥١].

ب- من الطيور:

١- الباز:

وفي هذا البحر (أي الخزر: فزوين) جزائر أخرى مقابلة لساحل جرجان يصاد منها نوع من البزاة البيض، وهذا النوع من البزاة أسرع الضواري إجابة وأقلها معاشرة إلا أن في هذا النوع من البزاة شيئاً من الضعف، لأن الصائد يصطادها من هذه الجزائر فيغذيها بالسمك، فإذا اختلف عليها الغذاء عرض لها الضعف. وقد قال الجمهور من أهل المعرفة بالضواري وأنواع الجوارح من الفرس والترك والروم والهند والعرب، إن البازي إذا كان إلى البياض في اللون فإنه أسرع البزاة وأحسنها وأنبلها أجساماً وأجرؤها قلوباً وأسهلها رياضة، وإنه أقوى جميع البزاة على السمو في الجو.. وإن اختلاف ألوانها لاختلاف مواضعها الخزر وجرجان وما والاها من بلاد الترك... وقال جالينوس: من أهل المعرفة بالضواري وأنواع الجوارح من الفرس والترك والروم والهند والعرب، إن البازي إذا كان إلى البياض في اللون فإنه أسرع البزاة وأحسنها وأنبلها أجساماً وأجرؤها قلوباً وأسهلها رياضة، وإنه أقوى جميع البزاة على السمو في الجو.. وإن اختلاف ألوانها لاختلاف مواضعها الخزر وجرجان وما والاها من بلاد الترك... وقال جالينوس: إن البازي لا يتخذ وكراً إلا في شجرة لفاء مشتبكة بالشوك مختلفة الحجون بين شجر عسٍّ طلباً للكن ودفعاً لألم الحر والبرد فإذا أراد أن يفرخ بنى لنفسه بيتاً وسقفه تسقيفاً لا يصل إليه منه مطراً ولا ثلج إشفاقاً على نفسه وفراخه من البر [والصر][٥٢].

يتضح من وصف المسعودي لهذا النوع من الباز أنه المعروف بالسنقور الأبيض (Gerfautblanc). وهو أكبر البزاة الصيادة، يتراوح طوله ما بين (٥٠- ٦٠سم). ويوجد هذا في مناطق الغابات بين العالمين القديم والجديد، يصيد

فرائسه من الجوار وعلى الأرض. والغالب عليها اللون الأبيض الناصع. بسطة أجنحتها من (١٣٥- ١٥٠سم)، مناسرها قوية ومعقوفة ومخالبها حادة، تألف الاحراج والجبال المشرفة على البحر. إناثها تبيض من (٤- ٥) وبمدة أربعة أسابيع. تتغذى على السنجاب والأرنب ومختلف القواضم والبط والأوز والنوس وغيرها[٥٣]. وكان هذا النوع من الباز في العصور الوسطى يربى لهواية الصيد كرياضة محببة، حيث يمسك بالطيور البالغة ويتم تدريبها. وكان يوضع الغماء على رأس الباز ويغطي له عينيه حتى لا يصرف انتباهه إلى أمر آخر.

والباز المدرب يهاجم طائراً يزيده حجما. إن صيد البلشون (مالك الحزين) بالباز كانت هواية منتشرة، كما هي الآن في مناطق عديدة من العالم[٥٤].

٢- الطاووس:

ومن طيور الهند التي وصفها وافتتن بجمالها وشكلها الطاووس قال: "..فإنها تتلون ألواناً مختلفة بأذنابها وأجنحتها - أعني الذكور دون الإناث- وقد رأيت منها بأرض الهند ألواناً تظهر لحسن البصر عند تأملها، لا تدلك ولا تحصى، ولا تشبه بلون من الألوان، لما يترادف من تموج الألوان في ريشها، ويتأتى ذلك منها لعظم خلقها وكبر أجسامها وسعة ريشها، لأن للطواويس بأرض الهند [شأناً] عجيبا والذي يحمل منها إلى أرض الإسلام ويخرج عن أرض الهند فيبيض ويفرخ تكون صغيرة الأجسام، كدرة الألوان، لا تخطف أنوار الأبصار بإدراكها وإنما تشبه بالهندية بالشبه اليسير، هذا في الذكور منها دون الإناث"[٥٥].

والطاووس الذي أكد عليه المسعودي هو المعروف (طاووس سنبلي – Pavomuticus). وهو من فصيلة التدريجيات. موطنه السند والهند، كبير الحجم رائع الجمال. يتميز الرأس والرقبة بلون أزرق براق. بطنه شديدة الخضار، ولا يتمتع بهذا الجمال الفتان إلا الذكر، وهو عندما يتبختر على أنثاه ينشر مجموعة باهرة الجمال من الريش الطويل الرخو تحمل كل منها عدداً من النماذج على شكل العيون. وتتكون هذه المجموعة من ريش الظهر.

وتوجد أنواع أخرى من الطواويس منها (طاووس أسود يعيش في الشرق الأقصى وطاووس عادي أو طاووس معروف يعيش في الهند أيضا وسريلانكا، وطاووس التبت، وطاووس الكونغو الذي اكتشف وجوده سنة (١٩٣٦)، وهو ذو ألوان عادية[٥٦].

ج- الزواحف:

١- التمساح:

ووصف المسعودي التمساح الذي يعيش في نهر النيل، لكنه أخطأ عندما ذكر أنه لا يمتلك دبراً، إذ أن للتمساح فتحة مشتركة في مؤخرة جسمه تخرج منها فضلاته ويضع بيضه[٥٧]. قال المسعودي: "... وكذلك التمساح يموت من دويبة تكون في ساحل النيل وجزائره، وذلك أن التمساح لا دبر له وما يأكله يتكون في بطنه دوداً، وإذا آذاه ذلك الدود خرج إلى البر فاستلقى على قفاه فاغراً فاه، فيقيض الله إليه طير الماء كالطيطوي والحصا في وغير ذلك من أنواع الطيور وقد اعتادوا ذلك منه فيأكل ما ظهر في جوفه من ذلك الدود.."[٥٨].

وتمساح النيل (كروكود يلوس فولجاريس – crocodilus vulgaris) من فصيلة التمساح (Crocodylidae). يتراوح وطوله ما بين (٤.٥- ٥) أمتار، ويعيش في أنحاء أفريقيا كلها تقريبا باستثناء الصحراء الكبرى والساحل الشمالي، وقد اختفى من مصر في بداية هذا القرن بالأخص بعد بناء خزان أسوان في الجنوب منها. ولونه من أعلى أخضر برونزي تتخلله بقع داكنة، أما البطن فلونه أخضر مصفر، وهو سباح ماهر وسريع في الماء، عكس ثقله وبطئه عندما يسير على اليابسة نظراً لضعف أرجله. وهو عندما يسبح لا يظهر منه إلا أنفه وعيناه من الماء، وله ذيل قوي مفلطح. وتضع أنثاه البيض وهو في حجم بيض الأوز، وتدفنه في جحور تحفرها في الأرض وبالقرب من شواطئ النهر. ويفقس البيض بتأثير حرارة الشمس، وتترك التماسيح الصغيرة الجحور وتتجه إلى الماء حال خروجها من البيض. والتمساح يقضي شطراً من وقته على الأرض متدفئاً بحرارة الشمس. ويتغذى بشكل أساس علي الأسماك والحيوانات المائية الأخرى ولكنه يقوم بالاختباء بين الحشائش على ضفاف النهر عدة

ساعات بلا حراك في انتظار الحيوانات الثديية الكبيرة التي تذهب إلى الماء للشرب، ثم يفاجئها ويقبض عليها بفكيه القويين ويغرقها في الماء قبل أن يبدأ في التهامها وحتى الإنسان لا يسلم منه أيضاً[٥٩].

ويستفاد من التمساح في أكل لحومها في مناطق عديدة من العالم ولقيمة جلودها الاقتصادية. وهو يقتل لكراهية الإنسان له، ولذا أصبح من الحيوانات الآيلة للانقراض. أما الطائر الذي ذكره المسعودي كونه يلتقط ديدان بطنه فهو الطائر المعروف باسمه طائر التمساح أو القطقاط المصري (Pluvianusae gyptius)، وهو من الطيور الخواضة. فهو يقوم بالتقاط فضلات الطعام من بين أسنان هذا التمساح وكذلك من الطفيليات (كالعلق والديدان وغيرها) من جلد التمساح. كما يقوم بمهمة أخرى وهي تحذير التمساح بصحيات عند حدوث خطر ما أو اقترابه منه.

ويتغذى هذا الطائر على الحشرات والأسماك الصغيرة والمحار ويستوطن طائر التمساح في السودان حتى منابع النيل في أفريقيا الوسطى، وأصبح اليوم في مصر نادراً[٦٠].

٢- الحيات:

ويصف المسعودي نوعاً من الثعابين في منطقة اليمامة في اليمن وكيف يستفاد منها الناس في القضاء على الحشرات والعقارب والحيات الأخرى الضارة، قال: "...وكذلك الأخبار عن العرابيد، وهو نوع كالحيات [من الحيات] تكون ببلاد حجر اليمامة فيما زعموا، وأحدها عربد... وأهل اليمامة ينتفعون به لمنع الحيات والعقارب وسائر الهوام..."[٦١].

وباعتقادي أن المسعودي قصد بوصفه لهذه الحية المعروفة بالعربيد ذو الظهر الأسود أو الأرقم الأوروبي أو الثعبان ذو اللونين الأخضر والأصفر (coluber jugularis) من فصيلة الثعابين الأصيلة (colubridae). وهي حية شرسة الطباع لكنها غير سامة، يصل طولها إلى مترين ونصف المتر، وهي ذات أشكال مخيفة. ومن طباعها أن تتربص لعدوها بحفر ممكن لها حتى تدركها فرصة الوثوب عليها بسرعة خاطفة. وتتغذى على اللبائن الصغيرة والحشرات وبعض الحيات الأخرى والعقارب[٦٢].

ت- من اللافقاريات:

١- السراطين:

وجاء في كتاب المسعودي (مروج الذهب) وصفاً لأنواع من السراطين، تعيش في بحر الصين، قال: "وفي هذا البحر (بحر الصين) نوع من السراطين، يخرج من البحر كالذراع والشبر وأصغر من ذلك وأكبر فإذا بان عن الماء بسرعة حركة وصار على البر صار حجارة زالت عنه الحيوانية، وتدخل تلك الحجارة في أكحال العين وأدويتها"[٦٣]. من المعروف أن السراطين تتبع رتبة عشريات الأقدام – Decapoda، وأغلبها بحرية أو تعيش في المياه نصف المالحة، وتتغذى على الحيوانات الصغيرة وبقايا الحيوانات النافقة بعد أن تمزقها بالكلابات.

وتتباين السرطانيات في الحجوم من سرطان البازلاء الذي يعيش داخل صدفات الرخويات ذات المصراعين إلى سرطان العنكبوت العملاق الذي يقطن المحيط الهادين وله صدفة يزيد عرضها على (٣٠سم) وأرجله طويلة قد تصل إلى (٣.٧٥م). وبعض أنواع سرطان العنكبوت تخفي أجسامها، بأن تلصق بظهرها بعض الأعشاب البحرية وهذه القشريات هي ابناء عمومة مع جراد البحر وبراغيث البحر.

ويحمل الجسم عشرة أزواج من الأرجل، الزوج الأول منها تحور إلى أشبه بكلابتين. وفي بداية حياة السرطان أشبه بجراد البحر وبعد أن تنسلخ اليرقة عدة مرات، تستقر في القاع وتصبح سرطانا بالغا، تغطيه الدرقة المستديرة المميزة التي تحمي جسمه، وتغطي الدرقة الرأس والصدر، أما البطن فينثني تحت الجسم مكونا سلسلة من الصفائح. وتقضي بعض السرطانات وقتا طويلا خارج الماء.

والسرطان العازف، له كلابة واحدة كبيرة وملونة، ويعيش في حفر في القاع الطيني. ويتسلق السرطان اللص الأشجار. وهو لا يتمكن من فتح ثمرة جوز الهند كما كانوا يزعمون. والسرطان الناسك (إيبار جيوروس بيرنهاردوس – bernhardus Eupargurus) يتأخذ من دورق القواطع الخاوية درع متنقل له يقيه من الأعداء وعوارض الطبيعة وهذا النوع من السراطين تعتبر مجموعة منفصلة من القشريات[٦٤].

وكان المسعودي موفقاً في تصنيفه للسراطين حسب حجومها من صغير جداً إلى كبير عملاق فهذا يتفق وعلم الحيوان الحديث إما ما جاء في قوله من أنه عندما يخرج من الماء يصبح حجارة فهذا محض أشكال في الوصف.

فهو ربما قد شاهده داخل صدفة أحد المحارات الخاوية التي يتخذها كمظلة مما جعله أن يعتقد أنه أصبح على شكل حجارة لأن لون الصدفة ربما تكون قد اكتسب ببعض الأشنات الشبيه بالصخور ويستفاد من أصداف المحار في صناعات عديدة وهذا مما حمل المسعودي أن يشير إلى الاستفادة منه في اكتحال العيون.

٢- اللؤلؤ:

وعند حديثه عن الخليج العربي جاء وصفه لحيوان اللؤلؤ بما يلي: "...وقد ذكرنا كيفية تكون اللؤلؤ، وتنازع الناس في تكونه ومن ذهب منهم إلى أن ذلك من المطر، ومن ذهب منهم إلى أن ذلك من غير المطر، وصفة صدف اللؤلؤ العتيق منه والحديث الذي يسمى بالمحار والمعروف بالبلبل، واللحم الذي في الصدف والشحم، وهو حيوان يفزع على ما فيه من اللؤلؤ والدر خوفاً من الغاصة كخوف المراءة على ولدها"[٦٥].

والمسعودي في وصفه اللؤلؤ هذا الوصف العلمي الرائع إنما يعبر عن كونه قد عرف انه أحد أنواع المحار وأن هناك سبباً يؤدي إلى حدوث تغيير داخل بعض المحارات فيتكون اللؤلؤ.

وينتمي حيوان اللؤلؤ إلى قبيلة (الحيوانات الرخوة) وهي من أكبر قبائل المملكة الحيوانية وأكثرها أهمية وسميت بهذا الاسم لأن أجسام هذه الحيوانات لينة وعدم امتلاكها هيكل داخلي صلب، لذا فهي تحيط أجسامها بأصداف حلزونيةة كما في القواقع وأصداف مزدوجة كما في (أم الخلول). وهناك نظريات عديدة حول أسباب تكون اللؤلؤ داخل المحار. من أهمها (النظرية الطفيلية) لتكوين اللؤلؤ، وهي تبين أن دخول أي حيوان طفيلي غريب إلى جسم المحار يدفع الأنسجة اللينة لإفرازها هذه المادة اللؤلؤية التي تحيط بالحيوان الطفيلي من الخارج في طبقات متتالية، وبذلك يتخلص الماحر من الطفيل الذي ينخر في جسمه اللين ويصبح الطفيل نفسه سجينا

داخل اللؤلؤة، ومما يؤيد هذه النظرية كما يقول الدكتور محمد رشاد الطوبي أن النواة والمراكز في كثير من اللآلئ وجدت تحتوي على بقايا محنطة لكثير من الطفيليات وقد وجد أن محار اللؤلؤ الذي يعيش في مياه المحيط الهندي حول سيلان (سريلانكا) يصاب بإحدى الديدان الشريطية التي تقضي أطوارها الأولى في جسم المحار، ويرجع الفضل إلى هذه الدودة الطفيلية في تكوين حبات اللؤلؤ التي يفرزها الجسم حولها ليحمي نفسه من أثرها الضار، ولذلك تستخرج اللآلئ من جسم المحار المصاب بهذه الديدان، بينما لا تحتوي أجسام المحار السليم على شيء منها، كما أن اللآلئ قد تتكون أيضا حول حبيبات المواد التالفة التي ينتجها جسم المحار نفسه.

وعملية تكوين اللؤلؤ عملية مباشرة، فعندما تتكون النواة من أية مادة مهيجة وتستقر داخل فجوة صغيرة في الأنسجة، تبدأ جدران هذه الفجوة التي تحيط بالنواة في إفراز المادة اللؤلؤية، ولا تختلف هذه المادة في تركيبها عن الطبقة الصدفية التي تبطن أصداف المحار، وتترسب المادة اللؤلؤية تدريجيا حول النواة في طبقات متتالية فينمو اللؤلؤ بالتدريج أيضا داخل الجسم، ويرجع بريق اللؤلؤ إلى وجود هذه الطبقات المتتالية من تلك المادة الصدفية المتبلورة. وتعتمد مصائد اللؤلؤ الموجودة في سيلان واستراليا والملايو والساحل الشرقي لأفريقيا والخليج العربي وغيرها من المناطق على أنواع أخرى من المحار تنتمي كلها إلى جنس (مارجار يتيفيرا - margaritefera)، وتستخرج بعض اللآلئ الثمينة أيضاً من محار الماء العذب الذي يعيش في الأنهار الأوروبية والأمريكية والآسيوية. ويعتبر النوع الخاص من محار اللؤلؤ الذي ينتمي إلى جنس (أوستريا- Ostrea) المصدر الرئيسي لأفخر اللآلئ وأغلاها ثمناً[٦٦].

الهوامش:

١- فوات الوفيات، ٢: ٩٤.

٢- الفهرست، ٢١٩- ٢٢٠.

٣- تاريخ آداب اللغة العربية، ٢: ٣١٦- ٣١٧.

٤- تاريخ الأدب الجغرافي، ١٩١.

٥- موسوعة العلوم الإسلامية (مادة المسعودي)، ١٦٢.

٦- مقدمة مروج الذهب، ١: ١١- ١٢.

٧- موسوعة العلوم الإسلامية، ١٦٢.

٨- المسعودي، ١: ١٠- ١١.

٩- بحر الزنج: جزء من المحيط الهندي مجاور لبلاد الصومال وزنجبار المعروفة عند العرب ببلاد الزنج (عن أمين واصف بك، الفهرست، معجم الخريطة التاريخية للممالك الإسلامية، تحقيق أحمد زكي باشا، القاهرة ١٩٣٣، ص٢١٠).

١٠- مروج الذهب، ١: ١٠٨- ١٠٩.

١١- الثديات البحرية، ١٦.

١٢- المصدر السابق، ١٦.

١٣- المصدر السابق، ٣٤.

١٤- مجلة المورد، العربي، ٧٦.

١٥- الثدييات البحرية، ٢٦.

١٦- المصدر السابق، ٢٧.

١٧- المصدر السابق، ٢٨.

١٨- المصدر السابق، ١٨.

١٩- المصدر السابق، ١٨-١٩.

٢١- مروج الذهب، ١: ١٥٨- ١٥٩.

٢٢- مجلة بناء الصين، ٣ مارس، ٤٧- ٤٨.

٢٣- المصدر السابق، ٤٨.

٢٤- مجلة التراث الشعبي، ٩- ١٠، ٤٦- ٤٧.

٢٥- مروج الذهب، ٢: ٢٩.

٢٦- نقلا عن العربي، المورد، ٦- ٧٩.

٢٧- مروج الذهب، ١- ١٩٩.

٢٨- اللبائن العراقية، ١٥- ١٦.

٢٩- مروج الذهب، ١- ١٩٩.

٣٠- اللبائن العراقية، ٥٩.

٣١- المصدر السابق، ٥٩.

٣٢- المسعودي، ٢: ٤-٥.

٣٣- موسوعة الغد، ١: ٢٣٠- ٢٣١.
٣٤- مروج الذهب، ١: ١٧١- ١٧٢.
٣٥- أطلس ثدييات العالم، ٣٥٧- ٣٥٨.
٣٦- عزموله: عاجه.
٣٧- مروج الذهب، ٢: ٨، ١١، ١٣.
٣٨- موسوعة الغد، ١: ١٢٠- ١٢١.
٣٩- مروج الذهب، ٢: ١٥- ١٦.
٤٠- موسوعة الغد، ١: ١٢٠-١٢١.
٤١- مروج الذهب، ٢: ١٥- ١٦.
٤٢- الموسوعة في علوم الطبيعة، ١: ٢٤٩.
٤٣- المسعودي، ١: ١٩٦- ١٩٨.
٤٤- موسوعة الغد، ١: ١٢٣- ١٢٤، الموسوعة في علوم الطبيعة، ١: ٢٥٠- ٢٥١.
٤٥- مروج الذهب، ١: ١٩٦- ١٩٨.
٤٦- الموسوعة في علوم الطبيعة، ٢: ٥٩٩.
٤٧- مروج الذهب، ١: ١٩٦- ١٩٨.
٤٨- الموسوعة في علوم الطبيعة، ٢: ٢٨٢.
٤٩- مروج الذهب، ٨- ٩.
٥٠- نهاية الأدب، ٩: ٢٤٢.
٥١- أطلس ثدييات العالم، ٣٠٦- ٣٠٧.
٥٢- مروج الذهب، ١: ١٨٦- ١٨٧، ١٨٩.
٥٣- الموسوعة في علوم الطبيعة، ١: ٥٧٣.
٥٤- موسوعة الطيور المصورة، ١٨٨.
٥٥- مروج الذهب، ١: ٣٧٧- ٣٧٨.
٥٦- الموسوعة في علوم الطبيعة، ٢: ٩٢، وموسوعة الغد، ٢: ٣٢٦.
٥٧- العزي، المورد، ٥٧.
٥٨- مروج الذهب، ١: ١٠٩.
٥٩- موسوعة الغد، ١: ٩٧.
٦٠- العزي، المورد، ٦٧.
٦١- مروج الذهب، ١: ١٩٩.
٦٢- الزواحف العراقية (تحت الطبع).
٦٣- مروج الذهب، ١: ١٥٥.
٦٤- موسوعة الغد، ١: ٢٤٨.
٦٥- مروج الذهب، ١: ١٤٨.
٦٦- نقلاً عن ألوان من أحياء البحر، ٣٦- ٣٩.

ابن مسكويه

اسمه وبيئته:

لمع أبو علي أحمد بن محمد بن يعقوب، المعروف بابن مسكويه كأحد أشهر علماء التاريخ الطبيعي العربي، كما لمع كرائد في علوم أخرى عديدة...

يقول عنه الثعالبي في كتابه (الطائف المعارف): أنه كان في الذروة العليا من الفضل والأدب والبلاغة والشعر والعلم. لقد كان ابن مسكوي حقا من نوابغ زمانه وأفذاذ عصره، اشتغل بعلوم الأقدمين كالفلسفة والمنطق والفقه والأدب والطب والأحياء وقد جاءه لقب مسكويه من جده الأول الذي يقال أنه كان مجوسيا وأسلم ولم يعرف تاريخ ميلاده بالضبط إلا أنه يرجح أنه ولد عام (٣٤٠هـ- ٩٤٠م)، أي في أوائل القرن الرابع الهجري كما جاء في قصيدة له شكا فيها أثر الهرم، وبلوغه أرذل العمر. وتوفي ابن مسكويه عام (٤٢١هـ- ١٠٢١م).

وقد ذكر بعض المؤرخين أن ابن مسكويه كان خازنا للملك عضد الدولة ابن بويه. وكان له مشاركة حسنة في العلوم الأدبية وعلوم الأوائل، وألف فيها كتبا عدة، عاش ابن مسكويه زمنا طويلا واجتمع به الرئيس بن سينا وذكره في بعض كتبه. وكان ابن مسكويه كاتب سر الوزير المهلبي، وأمين خزانة كتبه وصحب بعد ذلك ابن العميد وكان ذا حظوة عنده، وعند ابنه أبي الفتح اللذين وزرا لعضد الدولة وصمصام الدولة من بني بويه. وفي أثناء صحبته لابن العميد اهتم – أول مرة اهتماما كبيرا بعلوم الفلسفة والمنطق والفقه والأدب والتاريخ والطب...

أثر ابن مسكويه في علوم الحياة:

تناول ابن مسكويه علم الأحياء في كتابه الفوز الأصغر فقسم الكائنات الحية إلى مراتب من ناحية قبول حركة النفس، أي حركة القوة، وتكلم في كتابه (تهذيب

الأخلاق)، عن تسلسل الكائنات الحية من ناحية قوة الهم والادراك، ويقرر ابن مسكويه أن النبات نشأ بعد امتزاج العناصر الأولى من الجماد، وأن الفرق بين النبات والجماد مقصور على الحركة والاغتذاء.

ويقول الدكتور حسين فرج زين الدين: (وقد بلغ ابن مسكويه، بهذا التعريف من دقة الملاحظة أن ذكر الحركة في النبات وهي أثر حركة النفس أو القوة، كمميز للنبات عن الجماد ونحن نعلم أن النباتات الدنيئة كالطحالب وغيرها تتحرك في بيئتها بواسطة أسواط، كما أن الحركة في النباتات تتمثل في نمو جذورها وسوقها وفروعها وأوراقها.

والنباتات آكلات الحشرات مجهزة بمصائد تفتح وتغلق حسب الإرادة، لاقتناص فرائسها، وكذلك النبات المعروف (بالسبت المستحية) تتأثر أوراقه بمجرد اللمس. ويقول ابن مسكويه: (إن مرتبة النبات من قبول هذا الأثر الشريف نجم من الأرض ولم يحتاج إلى بذر، ولم يحفظ نوعه ببذر، كأنواع الحشائش وذلك أنه في أفق الجماد، والفرق بينهما هو هذا القدر اليسير من الحركة الضعيفة في قبول أثر النفس).

ويقول الدكتور زين الدين: (ويفهم من هذه العبارة أن ابن مسكويه إنما يقصد بالحشائش هنا، تلك النباتات الدقيقة عديمة البذور التي تشاهد فوق المستنقعات والأسطح الندية وما شاكلها لأنه من غير المعقول، أن يفوت أمثال ابن مسكويه.

إن الحشائش والأعشاب النامية في الأرض ليس لها بذور وأزهار. فإيراده للحشائش عديمة البذور والأزهار، يشير إلى أنه يقصد النباتات اللازهرية التي تعرف علميا باسم (كربتوجامس) أي ذوات الأعضاء التناسلية الخفية، لأن هذه النباتات البدائية لتتكاثر بغير بذور، وتقسم بذورها إلى ثلاثة أقسام كبيرة، **أولها النباتات الثالوسية** التي منها الطحلب والفطر، **وثانيها النباتات الحزازية** كالريشيا ولافوناريا **وثالثها النباتات التريدية** ومن أمثلتها النوع المعروف بسرخس كزبرة البئر).

ثم يقول ابن مسكويه: (ولا يزال هذا الأثر يقوى في نبات آخر يليه في الشرف إلى أن يصير له من القوة والحركة ان يتفرغ وينبسط ويتشعب ويحتفظ نوعه بالبذر، ويظهر فيه من أثر الحكمة أكثر مما يظهر في الأول) وفي هذا الصدد يقول الدكتور زين الدين: (وتتضح من هذه العبارة درجة التطور التدريجي من النباتات اللازهرية إلى النباتات الزهرية أو البذريات.

وفي ذلك يقول العلم الحديث أن الانتقال من النباتات التريدية إلى البذرية لم يكن انتقالا فجائيا، بل هو تدريجي مر بمراحل تمهيدية في النباتات التريدية. ويعزز هذه الحقيقة ما وجد من حفريات نباتية تجمع بين صفات السرخسيات التريدية والنباتات البذرية فهذه الحفريات تشبه السراخس في مظهرها العام وفي صفاتها التشريحية كما أنها - بما تحمل من بذور بدائية تشابه النباتات البذرية)..

ثم يقول ابن مسكويه (ولا يزال هذا المعنى يزداد في شيء بعد شيء ظهورا إلى أن يصير إلى الشجر الذي له ساق وورق وثمر يحفظ به نوعه، وغراس يصونه بها، بحسب حاجته إليها، وهذا هو الوسط من المنازل الثلاثة، إلا أن أول هذه المرتبة متصل بما قبله، وهو في أفقه وهو ما كان من الشجر على الجبال وفي البراري المنقطعة، وفي الغياظ وجزائر المحار، لا يحتاج إلى غرس بل ينبت لذاته، وإن كان يحفظ نوعه بالبذور، وهو ثقيل الحركة بطيء النشوء).

وهنا يشير ابن مسكويه كما يقول الدكتور عبد الحليم منتصر: (إلى أولى مراتب النباتات البذرية، التي تتوسط النباتات التريدية والبذريات وهي المعروفة علميا بمعراة البذور التي منها نبات الصنوبر. وتعد معراة البذور من أقدم النباتات التي ظهرت على وجه الأرض منذ العصور الجيولويجية السحيقة والمعروف انها تطورت عن النباتات التريدية، وأن هناك حلقة اتصال تطورية تربط ما بين النباتات التريدية والبذرية، تتمثل في أولى مراتب النباتات معراة البذور وهي مرتبة السرخسيات السيكادية، والتي ظهرت قبل جميع البذريات، سواء كانت معراة أو مغطاء البذور وتتميز معراة البذور بأن عدد فلقات جنينها يتراوح بين ثلاث وسبع عشرة فلقة وبأن التلقيح يتم فيها بوقوع حبوب اللقاح، التي تنثرها الرياح على البيضة مباشرة)...

ويتحدث ابن مسكويه بعد ذلك عن المرتبة الأخيرة فيقول: (ثم يتدرج من هذه المرتبة ويقوى هذا الأثر فيه، ويظهر شرفه على ما دونه حتى ينتهي إلى الأشجار الكريمة التي تحتاج إلى عناية التربة، واستعذاب الماء والهواء لاعتدال مزاجها وإلى صيانة ثمرتها التي تحفظ بها نوعها، كالزيتون والرمان والسفرجل والتفاح والتين وأشباهها.. ويتدرج أيضا في قبول هذا الأثر من ظهور الشرف إلى أن ينتهي إلى رتبة الكرم والنخل)..

وهنا يقول الدكتور زين الدين: (ويبدو من هذه العبارة أنه قد وصل في هذا التدرج إلى النباتات الراقية وهي ذوات الفلقتين وذوات الفلقة الواحدة، وهذه الأخيرة منها النخل الذي وضعه في قمة السلم النباتي)، حيث يقول ابن مسكويه بعد ذلك، (فإذا انتهى إلى ذلك صار في الأفق الأعلى من النبات، وصار بحيث إذا زاد قبوله لهذا الأثر لم يبق له صورة النبات، وقبل حينئذ صورة الحيوان. وذلك أن النخل قد بلغ من شرفة على النبات إلى أن حصل فيه نسبة قوية من الحيوان، كثيرة منه. أولها أن الذكر متميز عن الأنثى، وأنه يحتاج إلى التلقيح ليتم حملة، وهو كالسفاد في الحيوان، وله مع ذلك مبدأ آخر غير عروقه وأصله، أعني الجمار الذي هو كالدماغ في الحيوان فإن عرضت له آفة تلف، وليس كذلك سائر الأشجار، لأن تلك مبدأ واحد، وهو الأصل الثابت في الأرض، فما دام ذلك ثابتا عن حالة لم تعرض له آفة فهو باقي الحياة وبذر النخيل الذي يسمى طلعا وبه يلقح النخلة، شبيه الرائحة ببذر الحيوان. وقد أحصيت للنخل كثرة تشابه للحيوان ليس هذا موضع إحصائها)..

وهنا يقصد ابن مسكويه بهذه العبارة أن ذوات الفلقة الواحدة، التي ينتمي إليها النخل، وهي أرقى أقسام المملكة النباتية، وأن الصفات التي أبرزها مشابهة لصفات الحيوان، إنما هي صفات تميزها مما دونها من النباتات، مما يصح معه القول بأنه يضعها في المملكة النباتية كوضع الرئيسيات في المملكة الحيوانية كالقردة وغيرها..

وهكذا نجد أن ابن مسكويه هو الذي وضع اللبنات التي قام عليها تقسيم

المملكة النباتية إلى أقسام رئيسية وهي التي تعرف في اللسان العلمي الحديث بالنباتات التالوسية والحزازية والتريدية ومعراة البذور، وهذه الأخيرة تنقسم بدورها إلى ذوات اللفلقتين، وذوات الفلقة الواحدة، وكان التدرج واضح في مجرى عباراته، مما يجعله أول سلم علمي لمملكة النبات. مع أن العصر الذي عاش فيه ابن مسكويه لم تكن متوفرة فيه وسائل البحث العلمي الحديث، بينما طنطن الغرب للعالم الانجليزي جرن رأي الذي ظهر في أوائل القرن الثامن عشر الميلادي والذي سبقه هذا العالم العربي الكبير بسبعة قرون وأكثر، بأنه قسم النباتات، وكان تقسيمه عام ١٧٠٣م على قسمين: القسم الأول (أربوريا) ويشتمل على شجيرات وأشجار، وقسم كلا منها إلى ذوات فلقة وذوات فلقتين- والقسم الثاني (هيربا) ويشتمل على الأعشاب والحشائش، وقسمه إلى نباتات زهرية وغير زهرية والزهرية العشبية قسمها أيضا إلى ذوات فلقة وذوات فلقتين...

وفي مجال علوم الحيوان فقد بدأ بالحيوانات الدنيئة التي لم تستوف الصفات الحيوانية الكاملة والتي في صفاتها تشابه الحياة النباتية. حيث يقول: (وذلك أول ما يرقى النبات ففي منزلة الأخيرة وتتميز بها مراتبه الأولى هو أن يقتلع من الأرض ولا يحتاج إلى إثبات العروق فيها بما يحصل له من التصرف بالحركة الاختيارية. وهذه الرتبة الأولى من الحيوانية ضعيفة لضعف أثر الحس فيها. وإنما تظهر بجهة واحدة أعني حسا واحد هو الحس العام الذي يقال له حس اللمس وذلك كالصدف وأنواع الحلزون الذي يوجد على شاطئ الأنهار وسواحل البحار. وإنما تعرف حيوانية، ويعلم أنه ذو حس واحد من أجل أنه إذا استلب من موضعه سرعة وعلى عجلة وخفة فارقة موضعه استجاب للأخذ، وإن أخذ بإبطاء وعلى ترتيب لزم موضعه وتمسك به، لأنه يحس أن لا مسألة يريد أخذه فيصعب حينئذ جذبه وتناوله من مكانه، لتشبثه به، وهو يضعف عن التنقل وإن كان قد انقلع عن الأرض، وصارت له حياة ما، لأنه في الأفق القريب من النباتات وفيه مناسبة له).

من المعروف ان صفتي النبات والحركة من أهم مميزات النباتات العامة حيث أنها مثبتة في التربة بواسطة الجذور. بعكس الحيوانات التي تتمكن من الانتقال من مكانها، لأنها مزودة بأعضاء تساعد على مثل هذه الحركة. وهذا لا يعني أنه لا توجد نباتات تنتقل من مكانها فمثلا الطحلب الأخضر المسمى (كلاميد وموناس) الذي يتحرك بواسطة الأهداب ومثل مستعمرة (البندورينا) التي هي عبارة عن كرة مصمته، ومحاطة بغلاف هلامي تتكون من ست عشرة خلية متشابهة، كل واحد منها شبيهة بالكلاميدوموناس)، وتتحرك المستعمرة بوساطة حركة الأهداب جميعا في اتجاه واحد كما أن هناك قلة من الحيوانات مثبته في الصخور وغيرها مثل حيوان (الفورتسيلا) من الأوليات الهدبية التي تعيش في ماء المستنقعات ملتصقة بالأعشاب المائية وتثبت نفسها عليها بواسطة ساق، تنقبض فيقرب الحيوان من العشب، وتنبسط فيبتعد عنه، ومثل حيوان الاسفنج المعروفة، وحيوان المرجان اللذين يلتصقان بالأحجار وغيرها...

ويقول الدكتور زين الدين ما يلي: (ويلاحظ أن ابن مسكويه قد انتقل بحديثه فجأة من النبات إلى الحيوان، حين ضرب أول مثل للحيوانات الدنيئة بالأصداف وأنواع الحلزون ويمكن أن يؤخذ هذا الانتقال الفجائي على أنه طفرة في التسلسل، لأن الفارق هنا من الوضوح بحيث لا يفوت مثل ابن مسكويه، وإنما يبدو أنه قد أغفل ذكر بعض حلقات السلسلة، وترك بعض الثغيرات التي لا يمكن أن تنال من واسع معرفته، وعظيم فضله وإنما يبدو أنه قد أغفل في هذا الموضوع ذكر الحيوانات الاسفنجية مع أنها تعتبر أدنى الحيوانات في السلم التقسيمي للحيوان، فقد كان الرأي السائد قديما أن الاسفنج ينتمي إلى المملكة النباتية، ويعزز هذا الرأي ما للاسفنج من صفات موجودة في النبات، منها أنه لا يتحرك، ولذلك لا يسعى وراء غذائه كما تفعل سائر الحيوانات، بل يكتفي بالغذاء الذي يصل إليه مع تيار الماء الداخل إليه من الثقوب المنتشرة على سطح الجسم. ومنها وجود فراغات داخل خلايا الاسفنج مثل الفراغات التي توجد في الخلايا النباتية. ومنها أن بعض العلماء قد عثر على حبيبات النشا في خلايا بعض أنواع الاسفنج فذهب إلى أن خلايا الاسفنج قادرة على تكوين النشا.

مثلما في ذلك الخلايا النباتية. غير أن طريقة التغذية التي تمارسها خلايا الاسفنج المختلفة حدت بكثير من العلماء إلى فصل الاسفنج عن النبات، وإلى اعتباره في أول الشجرة الحيوانية"....

وقد ركز ابن مسكويه جل اهتمامه في الكلام عن الحواس وتباينها في الكائنات المختلفة ولم يحاول أن يتخذ منها سلما علميا، بل ساقها أمثلة عامة فتكلم عن الخلد باعتباره غير مستكمل للحواس الخمس، والمعروف أن الخلد حيوان ثدي من القوارض، عديم البصر بتأثير البيئة، حيث تولد صغاره بعيونها ثم تضمر العينان ويغطيهما الشعر في طوره البالغ لعدم حاجة الحيوان إليها في حياته التي يقضيها في جحور مظلمة محفورة تحت الأرض ويستعيض عن حاسية البصر بقوة حواس السمع والشم واللمس.

ويتحدث ابن مسكويه بعد ذلك عن الحيوانات الضعيفة البصر كالنمل وغيره، والمعروف أن النمل ضعيف البصر إلى حد كبير، بل منه أنواع عاطلة من العيون بينما باقي الحواس في النمل مستكمل قوى فالنمل يستطيع بحاسة الشم أن يهتدي من مسافات بعيدة إلى المواد السكرية التي لا يستطيع أن يشم لها رائحة. ويتكلم على استعداد الحيوانات وقبولها إثر حركة النفس فيتحدث عن حاسة البصر وعن وجود حيوانات عيونها عاطلة من الجفون، والمعروف أن الحيات وكثيرا من ذوات الفقار كالأسماك العظيمة، ضعيفة البصر نوعا، وليست لعيونها جفون.

ويتكلم ابن مسكويه عن الحيوانات التي استكملت حواسها الخمس وأنها على مراتب متفاوتة فمنها البليدة الجافية الحواس ومنها الذكية اللطيفة الحواس، التي تستجيب للتأديب وتقبل الأمر والنهي (كلافرس من البهائم، والبازي من الطيور)، والتي تستعد لقبول أثر النطق والتمييز، وواضح من هذه العبارة أنها تعني الببغاء، ولو أنه لم يذكر اسمها.

ويبدأ بعد ذلك في التحدث عن القردة وأنواها وعلاقتها بالإنسان فيقول: "القردة وأشباهها من الحيوان التي قاربت الإنسان في خلقته الإنسانية ليس بينها

وبينه إلا اليسير الذي إن تجاوزه صار إنسانا، فإذا بلغه انتصبت قامته ويظهر فيه من قوة تمييز الشيء اليسير، فضل تمييز، واهتداء إلى المعارف، ويقوى فيه أثر النفس، ويقبل التأديب بالفهم والتمييز وهذا الأثر وإن كان شريفا بالإضافة إلى مادونه من رتب البهائم، فهو خسيس دنيء جدا بالإضافة إلى الإنسان الكامل النطق".

من هنا يمكننا أن نستشف من هذا الكلام أن ابن مسكويه قد وضع القردة وأشباهها في قمة مرتبة الثدييات، بعد الإنسان ولا سيما فيما يتصل بالمواهب من قبول التأديب بالفهم والتمييز والاهتداء إلى المعارف وجعلها تسبق الإنسان في السلم التقسيمي، كما أنه وضع بشيء من الدقة العلمية الفروق بين القردة والإنسان، فيميز الإنسان بانتصاب القامه والنطق الكامل أي باختراع اللغة.

لكنه لم يتعرض إطلاقا إلى انحدار الإنسان عن أو إلى إمكان بلوغ القردة بالرقي مبلغ الإنسان، وإنما ركز جل اهتمامه على ترتيب الحيوانات بحيث تسهل دراستها على أساس من التدرج المبني على نمو الحواس، والترقي في قبول الإثارة النفسية ولم يتعرض لأصل الإنسان.

والعلم الحديث يساند كلام ابن مسكويه في هذا الموضوع، فيقول علم الحيوان الحديث أن الفروق الأساسية بين القردة والإنسان هي مميزات أو فروق أربع:

١- انتصاب قامة الإنسان في أثناء المشي.
٢- التركيب التناسبي للأيدي والأرجل.
٣- اختراع اللغة والاعتماد على الكلام في التفاهم.
٤- خاصية الإدراك.

وعن نواحي الفهم والإدراك وتسلسلها عند الحيوانات المختلفة يتحدث ابن مسكويه في كتابة تهذيب الأخلاق إذ يقول (ثم يصير من هذه المرتبة إلى مرتبة الحيوان الذي يحاكي الإنسان من تلقاء نفسه ويشبههن غير تعليم، كالقردة وما أشبهها وتبلغ من ذكائها أن تستكفي من التأدب بأن ترى الإنسان يعمل عملا فتعلم مثله من

غير أن تحوج الإنسان إلى تعب ورياضة لها. وهذه غاية أفق الحيوان التي إن تجاوزها، وقبل زيادة يسيرة خرج بها عن أفقه وصار من أفق الإنسان الذي يقبل العقل والتمييز، والآلات التي يستعملها والصور التي تلائمها.

فإذا بلغ هذه المرتبة تحرك إلى المعارف واشتياق إلى العلوم وحدثت له قوى وملكات ومواهب من الـلـه عز وجل، يقتدر بها على الترقي والإمعان في هذه المراتب من الأفق الإنساني المتصل بآخر ذلك الأفق الحيواني، مراتب الناس الذين يسكنون في أقاصي المعمورة من الأمم لا تميز عن القردة إلا بمرتبة يسيرة. ثم تتزايد فيهم قوة التمييز والفهم إلى أن تصير إلى أواسط الأقاليم فيحدث فيهم الذكاء وسرعة الفهم.

والقبول للفضائل وإلى هذا الموضوع ينتهي فعل الطبيعة التي وكلها الـلـه عز وجل بالمحسوسات).

وهنا يلمس ابن مسكويه الأثر البالغ الذي تحدثه البيئة في المخلوقات من حيث تطورها الإدراكي والعقلي، ويتخذ من البيئة أساسا هاما لهذا التطور وهو بذلك سبق لامارك فيما ذهب (من ضرورة الاعتماد على البيئة في تفسير كل شيء كما أن التركيب والوظيفة للكائن الحي وثيقا الصلة بالبيئة نفسها).

إن العالم العربي الكبير سبق كل علماء الغرب فيما يتصل بنظرية النشوء والارتقاء وتقسيم الكائنات الحية وسلوك الحيوانات وأثبت حقائق الموجودات في دقة وبراعة فائقة مما يدل على سعة علمه وغزراة إطلاعه وسبقه إلى تقرير القواعد العلمية الصحيحة في كل ما جاء به وقد أيد العلم الحديث إلى حد كبير وبعد مضي عدة قرون بحوث ابن مسكويه.

في عمقها وأصالة بحثها العلمي. وقد يظن كثيرون أن كلام ابن مسكويه الرائع في علوم الأحياء جاء من باب الولع السطحي أو الوصف المجرد في الدراسة البحتة فلقد كان هذا العالم الفذ يعني ما قاله في كل شيء.

فالأحرى بالعلم الحديث أن يلتفت إلى رجال الفكر والعلم ممن كان لهم فضل السبق والريادة في اكتشاف العديد من الحقائق والتوصل إلى الكثير من النظريات..

لكنها نسبت إلى أسماء علماء من الغرب ليكون نصيب علمائنا ونوابغنا ممن أسهموا في خلق الحضارة العربية - الإهمال والنسيان.. ومن المؤسف أن نكون أول المروجين لأفضلية علماء الغرب وأكثر الناس صمتا عن الحقيقة.. والتي عاشها علماؤنا وهبوا لخدمة الإنسانية والعلم...

ويندر أن تجد مجالا ليس فيه لنوابغنا وعلمائنا قسط في تطويره واكتشاف مجاهله.. ونحن واثقون أن وعي شبابنا وتعاملهم مع التراث بأسلوب علمي متجدد كفيل بإجلاء الحقيقة وإعادة النظر في الأسماء التي تحتكر اليوم جهدنا..

النابلسي

اسمه وبيئته:

اشتهر أكثر علماء العرب بالموسوعية والشمولية في كافة العلوم الإنسانية والعلمية والفلسفية لما كان يتمتع به هؤلاء النوابغ من عقلية شاملة ونضوج فكري واسع واطلاع ثاقب واعتمادهم على التقصي والاختبار وإجراء التجارب وعدم الركون إلى ما قاله من سبقهم من العلماء والمفكرين.

وهناك علماء عرب برزوا في مجالات عديدة لكنهم اشتهروا في مجال معين فالجاحظ وإن كان لغوياً وبلاغياً وأدبياً ثرياً إلا أنه اشتهر كأحد علماء الحيوان المهمين، وابن سينا اشتهر كونه فيلسوف وحكيم إلا انه برز في مجال الطب والتشريح وغيرهم كثيرون.

والنابلسي أحد هؤلاء الإعلام العرب اشتهر كونه أحد علماء الزراعة العرب وإن كان قد عرف كونه رحالة ورجل فقه ودين ومتصوف وشاعر وأديب هو عبد الغني بن إسماعيل، الرحالة المتصوف الشهير، ظهر إبان سيطرة الدولة العثمانية على الوطن العربي.

تيتم صغيراً ودخل في الطريقة القادرية والنقشبندية، وأخذ في درس كتب وخصوصاً ابن العربي وعفيف الدين التلمساني، ورحل إلى بغداد وأقام بها مدة. ثم سافر إلى لبنان والقدس والخليل (في فلسطين) ومصر والحجاز وطرابلس ثم عاد غلى دمشق وأقام في الصالحية حتى وفاته فيها سنة (١١٤٣هـ).

كان له اطلاع واسع على علوم تلك الأيام حتى لقب بأستاذ الأساتذة. وأكثر من التأليف حتى ناهزت كتبه التسعين كتابا في (التصوف والأدب واللغة والشعر والمنطق والدين والعلوم الطبيعية)[1].

والنابلسي لم يكن عالماً زراعياً بشكل مطلق بل تأثر بمحيطه الزراعي الذي

عاشه بمدينة دمشق ونما فيه هذا الميل الجانح إلى المطالعة في الكتب الزراعية القديمة وقيامه بممارسة هذا العلم عملياً بزراعة مختلف أنواع الأشجار والنباتات المنتجة وإجراء بعض التجارب عليها في بستان، اتخذ له في منطقة بساتين الصالحية بدمشق.

ومن جملة الكتب الزراعية التي كان يستمد منها معلوماته كتاب الفلاحة المسمى (جامع فوائد الملاحة) لرضي الدين أبي الفضل محمد بن أحمد الغزي العامري (المتوفي سنة ٩٣٥هـ/ ١٥٢٩م). فقام بتلخيصه فحذف ما يجدر حذفه من تكرار وزوائد، وألف كتابه الذي عرف به (الملاحة في علم الفلاحة) فجاء كتابه خلاصة للكتب العربية القديمة في علم الزراعة والأعمال الزراعية المتبعة في ذلك الوقت في الشام وضواحيها.

ويلمس القارئ من مطالعة الكتاب أن جميع النظريات التي كانت تستعمل قديماً في الشام مدونة في هذا الكتاب حتى أنه يمكن تسميته (بالفلاحة الشامية)[٢]. وقد انتهى من تأليفه سنة (١١٢٧هـ)[٣]. وقد طبع هذا الكتاب في دمشق وفي بيروت سنة
(١٢٩٩هـ) بدون تحقيق يذكر.

ويذكر عبد الرحمن الجبرتي في كتابه (عجائب الآثار في التراجم والأخبار) بقوله: "الإمام الكبير والأستاذ الشهير صاحب الأسرار والأنوار الشيخ عبد الغني بن اسماعيل النابلسي الحنفي الصالحي، ولد سنة خمسين وألف وأحواله شهيرة وأوصافه ومناقبه مفردة بالتأليف، ومن مؤلفاته المقصود في وحدة الوجود وفرغ منه في سنة إحدى وتسعين وألف وتحفة المسألة بشرح التحفة المرسلة والأصل للشيخ محمد فضل اللـه الهندي والفتح الرباني والفيض الرحماني وربع الإفادات في ربع العبادات وهو مؤلف جليل في مجلد ضخم في فقه الحنفية، نادر الوجود، والرحلة القدسية وكوكب الصحيح في إزالة القبح، والحديقة الندية في شرح الطريقة المحمدية والفتح المكي واللمع الملكي وقطر السماء أو نظرة العلماء والفتح المدني في النفس اليمني وبديعتان إحداهما لم يلتزم فيها اسم النوع وشرحه والثانية التزم فيها شرحها القلعي في البديعيات العشر"[٤].

وكتب عنه المؤرخ أبو الفضل محمد خليل المرادي في كتاب (سلك الدرر في أعيان القرن الثاني عشر) ترجمة رائعة وكاملة عن حياته ومؤلفاته حيث قال: "إن النابلسي ارتحل أولا إلى دار الخلافة في سنة خمس وسبعين وألف فاستقام بها قليلا وفي سنة مائة بعد الألف ذهب إلى زيارة البقاع وجبل لبنان ثم في سنة إحدى ومائة بعد الألف ذهب إلى زيارة القدس والخليل، ثم في سنة خمس ومائة وألف ذهب إلى مصر ومن ثم إلى الحجاز وهي رحلته الكبرى. وفي سنة اثنتي عشرة ومائة وألف ذهب إلى طرابلس الشام نحو أربعين يوماً وصنف فيها رحلة صغيرة، ولم تشتهر وانتقل من دمشق من دار أسلافه إلى صالحيتها في ابتداء سنة تسع عشرة ومائة وألف إلى دارهم المعروفة بهم الآن إلى أن مات بها وكان يدرس البيضاوي في صالحية دمشق بالسليمية جوار الشيخ الأكبر قدس سرهما وابتدأ بالدرس من سنة خمس عشرة ومائة وألف وتآليفه ومصنفاته كثيرة وكلها حسنة متداولة مفيدة ونظمه لا يحصى لكثرته فهو أستاذ الأساتذة وجهبذ الجهابذة، قطب الأقطاب الذي لم تنجب بمثله الأحقاب، العارف بربه والفائز بقربه وحبه ذو الكرامات الظاهرة والمكاشفات الباهرة:

هيهات لا يأتي الزمان بمثله ... إن الزمان بمثله لبخيل

***

وأضاف في ختام ترجمته له أن العالم كمال الدين محمد الغزي العامري قد صنف كتاباً مستقلا سماه "الورد القدسي والوارد الأنسي في ترجمته العارف عبد الغني النابلسي" فمن أراد الزيادة على ما ذكرناه فعليه به فإنه جامع للعجب العجائب من ترجمته قدس الله سره"[٥].

ويذكر الأستاذ خير الدين الزركلي في أعلامه أنه أخبر من قبل السيد أحمد خيري أنه أحصى للنابلسي ما يقارب من (٢٢٣مصنفاً)[٦].

وعرف النابلسي في الخزانة التيمورية: "النابلسي العلامة عبد الغني إسماعيل ابن أحمد الحنفي الدمشقي شيخ الإسلام، المعروف كأسلافه بالنابلسي، المولود بدمشق

سنة (١٠٥٠هـ والمتوفي بصالحية دمشق سنة ١١٤٣هـ) له: شرح أنوار التنزيل للبيضاوي، وكفاية المستفيد في علم التجويد والاقتصاد في النطق الضاد في التجويد[٧].

وقال المؤرخ أحمد شفيك بك: [طالعت كتاب الملاحة في علم الفلاحة للشيخ عبد الغني النابلسي، وهو كتاب جليل القدر، عظيم النفع لمن يرغب في زراعة الأراضي وتربية الأشجار فوجدت به بعض مفردات لم يذكرها حضرت المشار إلهي مع أنها تلزم لكل رب أرض أن يكون مطلعا عليها وعلى حقيقة ما يقتضي لها من المصارفات نظراً لفساد الوقت وحيث أن المشار إليه نظر أولا لامنه ذاك الوقت التي كانت موجودة حينئذ وثانياً حيث أنه رضي الله عنه لم يتعاطى أمر الفلاحة بنفسه فلذلك لم تأت منطبقة على أحوال عصرنا هذا أتم الانطباق وبناء عليه حررت هذه الرسالة وأسميتها ذيل الملاحة في فن الفلاحة][٨].

مؤلفاته:

ترك النابلسي بالإضافة إلى كتابه الفلاحة، مؤلفات كثيرة في مختلف العلوم والمعارف والآداب من أهمها الذي عرف لحد الآن ما يلي:

١- العقود اللؤلؤية في طريق السادة المولوية، طبع في دمشق سنة ١٣٢٩هـ.

٢- أوراد سيدي عبد الغني النابلسي، طبع في دمشق لم تذكر سنة الطبع.

٣- الرحلة الحجازية والرياض والأنسية في الحوادث والمسائل العلمية.

٤- الحضرة الأنسية في الرحلة القدسية (وصف رحلته من دمشق إلى القدس سنة ١١٠١هـ).

٥- إيضاح الدلالات في سماع الآلات، طبع في دمشق سنة ١٣٠٢هـ.

٦- رشحات الأقلام في شرح كفاية الغلام (فقه حنفي).

٧- قلائد المرجان في عقائد أهل الإيمان.

٨- حلية الإبريز في الرحلة إلى بعلبك وبقاع العزيز.

٩- الحقيقة والمجاز في رحلة بلاد الشام ومصر والحجاز.

١٠- إيضاح المقصود من معنى وحدة الوجود.

١١- الاقتصاد في النطق بالضاد.

١٢- كفاية الغلام في جملة أركان الإسلام (على مذهب الإمام ابي حنيفة النعمان).
١٣- تعطير الأنام في تعبير المنام، وبهامشه منتخب الكلام في تسفير الأحلام لابن سيرين، والإشارات في علم العبارات لابن شاهين أو جاهين.
١٤- الأنوار الإلهية (شرح المقدمة السنوسية).
١٥- ذخائر المواريث في الدلالة على مواضع الأحاديث.
١٦- لمعان الأنوار في المقطوع لهم بالجنة والمقطوع لهم بالنار (رسالة).
١٧- شرح أنوار التنزيل للبيضاوي.
١٨- مناجاة الحكيم ومناغاة القديم.
١٩- كفاية المستفيد في علم التجويد.
٢٠- نفحات الأزهار على نسمات الأسحار في مدح النبي المختار.
٢١- جواهر النصوص في حل كلمات الفصوص، طبع الجزء الأول سنة ١٣٠٤هـ والثاني طبع سنة ١٣٢٣هـ في دمشق.
٢٢- الحديقة الندية في شرح الطريقة المحمدية (وهو شرح الطريقة المحمدية للبيركلي في التصوف).
٢٣- ديوان الدواوين (مجموع شعره).
أ- ديوان الإلهيات.
ب- ديوان الغزليات.
ج- ديوان المدايح والمراسلات.

منهاج النابلسي في الزراعة من خلال كتابه علم الملاحة في علم الفلاحة:

شرح النابلسي في مقدمة كتابه، منهاجه في تأليف هذا الكتاب قائلاً: الحمد لله الذي أنزل من السماء ماء فأحيا به الأرض وأخرج ثمرات كل شيء بقدرته كما يخرج الخلائق يوم العرض... لما وجدت كتاب الفلاحة المسمى بجامع فوائد الملاحة للشيخ الإمام رضي الدين أبي الفضل محمد بن محمد بن أحمد الغزي العامري الشافعي..

كتاب جليل المقدار، عظيم النفع لمن يعاني زراعة الأراضي وتربية الأشجار. ولكنه مما يحسن فيه الاختصار بذكر ما لا بد منه من الفوائد التي لها الاعتبار وحذف ما المهم حذفه والمواخذة والتكرار، فجمعة الهمة ولخصت غالب ما فيه من المسائل المهمة.. وحذفت ما وقع فيه من الزوائد بطريق الاستطراد وسميته علم الملاحة في علم الفلاحة.

يقع الكتاب في عشرة أبواب يتناول مواضيع التربة والأراضي وغرس الأشجار والنباتات المختلفة وتقليم الأشجار والتركيب والتطعيم، ثم أنواع الحبوب والبزور والبقول وأوقات زرعها وطرق الخزن وغيرها.

تصنيف الأراضي:

وعند محاولته تصنيف الأراضي حسب نوعها وجودتها تطرق النابلسي بالوصف والتحليل إلى التربة الصالحة للزراعة والتي تعتبر رديئة لا تنمو فيها المزروعات بشكل صحيح. وهو لم يعتمد على اللون وحده في معرفة الأرض الجيدة وإنما نصح باستخدام حاستي النظر واللمس للوصول إلى الهدف العلمي في مسح وتصنيف الترب[٩] وهو ما يعمل به الآن.

(واعلم أن الأرض تمتحن باللمس والشم والذوق والنظر: فاللمس يكون بمرس الطين باليدفان كان ملتصقا بها شديدا شبيها بالشمع، فهي ردية غير موافقة وإذا غسل التراب بالماء فكان الطين أكثر كانت جيدة، وإن كان الرمل أكثر فغير جيدة.

والشم بأن يؤخذ التراب من أسفل حفرة ويوضع في إناء من زجاج، ويصب عليه ماء عذب طيب، ويمرس، ثم يشم، فالمنتن الرائحة والكريه والخبيث لا خير فيه وهو رديء... والنظر بمشاهدة خصب ما ينبت فيها من العشب وعظمة واتفاقه، وتوسط ذلك، يدل على الوسط والنحافة والدقة وسرعة الجفاف يدل على الضعف)[١٠].

وتطرق النابلسي إلى خصوبة الأرض وكيفية التوصل إلى معرفة أطرها الصحيحة مما يجعله أن يسبق العديد من علماء أوروبا في هذا المجال قبل أربعة قرون خلت، وإن اختلفت الألفاظ اللغوية والمصطلحات العلمية التي كانت مستخدمة في ذلك الوقت.

ولم يضف العلم الحديث إلا القليل على مثل هذه المعلومات العلمية -
والتطبيقية إن لم نقل لم يزيد عليها شيئاً.

قال النابلسي: (اعلم أن الأرض الطيبة هي الحارة الرطبة، وسواد الأرض دليل
على الحرارة، فإن الأرض السوداء تحمل الأمطار أكثر من غيرها، ثم الأرض البنفسجية
اللون إذا كانت منتفشة، فإنه يجود بها الشجر كثيراً، ثم الأرض الحمراء، ثم الصفراء،
وأبردها الأرض البيضا... واعلم أن الشمس والهواء يصلحان الأرض ولذلك تقلب
الأرض إذا أريد إنشاء الغراس فيها، وهو أن يؤخذ ما كان على وجه الأرض من ترابها
الذي أثرت فيه الشمس والهواء، فيجعل أسفل الأرض المحفورة، ليظهر أثره الجميل
مما اكتسب من الشمس والهواء في أصول الأشجار المغروسة وعروقها فيربي حملها
وينميه بحرارته ورطوبة)(١١).

الحراثة:

وأوضح النابلسي أن فوائد حرث التربة وقلبها ينفعها كثيراً ويضيف لها قوة
وخصوبة وحددها بهذه النقاط قائلاً: "واعلم أن الحرث والحفر ينفع الأرض لأربعة
أشياء:

١- لخلخة الأرض لتتنفس الأصول بولوج الهواء، فهو كالحل عن المحتوق.

٢- ولقب باطن الأرض ظاهرها، لتطبخ بحر الشمس فتحمي وتتلطف.

٣- ولإمساك الأرض المحروثة للرطوبة والماء الذي داخلها فتبرد به الأصول في
القيظ وتترطب.

٤- ولقطع العشب عن الأرض لئلا يذهب بطيب غذاء الأرض فيزاحم الشجر في
ذلك(١٢).

الأسمدة:

وتناول أثر الأسمدة الطبيعية في زيادة خصوبة التربة، قال النابلسي: "واعلم
أن تعمير الأرض بالزبل والتبن يصلح الأرض، لا سيما من الفول أو الشعير. والأرض
كلها إذا زبلت فوق الحاجة احترقت واحترق ما فيها. والزبل يفتح مسام الأرض
ويجوّدها وينفشها لولوج العروق، ويزكي الحار العزيزي من النبات أيضاً"(١٣).

وعدد النابلسي أنواع الزبل (الأسمدة الطبيعية)، والجيد منها والرديء قائلاً: "...وأجوده زرق الحمام، ثم زبل الناس، ثم زبل الحمير، ثم المعز ثم الضأن، ثم البقر، ثم الخيل والبغال أخسّها إلا أن خلط بغيره. ولا يستعمل الزبل في سنة الامعتقا، وكلما عتق كان أحسن، ليذهب نتن رائحته وطراوته، لأن الطري يتولد منه الهواء المفسدة للبقول"(١٤).

ويذهب بعد ذلك إلى عملية تسميد المزروعات متناولاً تسميد الكروم كنموذج في ذلك إلى عملية تسميد المزروعات متناولاً تسميد الكروم كنموذج في ذلك قائلاً: "يحفر حول الكرم حفرة يجعل الزبل فيها مقدار ارتفاع أربعة أصابع ملاصقاً للكرم ويغطي بقليل من التراب. وقيل لا يلاصق أصل الكرم البته وهو متجه (أي بدأ يورق)"(١٥). ويحدد النابلسي الأوقات الملائمة للتسميد الذي يسميه التنزيل قائلاً: "ووقت التنزيل من آب إلى كانون الثاني وفي تشرين الأول"(١٦).

المياه في الزراعة:

ويعالج النابلسي قلة المياه وشحتها باتخاذ تدابير عملية سبقه فيها العديد من علماء الزراعة العرب وبالأخص في الأندلس كابن البصال وابن العوام، يقول: "والشجر الكبير يجعل عند أصله جرتان من فخار جديد مملوءتان بماء عذب في أسفل كل جرة ثقب لطيف يجري منه الماء إلى أصل الشجرة جرياً لطيفا دائماً وكلما نقص شيء ملئ". وحول استغلال المياه الجوفية واستخدامها في سقي المزروعات يقول النابلسي عن مياه الآبار: "وإن أردت أن يكثر ماؤها جداً بحيث يكون معينا فاحفر بئراً أخرى إلى جانبها غير متصلة بها، حتى تصل إلى الماء، ويكون عمقها أقل من الأولى بنحو ذراع ونصف، ثم احفر ثالثة كذلك ورابعة ثم نفذ الآبار الأربعة إلى الأولى من قعر كل واحدة لتكون الأولى أما لها لتجمع مياه الجميع فيكثر ماؤها ويتضاعف"(١٧).

ويوضح النابلسي طرق العثور على الماء تحت التربة بأسلوب علمي ممتاز فيقول: "وأما معرفة الأراضي التي تحتها الماء، والتي لا ماء تحتها فاعلم أن الجبال والأراضي التي تحتها مياه كثيرة محتسبة قريبة من وجه الأرض، يظهر على سطوحها نداوة ظاهرة تحس باللمس وترى بالعين، ولا سيما في أول ساعة من النهار وفي آخر

منه، يظهر ذلك على وجه الأرض، ويظهر فيها شبيه عرق ونداوة"[١٨].

ولمعرفة الأراضي التي تضم بداخلها ماء وكيفية الاستدلاء عليها يقول النابلسي: "وأما الاستدلال بما جربه الحكماء، فمنه أن يحفر في الأرض التي ينبت فيها النبات حفرة عمقها ثلاثة أذرع، ويؤخذ إناء أو قدر من نحاس أو نحوه كالرصاص، شبه الطشت أو السطل الكبير سعته عشرة أرطال وقيل من فخار وتؤخذ قطعة صوف أبيض وتغسل حتى لا يبقى فيها طعم، وتنشف وتنفش وتربط بخيط وتلصق بقير في وسط الإناء وعلى جوانبه من الداخل بحيث لا تمس الأرض إذا انكفأ الإناء على وجهه، ويدهن جوف الإناء بقير مذاب أو شحم أو دهن، ولا سيما وإن كان القدر من فخار فإذا غربت الشمس كفأت ذلك الإناء على وجهه في أسفل تلك الحفرة وغطيته بحشيش أو تراب قدر ذراع وقيل حتى تمتليء الحفرة، فإذا كان من الغد قبل طلوع الشمس يزال ما غطى به ذلك الإناء برفق، ثم يقلب وينظر في ذلك الصوف، فإن كان قد استنقع الصوف في النداوة، ففي ذلك الموضع ماء كثير قريب وإن كان قد ترطب وتندى الصوف فالماء فيه وسط وإن لم يكن كذلك فالماء في غاية البعد، وإن كان جافا فليس فيه ماء أصلا أو حالت دون طبقة من حجر صلد..."[١٩].

ولمعرفة الماء الموجود عذب أم مالح، وهل هو قريب أو بعيد من التربة؟ وما هي النباتات التي يمكن الاستدلال بها على وجود الماء؟ يذكر النابلسي اختبارات كثيرة في هذا المجال. كما يصنف أنواع المياه الصالحة لإرواء النباتات والأوقات المناسبة للسقي في مختلف فصول السنة.

يقول: "ويشم ذلك التراب، فإن كانت رائحته كرائحة التراب المستخرج من السواقي والأنهار الدائمة الماء، فبين الماء وبين وجه الأرض أذرع يسيرة، وكذا الراحئة الشبيه بالعفونة تدل على قرب الماء، وكذا الشبيهة براحئة الطحلت ومما يدل على قرب الماء أيضاً في الأرض السهلة أن ينبت فيها البطم والصعتر والسرو والسماق.. ومما يدل على قرب الماء وعذوبته أيضاً نبات القصب، لا سيما في الصيف والخريف، فهو دال على كثرة الماء في باطن الأرض"[٢٠]. وقال: "واعلم بأن أحسن السقي في الصيف بالعشاء... ولا يبالغ في سقي الأرض الرملية. ويحمد سقي الأشجار في شهر آب،

حيث يكون الحر على أشده، وكذلك في تشرين الأول في شدة البرد ولا يغفل عن ذلك، فإن السقي في شدة البرد يقتل الهوام والدود المتولد في أصول الشجر. ويحمد السقي أيضا وقت تفتح الأشجار بالورق والزهر... وتسقى الأشجار حتى يصل الماء إلى أصولها"[٢١].

ويقوم النابلسي بتقسيم النباتات بأنواعها المختلفة وأهمية الماء لها يقول: "والأشجار الجبلية لا تتحمل كثرة السقي، كالفستق والبندق والكمثرى والقراصيا وأشباهها. والزيتون يسقي حتى يبتدئ بالنور، بل حتى يصير عقده قدر الحمص.. والرمان يوافقه السقي الكثير، والورد يسقى في تشرين الأول"[٢٢].

الغراسة:

وفي مجال غرس الأشجار والأزهار يعطي وصايا هندسية قيمة لا تختلف عن أسلوب الزراعة الحديثة بشيء. يقول: "وتغرس الأشجار سطوراً مستقيمة، ولا تغرس الأشجار التي لا تعظم مع التي تعظم ولا التي تتغرى أوراقها مع التي لا تتعرى فهو أجمل. وتغرس التي لا تتعرى بقرب الباب والماء كالأترج والناربخ والسرو والليمون والآس. ويغرس السرو في أركان الترابيع. وكذا الحور وفي الزوايا ويجعل الشجر السائل الكثير الظل كالصفصاف والحور الفارسي والميس و الجوز والجميز مع حائط البستان من جهة الغرب والشمال"[٢٣].

عمليات إكثار النباتات:

ويعدد النابلسي أنواع التركيب المسمى بالتطعيم بخمسة أنواع هي "**النوع الأول** يسمى تركيب الشق، ويكون هذا في شجر الزيتون وطريقته أن يؤخذ بعد قص الشجرة بالمنشار عوداً يابساً يبريه بري القلم فيدخله بين العود والقشر لئلا ينشق القشر وذلك بعد جري الماء في العود..."[٢٤].

"**النوع الثاني** من أنواع التركيب، وهو الذي يكون من القشر ينزع وفيه العين قبل أن تتفتح، فيركب في غصن آخر يقشر ويوضع فيه بالأنبوب والرقعة ويكون في الفاكهة والزيتون والخروب والتين"[٢٥].

"**النوع الثالث** من التركيب ويدعى الأعمى، وهو أن القضبان المعرضة للشمس في ناحية المشرق أوالجنوب مما كان مثمرا في العالم الماضي، وتقطع مثدار شبر أو أكثر وتبرى من أسفلها مقدار نصف شبر وأربعة أصابع برياً لطيفاً ثم توضع الأقلام في الماء لئلا يصيبها الهواء، ثم يعمد إلى الشجرة التي يريد التطعيم فيها فتقطع بالمنشار من فوق، ثم يشق فيا شقان، ويدخل القلم المبرى ويوضع القشر من القلم على الشق بإحكام ويلصق العظم بالعظم..."[٢٦].

"**والرابع** تركيب الثقب، ويسمى القرطبي. وقال الحكماء: أنه ينشب في حبه وفي غيره سواء وافق أو لم يوافق وهويستعمل في جميع الأشجار المتنافرة والمتجانسة"[٢٧].

"**والنوع الخامس** من أنواع التركيب تلقيح النوى والحبوب في أنواع المنابت كالفرصاد والعنصل والعوسج والخطمي والتين والسوسن والنخل وشبهها"[٢٨].

أعمار النباتات:

ويحدد النابلسي أعمار بعض أنواع الأشجار والشجيرات بالسنوات وهو بذلك قد عرف كيفية قياس أعمار النباتات عملياً وهي عملية تحتاج إلى تشريح وفسلجة النبات المراد قياس عمره وإن بالغ في البعض منها: "واعلم أن الشجر على اختلاف أنواعه له أعمار فالزيتون بعمر ثلاثة آلاف عام، والنخل يعمر خمسماية عام، والبلوط أربعماية عام والخروب ثلاثماية عام، والعناب والجوز والتين والتوت والميس (القيقب) والدردار والبشم تعمر مائتين عام والعنب مائة وخمسين عاما حتى يجف، والنبق يعمر مائة سنة والخوخ من أربع سنين إلى ست سنين والكمثرى الزعرور والرمان والسفرجل والقراصيا والمشمش والبندق والأترج والنارنج والسرو مائة عام، والآجاص والسبستان والدلب والدفلى تعمر خمسين عاما. والورد يعمر ثلاثين عاما. والقصب الحلو يعمر ثلاثة أعوام والصفصاف عشرين عاما"[٢٩].

مكافحة الآفات الزراعية:

وشرح النابلسي أهم طرق مكافحة الحشرات الضارة على المزروعات فقال:

"وأما علاج النمل الكائن في الشجر فيدلك ساق الشجرة الملساء بطول شبر بحجر أملس يدار به حوله حتى يتصل طرفاه وليكن دلكا جيداً حتى يملس ثم يطلى من فوقه ومن تحته بمغرة محلولة بالماء فإن النمل لا يقر به"[٣٠].

وقال: "والماء الحار الشديد الحرارة إذا خلط برماد عيدان الكرم ونضحت به الشجرة في كل يوم مرة طرد الدود الأخضر الطويل المسمى بالعكب. والقنبيط تلحقه آفة في منبته وثمره، ومنها حيوانات تحدث في رؤوسه كالبق والبراغيث.

فالبق يقضي عليه بالدخنة بالحمرّ والكبريت حتى يمتلئ الموضع بالدخان، أو يؤخذ خل جيد ويذاب فيه كبريت ثم يرش المحلول على الأصول، فإنه يطرد تلك الآفات أو يقضي عليها"[٣١].

خصائص النباتات المختلفة:

وتناول النابلسي في الباب التاسع من كتابه مجموعة كبيرة من النباتات الاقتصادية والزراعية والصناعية والطبية متناولاً أهم خصائصها وفوائدها الغذائية والعلاجية: قال: "والخطمي ويسمى ورد الزينة، والخباز الصقلي، وإذا درس أخضر صار له رغوة يغسل بها الرأس وغيره. وأنواعه كثيرة، وهو ينبت في السهول وإذا أجدبت أرض جاد فيا لأنه لا يختلط به عشب غيره، وتناسبه الأرض الرطبة، ويزرع بزراً في الأحواض والظروف في حفر عمق الحفرة أصبع، ويوضع فيها من ثلاث حبات إلى خمس، ويغطي بالزبل ويسقى، ويترك منه في الموضع أصل واحد بطول نحو أربعة أذرع، لأن شجرته تعظم.

ويزرع في أيلول خاصة وهو لونان أحمر الورد وأبيض وأصفر من الأحمر، وقد ينبت في الأرض الصلبة الخصبة وتنفعه السيول والأمطار، وإذا عدم الماء لم يضره. والخطمي بارد رطب، وقيل بارد معتدل وهو ملين ومحلل للأرياح ويطلى به البهق[٣٢]. وينقع من عرق النسا والارتعاش وإذا غسل به الشعر نعمه، وبزره يفتت الحصاة. وصمغه يسكن العطش وقيل الخطمي يضر بالرئة ويصلحه العسل"[٣٣].

والنعنع أربعة أنواع أحدها بري، والثلاثة بستانية أحدها النعنع ذو الورق الخشن تسميه العامة الصندل، والثاني ذو الورق الأملس والساق الأكحل وهو بالغ الخضرة، والثالث مدور الورق له رائحة حادة وهو ألطف البقول المأكولة جوهراً، يغذي المعدة، ويسر النفس، ويستعمل في آخر الطعام، ويزرع في نصف آذار وبعده بنحو شهرين. ويبذر بزره كسائر البذور، فإذا صار قدر أربعة أصابع ينقل ويسقى شيئاً قليلا، وأجوده البستاني الغض، وأجود يابسه ما جفف في الظل، وهو معتدل وفيه رطوبة زائدة، وقيل حار يابس في الثالثة[٣٤].

وعصارته تقطع سيلان الدم من الباطن، وإذا دلكت به خشونة اللسان أزالها، وهو يمنع نزف الدم، ويقوي المعدة ويحسنها، ويسكن الفواق الذي مصدره الشبع إذا أخذ منه اليسير كان مهضما وإذا أخذ منه الكثير أتخم، ويقتل الديدان، وقيل يولد رياحاً"[٣٥].

حفظ وتجفيف بعض النباتات الاقتصادية:

واختتم النابلسي كتاب الملاحة في علم الفلاحة بشرح طرق خزن وحفظ وتجفيف بعض المحاصيل والفاكهة. وعن كيفية تجفيف العنب ليصبح زبيباً قال: "وأما حفظ العنب وادخاره زبيباً فطريقته أن تلوي العناقيد إذا أدرك العنب أولا حتى يمنع عنها الغذاء من شجرتها وتترك كذلك حتى يتقبض ثمر العنب ثم يقطف ويعلق في ظل حتى ييبس، ثم يجعل في وعاء من خزف فرش بورق يابس من الكرم ويجعل مثله فوقه ثم يطين فيم الإناء ويخزن في بيت بارد لا يصيبه دخان، فإنه يطيب ويطول بقاؤه ويحفظ من الندى وهذا الزبيب يكون لذيذاً ورطبا يميل بلونه إلى البياض"[٣٦].

"وأما الرمان فيجمع بأعناقه وفيه فجاجة وقيل بعد نضجه ويربط بالخيوط ونحوها ويعلق في غرفة باردة أن يمس الحائط أو بعضه بعضا، فإنه يبقى كذلك زمان"[٣٧].

"ومما يطيل في بقاء القمح خزنه في سنابله، ويقال أنه إذا خزن في سنابله بقى مائة عام، وإن أخذ ورق الرمان او رماد حطب البلوط المنخول ووضع من أي

منهما مع القمح مقدار جزء واحد من مائة جزء من القمح يسلم من الآفات. وأما الشعير فيحفظه الرماد – أي رماد كان – أو الجص المنخول بقدر ما يرى بياضه في الشعير"(٣٨).

الهوامش:

١- تاريخ آداب اللغة العربية، جزء ٣: ٣٤٨.

٢- العلوم العملية في العصور الإسلامية، ١٩٥- ١٩٦.

٣- مجلة العلوم، تراث العرب في علمي الزراعة والنبات، ٦٥.

٤- الجبرتي، جزء ١: ١٥٤.

٥- سلك الدرر، ٣: ٣٠- ٣٨.

٦- الإعلام، ٤: ٣٢.

٧- الخزانة التيمورية، ٣: ٢٩٨.

٨- طبعتة هذه الرسالة في مطبعة روضة الشام في دمشق سنة ١٣٢٧هـ.

٩- المنهج العلمي الزراعي في التراث العربي (الندوة القطرية الثانية لتاريخ العلوم عند العرب ١٩٨٦، ص١٦).

١٠- علم الملاحة في علم الفلاحة، ١٤- ١٥.

١١- المصدر السابق، ١٣.

١٢- المصدر السابق، ١٧.

١٣- المصدر السابق، ١٨.

١٤- المصدر السابق، ١٨.

١٥- المصدر السابق، ٢٠.

١٦- المصدر السابق، ٢٠.

١٧- المصدر السابق، ٢١.

١٨- المصدر السابق، ٢٢.

١٩- المصدر السابق، ٢٣.

٢٠- المصدر السابق، ٢٤.

٢١- المصدر السابق، ٢٥.

٢٢- المصدر السابق، ٢٦.

٢٣- المصدر السابق، ٢٩.

٢٤- المصدر السابق، ٧٠.

٢٥- المصدر السابق، ٧٠.

٢٦- المصدر السابق، ٧١.

٢٧- المصدر السابق، ٧٢.

٢٨- المصدر السابق، ٧٥.

٢٩- المصدر السابق، ٨٠.

٣٠- المصدر السابق، ٨٩.

٣١- المصدر السابق، ٩٥.

٣٢- البهق: بياض أجزاء من الجسم دون برص.

٣٣- الملاحة في علم الفلاحة، ١٦٣- ١٦٤.

٣٤- يقصد في الثالثة، إحدى رسائل جالينوس في الأدوية المفردة والمركبة.

٣٥- الملاحة في علم الفلاحة، ١٦٥.

٣٦- المصدر السابق، ١٩٦.

٣٧- المصدر السابق، ١٩٩.

٣٨- المصدر السابق، ٢٠١.

ابن وحشية

اسمه وبيئته:

إن الذي يؤسف له حقا أننا لا نعرف إلا النزر اليسير عن الزراعة والنبات، بل وعلوم الحياة عامة في العراق القديم. فقد ضاعت آثار ومخلفات نادرة عما تركه هؤلاء الأقوام من تراث عظيم في شتى مجالات العلوم والمعرفة والزراعة بطبيعة الحال كانت تحضى لدى العراقيين من السومريين والبابليين والأشوريين وغيرهم بعناية فائقة وكبيرة. لذكل فإن كتب التاريخ والمؤرخين الذين عاصروا قيام دول وادي الرافدين شهدوا بما وصلت إليه الزراعة وأصولها الأساسية من تقدم وازدهار عظيمين. وهناك دلائل كثيرة على ذلك فمثلا إيعاز الملك الأكدي (نبوخذ نصر) بتشييد جنائن بابل المعلقة التي تعتبر من عجائب الدنيا السبع القديمة.

كما يعتبر من أهم معالم نهضة شعب العراق القديم ونضوجهم الفكري والحضاري. ويدل دلالة قاطعة لا مجال للمناقشة أن سكان العراق القدماء تفننوا بأساليب الزراعة ومقوماتها الأساسية، تفننا عظيما، وخبروا شؤون النبات وعرفوا الشيء الكثير عن علوم النبات وفروعها المختلفة. وهم بذلك مع غيرهم من شعوب الأرض الأخرى وضعوا حجر الأساس للتقدم العلمي في هذا المجال فيما بعد.

ومن أهم العلماء العراقيين الذين برزوا وكانوا رواد في مجال علوم الزراعة والنبات العالم النبطي الكلداني (أبو بكر أحمد بن علي بن قيس بن المختار بن عبد الكريم ابن جرثيا بن بدنيا بن برطانيا بن عالاطيا الكلسداني الصوفي الملقب بابن وحشية.

يذكر المؤرخ ابن النديم في كتابه (الفهرست) أن ابن وحشية من أهل قسين (وهي قرية بالقرب من مدينة الكوفة آنذاك) وهو أحد فصحاء النبط بلغة الكسدانيين (الكلدانيين). وأضاف ابن النديم قائلاً: أن لابن وحشية كتبا عديدة سماها بأسمائها وهي تبحث في السحر والأساطير والعزائم والكيمياء والزراعة.

وقد أحصى ابن النديم في فهرسه ما يقارب من (٢٤ كتابا)، لابن وحشية ضاع أكثرها ولم يعرف منها إلا كتابان الأول (الفلاحة النبطية)، والثاني: لغوي (شوق المستهام في معرفة رموز الأقلام). ويذكر المستشرق الألماني كارل بروكلمان في موسوعته القيمة (تاريخ آداب اللغة العربية) إلى أن ثمة من زعم أن ابن وحشية رجل لا وجود له وإنما هناك عالم آخر يدعى (أبي طالب الزيات) ألف هذه المجموعة من الكتب ومن بينها (الفلاحة النبطية) ولأسباب قد تكون خاصة بهذا الرجل قام بوضع اسم ونسب مستعار على كتبه ليختفي بواسطتها. ولكن هذا يتناقض تماماً مع ما جاء أول كتاب الفلاحة الذي يقول فيه (...هذا كتاب الفلاحة النبطية، نقله من لسان الكسدانيين إلى العربية أبو بكر أحمد ابن علي بن قيس الكسداني القسيين المعروف بابن وحشية في (سنة ٢٩١هـ/ ٩٠٤م) وأملاه على تلميذه أبي طالب أحمد بن الحسين بن علي بن أحمد بن محمد بن عبد الملك الزيات في سنة (٣١٨ هـ/ ٩٣٠م)، فقال له: "اعلم يا بني إنني وجدت هذا الكتاب في جملة ما وجدت من كتب الكسدانيين مترجما بترجمة معناها بالعربية كتاب إفلاح وإصلاح الزرع والشجر والثمار ودفع الآفات عنها فاستكبرته واستطللته وخطر ببالي اختصاره ثم فكرت فإذا ذلك غير صواب من أجل قصدي الأول وغرضي إنما هو إيصال علوم هؤلاء القوم أعني النبط الكسدانيين منهم من الناس).

يقول الدكتور محمد زهير البابا - أستاذ علم العقاقير وتاريخ الصيدلة بجامعة دمشق: "إن المؤلف الحقيقي لكتاب الفلاحة هو رجل يدعى [قوتامي - قطامي] الكوكاني من مدينة سوار في بلاد ما بين النهرين وترجمه من السريانية إلى العربية (أبو بكر أحمد بن علي بن قيس بن عبد الكريم بن جرثيا بن بدينا بن بوراطيا، الكرواني المعروف بابن وحشية سنة (٢٩٦هـ- ٩٠٤م)). وقد أدخل العلامة ابن خلدون الشك في نسب كتاب الفلاحة إلى الأنباط واعتبره من مؤلفات اليونان مما جعل بعض المستشرقين الجاحدين بحضارة العرب بتمسكون بهذه الفكرة ويشككون بأصالة الكتاب وجذوره العميقة بحضارة العرب الأولى في وادي الرافدين.

يقول ابن خلدون: "كان للمتقدمين بها (يقصد الفلاحة) عناية كبيرة، وكان النظر فيها عندهم عاما في النبات من جهة غرسة وتنمية ومن جهة خواصه وروحانيته، وترجم

من كتب اليونانيين كتاب الفلاحة النبطية منسوبة لعلماء النبط مشتملة ذلك على علم كبير. ولما نظر أهل الملة (أي المسلمون) فيما اشتمل عليه هذا الكتاب وكان باب السحر مسدوداً والنظر محظورا فاقتصر منه الكلام في النبات من جهة غرسه وجهة علاجه".. واختصر ابن العوام كتاب الفلاحة النبطية على هذا المنهاج.

وهناك سؤال يتبادر للأذهان من هم الأنباط؟ والحقيقة أن كتب التاريخ القديمة أخبرتنا أن الأنباط بالأصل قبائل عربية تزحت إلى سوريا والعراق والأردن، ومنهم من سكن البتراء وحران. وقد وردت أخبارهم في بعض المصادر التاريخية وبالأخص التوراة وأسندتهم إلى نبايوت (بالعبرية) أو (نابت) بالعربية، وهو الابن الأكبر لاسماعيل جد العرب العدنانيين، وبهذا الصدد يقول الدكتور جواد علي: أن الرأي السائد بين علماء التاريخ أن الأنباط عرب وأن تبرأ العرب منهم وعابوا عليهم لهجتهم حتى جعلوا لغتهم من لغة العجم. والسبب في ذلك هو أنهم كانوا قد تثقفوا بثقافة الأراميين وكتبوا بكتابتهم وتأثروا بلغتهم.

كتاب الفلاحة:

أول من درس مخطوطات هذا الكتاب من العلماء العرب المتوفرة في خزائن كتب الشرق والغرب التي بلغت ما يربو على عشرين نسخة خطية أو أكثر متوفرة في دور كتب استانبول والقاهرة والجزائر وبرلين وليدن واكسفورد المتحف البريطاني وباريس وغيرها، الأستاذ كوركيس عواد، المؤرخ العراقي المعروف الذي نشر بحثا قيماً عنه في مجلة الزراعة العراقية سنة (١٩٥٢) في (٢١صفحة) ثم جاء بعده الأستاذ المؤرخ الزراعي اللبناني المرحوم عاد أبو النصر (١٩٠١- ١٩٦٧)، فنشر بحثا في كتاب اسماه (الفلاحة النبطية لابن وحشية، دراسة جديدة لأثر زراعي قديم) سنة (١٩٥٨) في (٥٩صفحة) ثم جاء الأستاذ توفيق فهد فنشر بحثا عن دور الفلاحة النبطية في تطوير علم الفلاحة عند العرب، ضمن الندوة العالمية الثالثة لتاريخ العلوم عند العرب في الكويت سنة (١٩٨٣). بل وقام بتحقيق الكتاب نفسه بعد جهد كبير بذله وبعد اطلاعه على سائر ما كتب عنها وبضمنها المخطوطات التي تركت عن الفلاحة وظهر في ثلاثة مجلدات ضخمة في سلسلة منشورات المعهد الفرنسي للدراسات العربية في دمشق، وبذلك حقق أمنيات كل أبناء

الناطقين بالضاد، الباحثين عن الحقيقة والواقع العلمي العربي التليد.

وكتاب الفلاحة يرجع عهده إلى سنة (٢٩١هـ- ٩٠١م) كما هو وارد في كتاب الفيلسوف اليهودي (مايومونيد) والمسمى (Lemorehneoouchim) وقد احتوى كتاب الفلاحة النبطية بعض النظريات القديمة خصوصاً وأن النبطيين هم من سكان العراق وأصلهم من البابليين القدماء ولغتهم النبطية وهي اللغة الأرامية التي كانت سائدة في العراق. يقول أبو النصر: "... ولا شك في أن الكتاب يتخلله خرافات وأكاذيب عديدة وأسماء ونوادر وأخبار ملفقة، وقد هام صاحبه في كل واد إلا أن فيه نظريات زراعية قيمة كانت متبعة في البلاد العربية الممتدة من أرض الحجاز الشمالية وحتى حدود فلسطين ونواحي دمشق إلى الفرات. وقد أراد ابن وحشية أن يثبت في كتابه أن قدماء أهل بابل قد توصلوا في مدارج الحضارة والتمدن والتقدم العلمي إلى غاية لم يصل إليها العرب في الجاهلية وبعد الجاهلية".

ويشير الدكتور إبراهيم مدكور إلى أن كتاب الفلاحة مع قدر من الخرافات والأقاصيص مستمدة في الغالب من أصول سامية، ثم ترجم فيما ترجم إلى العربية من السريانية ومنها ما يرجع إلى أصل يوناني. وأما خوس مارية مياس بييكروسا - الأستاذ بجامعة برشلونة فيذكر أن أول كتاب ألفه العرب في الفلاحة كان ذلك، هو الفلاحة النبطية الشهير الذي يرجع إلى أوائل القرن العاشر. وعاش في العراق أوائل القرن العاشر مؤلف كان يعتز بأصله الكلداني ويسمى أبا بكر أحمد بن علي الكلداني أو النبطي، فكتب مؤلفا كبيراً في الفلاحة أسماه الفلاحة النبطية، لأن اسم النبطيين كان يشير بين العرب فيما يظهر إلى الكلدانيين الأقدمين أو إلى الثقافة التي ورثها العرب عن الأمة النبطية التي كانت (البتراء) عاصمة لها. وهذا الكتاب مليء بالشواهد ومؤلفة رجل ضليع ذو تجربة وإن لم يكن رجل علم حسب الاصطلاح والحديث لذلك جاء الكتاب شبيها بفسيفساء من الشواهد والنصوص العربية والفارسية والكلدانية والسريانية واليونانية واحتوى الكتاب أيضا على وجهات نظر فلكية بحيث جاء عبارة عن فلاحة فلكية أثرت تأثيراً كبيراً في المؤلفين العرب المتأخرين.

أثر كتاب الفلاحة في أوروبا:

وفي أوروبا عرف كتاب الفلاحة النبطية بوجهات نظر شتى وحسب الدارسين والباحثين الغربيين فأول الأمر تاهت عليهم فكرة الكتاب الأساسية حيث اعتبروه كتاب دين أو ثقافة يمت للأنباط، وبعضهم اعتقد أن كلمة نبط هي (قبط) فأعطوه اسم الفلاحة المصرية أو القبطية، ثم إن البعض الآخر قالوا هذا الكتاب ما هو إلا سوى ترجمة من كتب الفلاحة اليونانية ولكن في سنة (١٨٠٢م) تبلورت معلومات موضوعية عند علماء الغرب فوضع العالم (جوزيف بانكيري) ترجمة بالاسبانية لكتاب الفلاحة الأندلسية لابن العوام ما هو إلا خلاصة لكتاب ابن وحشية كما يعتقد بعض علماء الزراعة وتاريخ العلوم، حيث جاء خالياً من السحر والشعوذة والطلسمات مما أضاع أهمية كتاب الفلاحة النبطية التاريخية تقريباً. وفي سنة (١٨٣٥) قام العالم (كويتور ميور) بنشر موضوعاً في المجلة الآسيوية تكلم فيه عن مخطوط موجود في المكتبة الوطنية بباريس تحت رقم (٩١٣) يضم ما يقرب من ثلث كتاب الفلاحة النبطية وعقب الدراسة أعلن أن هذا الكتاب يعود إلى القرن الثامن قبل الميلاد في عهد الملك الكلداني نبوخذ نصر (٧٤٨- ٧٣٤ ق.م) بينما عالم النبات "ماير" من جامعة كونيغسبرغغ قرر أن كتاب الفلاحة النبطية يعود إلى القرن الأول للميلاد استناداً إلى بعض الأسماء اليونانية التي جاءت في هذا الكتاب. والعالم الذي عرف أوروبا خاصة والغرب عامة على كتاب ابن وحشية كان الباحث المستشرق الروسي (شولسون) من جامعة سان بطرسبرغ (لينغراد حالياً) سنة (١٨٥٦م) الذي ظن أن تلك الفلاحة كانت من بقايا الفلاحة الكلدانية والبابلية القديمة التي بقيت محفوظة عبر العصور فازدهرت في ذلك الكتاب.

ونشر الفرنسي (ارنست رينان) سنة (١٨٦١) بعد دراسة طويلة وذات نظر قصير موضوعاً عن كتاب الفلاحة النبطية مهاجما ومتحاملا على حضارة العراق القديم، واعتبر كل ما جاء في كتاب ابن وحشية مستمد من الكتب الفلاحية اليونانية، وأن جميع الأساطير والخرافات والسحر التي وردت في كتاب الفلاحة النبطية هي رواسب من الحضارات السامية المنقرضة والتي توارثها الصابئة الحرانيون عن أنباط بلاد ما بين النهرين. ونحن لا نرد على ارنست رينان من عندنا بل وسنثبت ما أكده

أشهر علماء تاريخ العلوم الأميركان (جورج سارتون) في مقدمة كتابه القيم (تاريخ العلم)، وهو من علماء الغرب المعترفين بأثر الحضارة العربية - الإسلامية في أوروبا والغرب، قال: "ومما أفسد العلم القديم في كثير من الأحيان، ظاهرتان من الإهمال الذي لا يمكن التسامح فيه، الظاهرة الأولى: تتعلق بإهمال العلم الشرقي، فمن السذاجة أن نفترض أن العلم بدأ في بلاد الإغريق، فإن المعجزة اليونانية سبقتها آلاف الجهود العلمية في مصر وبلاد ما بين النهرين وغيرهما من الأقاليم. والعلم اليوناني كان احياء أكثر منه اختراع. والظاهرة الثانية: إهمال الإطار الخرافي الذي نشأ فيه العلم، لا الشرقي فحسب، بل اليوناني ذاته".

آراء العلماء العرب في الفلاحة لابن وحشية:

بينما أراد العلماء والمؤلفون العرب الاستفادة من المعلومات الزراعية الممتازة في كتاب الفلاحة النبطية كان العلماء والمستشرقون الأوروبيون لا تهمهم سوى معرفة تاريخ التأليف والمصادر التي استقى منها المؤلف تلك المعلومات الواردة في كتابه ليس إلا. وقد قارن الاستاذ توفيق فهد - المدرس لتاريخ العلوم في جامعة ستراسبورغ الفرنسية بين كتاب الفلاحة النبطية التي قام بتصنيفها قطامي الكوكاني وبين كتاب الفلاحة اليونانية التي ألفها كاسينوس سكولاستيكوس أو (قسطوس الرومي) فوجد ما يلي:

١- أن النسخة التي قام بوضعها قطاعي تعود بتأريخها إلى الفترة الواقعة ما بين القرنين الثاني والخامس للميلاد، في حين أن الفلاحة اليونانية تعود إلى القرن السادس للميلاد، وقد نقل الأول إلى العربية في أوائل القرن التاسع للميلادز

٢- وقع كتاب الفلاحة اليونانية في (١٥٠صفحة) من القطع المتوسط، بينما كان كتاب الفلاحة النبطية عبارة عن موسوعة كبيرة في (٦٥٠ صفحة).

٣- وإن وجدت بعض المشابهة بين الكتابين، إلا أن الفلاحة النبطية هو مؤلف أصيل ويضم معلومات في غاية الواقعية ولم يستفد من مؤلفات اليونان أو الرومان وإنما العكس وهو الصحيح فإن العديد من الكتب الزراعية اليونانية قد استفادت من كتاب الفلاحة النبطية، بل وحتى كتب الزراعة في عصر النهضة.

٤- يمثل كتاب الفلاحة النبطية القمة التي وصل إليها علم النباتات العام وعلوم الزراعة بشكل خاص لدى الشعبيين الأرامي والنبطي في بلاد الهلال الخصيب قبل ظهور الإسلام كما تتوضح من خلاله صورة تبين أن قسماً كبيراً من نباتات العراق وسوريا قد درست من علماء هذين القطرين. وعرفت فوائدها الغذائية والدوائية ولا زالت أسماء النباتات التي بالأرامية التي ذكرت في الكتاب باقية إلى اليوم، معروفة بأسمائها السابقة.

ويقع الكتاب في ثلاثة عشر بابا، وعند تنحيتنا جانبا القسم المتعلق بالدراسات الدينية والفلسفية والنظريات المتعلقة بتأثير الكواكب في النباتات والسحر والطلسمات والشعوذة يمكن تقسيمه علميا إلى قسمين:

القسم الأول: يتناول هذا القسم كل نبات ورد ذكره مع بيان أوصافه والأرض التي تلائم أنباته وزمن الزرع وجنيه والفصل والهواء المناسبان ونوع السماد بالإضافة إلى الفوائد الطبية والغذائية لكل نبات مذكور في الكتاب وطريقة حفظ الأقسام المستعملة ومكافحة الآفات التي تعترضها.

والقسم الثاني: يتطرق فيها المؤلف إلى معلومات زراعية عامة تفيد صاحب الأرض وتعينه على زراعتها بصورة جيدة ومن هذه المعلومات وصف أشكال التربة وإصلاحها وأنواع المياه وكيفية الحصول عليها وتحضير الزبال المستعملة في التسميد والتقويم الزراعي والشروط المناخية الواجب اتباعها عند الزراعة.

بعض ما جاء في كتاب الفلاحة النبطية:

استند ابن وحشية في تصنيفه النباتات المختلفة على تواجدها وأبعادها وطبائعها وقوامها وألوانها وطعومها فيقول: وقد تنقسم المنابت (أي النباتات) كلها صغارها وكبارها وبقولها وشجرها، أقساما من وجوه كثيرة أحدها من جهة الأماكن ومعنى البر والبساتين، وتختلف النباتات في المقادير من جهة الصغر والكبر وتختلف في الطباع والفعل من جهة غلبة الحر أو البرد والرطوبة أو اليبس فتختلف أفعالها لذلك إذا كانت الأفعال في الأكثر تابعة لهذه الكيفيات الأربع، وتختلف في القوام لأن فيها الخشن واللين كما تختلف في الثقل والخفة والألوان والطعوم والروائح.

أثر ابن وحشية في علم النبات الطبي:

وفي مجال النباتات يقول صاحب الفلاحة أن آدمي (يعني آدم) فيما أعلم أول من علمنا كيف نعمل من الشوك خل ومن العوسج كذلك وعمل آدم خاصة من شجرة الأقاقيا لطوخا وضمادا لاسترخاء المعدة من حرارة ورطوبة... وعمل لطوخا للبثور التي رؤوسها كأطراف الإبر وقد عمل طامري الكنعاني هناما أستخرجه بحيلة عجيبة من شجرة ذاك شوك (ما هي هذه الشجرة؟) فخرج له دهن مبرد مطفي (مصفى) مسكن للهيب الحميات المحرقة في نهاية المنفعة ورفع الأوجاع وتسكين الضربان من الصداع ووجع الأضراس.

ويشير الأستاذ الدكتور محمد زهير في بحثه القيم (العلاقة بين علم العقاقير وعلم الفلاحة عند العرب) المقدم للندوة العالمية الثالثة لتاريخ العلوم عند العرب المنعقدة في الكويت - كانون الأول - ١٩٨٣، في أثر ابن وحشية في علم النبات الدوائي بقوله: "ومما يلاحظ في كلام مؤلف الفلاحة النبطية عند الحديث عن التأثير الدوائي للنبات الطبي ما يلي:

١- عدم معرفته للاسم اليوناني غالبا وذكره للاسم العربي أو السرياني.

٢- عدم ذكره لوصفات تتألف من عدد من العقاقير كالوصفات الطبية المعروفة في الأقرباذنيات.

٣- عدم وصفه لطريقة تحضير الدواء البشري واعتنائه بوصف أدوية المكافحة بصورة عامة.

٤- اتباعه لأسلوب المدرسة الأبقراطية فيما يتعلق بطريقة المداواة وبوصف طبائع الأشياء فيقول مثلا عن الكزبرة: وهذه البقلة باردة قابضة يشوب قبضها بسير من طعم كأنه حدة تمنع إذا أكلت تصاعد البخار من المعدة إلى الدماغ. وإذا خالطت طعاما عسر الانهضام أوقفت في المعدة فزاد عسر انهضامه. وقال أن في نبات الكزبرة سمية، ونهى عن الإكثار من أكله، وقال: أنه شاهد قوما أكثروا من أكله فاختلطت عقولهم واحمرت أعينهم وسال من أفواههم اللعاب وقال ينبوشاد: إن نبات الكزبرة بارد يابس، والبرد فيه أضعاف اليبس. أما

طاميري الكنعاني فقال: إنها حارة رطبة يرتقي لها بخار كثير إلى الدماغ حار رطب.
ويقول مؤلف الكتاب ورأى فيها وقولي كقول ينبوشاد خاصة من بينهم وذلك أن طاميري الكنعاني وإن كان جليل القدر في العلم وبالفلك والطبيعة والنفس والعناصر والمنابت كلها والأجسام المركبة فإنه ليس بمعصوم بل هو بشر يجوز عليه الغلط ودخول الشبهة فغلط كما يغلط العلماء، لا كما يجهل الجهلاء، واشتبه عليه أمر نبات الكزبرة.

وهذا يعني أن ينبوشاد كان نبي ملهم معصوم، بينما كان طاميري الكنعاني طبيب من البشر يخطئ ويصيب. ويضيف الأستاذ البابا: لقد ورد ذكر عدد كبير من النباتات المستعملة كأدوية في كتاب الفلاحة النبطية.

وقد أحصيت ما يزيد على الخمسين نباتا، وإن البعض من هذه النباتات معروف لدينا وبعضها تحمل أسماء غريبة غير معروفة، ومن هذه المجهولة "الديندات - الهوارث - الكنهان - السوسندايا - الساقاقي - أصالافرنا - الشكبخ - الكواري - قينار - كسينجي - ترشينا - قوميا - كمالاتيننوا، وغيرها".

ماذا قال عن النباتات المتحابة والمتنافرة؟

وعن النباتات المتحابة والمتنافرة، يقول ابن وحشية، قال ينبوشاد أن السلجم والفجل والكرنب والجرجير، يضر نباتها بقرب الكرم، وأن السلق والحمص والكزبرة إذا زرعت فيما بين الكروم نفعتها منفعة بينه. وحول هذا الموضوع يعقب ابن وحشية بقوله: والتي كشفت لنا التجربة وصححه لنا القياس مع التجربة، إن أي نبات جاور الكروم مما طبيعته باردة رطبة، ولا يجتذب رطوبة كثيرة في اغتذائه، ولا يجفف وييبس يبسا البته، فهو صالح للكروم. وحول تأثير الرياح في نشر الأمراض جاء في كتاب الفلاحة النبطية، قال كاماش النهري ومن بعده ماشي السوراني أن كثرة حدوث الجذام بأرض الشام إنما هو كثرة هبوب الريح الردية الغربية على مياههم وزروعهم وشجرهم... وإن هذه الريح متى ألح هبوبها عليهم أفسدت عقولهم وعرض لهم مع ذلك حميات يكثر منها خيالاتهم الردية فيكون كثرة تلك الخيالات سببا لذهاب عقولهم وفساد

تمييزهم. وفي كتاب من ماشي السوراني إلى طاميري الكنعاني لما بلغه أن الأخير يفضل بلاد الشام على إقليم بابل وأهل الشام على أهله فيقول له وكيف تساوي قوما عقولهم فوق عقلك وفطنتهم أخذ من فطنتك وتمييزهم أجود من تمييزك؟... افتراك في علمك وحكمتك تظن أنك تساوي قوما يشربون ماء دجلة، وهو مادة زروعهم وغذاء شجرهم؟ وأنت تشرب ماء واقفا في بحيرة قذرة (يقصد هنا البحر الأبيض المتوسط) عفنة الماء وتشرب من ماء قد صفقته الريح المغربية فأفسد بفسادها وغلظ برطوبتها، وأفسدت منا بتكلم وثماركم بردائه أنفسها، وأفسدت أبدانكم بإفسادها أخلاطكم وإحراقها دمائكم.. فحدث بكم الأدواء البشعة الغليظة كالجذام والسرطان الدبابيل والسلع. ثم ختم رسالته الجريئة هذه يقول ومثل قولي لك يا طاميري أقول لجيرانك اليونانيين، الذين لولا كراهتي أن أسب أحدا لقت أنهم كالبهائم، وإن كان قد خرج منهم أفاضل.. لأن الرياح الردية، وخاصة المغربية الخالصة، أشد أضرارا بهم منها بأهل الشام.

وتؤثر الريح في النباتات فتهلك صغارها وكبارها، إلا أنها أهلك واقتل لما كانا مزاجه أشد حرارة. وكذلك تفعل بالناس خاصة والحيوانات عامة. ولما كان النخل بصفاته يأتي في ذروة النباتات، وهو أقربها إلى عالم الحيوان. لذلك فإن قتل الريح للنخل أسرع من قتلها للأشجار المثمرة وقتلها النعناع من البقول أسرع من قتلها الهندبا. وهذا يعني أن تأثير الريح يشتد كلما ازداد ارتفاع النبات عن سطح الأرض، إلا أن هناك بعض الأشجار التي لا تتأثر بها كالجوز والشاهبلوط والخرنوب الشامي.

من مفردات ابن وحشية في النباتات:

الأجاص الجبلي:

شجيرة ورقها مدور أصفر من ورق الأجاص الاعتيادي وثمرها حامضة صادقة الحموضة ولا تفلح في البساتين البته.

اشفاناخ (السبانخ):

هي بقلة معروفة تعلو شبرا ولها ورق ذو شعب وليس لها أنفاخ كما لسائر البقول ولا تولد بلغما. وهي أقل البقول غائلة. ومن الاسفاناخ بري وهو شبيه بالبستاني، غير أنه ألطف منه وأدق وأقل ارتفاعا عن الأرض.

امير باريس:

وهو البر باريس هي شجرة خشنة النبات، خضراء تضرب إلى السواد تحمل حبا صغيراً بنفسجيا.

بطم:

تنبت في الجبال وعلى الحجارة، والشجرة عيدانها خضراء إلى السواد وحبها أخضر.

سلق:

هو ثلاثة أصناف، فمنه كبير شديد الخضرة يضرب إلى السواد، ورقه كبار، عراض لينة حسنة المنظر، ويسمى الأسود. ومنه صغير الورق جعد سمح المنظر ناقص الخضرة، ومنه صنف ورقه نابت على ساق طويل وورقه كثير رقيق الأصل، في اسفل جعوده، طويل الساق إلى موضع الورق وخضرة ناقصة جداً يضرب إلى الصفرة.

طرفاء:

هذه الشجرة هي ثلاثة أصناف منها الكزمازك وورقه كورق السرو. ومنها صنف آخر ألطف من الكزمازك، قليل الورق، يورد ورداً أبيض يضرب إلى الحمرة في العناقيد، تحته الزنابير من النحل. وصنف ثالث لا يورد ولا يعقد على أغصانه حبا كأنه الشهدانج، أحمر يضرب إلى الخضرة، تصبغ به الثياب صبغاً أحمر لا ينسلخ عنها ومنه صنف رابع كثير وهو الإثل.

محلب:

يعلو كقامة الرجل وورقه شبيه المشمش وأصغر منه بقليل وينتشر عرضا، ويحمل حبا متبردا منتشرا على أغصانه، طيب الرائحة عطري يدخل في كثير من الطيب.

نارنج:

شجرة معروفة، ورقها أملس لين شديدة الخضرة يحمل حملا مدوراً أملس في جوفه حماض كالأترج. وهي شبيهة بشجرة الأترج جداً، ورده أبيض في نهاية، طيب الرائحة. ويتخذ منه دهن مسخن يطرد الرياح ويقوي العصب والمفاصل. وقشر ثمرته حار، ورائحته تقوي القلب، وينفع من الغش.

النخل:

أنواع عديدة تكاد لا تحصى لكثرتها واختلاف ضروبها باختلاف البلاد وأهويتها. وأسماؤها تختلف باختلاف ألوانها وأشكالها.

ومن النخل ما ينبت من نفسه وهو البري ومنه ما يجاور الماء فهو العبري ومن أنواع التمر العجوز والشهريز والشيصاء وهذه أدون التمر كلها...

قال ابن الحجاج: رأيت في العراق أناساً يغرسون النخل ولا يضعون ملحا في الحفرة التي حفروها لهذه الغاية، ورأيت آخرين يزرعون النوى ولا يغلقونه. وعندي أن هذا العلم أحسن لأن العراقيين جميعهم لا يغلقونه البته ومع ذلك ترى نخلهم زكيا لذيذ التمر. علما أن المعنيين بزرع النوى أو غرس الفسيل يقولون أن السبخة أوفق لزكاء النخل والافيعوض بوضع الملح في تلك الأرض... وإذا أردت التلقيح عمرت إلى شمراخ من الفحال في وقت ازدهاره وأثبته في قلب طلعة الأنثى فإذا أتم نضج التمر على أحسن ما يرام وزكاء وطاب... وأضاف ابن وحشية عن النخلة قائلاً: وإنها تشبه الإنسان من حيث استقامة قدها وطولها وامتياز فحالها عن أنثاها واختصاصها باللقاح الظاهر للعيان ولو قطع رأسها هلكت ولطلعها رائحة المني ولها غلاف كالمشيمة التي يكون فيها الولد والجمار الذي في رأسها لو أصابه آفة هلكت النخلة لا محال فهو بمنزلة المخ في الإنسان إذا أصابته آفة ولو قطع منها سعفة لا يرجع بدلها فهي كعضو الإنسان وعليها ليف يشبه الشعر الذي في الإنسان.. وإما الرطب فإنه أنفع شيء للنفساء وهو أحسن دوائها. والرطب يلين الطبيعة ويزيد المني، ومع الخيار والخس أنفع وأقيد.

المصادر

١- تراث الإسلام، أرنولد، توماس، ترجمة جرجيس فتح اللـه، بيروت، ١٩٧٢.

٢- الفهرست، ابن النديم، القاهرة، ١٣٤٨هـ المطبعة التجارية.

٣- مقدمة المسائل في الطب لحنين بن اسحق، أبو ريان، محمد علي، وجلال محمد موسى، وموسى محمد عرب: القاهرة. ١٩٧٨.

٤- تاريخ الحكماء، القفطي، جمال الدين، طبعة ليبزج، ألمانيا.

٥- مروج الذهب ومعادن الجوهر، المسعودي، الجزء ٣، بيروت ١٩٦٥

٦- عيون الأنباء في طبقات الأطباء، ابن أبي أصيبعة، تحقيق نزار رضا، بيروت ١٩٦٥.

٧- الأعلام، الزركلي، خير الدين، بيروت بدون تاريخ، ط٣.

٨- تاريخ الطب العربي، السامرائي، كمال مختصر، الجزء الثاني، بغداد.

٩- معجم أسماء النبات، عيسى، أحمد: بيروت ١٩٨١ ط٢.

١٠- علم الفلك (تأريخه عند العرب في القرون الوسطى)، نلينو، كارلو: روما، ١٩٨١.

١١- تاريخ الزراعة القديمة، عادل أبو النصر، بيروت، ١٩٦٠.

١٢- تاريخ العلم ودور العلماء العرب في تقدمه، د. عبد الحليم منتصر، القاهرة ١٩٧٣، ط٥.

١٣- تاريخ النبات عند العرب، د. أحمد عيسى، القاهرة ١٩٤٤.

١٤- تذكرة أولي الألباب والجامع للعجب العجاب لأنطاكي، دار الفكر، بيروت دون تاريخ، استناداً على طبعة القاهرة المطبوع سنة ١٩٥٢.

١٥- تذكرة أولي الألباب والجامع للعجب العجاب للأنطاكي، د. عبد الحليم منتصر تراث الإنسانية، ج٥، مج١، القاهرة ١٩٦٣.

١٦- تزيين الأسواق في أخبار العشاق للأنطاكي، القاهرة ١٩٧٢.

١٧- دائرة المعارف الإسلامية، ج٣، القاهرة دون تاريخ (الطبعة العربية).

١٨- دراسات في تاريخ العلوم عند العرب، حكمت نجيب عبد الرحمن، الموصل ١٩٧٧.

١٩- ذخيرة العطار أو تذكرة دواود في ظل العلم الحديث، حسن عبد السلام، القاهرة ١٩٤٢.

٢٠- مفهوم النباتات الطبية عند داود الأنطاكي من نظر العلم الحديث، د. ناصر حسين، ندوة التربة والزراعة عند العرب، مركز إحياء التراث العلمي العربي، بغداد ١٩٨٨.

٢١- موسوعة العلوم الإسلامية والعلماء المسلمين، لمجموعة من العلماء المصريين، القاهرة، دون تاريخ.

٢٢- نزهة الأنام في محاسن الشام، ابن البدري، بيروت ١٩٨٠.

٢٣- معجم أسماء النبات، أحمد عيسى، ط٢، بيروت ١٩٨١.

٢٤- الموسوعة في علوم الطبيعة، ادوار غالب، ثلاثة أجزاء، بيروت، ١٩٦٧.

٢٥- التداوي بالأعشاب، أمين رويحة، بيروت ١٩٧٣.

٢٦- تاريخ آداب اللغة العربية، جرجي زيدان، الجزء الثالث، دار الهلال، القاهرة،

٢٧- موسوعة العلوم الإسلامية والعلماء المسلمين، رؤوف سلامة موسى ومحمد علي أبو ريان، الجزء الثاني، القاهرة، دون تاريخ.

٢٨- مجلة الثورة الزراعية، العدد ٣٥، عادل محمد علي الشيخ حسين، من إعلام العرب (ابن البدري)، بغداد ١٩٧٣.

٢٩- العلوم البحتة في العصور الإسلامية، عمر رضا كحالة، دمشق ١٩٧٢.

٣٠- علم العقاقير، محمد زهير البابا، الجزء ٢، دمشق .١٩٧١

٣١- أهم الأشجار والشجيرات الحرجية الطبيعية في الوطن العربي، محمود جبريل الجنيدي، عمان ١٩٧٣.

٣٢- ابن بصال رائد الفن الزراعي الحديث في الأندلس، جعفر الخياط، مجلة المجمع العلمي العراقي، مج ١٥، بغداد، .١٩٦٧

٣٣- تأثير العرب والعربية في الفلاحة الأوروبية، مصطفى الشهابي، مجلة المجمع العلمي العربي بدمشق، مج ٣٦، دمشق، .١٩٦٦

٣٤- رواد أندلسيون في علم النبات، عادل محمد علي الشيخ حسين، مجلة العلم والحياة، العدد ٢١، س٤، بغداد، .١٩٧٢

٣٥- العلم عند العرب وأثره في تطور العلم العالمي، آلدوميلي، ترجمة د. عبد الحليم النجار، محمد يوسف موسى، دار القلم، القاهرة، ١٩٦٢.

٣٦- علماء الزراعة الأندلسيون، محمد عبد الـلـه عنان، مجلة العربي، العدد ١٤٤، الكويت، ١٩٧٠.

٣٧- علم الفلاحة عند المؤلفين بالأندلس، خوس مارية مياس بيكروسا، تعريب عبد اللطيف الخطيب، مطبعة المخزن (معهد مولاي الحسن)، تطوان، المغرب، .١٩٧٥

٣٨- الفلاحة لابن بصال، تحقيق ونشر وترجمة البروفوسور خوس مارية مياس بييكروسا ومحمد عزيمان، المغرب تطوان .١٩٥٥

٣٩- ملخص عن تاريخ الصيدلة والنبات عند مسلمي أسبانيا، ماكس مايرهوف، مجلة الأندلس، مج٣، الرباط، ١٩٣٥.

٤٠- أطلس ثدييات العالم، د. حسين فرج زين الدين، القاهرة ١٩٧٠.

٤١- الرحالة العرب في العصور الوسطى، زكي محمد حسن، القاهرة، ١٩٤٧.

٤٢- رحلة ابن بطوطة وما تنطوي عليه من نبات وشجر، محمود مصطفى الدمياطي، مجلة المقتطف، القاهرة ١٩٤١، مج ٩٨- ٩٩.

٤٣- الرواد، فؤاد صروف، القاهرة. ١٩٣١.

٤٤- العلوم البحتة في العصور الإسلامية، عمر رضا كحالة، دمشق، ١٩٧٢.

٤٥- غرائب من الرحلات، محمد عبد الغني حسن، القاهرة، ١٩٥٦.

٤٦- الموسوعة في علوم الطبيعة، ادوار غالب، بيروت، ١٩٦٦، الأجزاء(١—٣).

٤٧- موسوعة الغد، ترجمة جماعة من العلماء المصريين، القاهرة، ١٩٧٧، الأجزاء (١-٢).

٤٨- النبات في وصف الرحالة العرب، عادل محمد علي الشيخ حسين، مجلة الزراعة العراقية، العدد٤، مج ٢٧، بغداد، ١٩٧٢.

٤٩- الإفادة والاعتبار، للبغدادي، تحقيق د. علي محسن عيسى ما الله، بغداد، ١٩٨٧.

٥٠- أيام صلاح الدين، عبد العزيز سيد الأهل، القاهرة، ١٩٦٤.

٥١- البغدادي (الأثري العربي الرائد) د. عبد الكريم شحادة، حلب، سوريا، ١٩٧٧.

٥٢- تاريخ الإسلام وطبقات المشاهير والإعلام، للذهبي.

٥٣- تاريخ الطب وآدابه وإعلامه، د. أحمد شوكت الشطي، دمشق ١٩٧٣.

٥٤- تاريخ العلم ودور العلماء العرب في تقدمه، د. عبد الحليم منتصر، القاهرة، ١٩٧٤.

٥٥- عبد اللطيف البغدادي في مصر، سلامة موسى، القاهرة ١٩٣٤.

٥٦- عبد اللطيف البغدادي، د. بول غليونجي (من سلسلة أعلام العرب) القاهرة. ١٩٨٥.

٥٧- العلوم العملية في العصور الإسلامية، عمر رضا كحالة، دمشق، ١٩٧٥.

٥٨- عيون الأنباء في طبقات الأطباء، لابن أبي أصيبعة، بيروت، ١٩٥٧.

٥٩- موسوعة الغد (علم الحيوان)، الجزء الأول، القاهرة، ١٩٧٨، ترجمة جماعة من العلماء.

٦٠- الموسوعة في علوم الطبيعة، ادوار غالب، بيروت ١٩٦٦،ن ج(١-٣).

٦١- المسلمون والعلم الحديث، عبد الرزاق نوفل، بيروت لم يذكر التاريخ.

٦٢- موفق الدين عبد اللطيف البغدادي في الذكرى المئوية الثامنة لميلاده، القاهرة ١٩٦٤

٦٣- النبات في وصف الرحالة العرب، عادل محمد علي الشيخ حسين، مجلة الزراعة العراقية، العدد ٤، مج ٢٧، بغداد، ١٩٧٢.

٦٤- أبو الصيدلة، العربية في العالم الإسلامي إبان القرون الوسطى، حكيم محمد سيد، مجلة رسالة اليونسكو (عدد خاص عن البيروني)، العدد ١٥٧، يوليو، القاهرة ١٩٧٤.

٦٥- استخراج الأوتار في الدائرة للبيروني، تحقيق أحمد سعيد الدمرداش، تراث الإنسانية، مج٢، القاهرة ١٩٦٤.

٦٦- البيروني وعلم النبات وفلسفته العلمية، عادل محمد علي الشيخ حسين، مجلة العلم والحياة (عدد خاص عن البيروني)، العدد ٢٧، س٥، بغداد ١٩٧٣.

٦٧- أبو عثمان الجاحظ، محمد عبد المنعم خفاجي، دار الكتاب اللبناني، بيروت ١٩٧٣.

٦٨- أثر العرب والإسلام في النهضة الأوروبية، مجموعة من العلماء، القاهرة، ١٩٧٠.

٦٩- تطور الفكر العلمي عند المسلمين، د. محمد الصادق عفيفي، القاهرة، ١٩٧٧.

٧٠- تهذيب الحيوان للجاحظ، اختيار محمد عبد السلام هارون، القاهرة ١٩٥٧، جزآن.

٧١- الحيوان، للجاحظ، تحقيق عبد السلام محمد هارون، القاهرة، ١٦٩، ط٣، الأجزاء (١-٧).
٧٢- ابن الجزار القيرواني (سيرته، مؤلفاته، جهوده في الطب والصيدلة)، عادل محمد علي الشيخ حسين، بغداد، ١٩٨٩.
٧٣- التداخل اللغوي والثقافي في كتاب الاعتماد لابن الجزار، بقلم الأستاذ إبراهيم بن مراد، حوليات كلية الآداب والعلوم الإنسانية، جامعة تونس، العدد٢٢، تونس ١٩٨٣.
٧٤- أثر العرب والإسلام في النهضة الأوروبية، إعداد مركز تبادل القيم الثقافية، القاهرة، ١٩٧٠.
٧٥- الأسماك العظيمة، د. حسين فرج زين الدين، القاهرة.
٧٦- تراث العرب في علمي الزراعة والنبات، عادل أبو النصر، مجلة العلوم، بيروت ١٩٥٩، العدد ١١، س٤.
٧٧- الدينوري أشهر علماء النبات في القرون الوسطى، عادل محمد علي الشيخ حسين، جريدة التآخي، بغداد، ١٩٧١، العدد (٧٢١).
٧٨- ابن رشد يوحنا قمير، (من سلسلة فلاسفة العرب) بيروت ١٩٦٧، ط٢، ج (١-٢).

الفهرس